陈仁福　著

大跨悬索桥理论

西南交通大学出版社
·成都·

图书在版编目（CIP）数据

大跨悬索桥理论 / 陈仁福著 —成都：西南交通大学出版社，2015.3
ISBN 978-7-5643-3803-9

Ⅰ. ①大… Ⅱ. ①陈… Ⅲ. ①长跨桥－悬索桥－研究
Ⅳ. ①U448.25

中国版本图书馆 CIP 数据核字（2015）第 049035 号

大跨悬索桥理论
陈仁福　著

责任编辑　胡晗欣
装帧设计　原谋书装

印张　16.5　　**字数**　296千
成品尺寸　170 mm × 230 mm
版本　2015年3月第1版
印次　2015年3月第1次
印刷　四川煤田地质制图印刷厂

出版发行　西南交通大学出版社
网址　http://www.xnjdcbs.com
地址　四川省成都市金牛区交大路146号
邮政编码　610031
发行部电话　028-87600564　028-87600533

书号：ISBN 978-7-5643-3803-9　　**定价：**65.00元

图书如有印装质量问题　本社负责退换
版权所有　盗版必究　举报电话：028-87600562

序

科学技术是生产力，科技工作是一种重要的社会实践。当社会生产还不够发达时，人们对于这两点总是体会不到。随着生产的技术性越来越复杂，生产规模也发展为越来越需要有众多的技术职工和广泛的协作，事实乃反复证明：若是离开了科学，许多生产问题将长期无法解决；若是众多职工乃至社会有关部门掌握不住所必需的科学知识，生产将无法正常进行。因此，自觉的认识到这两点，尊重科学，普及科学，让生产按着科学规律进行，显然是十分必要的。

科学技术在其众多的每一个领域之中的发展，都要不断地经历两个过程：一是积累资料、整理资料、上升为理论；二是用前一过程所得的理论来指导实践，让它经受检验，得到订正、丰富和提高，并由此而积累新的资料。在历史上，许多生产实践曾经是在只有不完善或很不完善的理论的情况下进行的。它们曾经是失败了不少次，然而也有成功的。因其有成功，人们就时常认为实践是走在理论之前的。但是，由于盲目性的存在，其代价实在是巨大的。在当前的世界上，自觉地发展且不断完善科学理论、培养人才、创办新的产业已屡见不鲜，能不能从他们的实践中汲取教益，使我国的大跨悬索桥建设迅速走上健康发展的道路呢？我们一直在思考着。

因我国经济建设和交通建设需要，大跨悬索桥必然要提上日程，这在“七五”期间已成为工程界的一种共识。某些单位当即为此而进行了不少准备。我们则是鼓励几名硕士生以悬索桥静力分析为题，编制程序，提出小结性意见，写出论文。不久便抓住重力刚度这一特点，在 1988 年的第 8 届全国桥梁和结构学术交流会（广州）上，宣讲了“在跨度大于 600 m 处应该考虑悬索桥”这一命题。对于德国桥梁界泰斗、誉满全球的 F.Leonhardy 教授和 W.Zellner 在国际桥协（IABSE）论文 32 卷（1972）所发表的《关于跨度大于 600 m 的悬索桥和斜张桥的对比》一文所阐述的斜张桥在刚度上的优越性提出异议。我们指出：他们将塔高对梁跨之比定为 1∶6，但悬索桥的这一比值却是 1∶10 及更小；他们说活载集度对恒载集度之比可按 0.6 取用，但既有大跨悬索桥的这一比值却是从 0.13 至 0.26。这两个前提被取错了，这就难怪他们得到了偏袒斜张桥的结论。为免除人们受其误导，忠于职守的态度便是直言不讳。

进入“八五”期间，汕头海湾桥、虎门珠江桥、西陵峡长江桥、江阴长江桥、伶仃洋跨海大桥都相继提上日程，而在其主航道处都是使用大跨悬索桥。从其方案编制直到施工，到处都需要使用大跨悬索桥的知识，到处都需要有懂得大跨悬索桥的人才参与其事。于是，这种社会实践也就孕育着我国悬索桥科技学术体系的成长和发展。为了在某些具体业务问题上统一认识，避免走弯路，我曾从应急出发，写了若干短文，还计划着在广东省交通厅所倡办的工程硕士生班上编印一些讲义，借以普及这类知识。但是，高等学校不能以此为满足，她应该从上述的“科学技术是生产力、科技工作是一种重要的社会实践”出发，有计划地写一点好书，为奠定我国科学技术的基础出力。

1991 年,我将这一写书的意愿向公路工程界老前辈曾威说了:“编写教材、工程参考书及专著。其第一本是《大跨悬索桥的设计与施工》。”曾老当即表示支持，并为该本写了序。序中在讲到好几座悬索桥正在筹建之后，立即表示:“对于大家感兴趣的问题，能有人率先写书立说，这一工作对于大桥工程科技发展有利。这种精神也值得发扬。”由于第一本所讲的设计只是着重于构造，这就将讲述计算分析的任务交给了第二本。

本书就是以上所说的第二本。虽着重于讲计算分析，但颇有拓宽。内容较为浓缩。在描绘大跨悬索桥整个理论体系方面，硬是下了工夫。这是专著性质书籍，是陈仁福同志的博士论文，是他从 1985 年攻读硕士学位以来所花费的心血的结晶。他的研究从静力分析开始，将迄今为止所有的方法予以总结、补充和发展；包含其以连续体为对象的解析法和以离散体为对象的数解法，包含其作用力是竖向的、横向的、扭转的、偏心的；在二维分析之外，还讲空间分析；在着重讲加劲梁之外，也讲塔的分析。这一部分当是设计人员最为关心的。现有文献往往只讲（或只是推荐）少数几种方法、不讲其优劣得失的情况下，设计者当可通过对比，从这里挑选一种或几种最适用于解决他所面临的问题的方法。动力分析是这书的重点，从振动性状开始，接着便讲地震响应和风致振动。由于大跨悬索桥的柔性十分明显，其振动行为很突出，设计者在编制初步方案时就需考虑，而在结构安全性评估之中则应进行专门的研究。问题是复杂的，学者们的研究是仍在进行之中的。现今所通行的、往往流于片面的、不考虑事物的随机性的处理方法是有待改进的。本书抓住悬索桥特性，阐述其解题的思路和做法，对抗震问题的数值算例进行了讨论；抓住不同风致振动在危害性程度方面的差异，对颤振和抖振进行了一些论述。

在西南和北方交通大学内，有几位教授认真地阅读了全文。对其逻辑论证和算式推导，没有发现什么毛病。徐昭鑫教授（高等教育出版社 1990 年出版的教材《随机振动》的作者）在评语中写道："目前对于悬索桥理论工作尚少全面而系统的论述和总结。可以看到：一门学科在其日益重要、且将大体建立之时，就需要有人来做系统的总结工作。"这就有其学术价值。"作者概括阐述的理论及计算方法，在静、动、地震及风致振动方面，是扼要的、周到的、实用的，可供从事此项工作的人员参考和选用，从而节省他们用于检索、阅读、理解和推论所需的时间和精力。"为了充分发挥学位点所在单位的整体优势，我又访问了几位教授，他们共同肯定了这书的成就。

在所收到的评议意见书中，中国科学院院士、国家地震局地球物理研究所的胡聿贤研究员所给予的支持和鼓舞最为突出。他认为："在地震反应分析上，考虑以随机场为输入的多支点不同输入的随机反应是一项重要的贡献，既有重要的理论意义，又有实用价值。这些工作是针对悬索桥的特点（第四章第二节）进行的，抓住了问题的重点。通过作者的论文，可以看出作者广泛而系统地了解了有关的分析理论及设计考虑，了解了国际动态；对问题的分析中肯，能抓住关键，并能正确地运用理论知识解决复杂的难题，进行有所创新的科研工作，得到正确的结果。该书能应用于实际设计分析。"他还认为："作者能抓住悬索桥地震动输入这个关键问题，是十分重要的。只要输入选择改变，悬索桥的地震反应可以有若干倍的变化。因此，除了按照一般标准或规范规定的反应谱（见图 4.1，日末的本州四国连络桥所用）之外，似应特别强调结合大桥所在地点的地震和地质环境，特别是有无大震、远震的背景以及桥墩、桥塔局部地形的影响。作者在第四章第十节最后一段所强调的更多振型反应的考虑等，也是十分必要的。"

老前辈曾威仍然满腔热情地给予嘉勉。他在评议意见中指出：论文"在静力分析、自由振动分析、地震分析、风振分析方面的论述，都是在悬索桥分析理论当代水平基础上的提高。""涉及的面很广，费时很长，对现有理论追根溯源，提出新的见解和改进方案，并且进行了大量的推导和计算，确实是难能可贵。"

由此而使我们对下列各点有更深的体会：（1）有成效的科研活动必然不是孤立的，让研究生参与我国当前正在进行的大跨悬索桥建设中的一些工作，对于科研和生产都有利。（2）古今异趣，这是事实；尽管我国古代的索桥乃至一些小跨悬索桥很出名，但人类对于现代大跨悬索桥所积累的诸多资料（理论及实践）还是在国外；国外的同行至今还没有人对于那些丰富的资料进行全面整理；为着有效地处理当前我们所遇到的问题，现在应该不遗余力地搜集国外所有的有关资料，进行全面整理，直至上升为理论；今陈仁福的论文就是以此宗旨而作。（3）个人、乃至一个单位的力量很有限，我国不同学科（数学、力学、计算机应用、尤其是地球物理学、风工程学等）的专家对于桥梁工程科技的发展极为关心，已经给予了很多的启示和教益，这是我们赖以前进的条件之一，必须十分珍视。（4）在“上升为理论”的过程初步完成之后，就要自觉地进入“经受检验”的过程。将这书及时出版，殆有助于这些过程的推进。

现且抒其所感，写成此序。不当之处，诸祈指教是幸。

西南交通大学

钱冬生

1994 年 4 月 10 日于成都

目　录

第一章　绪　论

第一节

在悬索桥的编年史上，我们祖先的业绩闪耀着永恒的光辉。从最早出现笮桥（竹索桥）和藤索桥算起，悬索桥在我国曾经历了二十多个世纪的发展，并且在它的发展过程中不断地向外传播。Joseph Needham（李约瑟）认为，南美的古索桥是在公元前 7 世纪至公元 16 世纪的前哥伦布时代由中国人传播到那里的[1]。文献记载，早在公元前 50 年（汉宣帝甘露 4 年），我国四川就出现了跨长百米的铁索桥[21]。在我国漫长的封建社会里，铁索作为一种工具被广泛应用，所以，铁索桥曾经不计其数。而欧美则由于在建桥和炼铁技术方面落后于我国，也许还由于其地形不一样，所以直到 17 世纪那里一直未出现索桥[1]。1665 年，徐霞客有一篇题为《铁索桥记》的游记曾被传教士 Martini 译介到西方，该书详细记述了 1629 年在贵州省境内修建的一座跨度约 122 m 的铁索桥。两年后，即 1667 年，法国的传教士 Kircher 从我国回去，出版一书，名为《中国奇迹览胜》（China Monumenta Illustrata），书中描述了建于公元 65 年的云南景东（Ching-tung）附近的兰津铁桥（此桥曾于 1410 年重修）。该书曾被译成多种文字，并多次再版。根据科技史家的研究，只是在这两部书出版之后，索桥才被西方人所知晓。李约瑟曾指出，这两部书直接导致了西方人进行悬索桥的尝试[1]。1734 年，萨克森的军队远征但泽（今波兰格但斯克），途经奥得河时，修建了西方第一座临时性铁索桥[1]。到 1741 年，英国方建成欧洲的第一座永久性铁索桥，即倜氏桥，跨度 22.3 m，但它已毁于 1802 年[1,2]。其时的欧洲已经历文艺复兴运动和宗教改革，资产阶级革命已取得进展。随着资本主义的胜利，欧洲在政治、经济、文化和科技方面出现了很大进步。进入 19 世纪后的欧洲，特别是英国，修建了不少悬索桥，著名的如 Telford 修建的梅耐桥，Brunel 修建的克里夫顿桥[3]。这些桥跨度稍大于中国的古桥，桥面能够行走马车，有一些则增加了斜拉索，桥的主缆已开始使用眼杆链。这时，在刚刚独立的美国，Finley 等也修建了一批铁索桥[1,2]。法国的发展则稍慢，但她有自己的特色。法国工程师 Seguin 和 Dufour 在 1820 年前后发明了用铁丝制成的悬索桥主缆，还提出了用无端索进行主缆施工的方法[1,2]。这些技术后来被在法国学习的美国人 Ellet 带回美国，并在 J. A. Roebling 手里得到发展[1,2]。随着大城市的兴起，美国人首先要在纽约市的东河之上修建几座跨度在 450～490 m 的悬索桥，这一任务在 1880 至 1920 年之间陆续完成了，它们是：布鲁克林桥、威廉斯堡桥、曼哈顿桥。接着，在 20 世纪 30 年代，跨度超过 1 000 m 的华盛顿桥、金门桥相继在美国建成。这使美国在悬索桥的成就方面将其他各国远远甩在后面。1940 年，在美国发生了塔可马桥风毁事故，专家们经过调查研究，找出了症结所在，提出了相应对策。这样，美国的大跨悬索桥事业在 50 年代又蓬勃发展起来了，其突出的表现，就是 1964 年建成的韦拉扎诺桥：双层桥面，12 条车道，跨度 1 298 m；这一世界跨度记录一直保持到 80 年代之初。在第二次世界大战之后，公路交通在全世界取得很大发展，大跨悬索桥的修建成为全世界普遍关心的问题。1964 年，英国建成福斯公路桥，这是欧洲第一座跨度超过 1 000 m 的大桥。1966 年，英国又建成塞文桥，其加劲梁采用全焊的扁平钢箱，并利用正交异性钢桥面板充当其钢箱的顶板，就抗风及节省钢材而言开辟了一条新途径。到 70 年代，日本一跃而成为经济大国，其联络本州和四国的交通建设开始实施。进入 80 年代，她也开始拥有了跨度 1 000 m 以上的大跨悬索桥，并且打算在 20 世纪内建成跨度逼近 2 000 m 的大桥。

交通建设是经济建设的一个重要的、不可或缺的部门，而大桥建设往往又是在陆上交通线路建设中一个重要的、不可缺少的环节。近十多年来，我国经济建设、交通建设发展很快，大跨悬索桥在我国势必要提上日程，这在 10 年之前已开始成为我国桥梁界的共识。1986 年，钱冬生教授开始指导其几名硕士研究生从事悬索桥的分析计算，本文作者就是其中之一。1988 年，钱教授同作者联名发表《在跨度 600 m 以上应该考虑悬索桥》一文[4]。1990 年，江苏省委托 3 个单位，研究在其省内的长江之上开辟第二通道的可行性。作者有幸应邀到交通部公路规划设计院，参与为江阴长江大桥（这是随后被选中的通道）进行分析计算、编制方案的工作。作者越发认识到进行大跨悬索桥理论研究对我国的经济建设具有实用价值，对提高我国桥梁科技水平也有重大意义。

目前，我国跨度 452 m 的汕头海湾大桥（其加劲梁采用预应力混凝土扁箱梁，具有很大特色）和跨度 888 m 的虎门珠江大桥都已开工。跨度 900 m 的西陵峡大桥已作为长江三峡开发工程的第一个标发包给承办单位。跨度 1 385 m 的江阴长江公路大桥已经国家批准立项，其技术设计已部分完成。从珠海市直达香港的伶仃洋跨海工程（其中必然要包含 1 000 m 以上跨度悬索桥两座）已提上日程。我国的建桥队伍正在茁壮成长，作者深受鼓舞，更有遐想。饶有兴趣的是，江阴是徐霞客的故乡，我国古代的索桥从徐霞客开始传播到西方，而现在我国要在他的故乡建设一座跨度超 1 000 m 的大跨悬索桥，这使作者想到 1966 年塞文桥竣工时，英国一位知名教授的感叹，他说：塞文桥的建成，是在 Telford 和 Brunel 之后，历时大约 100 年，我大不列颠在悬索桥建造方面所占据的世界领先地位，终于得到了恢复[5]！作者企盼在 20 世纪之内，我国的桥梁工程师也能有类似感受。

第二节

悬索桥的理论研究大概起始于 18 世纪末 19 世纪初，Fuss 研究抛物线缆的问题。当时，俄国计划在圣彼得堡附近的涅瓦河上建造一座悬索桥，Euler 的学生 Fuss 作为沙俄皇家科学院的数学家受命研究缆索应取的形状。他的研究揭示了在沿跨向的均布荷载作用下，缆的几何形状为抛物线，缆的水平内力为恒定值的规律[3]。此后，Telford 在修建梅耐桥之前，曾就缆的形状向英国皇家学会主席 Gilbert 请教，Gilbert 因而组织力量研究受均匀应力的变截面缆的形状问题。梅耐桥曾采用了 Gilbert 的建议，并通过眼杆数目的增减来改变主缆截面[3]，因此，梅耐桥可以算是第一座注意到理论研究的悬索桥。紧随其后，Brunel 在设计克里夫顿桥时，曾就三种缆索形式进行过计算，即：抛物线缆、等截面悬链线缆、均匀应力悬链线缆，其中关于等截面悬链线缆的数学理论是早就由 Bernouilli 解决了的问题[3]。上述关于缆索计算的理论被当时在英国学习和研究悬索桥的法国数学家和工程师 Navier 收录在他 1823 年笺表的著作中[1,3]。到 19 世纪的上半叶，理论研究还是局限在缆索方面，并没有发展到对全桥整体行为的分析。这时的英国工程师对缆索的刚度不放心，就借助加劲梁或斜拉索来增加全桥的刚度。同样的设计思想也体现在美国工程师 J. A. Roebling 的设计中。例如，在尼亚加拉河公铁两用悬索桥中，同时使用了典型的带竖吊索的主缆、木质加劲桁架梁和斜拉索。然而，Barlow 曾在 1858 年进行过一系列的模型实验[3]，从实验结果可知：即使采用较弱一些的加劲梁，也能使吊索传到缆上的活载分布相当均匀。于是，就提出了一个主缆和加劲梁如何分担活载的问题。对这问题的探讨导致 Rankine 在当年提出其“Rankine 理论”[3]，但该理论在本质上却强调了加劲梁的刚度作用。这是关于悬索桥结构分析的第一个理论。尽管它也许并未真正用于悬索桥设计，但它所强调加劲梁刚度作用的思想却在一个时期内影响了悬索桥的设计，并且也可能是英国的悬索桥跨度在相当长的时期内裹足不前的原因。但是在美国，J. A. Roebling 在修建尼亚加拉河公路铁路两用桥时，就开始认识到主缆重力刚度的作用。这样的认识，加上高强碳素钢丝的使用，使他敢于把布鲁克林桥的跨度一下提高到 486 m，而梁高只是跨度的 1/90。尽管该桥仍然使用了斜拉索，但它同时也依靠了主缆的量力刚度[3]。布鲁克林桥的设计思路主要是来自经验，并不曾进行结构力学理论分析。在 1880 年前后，鉴于 Rankine 理论分析所得的缆和加劲梁的变形不协调，在欧洲和美国分别有一些学者尝试将拱的弹性分析理论应用于悬索桥，这就导致悬索桥弹性分析理论的建立[3]。弹性理论也使工程师注重加劲梁的刚度作用，这就使 1903 年建成的跨度 488 m 的威廉斯堡桥的加劲桁梁高度达到跨度的 1/40[3,14]！另一方面，早在 1888 年，奥地利的 Melan 教授就提出了适用于拱和悬索桥一类结构的挠度理论，并于 1906 年作出进一步的改进[3]。这一理论首先由 Moisseiff 应用于 1909 年建成的跨度 448 m 的曼哈顿桥的设计计算中，其结果是使曼哈顿桥的加劲梁梁高仅是其跨度的 1/60[3,13]。与弹性理论比较，挠度理论在它诞生之后的一段时期曾被称为“精确理论”。但实际上它是建立在若干个理想化（简化）的假定之上，这就必然要带来误差。再加上其所使用的是非线性微分方程，求解不方便。随着计算数学、计算力学和计算工具的发展，便提出了许多种改进或避开挠度理论的悬索桥竖向分析理论和方法[6,10]。这还只是竖向分析一个方面。随着 Moisseiff 1933 年提出横向分析的弹性分配法，以及塔可马桥事故后为服务于风振研究而提出自由振动分析理论以来，为用于不同情况的分析理论又出现了好多种[6,10]。在所有这些用于不同情况的分析理论中，每一类所最先出现的总是作为连续体的分析理论，随着计算力学和计算机的发展，才涌现出各种离散化的分析理论。这些理论或方法在后续各章的概述中有详细的综述。现在先将这些理论所涉及的计算力学体系表示于图 1.1 中。关于悬索桥分析理论的文献，目前仍然层出不穷，这是因为：就分析的精度、理论的适用性（或通用性）以及计算的效率而言，各种需要探讨的大小问题总是存在的。

在上述的分析理论之中，竖向分析的挠度理论和横向分析的弹性分配法都隐含着加劲梁愈柔愈经济的观念。美国工程师曾因应用这两种理论于悬索桥设计而尝到甜头，于是变本加厉，加劲梁愈做愈柔，用钢量愈来愈省，在节省横向风撑的同时，几乎使加劲梁不具有任何抗扭刚度。其结果，便是导致了 1940 年塔可马桥因风致振动而垮塌的恶果。这一事件震惊了桥梁界，并吸引了许多著名学者从事所谓桥梁气动失稳问题的研究[7]。经过 Farquharson、VonKarman、Bleich 及 Steinman 等的多年研究，认识到破坏的原因是由于加劲梁断面的气动外形不良及抗扭刚度太低所致。又经过大量的风洞试验和分

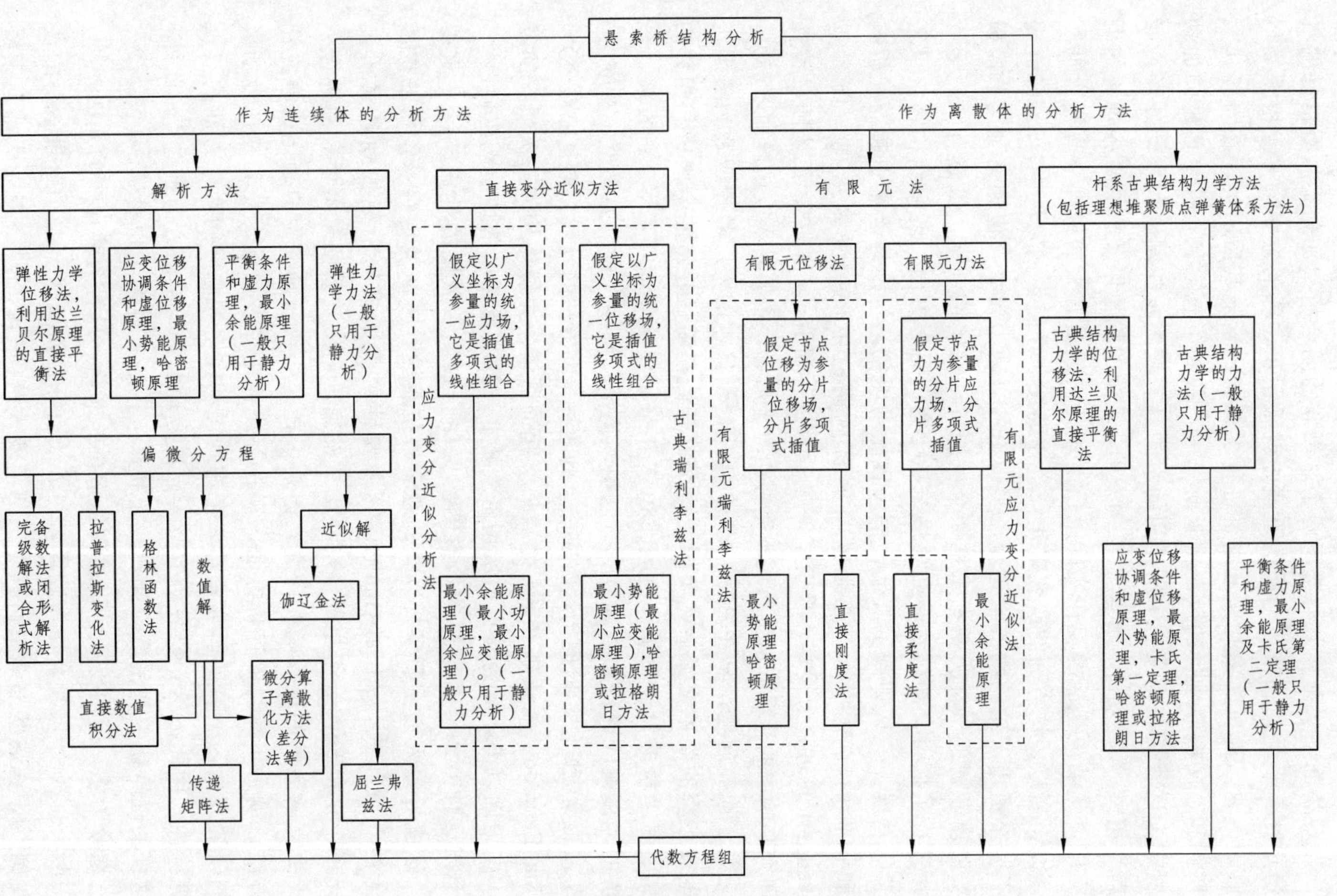

图 1.1 悬索桥结构分析与计算力学体系

析，发现桥面中央开槽并有上下两个平纵联的闭合桁架加劲梁具有良好的气动稳定性。于是，在塔可马桥的重建中就采用了这样的方案，并且根据类似的原则，对以前所建的几座悬索桥进行了加固。紧随其后，英国在为修建其福斯桥和塞文桥面进行的风洞实验研究中，找到了气动稳定性更优越的加劲梁型式，这就是在塞文桥中所采用的那种具有较大抗扭刚度和气动外形良好的扁平箱梁[7]。随着风洞试验方法的发展、经验的积累以及机翼颤振理论的近似应用，气动失稳问题现在实际上已能避免，但是有关的机理一直没有彻底搞清楚，所以，这方面的研究工作一直在继续。在随后的发展中，Scanian 提出了一个适用于结构物的半经验、半理论的气动力模型。但如何利用节段模型实验所获得的气动力数据来推断全桥的气动稳定性判据，虽然有一些学者对此进行了探讨，却仍然有必要进一步研究。另一方面，随着结构物抗风工程学的发展，又认识到了其他一些风致振动现象，特别是紊流引起的随机响应和构件的涡激振动，在悬索桥的抗风研究中现已受到重视。前者以 Davenport 的研究为发端，吸引了许多学者进行研究，但有关紊流场随机特性的研究和响应的计算方法仍然还不完善；对于后者，主要是采取措施加以避免。

关于地震问题，早在 20 世纪 30 年代，当日本的末广教授应邀到美国进行地震工程的学术交流后，美国工程师就开始在随后建造的金门桥和相邻的奥克兰海湾桥的设计中予以考虑。80 多年来，伴随着地震工程学的发展，悬索桥的地震响应评价和抗震设计方法也经历了从静态的地震系数法（震度法）到动态的反应谱法，时间历程响应法直到随机振动方法的发展。但是随着 1971 年 San Ferando（圣费尔兰多）地震后兴起的所谓生命线结构的防灾研究的发展，在美国以 Baron 为首提出所谓悬索桥非一致支承激励的地震响应问题[8]。由于按这种方式分析所得的地震响应要比一致支承激励的地震响应严重得多，这就导致人们重新审视以往的悬索桥抗震设计方法及现存悬索桥的抗震安全性。近年来，Abdel-Ghaffar 等主要针对美国式的桁架加劲悬索桥，Dumanoglu 和 Severn 等主要针对英国式的扁平箱梁加劲的悬索桥分别进行了非一致支承激励的地震响应研究。但是，在非一致激励模型的确定、响应计算方法、动力可靠性的评价方面，现在都还存在许多问题，尤其是在激励模型的研究方面，所有的研究者都未考虑地震动在空间和时间两个方面的双重随机特性，因此，这一研究仍有待于向更合理、更科学的方向推进[9]。此外，将这样的理论研究与抗震设计实践相联系，也还有许多工作要做。

迄今为止，国内出版、论述到悬索桥的书籍，只有为数很少的几部[10-14]，其中除一部外[13]，其余均为翻译。另外还有一部汇集了一些小跨悬索桥的设计实例[15]。在这些书籍中，只有三部涉及大跨问题[10,13,14]。对于大跨悬索桥的理论研究，国内似乎还留有相当多的空白。也就是说，除了老一辈学者在20世纪30至40年代从事过悬索桥理论研究外[16,17]，直到近年来的很长一段时期内，这一领域似乎没有多大进展。应大跨悬索桥建设的需要，近年来虽已开始有一些零星的研究文献逐步发表[18-20]，但那是滞后于我国经济建设的需要的。快马加鞭，只争朝夕，全面而系统地开展工作，这确实是不容逡巡的。

第三节

本书试图解决大跨悬索桥设计所遇到的主要理论问题，并企图形成一个体系。第二章至第五章是其主体。第二章探讨悬索桥静力结构分析，包括竖向—纵向、横向、扭转及偏心荷载下的结构分析、空间分析、塔的结构分析等。第三章探讨悬索桥自由振动分析，包括竖向—纵向、扭转、横向自由振动和空间耦合自由振动及塔的振动，这一章也是后续的动力响应分析的基础。这两章中既有作为连续体的分析理论，也有有限元法。第四章探讨悬索桥地震响应分析，首先根据悬索桥在动力行为方面的特殊性定义适合悬索桥需要的地震动随机场激励模型，建立恰当的随机场时间历程样本模拟方法，然后分别建立地震动随机场激励下的时间历程响应分析方法、稳态随机响应分析方法、瞬态随机响应分析方法，并使用动力可靠度理论来评价最大响应，最后还将据出多点非一致激励的反应谱法。第五章探讨悬索桥风致振动效应的分析，包括悬索桥三维颤振和抖振分析的统一算法、不考虑抖振力时三维颤振问题的复特征值算法、不考虑振型气动耦合时三维抖振响应的实用算法以及一个二维抖振响应的简化近似算法。这两章的理论都是基于对结构的有限元离散模型，只有二维抖振响应的简化近似算法是基于对连续体的分析。最后，第六章是一个简短的总结。另外，附录A对其基于第二至五章的理论所开发的软件系统进行扼要介绍；附录B则对阅读第四、五章所需的随机场理论作了简单介绍。

参考文献

[1] ASCE. Long span suspension bridges: history and performance[C]//Proc. ASCE National Convention. Boston: 1979.

[2] Latimer M，et al. Bridge to the future：a centennial celebration of the Brooklyn Bridge[C]//Annals of the New York Academy of Sciences. 1984, Vol. 424.

[3] Pugsley A. The theory of suspension bridges[M]. London：Edward Arnold, Ltd., 1957.

[4] 钱冬生，陈仁福. 在跨度 600 m 以上应该考虑悬索桥[C]//第八届全国桥梁及结构工程学术会议论文集. 1988.

[5] 钱冬生. 从英国对其塞文河桥渡的加固中汲取教益（交流资料）[G]. 1993.

[6] 陈仁福. 关于悬索桥的结构分析理论[C]//第二届铁路桥梁情报会议论文. 峨眉：1988.

[7] 辽宁省交通科研所. 桥梁风振论文集[C]. 1982.

[8] Baron F，Arikan M，Hamati R E. The effects of seismic disturbances on the Golden Gate Bridge（EERC Report）. 1976, No. 76-31.

[9] 陈仁福. 大跨悬索桥抗震研究与设计方法[C]//四川省第二届结构振动学术会议论文集. 眉山：1992.

[10] 小西一郎. 钢桥⑤[M]. 戴振藩，译. 北京：人民铁道出版社，1981.

[11] 查普林 C A. 吊桥[M]. 姚玲森，译. 北京：人民交通出版社，1963.

[12] 斯特累列茨基 H H. 桥梁的格式组合体系[M]. 许成业，译. 北京：人民交通出版社，1956.

[13] 钱冬生，陈仁福. 大跨悬索桥的设计与施工[M]. 成都：西南交通大学出版社，1992.

[14] Gimsing N J. 缆索承重桥[M]. 姚玲森，林长川，译. 上海：同济大学出版社，1992.

[15] 贵州省交通设计院. 吊桥设计实例[M]. 北京：人民交通出版社，1962.

[16] 李国豪. 桥梁与结构理论研究[M]. 上海：上海科技出版社，1983.

[17] Lingxi Qian. A simplified method of analyzing suspension bridges[J]. ASCE Trans，Paper No. 2383，1948.

[18] 四川省交通厅. 四川公路 • 悬索桥专辑[M]. 1989.

[19] 中国土木工程学会桥梁及结构工程学会. 第一届全国索结构学术交流会论文集[C]. 无锡：1991.

[20] 严国敏. 悬索桥专题情报资料. 铁道部大桥局设计院，1989.

[21] 罗世勘，等. 当代四川公路桥梁[M]. 成都：四川科技出版社，1988.

第二章　悬索桥静力分析

第一节　概　述

悬索桥在静荷载下的结构行为是决定悬索桥结构设计的主要依据，所以，关于静力分析理论和方法的研究，就成了悬索桥理论研究中最重要和最基本的部分。

一、悬索桥静力分析理论研究的历史发展与现状述评

悬索桥在成桥阶段受有竖向荷载、横向荷载和偏心荷载等，针对不同方向的荷载，通常采用不同的计算模型和方法。

1. 悬索桥在竖向荷载下的结构分析

一般认为，悬索桥在竖向荷载下的结构分析理论的发展构成了近代悬索桥的理论基础。而分析理论的这种发展，其根源在于：① 对悬索桥行为特点的愈来愈正确的认识；② 数值方法和计算机的发展；③ 悬索桥因其向大跨发展而出现的一些新的结构特色。

大致来说，悬索桥承受竖向荷载的结构分析理论可以划分为如下几类：弹性理论，作为连续参数方法的非线性膜理论，作为离散参数方法的非线性离散吊杆理论和非线性有限元理论，以及由上述理论导出的简化和近似分析方法。

（1）弹性理论

在 19 世纪以前，悬索桥还没有任何力学分析方法。直到 1823 年法国的 Navier，才总结发表了无加劲悬索桥的计算理论[1]。后在 1858 年，英国的 Rankine 才提出了针对有加劲梁的悬索桥的计算理论。但这个理论武断地假定由活载所生的吊杆拉力集度等于所有活载除以跨长所得的值，且沿跨均布，以此为基础来分别分析缆索和加劲梁的内力。由于这个武断假定导致了分析

所得的缆和加劲梁变形不协调，所以该理论自然是不合理的。大约在 1880 年前后，在美国以 Levy 为代表的一批学者尝试用 Navier 及 Castigliano 建立的结构分析理论来分析悬索桥的内力；在欧洲 Navier 及 Castigliano 本人也在进行这样的尝试（此前他们的理论主要用于拱类结构的分析），这就出现了最初的悬索桥弹性理论[1]。根据这个弹性理论，吊杆拉力集度将仍为沿跨度均布，但是其值将取决于缆索和加劲梁的刚度。这种弹性理论后经 Steinman 整理成习用的标准形式[2-4]。弹性理论的要点示于图 2.1 中。

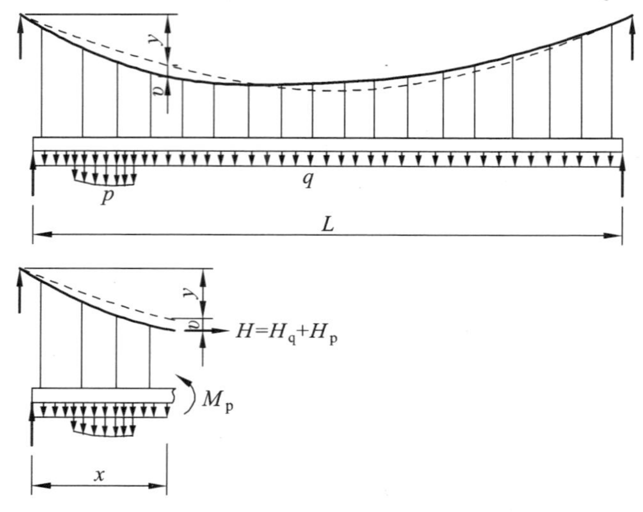

图 2.1 悬索桥的弹性理论和挠度理论

弹性理论曾在一个时期支配悬索桥设计，在挠度理论出现之后，它仍未失效，直至今日，跨度小于 200 m 的悬索桥设计仍然可以借助于弹性理论。但是弹性理论有两个非常显著的缺陷：一是没有考虑到恒载对悬索桥刚度的有益影响（如前述，这是 Roebling 在 1855 年修建尼亚加拉河悬索桥时就意识到了的）；二是没有考虑非线性大位移影响。尽管按弹性理论做设计可以偏于安全，但却严重浪费了材料。因作为悬索桥主要承重构件的缆索是受拉构件，当考虑了上述两因素时，其内力和位移值将显著减少（注：拱桥的主要承重构件是受压的，考虑上述两因素时，内力和位移值将显著加大；拱肋越柔，其影响越甚。这就是拱桥很难向大跨发展的主因之一）。Steinman 曾研究了弹性理论和后述的挠度理论分析结果的差别，表 2.1 列出了这种差别的考察实例[4]。由表可见，由弹性理论计算的弯矩偏大很多。这种情况在跨度愈大、加劲梁愈柔、活恒载比值愈小等条件下表现愈显著。因此，弹性理论不能用于大跨悬索桥的内力分析。

表 2.1　弹性理论与挠度理论计算结果之比

桥名	跨长	弹性理论与挠度理论结果之比/%	
	l/m	l/4 处弯矩	l/2 处弯矩
弗洛莲那波利斯桥	340	125	159
费城-坎母登桥	533	152	161
芒特-霍普桥	366	200	154

（2）非线性膜理论

该理论是将悬索桥作为连续体进行结构分析，此时要将悬索桥吊杆比拟为仅在竖向有抗力的膜，故而得名。古典膜理论即指通常所说的挠度理论。

早在 19 世纪上半叶，人们就已认识到受均布荷载的悬缆当再施加一个集中荷载时，其行为是非线性的，但直到 1862 年才由一个佚名的学者提出无加劲悬索桥的挠度理论。而有加劲悬索桥的挠度理论则是奥地利 Melan 教授在 1888 年提出并在 1906 年作了改进[1]。建桥史上第一次将 Melan 的挠度理论付诸实用是 Moiseiff 设计的纽约曼哈顿桥，该桥是在 1909 年建成的。曼哈顿桥的经验加上对 Melan 著作的翻译、整理和总结，使 Strinman 及 Moiseiff 等得以发展挠度理论使其可以用于带边跨的悬索桥[3,4]。

挠度理论基于以下的假定：恒载为沿跨度匀布，在无活载状态下，缆索为抛物线，加劲梁内无应力；吊杆竖直，且沿跨密布，不考虑其在活载作用下的拉伸和倾斜，当作仅在竖向有抗力的膜；在每一跨度内加劲梁为等直截面梁；缆索及加劲梁都只有竖向位移，不考虑其在纵向的位移。基于这些假定可导出挠度理论的基础微分-积分方程[5]。挠度理论的要点也示于图 2.1，便于与弹性理论作比较。

挠度理论的基础微分方程是非线性的，所以求得的闭合解是以包含未知的活载水平缆力 H_p 的形式给出，为此就须先假设一个 H_p，将它代入微分方程解出挠度 υ，再将 υ 代入一个表达相容条件的缆索积分方程，以便反求 H_p。必须保证所得的 H_p 与假定值一致。当不一致时就必须反复同样计算。这样的方法计算很烦琐，又不适于计算机运算。特别是由于迭加原理不适于非线性情况，所以对每一种荷载状况都得进行类似计算，这更增加了问题的难度。由于这个原因，Timoshenko 在 1928 年提出求解挠度理论基础方程的完备级数解法[6-7]。在这个解法中，Timoshenko 假定挠度为正弦级数形式，在将微分方程中的恒载和活载项展开为 Fourier（傅里叶）级数形式后，可获得挠度级数的各系数，但它们仍为 H_p 的函数。在将挠度级数代入表达相容条件的积分方程后，可获得 H_p 的渐近式；取 H_p 的近似值代入挠度级数，可获得挠度的近似解。如此反复几次，即可获得 H_p 和挠度的精确度适当的近似解。这个方法的好处在于每做一次渐近计算后就能获得更精确的解。但是这个方法仍不适于计算机运算。

由于闭合解析解法和完备级数解法都不适合于计算机运算，所以在进入电子计算机时代以来，一些学者另行寻求适于计算机应用的挠度理论基础方程数值解法。如果不考虑吊杆拉伸，仓西茂在 1962 年[8,9]及 Poskitt 在 1966 年[10]提出的方法因采用了与挠度理论相同的假定，故可看作是对挠度理论二阶形式的微分方程的微分算子进行差分离散化的算法。而 1968 年，Fukuda（福田武雄）提出的算法是对挠度理论的四阶形式的微分方程进行差分离散化的算法[11]。由于差分离散，非线性微分方程转化为非线性代数方程组，通过使用 Newton-Raphson（牛顿-拉斐逊）迭代法，这样的方程组的求解可以借助于计算机进行。除差分法外，1962 年 Esslinger 提出了挠度理论基础方程的传递矩阵解法，但仅考虑了线性化的情况[12]；1976 年，中井博和野口二郎继承了 Esslinger 的传递矩阵法，但使用 Newton-Raphson 法来求解由非线性微分方程经利用边界条件和传递矩阵运算导得的非线性代数方程组[13]。上述的差分法和传递矩阵法都属于离散形式的数值方法，它们不仅适用于计算机运算，而且适用性比挠度理论更好，例如，可以方便地考虑加劲梁刚度以及荷载等因素沿跨度变化的情况。但在反映结构行为的精度方面，与挠度理论大致是相同的，这是因为它们继承了挠度理论不考虑吊杆倾斜、不考虑缆和加劲梁纵向位移等缺陷。

除此之外，Ohshima 最近使用了 Laplace（拉普拉斯）变换和 Green（格林）函数法相结合的方法来求解挠度理论的基础方程。这个方法是将微分方程变换成了代数形式的四阶矩阵方程，求解要比微分方程方便，但其中的刚度矩阵和荷载项的计算仍较麻烦。

除了古典膜理论之外，还有所谓近代膜理论，近代膜理论通常是指 West 和 Robinson 在 1968 年建立的可考虑缆索纵向位移和吊杆延伸并采用 Newton-Raphson 法求解非线性微分方程的连续分析方法[14]。但是它的起源却可以追溯到 Rode 在 1930 年发表的“新挠度理论”一文。在该文中，Rode 考虑了缆索纵向位移的影响[16]。随后在 1939 年，Atkinson 和 Southwell 也在他们的研究中考虑了缆索纵向位移[15]，并采用级数解和松弛法求解非线性微分方程。Crosthwaite 在 1947 年进一步改善这种方法[1,16]，考虑了吊杆延伸的影响，并与 Freeman-Fox 公司合作在其塞文桥的设计计算中实际应用了它[70]。West-Robinson 的理论与 Crosthwaite 的方法相比，只不过用 Newton-Raphson（牛顿-拉斐逊）迭代解法代替了级数解和松弛法而已。

膜理论，尤其是曾经广泛应用的挠度理论，因采用了若干理想化（简化）假定，因此严格来说就包括一些近似性。在挠度理论的假定中，没有考虑以下因素：吊杆的倾斜和拉伸，缆索和加劲梁的纵向位移，另外在缆索相容方程中还忽略了二阶非线性项，并隐含了缆索倾角及倾角变化为小量的假定。而这些假定会使分析的结果受到影响。Gavarin 在这方面进行过有意义的探讨，表 2.2 列出 Gavarin 考察挠度理论误差的实例[17]。该例的跨度及恒活载比值均较小，当这两值较大时，挠度理论误差将更大。West-Robinson 的近代膜理论尽管可考虑缆索的纵向位移和吊杆的拉伸，却仍未考虑吊杆的倾斜和加劲梁的纵向位移。除存在计算误差问题外，膜理论普遍不便于计算机运算，另外对斜吊杆悬索桥的分析更显出误差较大。尽管小西提出的所谓修正挠度理论是针对斜吊杆悬索桥的[18]，但使用并不方便，没有得到实用。这些问题只有在非线性离散吊杆理论和非线性有限元法出现后才得到解决。

表 2.2　挠度理论的误差及其原因

原　因	误差/%	原　因	误差/%
吊杆的倾斜	8.9	吊杆伸长	−0.3
钢缆节点水平移动	2.9	主缆投影长度算式的近似性	0.7
加劲梁的剪切变形	1.8		

注：所用算例其中孔跨长 380 m，边跨 130 m，垂跨比 1∶9，钢缆总截面面积 1 500 cm^2，加劲梁总惯矩 2.2×10^3 cm^4，吊杆间距 10 m，两根吊杆的截面面积 21.3 cm^2，恒载 4.5 t/m，活载 4.5 t/m。

（3）非线性离散吊杆理论

这里所谓离散吊杆理论是指摆脱吊杆膜假定，针对悬索桥实际为杆系结构的情况，采用古典非线性结构分析方法分析悬索桥内力和变形的理论。但这里不包括也属于离散分析的非线性有限元理论。非线性仅指几何非线性而言，不包括材料非线性。因此这里的非线性理论实际上是有限变位理论。但本文将不使用“有限变位理论”这一概念，因为它与挠度理论（变位理论）属于同一力学范畴，而后者在悬索桥中是有所特指的。

Pugsley 是离散吊杆理论的首创者[1]，在 Pugsley 的理论中，首先切断吊杆，分别以单位竖向或纵向集中荷载单独作用在缆索和加劲梁的各节点处，以由此产生的各节点竖向和纵向位移来组成缆索柔度矩阵及加劲梁柔度矩阵，然后利用实际荷载作用下吊杆上、下端的缆索及加劲梁节点位移之差等于吊杆延伸的相容条件，组成关于实际荷载下吊杆力的联立方程组，解此联立方程组可求出各吊杆力，之后就可以方便地求出任意点的位移和内力。这显然是典型的古典结构力学力法。Pugsley 的这个方法本来只用于线性情况，其中活载引起的水平缆力未在缆索柔度系数中考虑。但是顺着这个思路，可在缆索柔度矩阵中包括活载水平缆力的影响，此时关于吊杆力的联立方程成为非线性的，解此联立方程需要首先假定活载附加水平拉力，依靠反复计算直到收敛至正确值为止。收敛条件为：缆索锚固点的距离不变、缆索无应力全长及各节间无应力长度不变。这就是 Borges-Lima-Oliveira 的方法。这种方法不仅对竖直荷载，而且对横向荷载、纵向荷载及扭转荷载也能求解[19,20]，还可以考虑连续加劲及有斜拉缆的情况。该法曾在葡萄牙 4 月 25 日桥的设计计算中实际应用。Janiszewski 的吊杆拉力法与此类似[21]，只是在推导柔度矩阵时使用了古典结构力学的共轭梁（即虚拟梁）与弹性荷载的概念。Poskitt 的方法Ⅱ和方法Ⅲ[10]及 Jennings[22]的协调方法也是古典结构力学力法，但是作为未知冗力则是取加劲梁在各吊点处的弯矩及塔和锚碇处的附加缆索竖向分力和水平分力。由于导得的方程组为非线性的，乃取其增量形式用 Newton-Raphson（牛顿-拉斐逊）迭代法求解。

与上述的力法相反，后藤茂夫的方法是典型的古典结构力学位移法[46]。他首先针对缆及吊杆为仅受轴力杆件的情况，给出这类杆件的节点位移与节点力之间计入大位移的关系式，进而建立缆索各节点及加劲梁各节点的节点力平衡条件式。在建立加劲梁节点的平衡式时，是使用三弯矩方程形式的差分式来给出加劲梁的挠度与节点力之间的弹性方程。然后根据这些式子导出将所考虑的全部节点位移与节点外力联系起来的刚度矩阵。所考虑的节点位移包括缆索及加劲梁节点的竖向位移和纵向位移。Jennings 的平衡方法与此类似[22]，也是一种古典位移法，但所考虑的节点位移为缆索的竖向位移和纵向位移及加劲梁的挠度和挠曲角。这种位移法所导得的非线性方程组，通常都是取其增量形式并使用 Newton-Raphson 迭代法求解。Poskitt 的方法Ⅰ[10]及仓西茂[8,9]的方法本来也可以算作离散吊杆分析的位移法，但由于他们的方法中没有考虑节点纵向位移，所以在不考虑吊杆拉伸的情况下，其方程完全可看作挠度理论微分方程的差分离散化。

作为离散吊杆理论，还有一类将悬索桥看作离散质点弹簧体系并使用拉格朗日法（属于能量原理的位移变分法）作结构分析的方法。这种方法最早被小西和山田、Tezcan 等用于分析悬索桥的振动性状，但意大利的 Franciosi 等也用这种方法来作悬索桥的静力分析[48]。在这种方法中，节点位移被表示为若干个拉格朗日坐标的函数，通过对总势能的变分获得关于拉格朗日坐标的联立代数方程组，由此解得拉格朗日坐标，进而求出节点位移和内力。既可用于线性分析，也可用于非线性分析。但这个方法未考虑节点纵向位移。

上述离散吊杆理论将普遍导致联立代数方程组的求解。但由于这些方法的未知变量通常不是全部的节点内力或者全部的节点位移，有时甚至是混合的内力和位移变量，柔度矩阵或刚度矩阵的推导通常是借助于古典结构力学的力法或位移法，并且或多或少地引入了一些程度不同的简化假定，因而与通常意义的有限元法是有区别的。但离散吊杆理论是膜理论过渡到有限元理论的中间环节，特别是由于离散吊杆理论的出现导致4月25日桥的设计开创了在悬索桥设计中应用计算机的新时代。

（4）非线性有限元理论

这里的非线性有限元理论是指将悬索桥当作非线性平面框架结构，按非线性杆系有限元求严密解的理论。这种理论除假定材料符合胡克定律外，不引入任何其他假定，并且可以适应结构细节上的任何变化。由于杆系有限元作为一种数值方法本身求得的是精确解，而悬索桥按杆系有限元离散又在客观上代表了其实际模型，所以非线性有限元理论是悬索桥的所有结构分析理论中最精确的。

Brotton和Saafan师生早在20世纪60年代初就致力于平面框架结构的非线性有限元研究[23,24]，而Brotton是在悬索桥的结构分析中最早引入非线性有限元理论的。其时英国正在修建世界上第一座斜吊杆悬索桥，而此前的所有悬索桥结构分析理论用于这类悬索桥的分析都不够精确，这便是Brotton提出其理论的背景。考虑到悬索桥这种结构的主要受力构件——缆索只受轴力，于是就主要针对初始轴力和大位移的二次影响而修正线性杆件有限元的刚度矩阵，从而导得非线性情况下的切线刚度矩阵，然后用Newton-Raphson（牛顿-拉斐逊）迭代法求解增量形式的代数方程组。Tezcan紧随其后发表的研究成果与Brotton的理论基本相同[25]，藤野和大坂也发表了类似的研究成果[80]，但在非线性方程组的解法上，则是采用直接迭代法，然而根据经验这种迭代法颇不易收敛，所以他们引入了衰减系数等措施。

Saafan在与Brotton同年但稍后发表的悬索桥分析理论是更一般的框架结构非线性有限元理论。在这种理论中，不仅计入初始轴力和大位移，而且计入初始弯矩和剪力及轴力-弯矩相互作用等因素产生的二次效应，由此导出非线性情况下的切线刚度矩阵，因此Saafan理论代表了框架非线性有限元理论的一种完备表述。注意这里所说的初始轴力、弯矩和剪力，不应只理解为恒载产生的初始内力，而是指加载变形过程中相对于每个新的荷载状态（及相应的变形几何状态）而言的。在非线性方程组的解法上，仍是取其增量形式用Newton-Raphson迭代法求解。

Brotton和Saafan理论的非线性方程的区别反映在后者包括了所有二次项

的影响，但在使用 Newton-Rophson 迭代法求解时的收敛速度和解的精度上，二者几乎没有什么差别。所以 Brotton 和 Saafan 理论都可以认为是悬索桥非线性分析的确切表述，后者更完备。然而笔者注意到仍有一个问题值得注意，那就是计算不平衡力时是否要包括恒载。尽管恒载与活载是分别作用在两个不同的体系，前者是作用在加劲梁无刚度时的缆索体系，后者是作用在成桥体系，但在活载作用引起结构变形后，恒载与原缆索体系的平衡也被改变，从这个意义上说，恒载应参与不平衡力的计算，可是现在所有采用 Newton-Raphson 迭代解法的非线性有限元理论都未特别指出这一点。由此看来，有关在悬索桥的非线性分析中如何使用 Newton-Raphson 法的问题，仍有必要进一步探讨。

（5）近似方法和影响线分析

在前述的理论中，弹性理论因其线性性质及不考虑恒载对悬索桥刚度的贡献，因而对大跨悬索桥不适用，而其他三种理论的计算相对较烦琐，它们适于最终的精确分析，却不太适于初步设计分析。在初步设计和方案研究中，需要有快速的分析方法，这样的方法不必很精确，但却能够使设计者迅速认清结构行为随参数变化而变化的清晰图景。另外，工程师习惯于根据影响线加载求设计量值，因而就需要有针对悬索桥的影响线分析方法。为适应这些要求，有不少学者专门研究了悬索竖向受力的近似分析方法和影响线分析方法。

① 经验公式和图表

尽管弹性理论只适用于小跨悬索桥，但它的计算相对简单，因此一个可能的初步分析方法就是将弹性理论看作一般结构工程师容易理解的理论，用弹性理论作悬索桥结构分析，然后采用某种简单的方式修正所得的分析结果，使得修正的结果与挠度理论结果近似一致。这就是 Steinman 和 Baker 的修正弹性分析方法[4]。他们首先使用弹性理论绘制了悬索桥内力和位移随结构参数及加载状况而变化的一些图表，然后根据挠度理论的分析结果绘制了修正弹性分析结果的修正曲线，这些修正曲线表达为无量纲刚度参数 $S(=\sqrt{EI/HL^2})$ 的函数。这样，工程师甚至不需计算，只要根据参数查图表就能获得分析结果。但是限于当时的悬索桥发展水平，这套图表可能至多能在中等跨度的悬索桥中使用。

Hardesty 和 Wessman 则认识到缆索是悬索桥的主要承重构件，加劲梁作为次要构件将随缆索的变形而变形，因而主要基于无加劲缆索的分析，提出了一套快速计算跨中和四分点处的弯矩和挠度的近似计算公式。但所采用的加载长度完全是根据当时的桁架悬索桥的设计经验而确定的，因而在像扁平箱梁那种较柔的加劲梁的情况下可能不适用。

② 使用 Rayleigh-Ritz（瑞利-李兹）法或最小余能原理的近似分析方法

作为初步的近似分析，使用能量原理的近似分析法是最直接的方法。首先提出这类方法的是 Bowen 和 Charlton[27]，在假定加劲梁挠度或弯矩为满足边界条件的正弦级数的情况下，分别使用最小势能原理或最小余能原理来求加劲梁挠度或弯矩。其中势能和余能的表达式分别使用了 Pugsley 提出的钢缆柔度矩阵的概念和其逆矩阵——刚度矩阵的概念。这个解法的精度取决于钢缆柔度矩阵和刚度矩阵的精度，Bowen 等是按受全桥恒载作用的无加劲缆在总恒载的 0.1 倍作为集中活载作用下的各点挠度来构造柔度矩阵的。Boynton、Werth 和 Geyer 进一步改进这种方法[28]，根据加载条件导出钢缆柔度矩阵，求出其逆矩阵后，用 Ritz 法求挠度的近似解，并考虑了吊杆拉伸的影响。Boynton 等的方法曾用于 4 月 25 日桥的分析。这类方法精度大致与线性挠度理论相当（见图 2.2）。

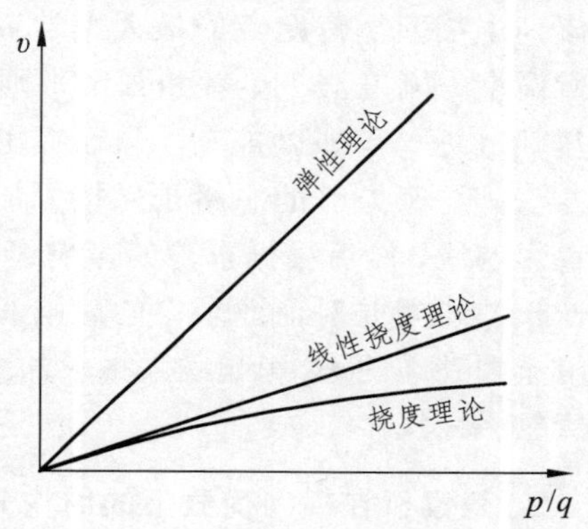

图 2.2　基于不同理论的荷载挠度关系

③ 线性挠度理论及影响线分析

随着跨度增大，活恒载比值渐渐变小，由活载产生的钢缆水平拉力增量 H_p 相对于恒载钢缆水平拉力渐渐地变小；注意到这种倾向，当固定 H_p 时，挠度理论基础微分方程成为线性的。挠度理论线性化后，不仅基础微分方程容易求解，更重要的是，由于线性化，迭加原理能够使用，从而工程师所习用的影响线分析方法在这种情况下也能使用。但是 H_p 实际上是随加载状况的不同而变化的，只不过这种变化对各力学量的影响不大而已。注意到这一事实，Neukrich[29,30]、Perry[31]及李国豪[32]提出了极限影响线的方法。这种方法就是按 H_p 为 0、$0.5H_{pmax}$ 及 H_{pmax} 分别作出各量值的三套影响线，然后按实际的 H_p（也由 H_p 的影响线在相应各量值和加载状况下求出）由各量值的三套影响线内插求出各量值的实用影响线。这种方法至今仍常使用。

与此相应，也可使用杆系有限元法在给定 H_p 的情况下进行线性分析求各量值的影响线。由于 H_p 较小，且其变化对影响线零点位置的影响不大，通常是假定 $H_p=0$，这相当于用前述非线性有限元理论的初始切线刚度矩阵加单位荷载时的线性分析。

如图 2.2 所示，在活载与恒载之比 p/q 较小的大跨悬索桥的情况下，线性挠度理论或按初始切线刚度作线性分析的有限元法能给出良好的近似。

④ 重力刚度法

前面在介绍 Hardesty 和 Wessman 的近似公式时[26]，曾指出大跨悬索桥的缆索是重要构件，加劲梁是次要构件，因而可以基于无加劲缆的变形来分析悬索桥的内力和位移。Jennings 继承了这种思路来分析悬索桥的内力和变形[33]，但摒弃了相应于特定点的最大力学量值的加载长度为定值的经验观念。这就是所谓重力刚度法。笔者和张金平则在修正了 Jennings 方法的弯矩计算错误的基础上进一步加以扩充，从而提出了利用重力刚度概念作影响线和包络图的方法。这个方法的思路是先按无加劲缆求出其挠度影响线及活载内力水平分量影响线，然后根据求得的影响线加载得到 H_p，继而考虑 H_p 引起的缆索弹性伸长的影响并对前面求得的影响线加以修正，最后根据加劲梁的平衡方程使用无加劲缆的 H_p 影响线来推求加劲梁的弯矩影响线，并最终算出最大力学量值包络曲线。

2. 悬索桥在横向荷载下的结构分析

倘若只把加劲梁当作一根简单的受弯梁看待，则它在横向荷载作用下只有横向挠曲出现，这种情况下的结构分析是本节要阐述的；若不把加劲梁看作简单杆件，而是看作有高度的桁架或者箱梁，则由于吊点与扭转中心的偏离，在横向荷载作用下加劲梁除发生横向变形之外，还要发生扭转变形，横联刚度不足时还会发生歪扭变形（畸变），这种情况下的结构分析将在后述的扭转分析中阐述。

当悬索桥受到横向荷载时，其主缆本身所受的荷载直接传到塔上；其加劲梁上所受的荷载，一部分传到支点，另一部分则传到缆上，再由缆传给塔。这里存在一个分配方式，它取决于缆的刚度与加劲梁的横向刚度。承受横向荷载的结构分析，其目的在于通过寻找缆索与加劲梁之间的上述制约关系，来求出结构各部件的内力和位移，从而据以作为结构设计的依据，特别是作为纵联杆件的设计依据，有时还成为主桁弦杆的控制设计依据。

横向结构分析理论大致可分为如下两类：作为连续介质的膜理论和作为杆系结构的离散分析理论。但与竖向分析不同的是，在横向受载的情况下，缆索内力的增加微不足道，非线性不显著，因而只需线性分析即可。

（1）膜理论及其系列解法

横向膜理论也是将吊杆比作连续膜，按连续体进行悬索桥的横向受力分析。横向膜理论最初是由 Moisseiff 和 Lienhard 提出的[36]。这个理论认为加劲梁具有水平横向弯曲刚度，缆索也由于其内部的初始拉力而能抵抗横向受力，据此分别推导出了关于缆索和加劲梁的水平挠曲基础微分方程，并针对由于加劲梁与缆索的横向水平位移的差异所产生的倾斜吊杆拉力的水平分力，进一步导出该水平分力与悬吊结构的恒载之间的平衡条件式。这三式即构成了膜理论的三个基础方程[见式（2.6.19）～（2.6.21）]。

对这三式求解比较烦琐，所以最初有对膜理论作近似简化的，即假定从加劲梁传至缆索的荷载在全跨度内是均匀分布的，这即是所谓均等分配法。它只适于跨度 500 m 以下的中小跨度悬索桥，对大跨，它是不中用的。

当不作上述简化而求解三个基础方程时，常常是困难的。但可先假设出从加劲梁传给缆索的分配荷载图式，然后对上述三个基础方程试行误差计算，直至满足为止，以得到真实的平衡状态。这即是弹性分配法。

弹性分配法中最初假定分配荷载的过程是至关重要的，如果假定得不好则迭代难以收敛，有时干脆发散，所以一些学者改用完备级数方法求解膜理论的基础方程。这种方法首先由 Selberg 采用[37]，他用正弦级数表示吊杆的倾斜角在跨度方向的分布。随后 Waltking 发展了 Selberg 的方法[38]，使之能分析三跨连续加劲梁的情况，并考虑了主塔因弹性变形而发生塔顶水平位移的影响。Crosthwaite 则用正弦级数表示缆索的水平位移[39]，并且也考虑了塔的弹性变形的影响。一般而言，塔的变形对解得的跨中最大横向挠度和弯矩的影响不大，可以不考虑。此外，还有一些学者采用了三角级数形式的近似解法，如 Silverman[40]的解法和 Guesoy[41]的解法都是假定挠度为满足边界条件的正弦级数的 Галёркин（伽辽金）近似解法。但 Topaloff 假定吊杆拉力水平分力为余弦级数的近似解法则属于利用最小余能原理的近似解法[42]。

另一方面，也有学者寻求膜理论基础方程微分算子离散化的数值解法。Ellis、Erzen 及 Fukudu（福田武雄）各自提出的差分法都属于这种解法[43-45]。他们都是将基础微分方程变换为差分式，从而获得多元联立线性代数方程组，这样就容易获得数值解了。但是作为表达加劲梁横向挠度与弯矩关系的差分式，福田武雄在应用了 Clapeyron 的三弯矩定理这一点上比 Ellis 和 Erzen 的方法更严密，然而最终获得的数值几乎没有差别。这些方法都可以考虑塔的弹性变形的影响。此外，由于差分离散，使得在顺桥方向荷载集度和加劲梁刚度的变化都可以方便地考虑。这些方法易于计算机运算。

（2）作为杆系结构的离散分析理论

针对悬索桥的实际结构模型，按离散杆系结构来分析悬索桥在横向荷载作用下的内力和位移，这样的方法首先由 Borgesr-Lima-Oliverira 引入[19]。如同竖向分析时一样，他们的方法是古典结构力学的力法。首先切断全部吊杆，取吊杆力的水平分力为未知数，以缆索、吊杆和加劲梁的多个柔度矩阵之和为整个体系的柔度矩阵，并根据相容条件推导出关于吊杆水平分力的矩阵方程，然后求解。Boynton-Werth-Geyer 也提出了类似的力法[28]，但作为未知量，则是取悬吊结构的风荷载与吊杆水平分力之差（即悬吊结构实际所受的横向力）。这两种力法都曾在 4 月 25 日桥的设计计算中实际应用。

如同在竖向分析时一样，后藤茂夫还采用了古典结构力学的位移法来分析悬索桥的横向受力[46]，他用矩阵方程表示缆索节点处的平衡及加劲梁的三弯矩式，所考虑的未知量只是缆索及加劲梁节点横向挠度。这个方法实际也可看作是膜理论基础微分方程的差分离散。但是由吉冢纯治提出的矩阵位移法则是那种以全部节点位移为未知量的典型的侧向受力框架的有限元位移法[47]。由于这种有限元位移法是把悬索桥当作有初始几何刚度的框架结构来求解，因而它不受横向膜理论前提假定的局限，可适应悬索桥在结构细节及风载集度方面的任意变化。悬索桥横向受力的分析理论发展至此已臻完善。

由于悬索桥在横向荷载下的结构行为呈现为线性特性，所以以上的理论和方法除均等分配法外，计算结果的精度几乎没有差别。设计者可以选择其中的任意一种方法用于计算，但从通用性和适用性的角度来看，以有限元位移法最好。

3. 悬索桥在扭转或偏载作用下的结构分析

纯粹的扭转荷载在实际上不可能单独出现，它必定是偏心荷载的产物。所谓偏心荷载，就是加载作用线不通过加劲梁剪切中心（或扭转中心）的竖向或横向荷载。在历史上，对于偏载引起的效应曾经是按如下方式来处理：即将加劲梁所受的竖向偏载按杠杆原理分配到两侧吊杆平面，然后分别作两侧竖向平面内的结构分析，或者将竖向荷载乘一个考虑偏载效应的放大系数，然后只做一个平面内竖向结构分析，不另进行竖向偏载引起的扭转效应分析，同时对横向荷载只按前面第 2 小点的方法分析，不考虑由于吊点偏离扭转中心引起的加劲梁扭转效应；这样的处理，就对加劲梁抵抗扭转的截面特性没有提出任何要求。可是，如果按这样的思路来设计加劲桁架，结构工程师就有理由对偏载引起的扭转效应表示担心，这种担心有老塔可马桥的气动扭转失稳作为佐证，尽管那是一个动力失稳事故，但扭转刚度不足也是主要原因之一。随着对老塔可马桥失效机理的研究，扭转问题开始受到重视，尽管研究的重点是放在动力行为方面，但研究的成果导致对悬索桥扭转刚度的加强，这当然也改善了悬索桥的静力扭转行为。同时，专门针对偏载引起的静扭转效应的分析也开始在随后的悬索桥设计中纳入考虑，相应的分析理论也开始得到发展。迄今为止，这样的分析理论已经发展了多种，它们大致可以分为如下三类：单独考虑扭转效应的分析理论和同时考虑偏心荷载引起的耦合变形效应的分析理论及三维空间分析理论。

（1）单独考虑扭转效应的分析理论

所谓单独考虑扭转效应的分析理论，就是按刚体力学的静力等效原则将竖向偏载（或横向偏载）用通过加劲梁剪切中心的竖向（或横向）荷载和相应的扭矩代替，然后竖向（或横向）荷载的效应用前面第 1 小点（或第 2 小点）的理论分析，扭转效应则用这里的理论单独分析，然后将二者的效应迭加起来，不考虑非线性耦合效应。而且在这样单独的扭转分析中，认为悬吊结构的加劲作用中，抗扭作用远比抗弯作用显著，从而桥的扭转行为可视作线性，因而不考虑扭转行为本身的非线性影响。

单独的扭转分析，20 世纪 40 和 50 年代的标准处理是采用 Moppert 的影响函数方法[49]，即采用 Green（格林）函数求解悬索桥的线性扭转微分方程，如在福斯公路桥的设计计算中就采用了这种方法[70]。德国在 50 年代曾把这种方法列入教科书中[50]。但这种方法没有考虑翘曲约束和畸变效应。1957 年，Sih 发表文章针对具有刚劲横联的封闭桁架加劲梁考虑翘曲约束所产生的二次应力进行了分析[51]。但该文基于当时尚不发达的约束扭转理论，而且该文非常简短，不能说是具有广泛性。1974 年，Irvine 针对实腹箱梁加劲悬索桥的情况，认为加劲梁因扭转刚度大且具有密布横隔板，因而翘曲变形和畸变可以忽略，于是针对这类悬索桥提出只考虑加劲梁 St.Venant（圣文南）扭转的分析方法[52]。1975 年，Fukuda（福田武雄）借助截面扭矩与扭角的关系及扭角与竖向挠度的关系，将扭转荷载与扭角表达为竖向荷载与竖向挠度，然后用其竖向分析的差分法进行分析[53]。由于这个方法使用了圣文南扭转理论，没有考虑翘曲，因而这个方法可以看作是 Irvine 理论的差分离散。但是所有这些方法都是按截面周边不变形（即不计畸变）考虑的。只有 Esslinger 和仓西・小森各自提出的理论是考虑了周边变形的[54,55]。但 Esslinger 使用传递矩阵的分析方法只考虑了加劲梁没有横联或隔板的情况，实际上没有意义。仓西・小森则只是针对特定形式加劲桁架导出构件力与截面变形之间的差分关系式。

（2）同时考虑偏心荷载引起的耦合变形效应的分析理论

一般认为，前述单独考虑扭转荷载效应的分析理论对于扭转刚度较大且具有密布横隔板的实腹扁平箱梁加劲的悬索桥可以满足工程所需的精度，但结构工程师仍有可能对如下两个问题心存疑虑（特别是对于可能承受较重偏载的桁架悬索桥）：① 承受偏心荷载的悬索桥，其竖向或横向荷载与扭转荷载引起的行为本来是相互耦连呈现非线性特性的，分开计算再迭加的线性化处理是否成立，值得怀疑。② 单独考虑扭转效应的分析理论一般假定横截面周边形状保持不变，为使这个假定成立，横联的间距和剪切刚度应是多大？对于像 4 月 25 日桥及本州四国联络线上的双层公铁两用悬索桥，由于不能侵入建筑限界，组成任意框架形式的横联有困难，从而可能达不到保持横截面不变形所需的横联剪切刚度值，此时横截面周边变形对结构行为的影响如何？带着这样的疑虑，小松定夫和西村宣男提出了竖向偏载作用下的分析理论和横向偏载作用下的分析理论[56,57]。这种理论都是将悬索桥按连续体来看待且假定加劲梁重心与扭心重合。在横向偏载分析理论中考虑了横向挠曲效应与扭转效应的耦合，首先导出缆索和加劲梁横向挠曲的基础微分方程式，然后利用缆索和加劲梁的协调条件求得作用于加劲梁的分布扭矩和分布偏矩，把它们代入Bʌacoв（符拉索夫）的考虑周边变形的三个扭转基础微分方程式，这样获得 5 个耦合基础微分方程，但其中含有未知的缆索附加水平力，还需借助于一个缆索相容方程才能求解。由于方程为非线性，需要使用迭代方法才能求解。在每次迭代过程中都使用了迦辽金近似法求解基础微分方程。竖向偏载分析与此类似，首先导出加劲梁竖向挠曲的基础微分方程式，然后利用协调条件导出加劲梁上的分布扭矩与分布偏矩表达式，把它们代入符拉索夫的扭转方程，这样获得四个非线性耦合微分方程，再利用缆索相容条件通过迭代法求解。迭代过程中同样使用了伽辽金法。这些理论曾被冈村隆夫和井冈敬实际用于本四联络桥的设计计算，但在解法上使用了拉普拉斯变换法来代替伽辽金法[58]。根据分析，上述研究者认为当换算为每延米计的横联剪切刚度小于 10^5 t/m 时，应该考虑周边变形的影响。

4. 悬索桥的空间分析

严格来说，由于吊点偏离扭转中心，而在实际上加劲梁都设有竖曲线，所以任何偏载都将引起扭转与竖向、横向和纵向三个方向的位移在空间上呈非线性耦合，前面只考虑一个方向的位移与扭转耦合的分析理论也不严密。另外，实际的荷载状况也有可能是竖向和横向偏载甚至纵向荷载同时作用。因此，必要时应对悬索桥进行三维空间分析。

首先提出悬索桥三维空间分析理论的是 S. Shimada（岛田静雄）[59]，他在加劲梁截面周边不变形的假定下，导出了考虑竖向位移、横向位移及扭转耦合的基础微分方程，并提出了计算用的流程图，在解法上使用了影响函数法。但大概由于这种连续分析方法的数值计算复杂，特别是考虑加劲梁竖曲线的情况下更显困难，所以他一直未给出数值实例。大地羊三和渡边隆之借助符拉索夫的闭口薄壁杆件扭转理论导出了考虑加劲梁周边变形的空间耦合基础微分方程，然后导出表达任意长桥段（包括缆和加劲梁段）两端的广义位移与广义力关系的刚度矩阵，进一步借助广义位移与节点位移及广义力与节点力的关系，导出关于节点位移与节点力的刚度矩阵，用数值方法求解[60]。这个方法可以看作空间桥段有限元位移法。小松・西村则提出所谓组位移法（グループ変形法，即 group displacement method）的空间分析理论[61]。在这个理论中，首先用块（ブロック，即 block）分割悬索桥，在采用子结构及静力缩聚等方法缩减横联自由度后，导出关于块段两端位移矢量的块段刚度矩阵（ブロック刚性マトリックス），然后用数值方法求解。更进一步，如果利用块段端的节点位移矢量（共 18 个自由度，其中两个缆索节点各三个空间自由度，加劲桁四个弦杆节点也是各三个空间自由度）与广义位移矢量（也是 18 个自由度，其中吊杆伸缩两个，缆索横挠两个，缆索纵移两个，加劲梁在三个方面的挠弯或扭共 6 个，畸变 1 个，翘曲 1 个，主桁竖杆伸缩两个，横联竖杆伸缩两个）的关系，限制某些广义位移，从而得到节点位移矢量间的从属关系，缩减一些节点位移，则可得到与前述包括竖向、横向、扭转或偏载分析的各种理论实质相同的多种分析方法，精度各不相同。这种有限元法保留了桁架加劲悬索桥作为杆系结构的特点，也具有有限元数值方法的优点，并考虑了当时不很发达的计算机容量和速度水平。但这个方法看起来不像杆系有限元法那样直接。

近年来，由于计算机的发展，不需自由度缩减技术也能做悬索桥的空间有限元分析。Arzoumenidis 用一系列单元的组合来模拟悬索桥[62]，所考虑的单元包括空间非线性或线性的杆单元与梁单元，线性四边形受剪板单元及由非线性杆单元与矩形受剪板单元复合而成的薄壁箱梁单元等。使用者可根据需要用箱梁单元或其他各种单元组合成的三种模型来模拟加劲梁。但对于实腹箱梁加劲的悬索桥，当需考虑加劲梁翘曲和畸变时，则难以模拟。另外，单元划分太多导致自由度较多，即使计算机容量和速度没有问题，输入、输出数据的处理也较麻烦。

川田忠树推荐在斜拉桥的分析中早就普遍使用的对加劲梁采用鱼刺梁模拟的空间杆系有限元分析方法[63]。对于需考虑加劲梁翘曲和畸变的情况，利用符拉索夫的理论对梁单元增加翘曲和畸变自由度并无困难，也不需要特别的程序技术。此时由于梁的几何特性是对梁的形心而言，如果用带刚臂的杆单元来模拟吊杆，则将减少自由度和单元数[65]。唐家祥分析斜拉桥所用的索膜单元相当于两个带刚臂吊杆单元的组合[64]，这样的组合不减少自由度但可减少一半的吊杆单元。这种索膜单元也被廖海黎等[66]及笔者用来分析悬索桥，分析结果与带刚臂杆单元模拟吊杆时的分析结果完全相同[65]。

5. 塔的分析

一般认为，塔在横桥向的行为基本上不受缆索弹性约束的影响，其内力分析可以采用一般框架结构的分析方法。

塔在顺桥向的行为则因塔顶不仅承受缆索传来的竖向压力，而且随缆索的变形而发生纵桥向位移，因而受到缆索弹性约束的影响，其内力分析不能采用简单的框架分析方法。但是对大跨悬索桥的柔性塔，其在悬索桥特定的加载状态下由缆索传来的塔顶竖向压力和随缆索变形而发生的塔顶水平位移是一定的，基本上是不受塔的弯曲刚度的影响。这是由于缆索在顺桥向的刚度比较起来非常大，而塔的弯曲刚度则小到可以忽略的程度。因此，塔顶的竖向压力与水平位移量可用忽略塔的弯曲刚度的结构体系来求，再用这些已知量作为荷载来作塔的结构分析。在采用有限元法作悬索桥的结构分析时，塔的分析当然也可通过计入其弯曲刚度后与整个结构的内力分析同时进行，但这需要将塔的单元划分较细，而且每变动一次塔的截面，就得重新进行整个结构的分析以重新获得塔内力和变形，因而很不方便。因为无论塔的弯曲刚度在实际可能范围内如何变化，塔顶竖向力和变位基本不变，因而单独进行塔的分析以适应设计过程中塔截面随时可能变化的情况就显得方便。

塔在顺桥向的分析归根结底是压弯梁的微分方程在给定位移边值条件下的定解问题。但是由于塔为变截面，求解变得稍为复杂。Birdsall 将塔沿高度分为若干段，以每段的弯曲微分方程为基础用边界条件和连续条件求解，求出塔顶水平反力、挠度曲线、截面力等[67]。这是古典的解法，不适于计算机运算。另外，Birdsall 还通过对等截面塔的分析，认识到对于给定的竖向压力，塔顶水平反力与水平位移为线性关系；而数值分析表明，对于给定的水平位移，塔顶竖向压力与水平反力在实用上可以认为大致呈线性关系。Klöppel 等则使用传递矩阵法来求解变截面塔的微分方程[68,69]，使用这样的方法就很适合于计算机运算了。另外，Klöppel 等还通过对等截面塔的分析，认识到对于给定的塔顶水平位移和竖向力，当增大塔的刚度时，弯矩就急剧增大，因此为了经济地设计塔及塔的基础，塔的弯曲刚度必须控制在小值上，并且塔的弯曲刚度不宜大于塔顶竖向力作为欧拉临界力时的自由悬臂柱的弯曲刚度[68]。除此之外，福斯桥塔的分析则使用了一种试行误差计算的渐近解法[70]，先给塔腿假设一个挠曲线，由此作出竖向力的弯矩图，采用工程力学中的“弯矩面积法”（亦称虚拟梁法、共轭梁法、弹性荷载法），可将维持塔顶水平位移量的水平力求出，然后求这水平力在假设挠曲线上的弯矩图并将其加在竖向力的弯矩图上，重新用“弯矩面积法”求新的挠曲线，再用竖向力在新挠曲线下的弯矩图求新的水平力值；如此重复几次，直至水平力收敛（一般 3～4 次）；最后算出各截面内力和位移。由于塔为变截面，所以使用这种方法也要将塔分为若干段。

塔在施工时的自由悬臂状态下，要检算其在自重、风荷载及施工荷载作用下的稳定性和强度，以便决定是否需要采取临时加固措施或变更截面设计，这样的检算可以采用普通工程力学的方法。

此外，为了设计塔的横梁和腹杆，需要分析它们所受的内力。在横桥向荷载作用下，这些构件所受的力容易由框架分析方法得到。但当悬索桥受偏载作用而引起两缆内力差时，塔除受到竖向力和纵桥向位移外，还因两缆内力差引起扭转，这种荷载状态引起的横梁和腹杆内力的分析稍复杂些。Baron 曾提出了不考虑塔顶竖向力和水平位移而只按框架结构受塔顶扭矩的分析方法[5]。但从工程实际出发，还可以用更简单的方法处理，如像福斯桥的设计中[70]，就根据最不利扭转状态时塔的两柱顶纵向位移差来推算上横梁一个方向的弯矩，上横梁另一个方向的弯矩及所有其他腹杆和横梁的设计内力则由横桥向荷载作用下的塔内力分析得到，据此作为塔横梁和腹杆的设计依据。

二、本章研究内容

本章第二节将利用大位移不完全广义势能变分原理建立精度各不相同的各种膜理论，以考察挠度理论的误差来源。第三节建立竖向分析的非线性有限元法，基本方程和切线刚度矩阵的推导沿袭了 Saafan 和 Brutton 的理论，但改进了他们所用的 Newton-Raphson 迭代法。第四节阐述竖向分析的影响线方法，其中较详细地介绍了作者所提出的用重力刚度法作影响线的方法。第五节利用格栅有限元建立悬索桥横向受力的分析方法。第六节建立悬索桥在扭转及偏心荷载作用下的连续分析方法，分为不考虑和考虑加劲梁周边变形两种情况，并建立不考虑加劲梁周边变形时的扭转分析有限元法；关于周边变形时的情况，主要参考小松・西村的理论。第七节建立悬索桥空间分析的有限元法，将悬索桥看作多种单元的集合，详细导出了各种空间单元的切线刚度矩阵。在第八节建立用于塔分析的传递矩阵法。第九节是几个算例。基于本章的理论所开发的计算软件简介于附录 A。

第二节　竖向荷载作用下作为连续体的分析

本节将利用大位移不完全广义势能变分原理[71]导出精度各不相同的各种膜理论的基础微分方程。为了方便，仅考虑图 2.3 所示的一个单跨悬索桥，但是下面的分析很容易推广到三跨悬索桥。

后述的分析基于如下的一般假定：

a. 恒载为沿跨度均布，且完全为缆索支承，故在无活载状态下缆索为抛物线形，加劲梁为无应力状态；

b. 在全跨内加劲梁为等直截面梁，不考虑加劲梁的竖曲线；

c. 吊杆是稠密的，可比拟为均匀膜；

d. 所有材料符合胡克定律。

分析过程中根据需要还将引入其他假定。

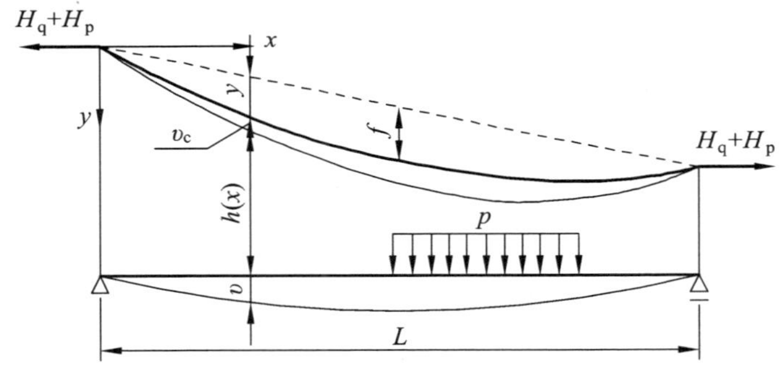

（a）总体变形

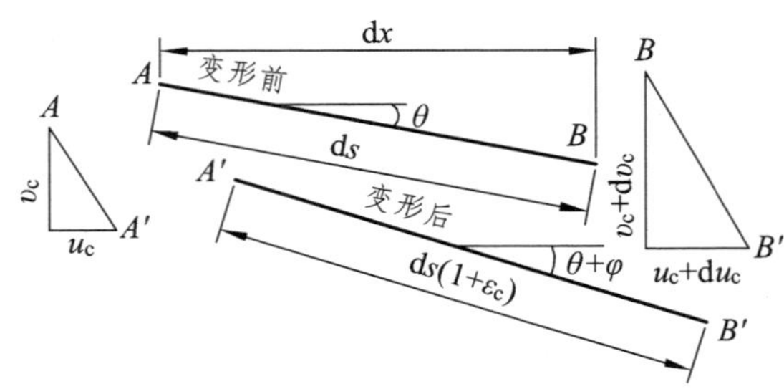

（b）缆索微元体变形

图 2.3　悬索桥作为连续体的竖向受力分析

一、一般情况

仅在上述假定的条件下，对于图 2.3 所示的坐标系统，恒载状态缆索的方程为：

$$y=\frac{4f}{L^2}x(L-x) \tag{2.2.1}$$

式中，f 为缆索垂度；L 为缆索跨长。设 θ 为缆索的倾角，则

$$\tan\theta=y'=\frac{4f}{L^2}(L-2x) \tag{2.2.2}$$

而

$$y''=-\frac{8f}{L^2} \tag{2.2.3}$$

根据恒载状态缆索的平衡条件可得

$$-H_q y''=q \tag{2.2.4}$$

式中，H_q 为恒载引起的缆索拉力的水平分量；q 为沿跨向的恒载集度。将式（2.2.3）代入式（2.2.4）得

$$H_q=-\frac{q}{y''}=\frac{qL^2}{8f} \tag{2.2.5}$$

当加劲梁上作用有分布活载 $p(x)$ 时，用以下符号定义悬索桥各部分的位移和应变：

u_c，υ_c——缆索的纵向水平位移和竖向位移；

υ——加劲梁的竖向位移；

ε_c——由于活载引起的缆索应变增量；

ε_h——由于活载引起的吊杆应变增量。

关于位移，可资利用的边界条件是：

$$u_c(x=0)=u_c(x=L)=\upsilon_c(x=0)=\upsilon_c(x=L)=0 \tag{2.2.6}$$

$$\upsilon(x=0)=\upsilon(x=L)=0 \tag{2.2.7}$$

与上面定义的位移和应变有关的能量项是：加劲梁的弯曲应变能、缆索的拉伸应变能、吊杆的拉伸应变能及恒载势能和活载势能。若忽略加劲梁的剪切应变能，则总势能为：

$$\Pi=\int_0^L\int_0^{\kappa}M\mathrm{d}\kappa\mathrm{d}x+\int_0^{L_c}\int_{\varepsilon_{c0}}^{\varepsilon_{c0}+\varepsilon_c}T\mathrm{d}\varepsilon_c\mathrm{d}s+\int_0^L\int_{\varepsilon_{h0}}^{\varepsilon_{h0}-\varepsilon_h}h(x)s(x)\mathrm{d}\varepsilon_h\mathrm{d}x-$$

$$\int_0^L\int_0^{\upsilon} q\mathrm{d}\upsilon\,\mathrm{d}x - \int_0^L\int_0^{\upsilon} p\mathrm{d}\upsilon\mathrm{d}x \tag{2.2.8}$$

式中，ε_{c0} 和 ε_{h0} 分别为缆索及吊杆膜在恒载状态下的初始应变；$h(x)$ 是吊杆膜高度的形状函数，它随位置坐标 x 变化；M 为加劲梁的弯矩；$\kappa = M/EI$ 为加劲梁曲率；EI 为加劲梁挠曲刚度；T 为恒载加活载作用下的缆索轴向拉力；$s(x)$ 为恒载加活载作用下的吊杆拉力集度。此式体现了悬索桥施加活载 p 后总势能的一般构成。要想准确地求得 p 作用下的结构位移，上式右边各项均不能忽略。

为了利用大位移不完全广义势能变分原理导出悬索桥的基础微分方程，需要由 Lagrange（拉格朗日）乘子法建立不完全广义势能函数[71]。为此，首先建立应变位移协调条件。由图 2.3 的几何关系可见，对于缆索有：

$$\mathrm{d}s\cos\theta = \mathrm{d}x \tag{2.2.9}$$

$$(1+\varepsilon_c)\mathrm{d}s \quad \cos(\theta+\varphi) = \mathrm{d}s\cos\theta + \mathrm{d}u_c \tag{2.2.10}$$

$$(1+\varepsilon_c)\mathrm{d}s \quad \sin(\theta+\varphi) = \mathrm{d}s\sin\theta + \mathrm{d}\upsilon_c \tag{2.2.11}$$

式中，$(\theta+\varphi)$ 为变形后的缆索倾角；φ 为缆索倾角的变化量。由此三式消去 φ 和微单元长度 ds 可得：

$$\varepsilon_c = \sqrt{(\cos\theta + u_c'\cos\theta)^2 + (\sin\theta + \upsilon_c'\cos\theta)^2} - 1 \tag{2.2.12}$$

式中，上标“′”表示对 x 的导数。

对吊杆膜有：

$$(1+\varepsilon_h) = \frac{1}{h(x)}\sqrt{[h(x)+\upsilon-\upsilon_c]^2 + u_c^2} \tag{2.2.13}$$

由此得：

$$\varepsilon_h = \frac{1}{h(x)}\sqrt{[h(x)+\upsilon-\upsilon_c]^2 + u_c^2} - 1 \tag{2.2.14}$$

式（2.2.12）和（2.2.14）分别为关于缆索和吊杆的应变位移协调条件。

现在令：

$$G_c = \sqrt{(\cos\theta + u_c'\cos\theta)^2 + (\sin\theta + \upsilon_c'\cos\theta)^2} - (1+\varepsilon_c) = 0 \tag{2.2.15}$$

$$G_h = \frac{1}{h(x)}\sqrt{[h(x)+\upsilon-\upsilon_c]^2 + u_c^2} - (1+\varepsilon_h) = 0 \tag{2.2.16}$$

则大位移不完全广义势能泛函为：

$$\Pi^* = \Pi + \int_0^L \lambda_c G_c \mathrm{d}x + \int_0^L \lambda_h G_h \mathrm{d}x = \int_0^L F^* \mathrm{d}x \tag{2.2.17}$$

式中，Π 由式（2.2.8）给出，λ_c 和 λ_h 为拉格朗日乘子。

由式（2.2.17），泛函 Π^* 的被积函数 F^* 的表达式为：

$$
\begin{aligned}
F^* = & \int_0^{\kappa} M \mathrm{d}\kappa + \int_{\varepsilon_{c0}}^{\varepsilon_{c0}+\varepsilon_c} T\sec\theta \mathrm{d}\varepsilon_c + \int_{\varepsilon_{h0}}^{\varepsilon_{h0}+\varepsilon_h} h(x)s(x)\mathrm{d}\varepsilon_h - \\
& \int_0^{\upsilon} q\mathrm{d}\upsilon - \int_0^{\upsilon} p\mathrm{d}\upsilon + \lambda_c G_c + \lambda_h G_h
\end{aligned} \tag{2.2.18}
$$

式（2.2.17）～（2.2.18）中，与缆索应变能有关的项使用了式（2.2.9）变换积分变量和积分限。

根据大位移不完全广义势能变分原理，取 Π^* 的变分 $\delta\Pi^* = 0$，可得到关于 F^* 的如下欧拉方程：

$$\delta\Pi^* = 0 \tag{2.2.19}$$

$$\frac{\partial F^*}{\partial u_c} - \left(\frac{\partial F^*}{\partial u_c'}\right)' + \left(\frac{\partial F^*}{\partial u_c''}\right)'' - \cdots = 0 \tag{2.2.19 a}$$

$$\frac{\partial F^*}{\partial \upsilon_c} - \left(\frac{\partial F^*}{\partial \upsilon_c'}\right)' + \left(\frac{\partial F^*}{\partial u_c''}\right)'' - \cdots = 0 \tag{2.2.19 b}$$

$$\frac{\partial F^*}{\partial \upsilon_c} - \left(\frac{\partial F^*}{\partial \upsilon_c'}\right)' + \left(\frac{\partial F^*}{\partial \upsilon_c''}\right)'' - \cdots = 0 \tag{2.2.19 c}$$

$$\frac{\partial F^*}{\partial \varepsilon_c} - \left(\frac{\partial F^*}{\partial \varepsilon_c'}\right)' + \left(\frac{\partial F^*}{\partial \varepsilon_c''}\right)'' - \cdots = 0 \tag{2.2.19 d}$$

$$\frac{\partial F^*}{\partial \varepsilon_h} - \left(\frac{\partial F^*}{\partial \varepsilon_h'}\right)' + \left(\frac{\partial F^*}{\partial \varepsilon_h''}\right)'' - \cdots = 0 \tag{2.2.19 e}$$

$$\frac{\partial F^*}{\partial \lambda_c} = 0 \tag{2.2.19 f}$$

$$\frac{\partial F^*}{\partial \lambda_h} = 0 \tag{2.2.19 g}$$

前 5 个方程将给出平衡微分方程，后两个为应变位移协调条件。将式（2.2.18）代入前 5 式，可得平衡方程的具体形式为：

$$-\frac{\mathrm{d}}{\mathrm{d}x}\left[\frac{\lambda_c(\cos\theta + u_c'\cos\theta)\cos\theta}{\sqrt{(\cos\theta + u_c'\cos\theta)^2 + (\sin\theta + \upsilon_c'\cos\theta)^2}}\right] + \lambda_h \frac{1}{h(x)} \frac{u_c}{\sqrt{[h(x) + \upsilon - \upsilon_c]^2 + u_c^2}} = 0 \tag{2.2.20 a}$$

$$-\frac{\mathrm{d}}{\mathrm{d}x}\left[\frac{\lambda_c(\sin\theta+\upsilon_c'\cos\theta)\cos\theta}{\sqrt{(\cos\theta+u_c'\cos\theta)^2+(\sin\theta+\upsilon_c'\cos\theta)^2}}\right]-\lambda_h\frac{1}{h(x)}\frac{h(x)+\upsilon-\upsilon_c}{\sqrt{[h(x)+\upsilon-\upsilon_c]^2+u_c^2}}=0$$

（2.2.20 b）

$$M''-q-p+\lambda_h\frac{1}{h(x)}\frac{h(x)+\upsilon-\upsilon_c}{\sqrt{\left[h(x)+\upsilon-\upsilon_c\right]^2+u_c^2}}=0 \qquad (2.2.20\ \text{c})$$

$$T\sec\theta-\lambda_c=0 \qquad (2.2.20\ \text{d})$$

$$h(x)\ s(x)-\lambda_h=0 \qquad (2.2.20\ \text{e})$$

从以上各式消去 λ_c 和 λ_h，并利用式（2.2.9）～（2.2.11），则以上各式简化为：

$$\frac{\mathrm{d}}{\mathrm{d}x}\left[T\cos\left(\theta+\varphi\right)\right]+s(x)\frac{u_c}{\sqrt{\left[h(x)+\upsilon-\upsilon_c\right]^2+u_c^2}}=0 \qquad (2.2.21\ \text{a})$$

$$\frac{\mathrm{d}}{\mathrm{d}x}\left[T\sin\left(\theta+\varphi\right)\right]-s(x)\frac{h(x)+\upsilon-\upsilon_c}{\sqrt{\left[h(x)+\upsilon-\upsilon_c\right]^2+u_c^2}}=0 \qquad (2.2.21\ \text{b})$$

$$M''-q-p+s(x)\frac{h(x)+\upsilon-\upsilon_c}{\sqrt{\left[h(x)+\upsilon-\upsilon_c\right]^2+u_c^2}}=0 \qquad (2.2.21\ \text{c})$$

式（2.2.21）的三个方程共包含 5 个未知数，即 u_c、υ_c、υ、T 和 $s(x)$，须再加上缆索和吊杆的两个协调条件才可能利用式（2.2.6）和（2.2.7）所示的边界条件求解。当然，按这些方程求解析解是困难的。也许一个更方便的途径是设定 u_c、υ_c、υ、ε_c 和 ε_h 的一族满足边界条件的位移函数，利用式（2.2.19）所示的势能驻值原理求近似解。但这不是本小结的目的。本小结的目的只在说明按连续体的方法也能严密描述悬索桥在竖向荷载下的结构行为，也可能求得作为连续体的严密解。式（2.2.21）所示的严密形式的连续微分方程似乎还没有人提出。以式（2.2.21）为参照，在后面将考察引入其他简化假定后的现存各种膜理论。

二、不考虑吊杆倾斜的情况

在前述 4 个假定的基础上，现在再增加如下的假定，即：

e. 不考虑活载引起的吊杆倾斜，即吊杆保持竖直。

此时，关于缆索的应变位移协调条件式（2.2.9）～（2.2.11）或式（2.2.12）仍成立，而关于吊杆的应变位移协调条件式（2.2.14）则变为：

$$\varepsilon_{h1}=\frac{1}{h(x)}\sqrt{\left[h(x)+\upsilon-\upsilon_c\right]^2}-1=\frac{\upsilon-\upsilon_c}{h(x)} \tag{2.2.22}$$

式（2.2.16）则变为：

$$G_{h1}=\frac{\upsilon-\upsilon_c}{h(x)}-\varepsilon_{h1}=0 \tag{2.2.23}$$

此时的大位移不完全广义势能泛函为：

$$\Pi_1^*=\Pi+\int_0^L\lambda_c G_c \mathrm{d}x+\int_0^L\lambda_{h1}G_{h1}\mathrm{d}x=\int_0^L F_1^*\mathrm{d}x \tag{2.2.24}$$

式中，Π 仍由式（2.2.8）给出，但用 ε_{h1} 代替 ε_h；G_c 仍由式（2.2.15）给出。泛函 Π_1^* 的被积函数表达式 F_1^* 为：

$$F_1^*=\int_0^\kappa M\mathrm{d}\kappa+\int_{\varepsilon_{c0}}^{\varepsilon_{c0}+\varepsilon_c}T\sec\theta\mathrm{d}\varepsilon_c+\int_{\varepsilon_{h0}}^{\varepsilon_{h0}+\varepsilon_{h1}}h(x)s(x)\mathrm{d}\varepsilon_{h1}-$$

$$\int_0^\upsilon q\mathrm{d}\upsilon-\int_0^\upsilon p\mathrm{d}\upsilon+\lambda_c G_c+\lambda_{h1}G_{h1} \tag{2.2.25}$$

将式（2.2.25）代入式（2.2.19）的前 5 式，可得如下的 5 个平衡方程：

$$-\frac{\mathrm{d}}{\mathrm{d}x}\left[\frac{\lambda_c(\cos\theta+u_c'\cos\theta)\cos\theta}{\sqrt{(\cos\theta+u_c'\cos\theta)^2+(\sin\theta+\upsilon_c'\cos\theta)^2}}\right]=0 \tag{2.2.26 a}$$

$$-\frac{\mathrm{d}}{\mathrm{d}x}\left[\frac{\lambda_c(\sin\theta+\upsilon_c'\cos\theta)\cos\theta}{\sqrt{(\cos\theta+u_c'\cos\theta)^2+(\sin\theta+\upsilon_c'\cos\theta)^2}}\right]-\lambda_{h1}\frac{1}{h(x)}=0 \tag{2.2.26 b}$$

$$M''-q-p+\lambda_{h1}\frac{1}{h(x)}=0 \tag{2.2.26 c}$$

$$T\sec\theta-\lambda_c=0 \tag{2.2.26 d}$$

$$h(x)\quad s(x)-\lambda_{h1}=0 \tag{2.2.26 e}$$

以上各式消去 λ_c 和 λ_{h1} 后，可利用协调条件进一步简化为：

$$-\frac{\mathrm{d}}{\mathrm{d}x}\left[T\cos(\theta+\varphi)\right]=0 \tag{2.2.27 a}$$

$$-\frac{\mathrm{d}}{\mathrm{d}x}\left[T\sin(\theta+\varphi)\right]-s(x)=0 \tag{2.2.27 b}$$

$$M'' - q - p + s(x) = 0 \qquad (2.2.27\text{ c})$$

由式（2.2.27）的平衡方程再加关于缆索和吊杆的两个协调条件并利用已知位移边界条件可求得问题的解。

比较式（2.2.27）与式（2.2.21）可见，由于引入吊杆保持竖直不变的假定，将导致缆索拉力水平分量 $T\cos(\theta+\varphi)$ 沿跨为常量，并且这个假定对加劲梁的平衡方程也有影响。进一步的考察可以发现，由于采用了完全相同的假定，本部分导得的基础方程将与 Crosthwaite[16]或 West-Robinson[14]的理论完全等价。

三、既不考虑吊杆倾斜也不考虑吊杆拉伸的情况

现在，在前面 5 个假定的基础上再增加如下的假定，即：

f. 不考虑由活载引起的吊杆拉伸。

此时，由于 $\varepsilon_{\mathrm{h}} \equiv 0$，所以 $\upsilon = \upsilon_{\mathrm{c}}$，变形协调条件只剩下式（2.2.12），相应的大位移不完全广义势能泛函为：

$$\begin{aligned} \Pi_2^* = & \int_0^L \int_0^\kappa M\,\mathrm{d}\kappa\,\mathrm{d}x + \int_0^L \int_{\varepsilon_{\mathrm{c}0}}^{\varepsilon_{\mathrm{c}0}+\varepsilon_{\mathrm{c}}} T\sec\theta\,\mathrm{d}\varepsilon_{\mathrm{c}}\,\mathrm{d}x - \int_0^L \int_0^{\upsilon_{\mathrm{c}}} q\,\mathrm{d}\upsilon_{\mathrm{c}}\,\mathrm{d}x - \\ & \int_0^L \int_0^{\upsilon_{\mathrm{c}}} p\,\mathrm{d}\upsilon_{\mathrm{c}}\,\mathrm{d}x + \int_0^L \lambda_{\mathrm{c}} G_{\mathrm{c}}\,\mathrm{d}x = \int_0^L F_2^*\,\mathrm{d}x \end{aligned} \qquad (2.2.28)$$

式中，G_{c} 仍由式（2.2.15）给出。泛函 Π_2^* 的被积函数 F_2^* 为：

$$F_2^* = \int_0^\kappa M\,\mathrm{d}\kappa + \int_{\varepsilon_{\mathrm{c}0}}^{\varepsilon_{\mathrm{c}0}+\varepsilon_{\mathrm{c}}} T\sec\theta\,\mathrm{d}\varepsilon_{\mathrm{c}} - \int_0^{\upsilon_{\mathrm{c}}} q\,\mathrm{d}\upsilon_{\mathrm{c}} \int_0^{\upsilon_{\mathrm{c}}} p\,\mathrm{d}\upsilon_{\mathrm{c}} + \lambda_{\mathrm{c}} G_{\mathrm{c}} \qquad (2.2.29)$$

将 F_2^* 代入式（2.2.19）的 a、c、d 式，可得如下三个平衡方程：

$$-\frac{\mathrm{d}}{\mathrm{d}x}\left[\frac{\lambda_{\mathrm{c}}(\cos\theta + u_{\mathrm{c}}'\cos\theta)\cos\theta}{\sqrt{(\cos\theta + u_{\mathrm{c}}'\cos\theta)^2 + (\sin\theta + \upsilon_{\mathrm{c}}'\cos\theta)^2}}\right] = 0 \qquad (2.2.30\text{ a})$$

$$M'' - q - p - \frac{\mathrm{d}}{\mathrm{d}x}\left[\frac{\lambda_{\mathrm{c}}(\sin\theta + \upsilon_{\mathrm{c}}'\cos\theta)\cos\theta}{\sqrt{(\cos\theta + u_{\mathrm{c}}'\cos\theta)^2 + (\sin\theta + \upsilon_{\mathrm{c}}'\cos\theta)^2}}\right] = 0 \qquad (2.2.30\text{ b})$$

$$T\sec\theta - \lambda_{\mathrm{c}} = 0 \qquad (2.2.30\text{ c})$$

消去 λ_{c} 并利用协调条件后，可进一步简化为如下两个方程：

$$-\frac{\mathrm{d}}{\mathrm{d}x}\left[T\cos(\theta+\varphi)\right]=0 \tag{2.2.31 a}$$

$$M''-q-p-\frac{\mathrm{d}}{\mathrm{d}x}\left[T\cos(\theta+\varphi)\right]=0 \tag{2.2.31 b}$$

此式也可由式（2.2.27）令 $\upsilon=\upsilon_{\mathrm{c}}$，并消去 $s(x)$ 后直接得到。将式（2.2.31）与缆索协调方程联立，可求得给定边界条件下的解。

四、既不考虑吊杆倾斜和拉伸也不考虑缆索纵向水平位移的情况

在前述 6 个假定的基础上，再增加一个假定，即：

g. 忽略缆索的纵向水平位移。

此时式（2.2.9）～（2.2.11）的缆索变形前后的几何关系变为：

$$\mathrm{d}s\cos\theta=\mathrm{d}x \tag{2.2.32 a}$$

$$(1+\varepsilon_{\mathrm{c1}})\,\mathrm{d}s\cos(\theta+\varphi)=\mathrm{d}s\cos\theta \tag{2.2.32 b}$$

$$(1+\varepsilon_{\mathrm{c1}})\,\mathrm{d}s\sin(\theta+\varphi)=\mathrm{d}s\sin\theta+\mathrm{d}\upsilon_{\mathrm{c}} \tag{2.2.32 c}$$

由此得到的缆索变形协调条件是：

$$\varepsilon_{\mathrm{c1}}=\sqrt{\cos^2\theta+(\sin\theta+\upsilon_{\mathrm{c}}'\cos\theta)^2}-1 \tag{2.2.33}$$

同时，由于不考虑吊杆拉伸，所以 $\varepsilon_{\mathrm{h}}\equiv 0$，$\upsilon=\upsilon_{\mathrm{c}}$，加劲梁与缆的竖向位移相同。

现在令：

$$G_{\mathrm{c1}}=\sqrt{\cos^2\theta+(\sin\theta+\upsilon_{\mathrm{c}}'\cos\theta)^2}-(1+\varepsilon_{\mathrm{c1}})=0 \tag{2.2.34}$$

则此时不完全广义势能泛函为：

$$\begin{aligned}\Pi_3^*=&\int_0^L\int_0^{\kappa}M\ \mathrm{d}k\,\mathrm{d}x+\int_0^L\int_{\varepsilon_{\mathrm{c0}}}^{\varepsilon_{\mathrm{c0}}+\varepsilon_{\mathrm{c}}}T\sec\theta\mathrm{d}\varepsilon_{\mathrm{c1}}\mathrm{d}x-\int_0^L\int_0^{\upsilon_{\mathrm{c}}}q\mathrm{d}\upsilon_{\mathrm{c}}\mathrm{d}x-\\&\int_0^L\int_0^{\upsilon_{\mathrm{c}}}p\mathrm{d}\upsilon_{\mathrm{c}}\mathrm{d}x+\int_0^L\lambda_{\mathrm{c1}}G_{\mathrm{c1}}\mathrm{d}x=\int_0^L F_3^*\mathrm{d}x\end{aligned} \tag{2.2.35}$$

式中，F_3^* 为：

$$F_3^*=\int_0^{\kappa}M\ \mathrm{d}\kappa+\int_{\varepsilon_{\mathrm{c0}}}^{\varepsilon_{\mathrm{c0}}+\varepsilon_{\mathrm{c}}}T\sec\theta\mathrm{d}\varepsilon_{\mathrm{c1}}-\int_0^{\upsilon_{\mathrm{c}}}q\mathrm{d}\upsilon_{\mathrm{c}}\int_0^{\upsilon_{\mathrm{c}}}p\mathrm{d}\upsilon_{\mathrm{c}}+\lambda_{\mathrm{c1}}G_{\mathrm{c1}} \tag{2.2.36}$$

将 F_3^* 代入式（2.2.19）的 b 和 d 式，可得如下两个平衡方程：

$$M''-q-p-\frac{\mathrm{d}}{\mathrm{d}x}\left[\frac{\lambda_{\mathrm{c}}(\sin\theta+\upsilon_{\mathrm{c}}'\cos\theta)\cos\theta}{\sqrt{\cos^2\theta+(\sin\theta+\upsilon_{\mathrm{c}}'\cos\theta)^2}}\right]=0 \tag{2.2.37 a}$$

$$T\sec\theta-\lambda_{\mathrm{c1}}=0 \tag{2.2.37 b}$$

从上式中消去 λ_{c1} 并利用式（2.2.32），可简化为如下的一个平衡方程：

$$M''-q-p-\frac{\mathrm{d}}{\mathrm{d}x}\left[T\sin(\theta+\varphi)\right]=0 \tag{2.2.38}$$

式（2.2.38）与式（2.2.33）的协调条件联立可求得给定边值条件下的解。

五、挠度理论及其缺陷

在第四部分中采用了①～⑦共 7 个假定，它们与古典挠度理论所采用的假定完全相同，所以式（2.2.38）理应与古典挠度理论的基础微分方程相同。事实上，设 $H=T\cos(\theta+\varphi)$，则式（2.2.38）可作如下变换：

$$M''-q-p-\frac{\mathrm{d}}{\mathrm{d}x}\left[H\tan(\theta+\varphi)\right]=0 \tag{2.2.39}$$

如果利用式（2.2.32），则上式变成

$$M''-q-p-H\frac{\mathrm{d}}{\mathrm{d}x}(y'+\upsilon_{\mathrm{c}}')=0 \tag{2.2.40}$$

再注意到 $q=-H_{\mathrm{q}}y''$，$H=H_{\mathrm{q}}+H_{\mathrm{p}}$（这里 H_{p} 为活载引起的缆索水平力增量），则式（2.2.40）可变换为：

$$M''-p-H_{\mathrm{p}}y''-(H_{\mathrm{q}}+H_{\mathrm{p}})\upsilon_{\mathrm{c}}''=0 \tag{2.2.41}$$

这就导出了著名的古典挠度理论的平衡微分方程。

由于式（2.2.41）有两个未知数，即 H_{p} 和 υ_{c}（=梁的挠度 υ），所以还需要一个协调条件才能基于边值定解，挠度理论采用的协调条件是如下形式的缆索相容方程[1]：

$$\frac{H_{\mathrm{p}}}{E_{\mathrm{c}}A_{\mathrm{c}}}\int_0^L\frac{\mathrm{d}x}{\cos^3\theta}+\alpha t\int_0^L\frac{\mathrm{d}x}{\cos^2\theta}-\int_0^L y'\upsilon_{\mathrm{c}}'\mathrm{d}x=0 \tag{2.2.42}$$

式中，$E_{\mathrm{c}}A_{\mathrm{c}}$ 为缆索的弹性模量和截面面积；α 为线胀系数；t 为温度变化。这个关系显然是线性的。由于在第四部分中根据微单元应变位移关系所导得的变形协调关系是式（2.2.33），所以自然会想到考察式（2.2.33）和式（2.2.42）

两式的联系和区别。将式（2.2.33）按泰勒级数展开并只取到二阶项，得：

$$\varepsilon_{c1} = \upsilon_c' \sin\theta\cos\theta + \frac{1}{2}(\upsilon_c')^2\cos^4\theta \tag{2.2.43}$$

在上式左边计入温度变化引起的缆索应变，得：

$$\varepsilon_{c1} + \varepsilon_t = \upsilon_c' \sin\theta\cos\theta + \frac{1}{2}(\upsilon_c')^2\cos^4\theta \tag{2.2.44}$$

由于 $\varepsilon_t = \alpha t$ 及 $\varepsilon_{c1} = \dfrac{T_p}{E_c A_c} = \dfrac{H_p}{E_c A_c \cos(\theta+\varphi)}$，代入上式得：

$$\frac{H_p}{E_c A_c \cos(\theta+\varphi)} + \alpha t = \upsilon_c' \cos\theta\sin\theta + \frac{1}{2}(\upsilon_c')^2\cos^4\theta \tag{2.2.45}$$

上式两边除以 $\cos^2\theta$，并沿跨积分得：

$$\int_0^L \frac{H_p}{E_c A_c \cos(\theta+\varphi)\cos^2\theta}\mathrm{d}x + \int_0^L \frac{\alpha t}{\cos^2\theta}\mathrm{d}x = \int_0^L \upsilon_c' y'\mathrm{d}x + \int_0^L \frac{1}{2}(\upsilon_c')^2\cos^2\theta\mathrm{d}x \tag{2.2.46}$$

如果倾角的变化为小量，则 $\cos(\theta+\varphi) \approx \cos\theta$，上式变为：

$$\int_0^L \frac{H_p}{E_c A_c \cos^3\theta}\mathrm{d}x + \int_0^L \frac{\alpha t}{\cos^2\theta}\mathrm{d}x = \int_0^L \upsilon_c' y'\mathrm{d}x + \int_0^L \frac{1}{2}(\upsilon_c')^2\cos^2\theta\mathrm{d}x \tag{2.2.47}$$

如果忽略上式右边的二阶项，即得式（2.2.42）。可见挠度理论的缆索相容方程隐含了加载后缆索倾角的变化量 φ 为小值的假定，并忽略了二阶位移项。注意到挠度理论的平衡方程式（2.2.41）为非线性方程，而采用的相容方程式（2.2.42）却为线性的，这看起来就不合理。式（2.2.42）所示的相容方程的另一个缺点是，相容只是对全局而言，而不管缆索任意点处的应变位移是否协调。相容方程的这些缺点，当然会导致挠度理论的分析结果相对于前面第四部分的理论分析结果有误差，这大概就是 Gavarini 所谓“缆索投影长度算式的近似性”造成的误差，但严格来说，应是相容方程的近似性造成的误差。

注意到导出本节挠度理论所采用的假定，相对于第一、第二和第三部分而言，更大的误差将来源于它忽略了缆索的水平位移及吊杆的倾斜和拉伸。另外，本节的推导从第一部分起就忽略了加劲梁剪切变形的影响，这当然也会造成一定的误差。

不仅如此，由于前述的假定，致使挠度理论关于恒载的处理方面也容易给人造成错误的印象。看式（2.2.40）和式（2.2.41），由于忽略缆索的水平位移及吊杆倾斜，所以 q 与 $H_q y''$ 精确抵销，也就是说承受活载后，恒载势能的变化同缆索应变能中与 H_q 有关的线性项精确抵消，结果导致式（2.2.41）中恒载 q 不直接出现。这样给人的印象是，恒载一经转化为几何刚度 H_q 后，就再不起作用了。这种印象可能会导致在悬索桥非线性有限元分析中当按照 Newton-Raphson（牛顿-拉斐逊）迭代法计算不平衡力时，根本不考虑恒载的影响（而只计入恒载产生的初始几何刚度）。但实际上从第一、第二或第三部分的基础方程（包括协调方程）中都能看出，由于至少存在缆索的纵向水平位移，恒载必定直接对变形后的平衡有影响，即使采用有限元法，如果不考虑这种影响也必将带来一定的误差，而这种误差就可能是由于挠度理论给人错误印象造成的。这个问题归根结底是悬索桥从恒载状态到活载状态时的体系转换和结构的非线性行为共同造成的特殊问题。由于有这些问题，所谓“悬索桥恒载只引起缆索和吊杆内力”的说法就只能限于无活载状态了。

第三节　坚向荷载作用下的非线性杆系有限元分析

注意到在前节按连续体对悬索桥进行结构分析时，如果充分考虑悬索桥的各种位移及正确的变形协调关系，则微分方程及未知量的数目较多，将使求解变得困难。如果通过假定而引入近似性的简化，如像挠度理论的情况，则计算结果又将会有不容忽视的误差；既是如此，由于不适于计算机运算，计算也并不容易。此外，连续方法也不能充分适应结构细节上的各种变化。另一方面，计算机、计算数学和计算力学的发展也使悬索桥的受力行为能够借助于计算机通过非线性有限元离散模型来更精确地进行分析计算。自 20 世纪 60 年代以来，已有许多研究者致力于这方面的工作。本节的内容主要是基于 Brotton 和 Saafan 的理论，这种理论属于非线性有限元位移法[23,24]。这些内容之所以在这里列出，一是为了完善，二是作为作者所开发的悬索桥分析软件系统的理论基础之一。另外，在本节后面将修正以往的研究者采用的迭代格式。

按非线性位移有限元法进行分析时，由于结构刚度随加载过程而不断变化，故位移法典型方程通常表达为如下增量形式：

$$\mathrm{d}\boldsymbol{F} = \boldsymbol{K}_T(\boldsymbol{\Delta})\mathrm{d}\boldsymbol{\Delta} \tag{2.3.1}$$

式中，$\mathrm{d}\boldsymbol{F}$ 是全结构的节点外力增量形成的矢量，$\mathrm{d}\boldsymbol{\Delta}$ 是全结构的节点位移增量形成的矢量，$\boldsymbol{K}_T(\boldsymbol{\Delta})$ 是切线刚度矩阵，它是结构节点位移矢量 $\boldsymbol{\Delta}$ 的函数。

方程（2.3.1）是通过全部单元的杆端力增量与杆端位移增量关系式集合得到，并使用了节点的平衡条件。单元的这个关系式为：

$$\mathrm{d}\boldsymbol{F}^e = \boldsymbol{K}_T^e(\boldsymbol{\delta}^e)\mathrm{d}\boldsymbol{\delta}^e \tag{2.3.2}$$

式中，$\mathrm{d}\boldsymbol{F}^e$ 和 $\mathrm{d}\boldsymbol{\delta}^e$ 是结构坐标系下单元的杆端力矢量和杆端位移矢量的增量，$\boldsymbol{K}_T^e(\boldsymbol{\delta}^e)$ 是结构坐标系下的单元切线刚度矩阵。其中

$$\mathrm{d}\boldsymbol{F}^e = \left[\mathrm{d}Q_{xi}, \mathrm{d}Q_{yi}, \mathrm{d}M_i, \mathrm{d}Q_{xj}, \mathrm{d}Q_{yj}, \mathrm{d}M_j\right]^{\mathrm{T}} \tag{2.3.3}$$

$$\mathrm{d}\boldsymbol{\delta}^e = \left[\mathrm{d}u_i, \mathrm{d}\upsilon_i, \mathrm{d}\theta_i, \mathrm{d}u_j, \mathrm{d}\upsilon_j, \mathrm{d}\theta_j\right]^{\mathrm{T}} \tag{2.3.4}$$

$$\boldsymbol{K}_T^e(\boldsymbol{\delta}^e) = \begin{bmatrix} k_1 & k_3 & k_5 & -k_1 & -k_3 & k_5 \\ k_3 & k_2 & k_4 & -k_3 & -k_2 & k_4 \\ k_5 & k_4 & k_6 & -k_5 & -k_4 & k_7 \\ -k_1 & -k_3 & -k_5 & k_1 & k_3 & -k_5 \\ -k_3 & -k_2 & -k_4 & k_3 & k_2 & -k_4 \\ k_5 & k_4 & k_7 & -k_5 & -k_4 & k_6 \end{bmatrix} \tag{2.3.5}$$

在上式中，单元刚度各元素的表达式在 Brottor 理论和 Saafan 理论中各不相同。在 Brottor 理论中：

$$k_1 = \frac{EA}{l_0}\left(\cos^2\psi + \frac{e}{l_{\mathrm{c}}}\sin^2\psi\right) + \frac{12EI}{l_{\mathrm{c}}^3}\sin^2\psi \tag{2.3.6 a}$$

$$k_2 = \frac{EA}{l_0}\left(\sin^2\psi + \frac{e}{l_{\mathrm{c}}}\cos^2\psi\right) + \frac{12EI}{l_{\mathrm{c}}^3}\cos^2\psi \tag{2.3.6 b}$$

$$k_3 = \frac{EA}{l_0}\left(1 - \frac{e}{l_{\mathrm{c}}}\right)\sin\psi\cos\psi - \frac{12EI}{l_{\mathrm{c}}^3}\sin\psi\cos\psi \tag{2.3.6 c}$$

$$k_4 = \frac{6EI}{l_{\mathrm{c}}^2}\cos\psi \tag{2.3.6 d}$$

$$k_5 = -\frac{6EI}{l_{\mathrm{c}}^2}\sin\psi \tag{2.3.6 e}$$

$$k_6 = \frac{4EI}{l_{\mathrm{c}}^2} \tag{2.3.6 f}$$

$$k_7 = \frac{4EI}{l_{\mathrm{c}}^2} \tag{2.3.6 g}$$

在 Saafan 理论中：

$$k_1=\frac{EA}{l_0}\left(\cos^2\psi+\frac{e}{l_c}\sin^2\psi\right)+s(1+c)\frac{EI}{l_c^3}\left[2\sin^2\psi+(\theta_i+\theta_j+2\varphi)\sin2\psi\right] \tag{2.3.7 a}$$

$$k_2=\frac{EA}{l_0}\left(\sin^2\psi+\frac{e}{l_c}\cos^2\psi\right)+s(1+c)\frac{EI}{l_c^3}\left[2\cos^2\psi-(\theta_i+\theta_j+2\varphi)\sin2\psi\right] \tag{2.3.7 b}$$

$$k_3=\frac{EA}{l_0}\left(1-\frac{e}{l_c}\right)\sin\psi\cos\psi-s(1+c)\frac{EI}{l_c^3}\left[\sin2\psi+(\theta_i+\theta_j+2\varphi)\cos2\psi\right] \tag{2.3.7 c}$$

$$k_4=s(1+c)\frac{EI}{l_c^2}\cos\psi \tag{2.3.7 d}$$

$$k_5=-s(1+c)\frac{EI}{l_c^2}\sin\psi \tag{2.3.7 e}$$

$$k_6=\frac{4EI}{l_c} \tag{2.3.7 f}$$

$$k_7=\frac{2EI}{l_c} \tag{2.3.7 g}$$

上述式中 $e=l_c-l_0$ （2.3.8）

E 为弹性模量；A 为单元截面面积；l_0 是无应力长度，可根据恒载几何尺寸和初始内力由胡克定律求出；l_c 是变形后长度；$\varPsi$ 为杆件倾角；φ 为单元变形后的偏转角，见图 2.4；s 和 c 为 Livesley 定义的考虑轴力和弯矩相互作用的稳定函数[72]，由下面各式计算：

轴力 $N>0$（拉力）时：

$$s=\frac{\beta(1-2\beta\,\mathrm{cth}2\beta)}{\mathrm{th}\beta-\beta}\,;\;c=\frac{2\beta-\mathrm{sh}2\beta}{\mathrm{sh}2\beta-2\beta\,\mathrm{ch}2\beta} \tag{2.3.9 a}$$

其中 $\beta=\frac{l_c}{2}\sqrt{N/EI}$

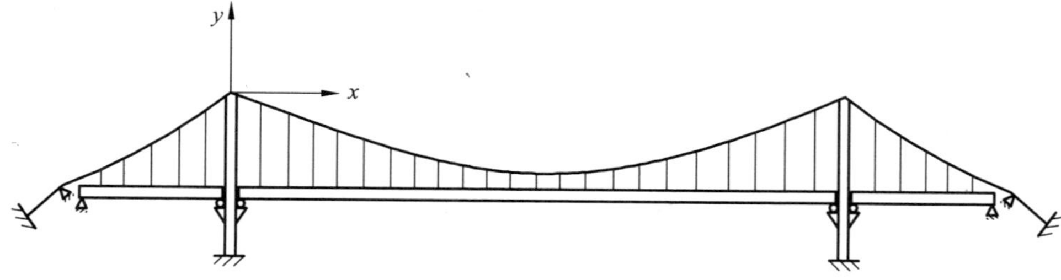

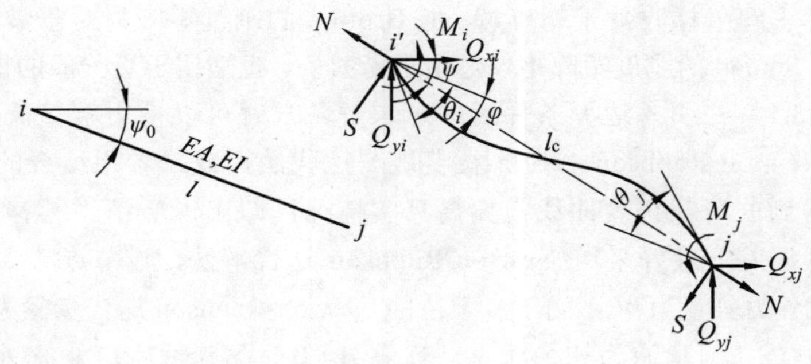

图 2.4 悬索桥作为平面杆系结构的竖向受力分析

轴力 $N<0$（压力）时：

$$s=\frac{\alpha\,(1-2\,\alpha\,\mathrm{cth}2\alpha)}{\tan\alpha-\alpha}\text{；}\ c=\frac{2\,\alpha-\sin2\alpha}{\sin2\alpha-2\,\alpha\cos2\alpha}\tag{2.3.9 b}$$

其中 $$\alpha=\frac{l_{\mathrm{c}}}{2}\sqrt{-N/EI}$$

轴力 $N=0$ 时，可从以上两式使用洛比塔法则导出：

$$s=4;\ \ c=0.5\tag{2.3.9 c}$$

当 $EI=0$ 时，可以由式（2.3.6）和式（2.3.7）直接导出轴力杆件的刚度矩阵。

式（2.3.3）～（2.3.8）中其余各符号的意义见图 2.4。应当注意的是，以上各式中的 l_0 为单元无应力长度，而不是成桥态未受活载时的单元长度；e 是单元受载后相对于无应力长度 l_0 的伸长，而不是相对于成桥态无活载时单元长度的伸长。

当缆索单元较长时，为考虑单元的自重挠垂引起的非线性效应，应使用 Ernst 的如下公式对弹性模量进行修正：

$$E_{\mathrm{eq}}=\frac{E}{1+\dfrac{EAq^2l_{\mathrm{h}}^2}{12N^3}}\tag{2.3.10}$$

式中，E_{eq} 是修正后的等效弹性模量，q 是单元的每延米恒载值，l_{h} 是单元水平投影长度。

比较式（2.3.6）和式（2.3.7）可见，Brotton 的刚度矩阵只考虑了初始轴力和大位移引起的非线性效应，而 Saafan 的刚度矩阵则全面地考虑了所有初始内力、大位移及轴力-弯矩相互作用等因素引起的非线性效应。然而，由于悬索桥的主要受力构件是缆索和吊杆这样的轴力杆件，因而非线性效应的主要原因是初始轴力和大位移，所以用 Brotton 的刚度矩阵求解，也能与用 Saafan

的刚度矩阵求解一样收敛于精确解。但 Brotton 的刚度矩阵只对悬索桥这类结构适用，而 Saafan 的刚度矩阵不仅适用于悬索桥，也适用于更一般的框架结构。

式（2.3.1）在引入边界条件后即可求解。求解可以采用增量荷载法，也可以采用 Newton-Raphson（牛顿-拉斐逊）迭代法，或二者相结合的混合法。但增量法得到的荷载挠度曲线常偏离真实情况，即出现所谓“漂移”现象，为避免这种误差，最好采用 Newton-Raphson 迭代解法，设节点活载外力矢量为 $\boldsymbol{P}$，恒载外力矢量为 $\boldsymbol{W}$，用于悬索桥的 Newton-Raphson 迭代步骤为：

a. 以恒载几何状态为初始状态，计算 $\boldsymbol{\varDelta}=0$ 时的切线刚度矩阵 $\boldsymbol{K}_T(\boldsymbol{0})$（其中已包括了恒载引起的几何刚度矩阵）；令 $\mathrm{d}\boldsymbol{F}=\boldsymbol{P}$，由式（2.3.1）解出位移矢量 $\mathrm{d}\boldsymbol{\varDelta}$，令其为 $\boldsymbol{\varDelta}_0$，即 $\boldsymbol{\varDelta}_0=\mathrm{d}\boldsymbol{\varDelta}$。

b. 将 $\boldsymbol{\varDelta}_0$ 加在结构的节点坐标上，以 $\boldsymbol{\varDelta}=\boldsymbol{\varDelta}_0$ 进行下面的计算。

c. 重新计算切线刚度 $\boldsymbol{K}_T(\boldsymbol{\varDelta})$。

d. 计算不平衡力。先计算变形后的各单元在本身拖带坐标下的杆端力（其中包括了恒载引起的内力，但其方向已经随单元拖带坐标起了变化），再将它们变换为整体结构拖带坐标下的杆端力 $\boldsymbol{F}^e$（坐标变换矩阵要用修正了的节点坐标计算），并组集得到整体结构节点内力 $\sum\boldsymbol{F}^e$，然后按下式计算不平衡力矢量 $\boldsymbol{R}$：

$$\boldsymbol{R}=\boldsymbol{P}+\boldsymbol{W}-\sum\boldsymbol{F}^e \tag{2.3.11}$$

e. 令 $\mathrm{d}\boldsymbol{F}=\boldsymbol{R}$，将 $\mathrm{d}\boldsymbol{F}$、$\boldsymbol{K}_T(\boldsymbol{\varDelta})$ 代入式（2.3.1），解出 $\mathrm{d}\boldsymbol{\varDelta}$。

f. 再将 $\mathrm{d}\boldsymbol{\varDelta}$ 加在结构节点坐标上，得到新的坐标值；同时将加到 $\boldsymbol{\varDelta}$ 上，得到新的 $\boldsymbol{\varDelta}$ 矢量。

g. 重复步骤 c～f 的计算 m 次，每次计算后都将 $\mathrm{d}\boldsymbol{\varDelta}$ 加到上次算得的坐标值和 $\boldsymbol{\varDelta}$ 值上，并重新计算 $\boldsymbol{K}_T(\boldsymbol{\varDelta})$ 和 $\boldsymbol{R}$，直到算得的 $\mathrm{d}\boldsymbol{\varDelta}_m$ 小到可以忽略。最后得到的位移矢量为：

$$\boldsymbol{\varDelta}=\boldsymbol{\varDelta}_0+\mathrm{d}\boldsymbol{\varDelta}_1+\mathrm{d}\boldsymbol{\varDelta}_2+\cdots+\mathrm{d}\boldsymbol{\varDelta}_m \tag{2.3.12}$$

迭代误差控制为：

$$\left\|\left\{\frac{\mathrm{d}\delta_i}{\delta_i}\right\}\right\|_\infty\leqslant\varepsilon \tag{2.3.13}$$

式中，$\mathrm{d}\delta_i$ 为 $\mathrm{d}\boldsymbol{\varDelta}_m$ 的第 i 个元素；δ_i 为 $\boldsymbol{\varDelta}$ 的第 i 个元素；ε 为一个小正数，通常可取 $\varepsilon\leqslant10^{-4}$。

h. 用最后得到的 $\boldsymbol{\varDelta}$ 值和坐标值计算各单元在自身拖带坐标下的杆端力。

这个迭代过程与 Brotton 和 Saafan 采用的 Newton-Raphson 迭代过程不同，在他们的论文中采用了如下的迭代公式：

$$\boldsymbol{R}_m = \boldsymbol{P} - \boldsymbol{K}_T(\boldsymbol{\Delta}_{m-1})\boldsymbol{\Delta}_{m-1} \tag{2.3.14}$$

这是对于一般结构的迭代格式，式中的 $\boldsymbol{K}_T(\boldsymbol{\Delta}_{m-1})\boldsymbol{\Delta}_{m-1}$ 将与式（2.3.11）中的 $\sum \boldsymbol{F}^e$ 不同，前者将不包含恒载引起的初始内力，而在 $\sum \boldsymbol{F}^e$ 中包含了恒载引起的缆索体系内的初始内力，但其已随拖带坐标改变了方向。正是由于初始内力和恒载在拖带坐标下已改变方向和位置，它们在初始几何状态的平衡已被打破，所以恒载应参与不平衡力的计算。悬索桥采用上述特殊的迭代步骤是由于所选择的迭代初始几何状态为成桥恒载几何状态，其时的恒载只作用在缆索体系，而引起变形的活载又是作用在全桥体系这样一种特殊的情况所要求的。注意到 Saafan 的两个算例均不是恒载作用在缆索体系而活载又作用在全桥体系的情况，因而 Saafan 没有考虑悬索桥的特殊情况[24]。其他的研究者也都忽视了这种特殊性。

第四节　竖向荷载作用下的近似分析和影响线方法

严格讲，悬索桥作为非线性结构，基于迭加原理而根据影响线求最大设计量值的方法是不适用的。但为了求最大设计量值，我们又需要知道相应的最不利加载位置，以便用非线性方法进行精确计算。通过一些近似处理，可以使用如下的三种方法来大致定出对应于各设计量值的最不利加载位置。

一、线性挠度理论

考虑到悬索桥刚度的主要来源为缆索内力，其中绝大部分由恒载产生，而活载产生的部分则很小，因为活载与恒载之比一般在 20% 左右，即使全跨加载，缆力的增量也至多在 20%，而在一般控制加劲梁截面设计的加载状态，相应的缆力增量一般在 10% 以下，所以如果将挠度理论基础方程线性化，则分析结果也不会太离谱。也就是说，如果考虑到悬索桥具有很大的恒载几何刚度，再加上它所具有的弹性刚度，则在相对较小的活载作用下，非线性行为其实并不严重。基于这样的考虑，就可以用线性化的方法对悬索桥进行近似分析，特别是可以用影响线分析的方法来确定各截面设计量值近似的最不利加载位置。

由式（2.2.41）忽略非线性项后得到如下的线性挠度理论基础方程：

$$M''-H_q\upsilon''(x)=H_p y''(x)+p(x) \tag{2.4.1}$$

式中，$M''=EI\upsilon''''$；在单位集中荷载作用下，$p(x)=\delta(x-\xi)$，这里$\delta(x-\xi)$为Dirac 的δ函数，ξ为单位荷载的作用位置。由于式（2.4.1）为线性，可以将它分开为如下两个式子（考虑多跨桥的情况）：

$$EI\bar{\upsilon}''''-H_q\bar{\upsilon}''=\delta(x-\xi) \quad （仅对加载跨） \tag{2.4.2}$$

$$EI\bar{\bar{\upsilon}}''''-H_q\bar{\bar{\upsilon}}''=H_p y'' \quad （对所有跨） \tag{2.4.3}$$

迭加两方程的解，即可得到$p(x)=\delta(x-\xi)$时式（2.4.1）的解，即：

$$\upsilon=\bar{\upsilon}+\bar{\bar{\upsilon}} \tag{2.4.4}$$

借助于如下的格林函数：

$$G(x,\xi)=\begin{cases}\dfrac{L}{H_q}\left[\dfrac{x}{L}\left(1-\dfrac{\xi}{L}\right)-\dfrac{\mathrm{sh}kx\quad\mathrm{sh}k(L-\xi)}{kL\mathrm{sh}kL}\right] & (x\leqslant\xi)\\ \dfrac{L}{H_q}\left[\dfrac{\xi}{L}\left(1-\dfrac{x}{L}\right)-\dfrac{\mathrm{sh}k\xi\quad\mathrm{sh}k(L-x)}{kL\mathrm{sh}kL}\right] & (x\geqslant\xi)\end{cases} \tag{2.4.5}$$

式中，$k=\sqrt{H_q/EI}$，则式（2.4.2）和式（2.4.3）的解可表达为：

$$\bar{\upsilon}=G(x,\xi) \quad （仅对加载跨） \tag{2.4.6}$$

$$\bar{\bar{\upsilon}}=H_p y''\int_0^L G(x,\xi)\mathrm{d}\xi \quad （对所有跨） \tag{2.4.7}$$

上式的$\bar{\upsilon}$为未知量 H_p 的函数，为确定 H_p，需要利用缆索相容方程式（2.2.42）。但式（2.2.42）为单跨桥时的形式，现将其改写为多跨桥及有后拉索时的形式：

$$\frac{H_p L_c}{E_c A_c}+\alpha t L_t=\sum_{i=1}^{n}\int_0^L y'\upsilon'\mathrm{d}x=-\sum_{i=1}^{n}y''\int_0^L\upsilon\mathrm{d}x \tag{2.4.8}$$

式中，L_c和L_t分别由以下各式计算：

$$L_c=\sum_{i=1}^{n}\int_0^L\frac{\mathrm{d}x}{\cos^3\theta}+\frac{L_{b1}}{\cos^3\theta_1}+\frac{L_{b2}}{\cos^3\theta_2} \tag{2.4.9 a}$$

$$L_t=\sum_{i=1}^{n}\int_0^L\frac{\mathrm{d}x}{\cos^2\theta}+\frac{L_{b1}}{\cos^2\theta_1}+\frac{L_{b2}}{\cos^2\theta_2} \tag{2.4.9 b}$$

这里 L_{b1}、θ_1、L_{b2}、θ_2 分别为两端后拉索（如果有的话）的水平跨长和倾角，积分项 $\int_0^L \frac{\mathrm{d}x}{\cos^3\theta}$ 和 $\int_0^L \frac{\mathrm{d}x}{\cos^2\theta}$ 可按 Timoshenko 给出的以下两式近似计算[6-7]：

$$\int_0^L \frac{\mathrm{d}x}{\cos^3\theta} = L\left[\frac{1}{2}(A+B)+\frac{h}{8f}(A-B)\right] \tag{2.4.9 c}$$

$$\int_0^L \frac{\mathrm{d}x}{\cos^2\theta} = L\left(1+\frac{16}{3}\frac{f^2}{L^2}+\frac{h^2}{L^2}\right) \tag{2.4.9 d}$$

式中
$$A=\frac{1}{4}\left(\frac{5}{2}+16\phi_A^2\right)\left(1+16\phi_A^2\right)^{\frac{1}{2}}+\frac{3}{32\phi_A}\ln\left[4\phi_A+\left(1+16\phi_A^2\right)^{\frac{1}{2}}\right]$$

$$B=\frac{1}{4}\left(\frac{5}{2}+16\phi_B^2\right)\left(1+16\phi_B^2\right)^{\frac{1}{2}}+\frac{3}{32\phi_B}\ln\left[4\varphi_B+\left(1+16\varphi_B^2\right)^{\frac{1}{2}}\right]$$

$$\phi_A=\frac{1}{4L}(h+4f)$$

$$\phi_B=\frac{1}{4L}(4f-h)$$

式中的 h 是两支点的高差。此外，也可按如下两式近似计算[81]：

$$\int_0^L \frac{\mathrm{d}x}{\cos^3\theta} = L\left(1+\frac{8f^2}{L^2}+1.5\tan^2\theta_0\right) \quad (i=1,\cdots,n) \tag{2.4.9 e}$$

$$\int_0^L \frac{\mathrm{d}x}{\cos^2\theta} = L\left(1+\frac{16}{3}\frac{f^2}{L^2}+\tan^2\theta_0\right) \quad (i=1,\cdots,n) \tag{2.4.9 f}$$

式中的 θ_0 是第 i 跨两支点连线的水平倾角。式（2.4.9 f）和式（2.4.9 d）实质一样，但式（2.4.9 e）则比式（2.4.9 c）更粗略。

将式（2.4.4）、式（2.4.6）和式（2.4.7）代入式（2.4.8），可解得 H_p 为：

$$H_{\mathrm{p}}(\xi)=\frac{8f}{N}\left\{\frac{1}{2}\left[\frac{\xi}{L}-\left(\frac{\xi}{L}\right)^2\right]-\frac{1}{(kL)^2}\left[1-\frac{\mathrm{ch}\left(\frac{kL}{2}-k\xi\right)}{\mathrm{ch}(kL/2)}\right]-\frac{\alpha t L_{\mathrm{t}} H_{\mathrm{q}}}{8f}\right\} \tag{2.4.10}$$

式中

$$N=\frac{H_{\mathrm{q}}L_{\mathrm{c}}}{E_{\mathrm{c}}A_{\mathrm{c}}}+\sum_{i=1}^{n}8f\left\{\frac{2}{3}\frac{f}{L}-8\frac{f}{L}\frac{1}{(kL)^2}\left[1-\frac{2\mathrm{th}(kL/2)}{kL}\right]\right\} \tag{2.4.11}$$

将式（2.4.5）～（2.4.7）和（2.4.10）代入式（2.4.4）得点 x 的挠度影响

线为：

对点 x 所在跨：

$$\upsilon(x,\xi)=\frac{L}{H_q}\left[\frac{x}{L}\left(1-\frac{\xi}{L}\right)-\frac{\operatorname{sh}kx\operatorname{sh}k(L-\xi)}{kL\operatorname{sh}kL}\right]+C\quad(x\leqslant\xi)\tag{2.4.12 a}$$

$$\upsilon(x,\xi)=\frac{L}{H_q}\left[\frac{\xi}{L}\left(1-\frac{x}{L}\right)-\frac{\operatorname{sh}k\xi\operatorname{sh}k(L-x)}{kL\operatorname{sh}kL}\right]+C\quad(x\geqslant\xi)\tag{2.4.12 b}$$

式中
$$C=-H_p(\xi)\frac{8f}{H_q}\left\{\frac{1}{2}\left[\frac{x}{L}-\left(\frac{x}{L}\right)^2\right]-\frac{1}{(kL)^2}\left[1-\frac{\operatorname{ch}k\left(\frac{L}{2}-x\right)}{\operatorname{ch}(kL/2)}\right]\right\}$$

对其他跨：

$$\upsilon(x,\xi)=C\tag{2.4.12 c}$$

加劲梁的弯矩影响线为：

对点 x 所在跨：

$$M(x,\xi)=\frac{EI}{H_q}\left[\frac{k\operatorname{sh}kx\operatorname{sh}k(L-\xi)}{\operatorname{sh}kL}+D\right]\quad(x\leqslant\xi)\tag{2.4.13 a}$$

$$M(x,\xi)=\frac{EI}{H_q}\left[\frac{k\operatorname{sh}k\xi\operatorname{sh}k(L-x)}{\operatorname{sh}kL}+D\right]\quad(x\geqslant\xi)\tag{2.4.13 b}$$

式中
$$D=-H_p(\xi)\frac{8f}{L^2}\left[1-\frac{\operatorname{ch}k\left(\frac{L}{2}-x\right)}{\operatorname{ch}(kL/2)}\right]$$

对其他跨：

$$M(x,\xi)=\frac{EI}{H_q}D\tag{2.4.13 c}$$

直接根据这些影响线加载由其面积来计算各截面设计量值，结果当然是近似的，但我们的主要目的是根据这些影响线的零点位置加载，用非线性方法来计算设计量值。尽管在非线性情况下，根据荷载大小，零点位置可能会有变动，但根据经验，这种变动一般不大，只需略作调整，几次试算就可定出设计最大值。

这里笔者不主张使用 Perry 的由三套影响线内插来求得所谓“极限影响线”的方法，因为不管是极限影响线，还是式（2.4.12）和式（2.4.13）所示的影响线，直接由它们的面积算得的设计量值总是近似的，最终总是要由非线性分析方法通过几次试算对影响线零点略作调整后才能最后算出精确结果。鉴于极限影响线方法比式（2.4.12）和式（2.4.13）麻烦，所以笔者不主张采用。

二、使用初始切线刚度的线性有限元法

根据与本节第一部分相同的理由，如果在式（2.3.1）中取 $\boldsymbol{K}_T(\boldsymbol{\varDelta})\equiv\boldsymbol{K}_T(\boldsymbol{0})$，即将悬索桥当作一个具有初始切线刚度（其中已包括了恒载几何刚度）的线性结构进行分析，结果也不会太离谱。特别有意义的事情仍然是用影响线分析的方法来确定各截面设计量值近似的最不利加载位置。

由式（2.3.1），当取 $\boldsymbol{K}_T(\boldsymbol{\varDelta})\equiv\boldsymbol{K}_T(\boldsymbol{0})$ 时，线性有限元分析的矩阵方程可以写为：

$$\boldsymbol{K}_T(\boldsymbol{\varDelta}=\boldsymbol{0})\cdot\boldsymbol{\varDelta}=\boldsymbol{F} \tag{2.4.14}$$

在求影响线时，应取：

$$\boldsymbol{F}=\boldsymbol{E}_i=\left[0,\cdots,0,1,0,\cdots,0\right]^{\mathrm{T}} \tag{2.4.15}$$

$\boldsymbol{E}_i$ 为仅第 i 个元素为单位值，其余元素全为零的向量；i 为所施加的单位集中荷载作用位置所对应的自由度序号。由式（2.4.14）算出 $\boldsymbol{\varDelta}$ 后，贮存相应于所需截面处的内力和位移值，它们就是所考虑截面内力和位移影响线在单位集中荷载作用点的值。变动单位集中荷载的位置，可以求出所考虑影响线在其他点的值并加以贮存，直至求出完整的影响线，最后将它们输出。

这样求出的影响线当然也是近似的，最终由非线性分析精确计算设计量值时，仍要由试算调整影响线零点位置。

三、重力刚度法

由于悬索桥加劲梁的弯曲刚度常常是远小于具备很大轴力的缆索刚度，如果忽略前者而把悬索桥当作一个单纯的索结构来分析（分析时可以包括活载引起的缆力对缆索轴向刚度的贡献），则分析的结果也不会太离谱。基于这样的思路对悬索桥进行近似分析的方法，就是重力刚度法。与前面两个近似分析方法的思路不同，在那里是将方程线性化以便可以用简单的线性分析方法来进行近似分析，重力刚度法则不是将方程线性化，而是将结构简化为单

纯的索结构，以使分析得到简化。

对重力刚度的认识最早可追溯到 Roebling 在修建尼亚加拉河公路铁路桥时的体会，他认识到恒载愈重，则承受活载时抵抗变形的刚度愈好[1]。其后 Hardesty 和 Wessman 认识到缆索是重要构件而加劲梁是次要构件，就基于对无加劲缆的分析和对最不利加载位置的经验估计提出了跨度四分点和二分点处挠度和弯矩的近似计算公式。Jennings 沿着这个思路，但摒弃了 Hardesty 和 Wessman 的经验观念，建立了称之为重力刚度法的近似分析方法[33]。作者和张金平则在修正了 Jennings 方法的弯矩计算错误的基础上进一步加以扩充，从而提出了利用重力刚度概念作影响线和包络图的方法[34, 35]。以下对这个方法予以介绍。

1. 基本方程的推导

根据已有的认识，大跨悬索桥加劲梁和塔的弯曲刚度的大小对全桥结构行为影响不大，因此可将它们忽略掉，此时悬索桥成为一个单纯的索结构。在恒载和活载的共同作用下，缆索的平衡方程为：

$$-H(y_i''+\upsilon_i'')=q_i+p_i \qquad (i=1,\cdots,n) \tag{2.4.16}$$

式中，$H=H_{\rm q}+H_{\rm p}$，下标 i 表示第 i 跨。此式显然为非线性方程，为便于求解，这里暂时假定 $H\approx H_{\rm q}$。利用关系 $y_i''=-q_i/H_{\rm q}$ 将上式变为如下形式：

$$\upsilon_i''=-\frac{p_i}{H}+\frac{q_iH_{\rm p}}{HH_{\rm q}} \tag{2.4.17}$$

将 υ_i 看作如下两部分：

$$\upsilon_i=\bar{\upsilon}_i-\bar{\bar{\upsilon}}_i \tag{2.4.18}$$

其中

$$\bar{\upsilon}_i''=-p_i/H \tag{2.4.19}$$

$$\bar{\bar{\upsilon}}_i''=-q_iH_{\rm p}/HH_{\rm q} \tag{2.4.20}$$

式（2.4.19）与式（2.4.20）为典型的张力弦的基础微分方程，其求解当然可以像式（2.4.4）那样使用格林函数，但为了直观，这里将不用那种方法。注意到式（2.4.19）与简支梁的弯矩方程类似，所以 $\bar{\upsilon}_i$ 可按简支梁在 p 作用下的弯矩再除以 H 求得。再看式（2.4.20），因为 q_i 在第 i 跨满布，所以它是如下的二次抛物线：

$$\bar{\bar{\upsilon}}_i=\frac{1}{2}a_ix_iL_i\left(1-\frac{x_i}{L_i}\right) \tag{2.4.21}$$

式中 $$a_i = q_i H_p / HH_q \tag{2.4.22}$$

因为 H_p 为未知，由上式不能求出 a_i。为了确定 a_i，将上述求得的 $\bar{\upsilon}_i$ 和 $\bar{\upsilon}_i$ 代入式（2.4.18），然后将它代入式（2.4.8）所示的缆索相容方程，得：

$$\frac{H_p L_c}{E_c A_c} = \sum_{i=1}^{n} \int_0^{L_i} \frac{q_i}{H_q} \upsilon_i \mathrm{d}x_i \tag{2.4.23}$$

此式左边代表缆索在活载作用下的弹性伸长，因 H_p 还是未知，故暂不能算出，姑且假定它为零，得如下的无伸长相容方程：

$$\sum_{i=1}^{n} \int_0^{L_i} \frac{q_i}{H_q} \upsilon_i \mathrm{d}x_i = 0 \tag{2.4.24}$$

这里为方便起见，在式（2.4.23）、式（2.4.24）中均未计入温度变化引起的缆索伸缩，但后面的推导能够容易地推广到有温度变化的情况。

由式（2.4.24）解得 a_i，为：

$$a_i = a\varepsilon_i \tag{2.4.25}$$

式中 $$\varepsilon_i = q_i / q \tag{2.4.26}$$

$$a = \left(12 / \sum_{i=1}^{n} \varepsilon_i^2 L_i^3\right) \sum_{i=1}^{n} \varepsilon_i \int_0^{L_i} \bar{\upsilon}_i \mathrm{d}x_i \tag{2.4.27}$$

其中，q 和 a 为相应于某个指定的基准跨的值。

将式（2.4.25）代入式（2.4.21），然后代入式（2.4.18）得：

$$\upsilon_i = \bar{\upsilon}_i - \frac{6\,\alpha_i\ x_i (L_i - x_i)}{\varepsilon_i L_i^3} \sum_{i=1}^{n} \varepsilon_i \int_0^{L_i} \bar{\upsilon}_i \mathrm{d}x_i \tag{2.4.28}$$

式中 $$\alpha_i = \varepsilon_i^2 L_i^3 / \sum_{j=1}^{n} \varepsilon_j^2 L_j^3 \tag{2.4.29}$$

由式（2.4.28）可见，若按式（2.4.19）像计算简支梁弯矩那样求得受载跨的 $\bar{\upsilon}_i$ 后，则各跨挠度 υ_i 即可确定。

2. 重力刚度定义

考虑在第 j 跨的 B 点受集中活载 P 的情况，则由式（2.4.19）可知，第 j 跨的 $\bar{\upsilon}_i$ 为三角形，如图 2.5 所示，其他跨的 $\bar{\upsilon}$ 为零。P 作用处的 $\bar{\upsilon}$ 为：

$$\bar{\upsilon}_B = \frac{P\beta\bar{\beta}}{HL_j} \tag{2.4.30}$$

式中，β 和 $\bar{\beta}$ 分别为 B 点距第 j 跨左、右支点的距离。

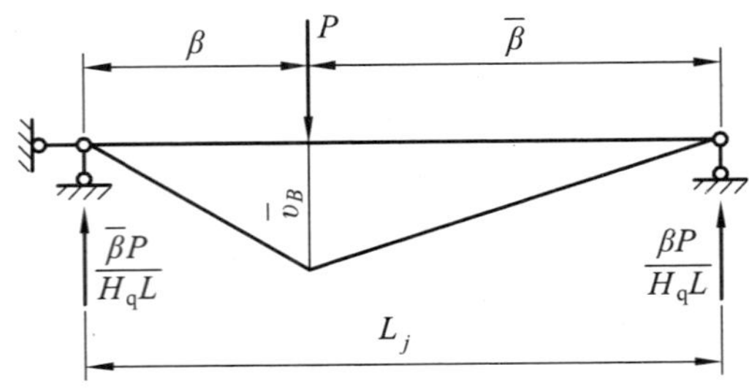

图 2.5　$\bar{\upsilon}$ 的计算

由于 $\int_0^{L_j}\bar{\upsilon}_j \mathrm{d}x_j = \bar{\upsilon}_B L_j/2$，故由式（2.4.28）求得 B 点的挠度为：

$$\upsilon_B = \frac{P\beta\bar{\beta}}{HL_j}\left(1-\frac{3\alpha_j\beta\bar{\beta}}{L_j^2}\right) \tag{2.4.31}$$

上式可变形为：

$$\upsilon_B = \frac{PL_j^3}{HL_j^2}\left(1-\frac{3\alpha_j\beta\bar{\beta}}{L_j^2}\right)\frac{\beta\bar{\beta}}{L_j^2} = \frac{PL_j^3}{HL_j^2}C_1 \tag{2.4.32}$$

将此式与一般简单梁在集中荷载作用点的挠度 $\boldsymbol{\Delta}=(PL^3/EI)C_2$（其中 C_2 为系数）相比较可见，悬索桥重力刚度的定义式为 HL^2。

3. 挠度影响线及包络图

如令 B 点的集中荷载 P=1，则产生的挠度图就是 B 点的挠度影响线。利用关系 $\int_0^{L_j}\bar{\upsilon}_j \mathrm{d}x = \left(\frac{1}{2}\right)\bar{\upsilon}_B L_j$ 及式（2.4.30）和式（2.4.28）得：

$$\upsilon_B(x_j) = \bar{\upsilon}_j(x_j) - \frac{3\alpha_j x_j(L_j - x_j)}{L_j^3}\frac{\beta\bar{\beta}}{H} \quad （第 j 跨） \tag{2.4.33 a}$$

$$\upsilon_B(x_i) = -\frac{3\alpha_i x_i(L_i - x_i)}{L_i^3}\frac{\beta\bar{\beta}}{H} \quad （其他跨） \tag{2.4.33 b}$$

上式即为第 j 跨 B 点的挠度影响线。根据影响线加载即可求得 B 点挠度。由上式可见，B 点影响线零点必在 B 点所在跨（第 j 跨）之内。令式（2.4.33 a）为零，可得影响线两个零点的位置 γ 和 $\bar{\gamma}$（见图 2.6）如下：

$$\gamma = L_j - \frac{L_j^2}{3\alpha_j\bar{\beta}_j} \tag{2.4.34 a}$$

$$\bar{\gamma} = L_j - \frac{L_j^2}{3\alpha_j\beta_j} \tag{2.4.34 b}$$

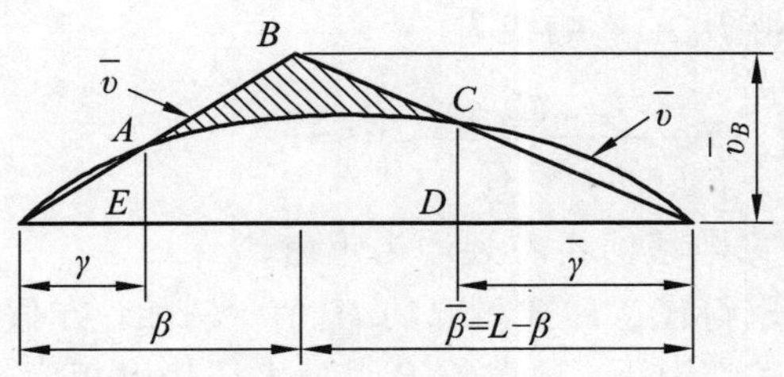

图 2.6　挠度影响线零点位置

若γ及$\bar{\gamma}$出现负值，则应令其为零。如果分别在影响线的正区域或负区域施加活载，则可分别求出 B 点的最大正挠度和负挠度。例如，对于由任意长的匀布载 p 加一个集中线活载 P 构成的长跨桥活载，可求得最大正挠度为（参见图 2.6）：

$$\upsilon_{\beta\max}=\upsilon_{B\max1}+\upsilon_{B\max2} \tag{2.4.35}$$

式中

$$\upsilon_{B\max1}=\frac{p\beta\bar{\beta}}{2H}\left[1-\alpha_j+\frac{\gamma^2}{L_j^2}\left(3\alpha_j-\frac{2\alpha_j\gamma}{L_j}-\frac{L_j}{\beta}\right)\right]+\frac{\bar{\gamma}^2}{L_j^2}\left(3\alpha_j-\frac{2\alpha_j\bar{\gamma}}{L_j}-\frac{L_j}{\bar{\beta}}\right) \tag{2.4.36}$$

$$\upsilon_{B\max2}=\frac{P\beta\bar{\beta}}{HL_j}\left(1-\frac{3\alpha_j\beta\bar{\beta}}{L_j^2}\right) \tag{2.4.37}$$

由于 B 的位置是任意的，如果沿全桥移动 B 点的位置，就介以获得全桥的最大正挠度包络曲线。类似地，可求得最大负挠度的包络曲线。一般活载情况下，可通过动态规划法加载求最大量值和包络曲线。

4. 缆索活载内力水平分量及其影响线

考虑单个集中活载 P 在第 j 跨内移动，其位置坐标为 x_j，则由式（2.4.25）和式（2.4.22），有：

$$a_j=\frac{12\varepsilon_j}{\sum\limits_{i=1}^{n}\varepsilon_i^2L_i^3}\varepsilon_j\int_0^{L_j}\bar{\upsilon}_j(x_j)\,\mathrm{d}x_j=\frac{6\alpha_jx_j(L_j-x_j)}{L_j^3}\frac{P}{H} \tag{2.4.38}$$

将上式代入式（2.4.22）得：

$$H_\mathrm{p}=6\alpha_j\frac{H_\mathrm{q}x_j(L_j-x_j)}{q_jL_j^3}P \tag{2.4.39}$$

在上式中令 P=1，得 H_p 的影响线为：

$$\overline{H}_p(x_i)=6\alpha_i\frac{H_q}{q_i}\frac{x_i(L_i-x_i)}{L_i^3}\quad(i=1,\cdots,n)\tag{2.4.40}$$

由上式可见，H_p 的影响线沿桥各处均为正值。

根据影响线可求得任意加载状况的 H_p 值。例如，在假定活载为任意长均布载加一个集中载的情况下，前述的 B 点最大正挠度相应的 H_p^+ 为式（2.4.40）在 $\left[\gamma,(L_j-\overline{\gamma})\right]$ 内积分再乘集度 p，然后再加式（2.4.39）求得，即：

$$\begin{aligned}H_p^+&=p\int_{\gamma}^{L_j-\overline{\gamma}}H_p(x_j)\mathrm{d}x_j+6\alpha_j\frac{H_qx_j(L_j-x_j)}{q_jL_j^3}P\\&=\frac{pH_q\alpha_j}{q_jL_j^3}\left[3L_j(L_j-\overline{\gamma})^2-2(L_j-\overline{\gamma})^3-3L_j\gamma^2+2\gamma^3\right]+\\&\quad 6\alpha_j\frac{H_qx_j(L_j-x_j)}{q_jL_j^3}P\end{aligned}\tag{2.4.41}$$

5. 缆索活载内力及弹性伸长对挠度的影响（非线性修正）

前面是基于 $H\approx H_q$ 来计算 υ 的，在已求得 H_p 后，应该对初步求得的 υ 予以修正。H_p 对 υ 的影响表现在式（2.4.30）中。另外，在忽略 H_p 时，就忽略了式（2.4.23）中的缆索弹性伸长。在求得 H_p 之后，亦应将缆索弹性伸长对 υ 的影响计入。此时，a_i 应按下式修正成为 a_i'：

$$a_i'=\frac{a_i}{1+\dfrac{12H_q^2H\ L_c}{E_cA_cq^2\sum\limits_{i=1}^{n}\varepsilon_i^2L_i^3}}\tag{2.4.42}$$

此式是利用式（2.4.18）、式（2.4.22）、式（2.4.23）、式（2.4.25）和式（2.4.27）导得的。

进一步，考虑到缆索的弹性伸长，式（2.4.29）的系数 a_i 也应按下式修正成为 a_i'：

$$a_i'=\frac{\varepsilon_i^2L_i^3}{\sum\limits_{i=1}^{n}\varepsilon_i^2L_i^3+\dfrac{12H_q^2HL_c}{E_cA_cq^2}}\tag{2.4.43}$$

用 a_i' 代替 a_i，α_i' 代替 α_i，并用计入 H_p 的式（2.4.30）计算 $\overline{\upsilon}_B$，就可以将缆索的活载内力及弹性伸长对挠度的影响计入。但进行上述修正后，H_p 也将发生变化，所以最终的结果由迭代得到，但很快就会收敛。

6. 加劲梁弯矩影响线及包络图

重力刚度法的一个基本假定是加劲梁刚度的大小对全桥行为的影响可以忽略不计，加劲梁被动地随缆索变形而变形。但实际上加劲梁是有刚度的，在随缆索变形时，其内会产生弯矩。假定在第 j 跨受集中活载 P，则梁的平衡方程由下式给出：

$$EI_j\upsilon_j''''(x_j)-H\upsilon_j''(x_j)=P\delta(x_j-\xi)+H_p y'' \tag{2.4.44}$$

式中，EI_j 为第 j 跨的加劲梁竖向挠曲刚度，$H=H_q+H_p$。

如果暂时忽略 H_p，则式（2.4.44）可以由 Laplace（拉普拉斯）变换利用支承条件定解。对于简支悬索桥，可解出 H_p=0 时的加劲梁弯矩为：

$$M_{j1}(x_j)=\frac{1}{2}p\sqrt{\frac{EI_j}{H}}\exp(-\mu_j|x_j-\xi|) \quad （第 j 跨） \tag{2.4.45 a}$$

$$M_{i1}(x_i)=0 \quad （其他跨） \tag{2.4.45 b}$$

式中 $\mu_i=\sqrt{H/EI_i}$

考虑到 $H_p\neq0$，$a_i\neq0$，从而引起各跨缆索形状发生相应变化，因而在各跨梁内都将产生相应的弯矩。这样的附加弯矩可以表达为：

$$\begin{aligned}M_{i2}(x_i)&=\frac{-q_iEI_i}{H\ H_qH_p}\\&=-6\alpha_jP\frac{EI_i}{H}\frac{\xi\bar{\xi}}{L_j^3}\frac{\varepsilon_i}{\varepsilon_j}\\&=-6\alpha_jP\sqrt{\frac{EI_i}{H}}\frac{\xi\bar{\xi}}{L_j^3}L_i\sqrt{\eta_i}\frac{\varepsilon_i}{\varepsilon_j} \quad （所有跨）\end{aligned} \tag{2.4.46}$$

式中 $\eta_i=EI_i/HL_i^2$ ；$\bar{\xi}=L_j-\xi$

梁内总的弯矩为：

$$M_j(x_j)=P\sqrt{\frac{EI_j}{H}}\left[0.5\exp(-\mu_j|x_j-\xi|)-6\alpha_j\frac{\xi\bar{\xi}}{L_j^2}\sqrt{\eta_j}\right] \quad （第 j 跨） \tag{2.4.47 a}$$

$$M_i(x_i)=-P\sqrt{\frac{EI_j}{H}}\left(6\alpha_j\frac{\xi\bar{\xi}}{L_j^3}L_i\sqrt{\eta_i}\frac{\varepsilon_i}{\varepsilon_j}\right) \quad （其他跨） \tag{2.4.47 b}$$

在上式中令 P=1，并以 x 代表单位活载的位置坐标，而以 ξ 代表某个给定点的位置坐标，即得该指定点的弯矩影响线为：

$$M_j(x_j)=\sqrt{\frac{EI_j}{H}}\left[0.5\exp(-\mu_j|\xi-x_j|)-6\alpha_j\frac{x_j\bar{x}_j}{L_j^2}\sqrt{\eta_j}\right] \quad （第 j 跨） \tag{2.4.48 a}$$

$$M_i(x_i) = -\sqrt{\frac{EI_i}{H}}\left(6\alpha_j \frac{x_i\bar{x}_i}{L_i^2}\frac{L_j}{L_i}\sqrt{\eta_i}\frac{\varepsilon_i}{\varepsilon_j}\right) \quad \text{（其他跨）} \quad (2.4.48\text{ b})$$

由上式可见，指定点的弯矩影响线的零点位置必在该指定点所在跨，令式（2.4.48 a）为零，可近似求出两个影响线零点距离第 j 跨左支点的位置分别为：

$$A_1 \approx \xi - \frac{1}{\mu_j}\ln\frac{1}{C} \quad \text{且 } A_1 \geqslant 0 \quad (2.4.49\text{ a})$$

$$A_2 \approx \xi + \frac{1}{\mu_j}\ln\frac{1}{C} \quad \text{且 } A_2 \leqslant L_j \quad (2.4.49\text{ b})$$

式中 $$C = 12\alpha_j \xi\bar{\xi}\sqrt{\eta_j} / L_j^2 \quad (2.4.50)$$

一旦求出影响线零点，就可以分别在影响线的正区域或负区域加载求最大正弯矩或负弯矩。但一经加载，影响线的零点位置将随 H_{p} 发生变动，此时要修正 a_i 和 α_i，重算 A_1 和 A_2，几次迭代即可定出最终的 A_1 和 A_2 的值，最后才能算出指定截面的最大弯矩。同理可求出其他截面的最大正弯矩和负弯矩，以作出全桥的弯矩包络图。

比较本节第一部分的线性挠度理论和本部分的重力刚度法可见，前者忽略了非线性项，后者忽略了加劲梁刚度对变形的影响但考虑了非线性项。两者都是为简化悬索桥的分析而提出的近似方法。前者在活载与恒载之比率较大时误差较大，后者则在加劲梁刚度与重力刚度之比率较大时误差较大。对于大跨悬索桥，特别是采用扁平箱梁的悬索桥，加劲梁弯曲刚度常常只有缆索重力刚度的几十分之一甚至几百分之一，所以使用重力刚度法可能更准确。另外重力刚度法还能很快算出设计量值的包络图。

第五节　横向荷载作用下的结构分析

本节建立悬索桥在横向荷载作用下，只把加劲梁当作一根框架杆件时的结构分析方法。如前所述，悬索桥在横向荷载作用下的结构行为基本上表现为线性，所以有关的结构分析要比竖向荷载作用下的结构分析简单。现有的分析方法，无论是作为膜理论的各种解法，还是作为离散杆系结构的各种力法和位移法，对于规则的悬索桥，分析的结果基本上没有差别。但是从适于计算机运算和通用性好及适应性强的角度，还是有限元位移法最好。所以本节使用平面板架（格栅结构）有限元位移法来分析悬索桥的横向受力行为，但要考虑恒载内力引起的几何刚度。

平面板架有限元位移法的矩阵方程表达为：

$$\boldsymbol{K}\boldsymbol{u}=\boldsymbol{F} \tag{2.5.1}$$

式中，$\boldsymbol{K}$ 为结构总体刚度矩阵；$\boldsymbol{u}$ 为结构的节点位移列阵；$\boldsymbol{F}$ 为结构的节点外力列阵。上式是由全部单元的节点位移与节点力集合得到，并利用了节点内力和节点外力的平衡条件。单元的节点力与节点位移矢量的关系为：

$$\boldsymbol{K}^e\boldsymbol{\delta}^e=\boldsymbol{F}^e \tag{2.5.2}$$

式中，$\boldsymbol{K}^e$、$\boldsymbol{\delta}^e$ 和 $\boldsymbol{F}^e$ 分别为结构坐标系下的单元刚度矩阵、节点位移矢量和节点力矢量，分别表达为如下形式：

$$\boldsymbol{\delta}^e=\left[\alpha_i,\theta_i,\omega_i,\alpha_j,\theta_j,\omega_j\right]^{\mathrm{T}}=\boldsymbol{T}^{-1}\overline{\boldsymbol{\delta}}^e \tag{2.5.3}$$

$$\boldsymbol{F}^e=\left[M_{xi},M_{yi},Q_{zi},M_{xj},M_{yj},Q_{zj}\right]^{\mathrm{T}}=\boldsymbol{T}^{-1}\overline{\boldsymbol{F}}^e \tag{2.5.4}$$

$$\boldsymbol{K}^e=\boldsymbol{T}^{-1}\overline{\boldsymbol{K}}^e\boldsymbol{T} \tag{2.5.5}$$

式中，$\boldsymbol{T}$ 为坐标变换矩阵；$\overline{\boldsymbol{\delta}}^e$、$\overline{\boldsymbol{F}}^e$ 和 $\overline{\boldsymbol{K}}^e$ 分别为单元坐标下的单元节点位移矢量、单元节点力矢量和单元刚度矩阵。它们分别由如下各式表达（参见图 2.7）：

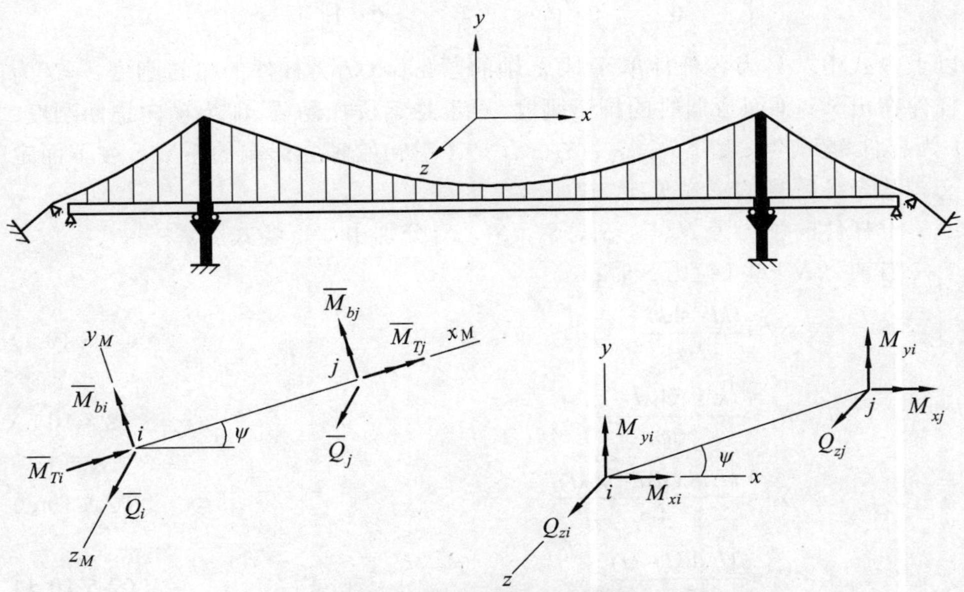

图 2.7　悬索桥作为平面板架的横向受力分析

$$\bar{\boldsymbol{\delta}}^e=\left[\bar{\alpha}_i,\bar{\theta}_i,\bar{\omega}_i,\bar{\alpha}_j,\bar{\theta}_j,\bar{\omega}_j\right]^{\mathrm{T}} \tag{2.5.6}$$

$$\bar{\boldsymbol{F}}^e=\left[\bar{M}_{Ti},\bar{M}_{bi},\bar{Q}_i,\bar{M}_{Tj},\bar{M}_{bj},\bar{Q}_j\right]^{\mathrm{T}} \tag{2.5.7}$$

$$\bar{\boldsymbol{K}}^e=\begin{bmatrix} GJ & 0 & 0 & -GJ & 0 & 0 \\ 0 & S_3\dfrac{4EI}{l} & S_2\dfrac{6EI}{l^2} & 0 & S_4\dfrac{2EI}{l} & S_2\dfrac{6EI}{l^2} \\ 0 & -S_2\dfrac{6EI}{l^2} & -S_2\dfrac{6EI}{l^2} & 0 & -S_2\dfrac{6EI}{l^2} & -S_1\dfrac{12EI}{l^3} \\ -GJ & 0 & S_1\dfrac{12EI}{l^3} & GJ & 0 & 0 \\ 0 & S_4\dfrac{2EI}{l} & -S_2\dfrac{6EI}{l^2} & 0 & S_3\dfrac{4EI}{l} & S_2\dfrac{6EI}{l^2} \\ 0 & S_2\dfrac{6EI}{l^2} & -S_1\dfrac{12EI}{l^3} & 0 & S_2\dfrac{6EI}{l^2} & S_1\dfrac{12EI}{l^3} \end{bmatrix} \tag{2.5.8}$$

$$\boldsymbol{T}=\begin{bmatrix} \cos\psi & \sin\psi & 0 & 0 & 0 & 0 \\ -\sin\psi & \cos\psi & 0 & 0 & 0 & 0 \\ 0 & 0 & 1 & 0 & 0 & 0 \\ 0 & 0 & 0 & \cos\psi & \sin\psi & 0 \\ 0 & 0 & 0 & -\sin\psi & \cos\psi & 0 \\ 0 & 0 & 0 & 0 & 0 & 1 \end{bmatrix} \tag{2.5.9}$$

以上各式中，$\varPsi$ 为各杆件单元对 x 轴的倾角；GJ 为杆件的扭转刚度；EI 为杆件在出 x-y 平面弯曲时的抗弯刚度，对于悬索桥加劲梁，即为横向挠曲刚度；l 为杆件单元的长度；S_1、S_2、S_3、S_4 是考虑初始轴力影响的系数，在下面定义。其余各符号的意义见图 2.7。

设杆件的轴力为 N，则 S_1、S_2、S_3、S_4 分别由如下各式计算[74]：

当轴力 $N>0$（拉力）时：

$$S_1=\frac{(kl)^3\,\mathrm{sh}kl}{12\varphi_T} \tag{2.5.10 a}$$

$$S_2=\frac{(kl)^2(\mathrm{ch}kl-1)}{6\varphi_T} \tag{2.5.10 b}$$

$$S_3=\frac{kl(kl\,\mathrm{ch}kl-\mathrm{sh}kl)}{4\varphi_T} \tag{2.5.10 c}$$

$$S_4=\frac{kl(\mathrm{sh}kl-kl)}{2\varphi_T} \tag{2.5.10 d}$$

当轴力 $N<0$（拉力）时：

$$S_1=\frac{(kl)^3\sin kl}{12\varphi_c} \tag{2.5.11 a}$$

$$S_2=\frac{(kl)^2(1-\cos kl)}{6\varphi_c} \tag{2.5.11 b}$$

$$S_3=\frac{kl(\sin kl-kl\cos kl)}{4\varphi_c} \tag{2.5.11 c}$$

$$S_4=\frac{kl(kl-\sin kl)}{2\varphi_c} \tag{2.5.11 d}$$

以上各式中

$$K=\sqrt{N/EI}$$

$$\varphi_T=2-2\,\mathrm{ch}kl+kl\,\mathrm{sh}kl$$

$$\varphi_c=2-2\cos kl+kl\sin kl$$

当轴力 $N=0$ 时，由以上各式用洛必达法则可导出：

$$S_1=S_2=S_3=S_4=1 \tag{2.5.12}$$

对于 $EI=0$ 的受轴向拉力的杆件（如缆索单元），由式（2.5.8）和式（2.5.10）使用洛必达法则可导出：

$$\bar{\boldsymbol{K}}^e=\begin{bmatrix} 0 & 0 & 0 & 0 & 0 & 0 \\ 0 & 0 & 0 & 0 & 0 & 0 \\ 0 & 0 & \dfrac{N}{l} & 0 & 0 & -\dfrac{N}{l} \\ 0 & 0 & 0 & 0 & 0 & 0 \\ 0 & 0 & 0 & 0 & 0 & 0 \\ 0 & 0 & -\dfrac{N}{l} & 0 & 0 & \dfrac{N}{l} \end{bmatrix} \tag{2.5.13}$$

悬索桥在横向荷载作用下塔的弹性变形的影响一般不大，忽略这种影响所引起的误差一般在 5%以内。如果考虑塔的弹性变形，则可按如下方式估算塔的等效侧向刚度。如图 2.8 所示，一般可将塔划分为桥面以下和桥面以上两个单元，设其侧向刚度分别为 EI_1 和 EI_2，则塔可用一根具有变截面刚度的悬臂梁来等效。先在塔的桥面位置作用单位力 $P=1$，根据塔在该处的位移可确定悬臂梁下部的抗弯刚度 EI_1；再在塔的顶部作用单位力 $P=1$，根据该处的位移可确定悬臂梁上部的抗弯刚度 EI_2。至于塔单元的扭转刚度，因计算中假定缆索与塔顶铰接，而在桥面处塔亦不抵抗加劲梁的侧向弯曲，故塔的扭转刚度在计算中不起作用，因而可任意输入一个大于零的值即可。

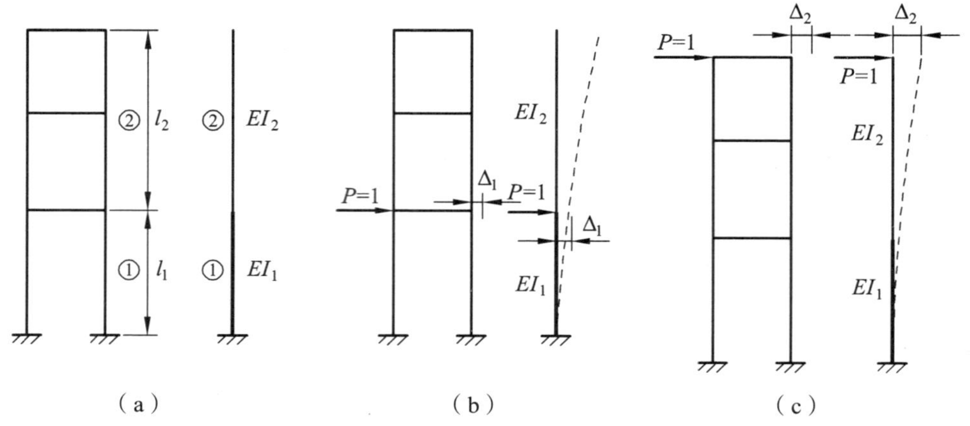

图 2.8　塔的等效侧向刚度计算

第六节　扭转及偏心荷载作用下的结构分析

在前面第二至四节隐含着假定活载的作用线通过加劲梁的扭转中心，在第五节隐含着假定加劲梁上的吊点平面与扭转中心重合，这样两侧的缆索系统才可以合并起来看作平面框架结构（或连续系统）和平面板架结构进行分析。但是活载沿桥面宽度的分布实际上是任意的，吊点平面实际上也不与扭转中心重合，特别是在高度较大的桁架加劲梁的情况，因而实际上的荷载对于加劲梁而言都是偏心（偏离扭转中心）荷载，会引起加劲梁的扭转效应。本节建立考虑这种扭转效应的分析理论，分考虑和不考虑加劲梁断面的周边变形两种情况讨论。

一、不考虑加劲梁断面周边变形的情况

1. 加劲梁受竖向偏载的情况

这里采用与挠度理论相同的假定，附加不考虑加劲梁断面周边变形的假定，则在偏心活载作用下，缆和加劲梁断面的位移如图 2.9 所示，图中 υ 为加劲梁形心的竖向位移，ϕ 为加劲梁的扭转位移。设左、右缆的挠度分别为 υ_L 和

υ_R，则由图有：

$$\upsilon_L = \upsilon + \frac{b}{2}\phi;\quad \upsilon_R = \upsilon - \frac{b}{2}\phi \tag{2.6.1}$$

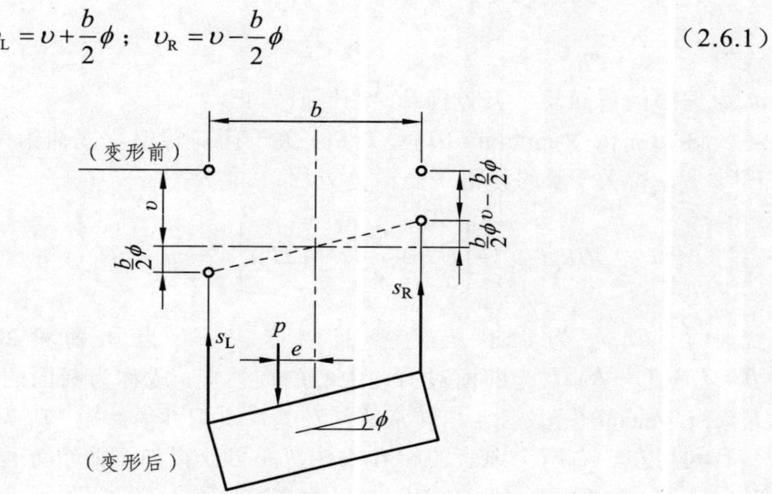

图 2.9　在竖向偏载作用下的断面位移图

根据缆索的平衡条件，可导出左、右吊杆膜的拉力集度为：

$$s_L = -\left(\frac{1}{2}H_q + \frac{1}{2}H_p + H_L\right)\upsilon_L'' - y''\left(\frac{1}{2}H_q + \frac{1}{2}H_p + H_L\right) - \frac{q_c}{2} \tag{2.6.2 a}$$

$$s_R = -\left(\frac{1}{2}H_q + \frac{1}{2}H_p + H_R\right)\upsilon_R'' - y''\left(\frac{1}{2}H_q + \frac{1}{2}H_p + H_R\right) - \frac{q_c}{2} \tag{2.6.2 b}$$

式中，H_p 为相应于竖向挠度 υ 的活载缆力，H_q 和 H_p 均以两缆计。H_L 和 H_R 分别为由于扭转位移引起的左和右缆的附加缆力，它们要比 $(H_q + H_p)/2$ 小得多，并且由于反对称之故，可以认为 $H_L = -H_R$。

根据加劲梁的竖向平衡条件，可导出关于竖向位移 υ 的方程为：

$$\begin{aligned} EI\upsilon'''' &= (p + q_t - s_L - s_R) \\ &= p + q + (H_q + H_p)\upsilon'' + (H_q + H_p)y'' + (H_L - H_R)\frac{b}{2}\phi'' \end{aligned}$$

即

$$EI\upsilon'''' - (H_q + H_p)\upsilon'' = p + H_p y'' + (H_L - H_R)\frac{b}{2}\phi'' \tag{2.6.3}$$

上式利用了关系 $q = (q_t + q_c) = -H_q y''$。上式与挠度理论的基本方程相比，多了一个非线性小量 $(H_L - H_R)\frac{b}{2}\phi$，这意味着 υ 与 ϕ 呈现非线性耦合。忽略此项，即位挠度理论。

作用在加劲梁上的分布扭矩（见图 2.9）为：

$$p_{\phi}=\frac{b}{2}(s_{\mathrm{R}}-s_{\mathrm{L}})+m_{\mathrm{t}} \tag{2.6.4}$$

式中 $$m_{\mathrm{t}}=pe \tag{2.6.5}$$

m_{t}为偏心活载扭矩，其方向与ϕ相同时为正。

将p_{ϕ}带入Уманский（乌曼斯基）关于闭口薄壁梁翘曲约束扭转的基本方程[75-76]，得关于ϕ的如下平衡微分方程：

$$\beta E_1 J_{\omega}\phi'''' -\left[GJ_{\mathrm{t}}+\frac{b^2}{4}(H_{\mathrm{q}}+H_{\mathrm{p}})\right]\phi''=m_{\mathrm{t}}+bH_{\mathrm{L}}(y''+\upsilon'') \tag{2.6.6}$$

式中，$\beta E_1 J_{\omega}$为加劲梁的翘曲刚度；GJ_{t}为加劲梁的扭转刚度；$\beta=J_{\mathrm{p}}/(J_{\mathrm{p}}-J_{\mathrm{t}})$, J_{p}为断面对剪切中心的惯性矩，或称为断面的方向性惯性矩，J_{t}为St. Venant（圣文南）扭转常数；J_{ω}为广义扇性惯性矩；E_1为折算弹性模量。

利用左、右两个缆索的相容条件，还可获得如下两个方程：

$$\left(\frac{1}{2}H_{\mathrm{p}}-H_{\mathrm{L}}\right)\frac{L_{\mathrm{c}}}{E_{\mathrm{c}}A_{\mathrm{c1}}}+\sum y''\int\left(\upsilon-\frac{b}{2}\phi\right)\mathrm{d}x=0 \tag{2.6.7}$$

$$\left(\frac{1}{2}H_{\mathrm{p}}+H_{\mathrm{L}}\right)\frac{L_{\mathrm{c}}}{E_{\mathrm{c}}A_{\mathrm{c1}}}+\sum y''\int\left(\upsilon+\frac{b}{2}\phi\right)\mathrm{d}x=0 \tag{2.6.8}$$

上两式中，A_{c1}为一根缆索的面积。以上两式亦可变换为如下的形式：

$$H_{\mathrm{p}}\frac{L_{\mathrm{c}}}{E_{\mathrm{c}}A_{\mathrm{c}}}+\sum y''\int\upsilon\,\mathrm{d}x=0 \tag{2.6.9}$$

$$H_{\mathrm{L}}\frac{L_{\mathrm{c}}}{E_{\mathrm{c}}A_{\mathrm{c1}}}+\sum y''\int\frac{b}{2}\phi\,\mathrm{d}x=0 \tag{2.6.10}$$

式中，$A_{\mathrm{c}}=2A_{\mathrm{c1}}$。式（2.6.9）即为式（2.4.8）。

方程（2.6.3）、式（2.6.6）、式（2.6.9）和式（2.6.10）联立，即可求得关于υ、ϕ、H_{p}和H_{L}的解。显然这样建立的方程是考虑了扭转与竖向挠曲的非线性耦合的，这由式（2.6.6）可以清楚看出。

如果认为扭转行为的非线性效应不显著，即认为式（2.6.6）中的非线性项$bH_{\mathrm{L}}\upsilon''$是小量从而可忽略不计，即得如下与竖向挠曲不耦合的扭转方程。

$$\beta E_1 J_{\omega}\phi'''' -\left[GJ_{\mathrm{t}}+\frac{b^2}{4}(H_{\mathrm{q}}+H_{\mathrm{p}})\right]\phi''=m_{\mathrm{t}}+bH_{\mathrm{L}}y'' \tag{2.6.11}$$

此式与式（2.6.10）联立可解出ϕ和H_{L}。但式中的H_{p}仍要由竖向挠度理论的基础方程解出。这样单独解出的扭转效应与竖向挠曲效应迭加，即为偏心活载效应。

式（2.6.11）考虑了竖向挠曲引起的附加缆力水平分量 H_p 的影响。但通常更进一步的近似认为相应于最不利扭转效应的加载状态下的 H_p 不大，或者从分析纯粹扭转荷载而不是偏心荷载效应的角度，不存在 H_p 的影响，此时式（2.6.11）进一步简化为：

$$\beta E_1 J_\omega \phi'''' - \left(GJ_t + \frac{b^2}{4} H_q \right) \phi'' = m_t + bH_L y'' \tag{2.6.12}$$

当加劲梁扭转刚度较大，如像实腹扁平箱梁的情况，此时翘曲变形很小，即 $\beta E_1 J_\omega \phi''''$ 属于小量，忽略它即得下式：

$$\left(GJ_t + \frac{b^2}{4} H_q \right) \phi'' = -m_t - bH_L y'' \tag{2.6.13}$$

此式与式（2.6.10）联立，就是 Irvine[52]所提出的实腹扁平箱梁悬索桥的扭转分析理论。

2. 加劲梁受横向偏载的情况

悬索桥在风荷载作用下，由于加劲梁和缆索的侧向位移不同引起吊杆倾斜，结果导致加劲梁的吊点处受到吊杆拉力水平分力的作用。在第五节中是假定这个吊杆拉力的水平分力作用在加劲梁的扭转中心处。但实际上吊点平面与扭心不重合，这个吊杆拉力的水平分力对加劲梁的扭转中心而言就是偏心荷载。现在来建立考虑这种偏心荷载效应的分析理论。

假定不考虑加劲梁断面的周边变形，则在横向荷载作用下悬索桥断面的位移如图 2.10 所示。图中 ω_c 为缆索横向位移（假定两缆相同），ω_t 为加劲梁形心的横向位移，ϕ 为加劲梁的扭转位移，υ_L 和 υ_R 分别为扭转引起的左、右缆的竖向位移，p_c 为作用于缆索上的横向（风）荷载，p_t 为作用于加劲梁上的横向（风）荷载，q_c 和 q_t 分别为沿跨向的每延米缆索和加劲梁恒载，s_L 和 s_R 分别为左和右侧吊杆拉力集度的竖向分量，z_L 和 z_R 分别为左和右侧吊杆拉力集度的水平分量。由图 2.10 有：

$$\upsilon_L = \frac{b}{2}\phi;\ \upsilon_R = -\frac{b}{2}\phi \tag{2.6.14}$$

根据左、右缆索的竖向平衡条件可导出左、右侧吊杆拉力竖向分量为：

$$s_L = -\left(\frac{1}{2} H_q + H_L \right) \upsilon_L'' - \left(\frac{1}{2} H_q + H_L \right) y'' - \frac{q_c}{2} \tag{2.6.15 a}$$

$$s_R = -\left(\frac{1}{2} H_q + H_R \right) \upsilon_R'' - \left(\frac{1}{2} H_q + H_R \right) y'' - \frac{q_c}{2} \tag{2.6.15 b}$$

式中，H_L 和 H_R 为由于扭转引起的附加缆力水平分量，由于反对称，$H_L=-H_R$。

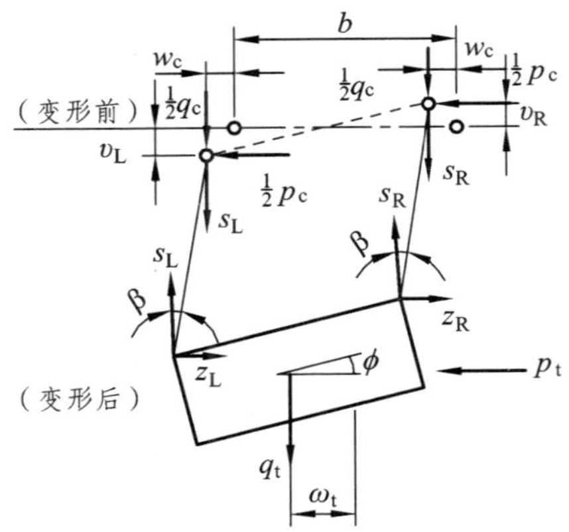

图 2.10 在横向荷载作用下的断面位移图

根据左、右两缆的横向平衡条件可得：

$$\left(\frac{1}{2}H_q + H_L\right)\omega_c'' = -\left(z_L + \frac{1}{2}p_c\right) \tag{2.6.16 a}$$

$$\left(\frac{1}{2}H_q + H_R\right)\omega_c'' = -\left(z_R + \frac{1}{2}p_c\right) \tag{2.6.16 b}$$

以上两式相加得：

$$H_q\omega_c'' = -(z_L + z_R + p_c) \tag{2.6.17}$$

根据悬吊结构的竖向平衡条件可得：

$$s_L + s_R = q_t \tag{2.6.18}$$

因此

$$(z_L + z_R) = (s_L + s_R)\tan\beta = q_t\frac{\omega_t - \omega_c}{h(x)} \tag{2.6.19}$$

上式代入式（2.6.17）得：

$$H_q\omega_c'' = -\left(q_t\frac{\omega_t - \omega_c}{h(x)} + p_c\right) \tag{2.6.20}$$

根据悬吊结构的横向平衡条件可得：

$$EI\omega_t'''' = p_t - (z_R + z_L) = p_t - q_t\frac{\omega_t - \omega_c}{h(x)} \tag{2.6.21}$$

式（2.6.19）～（2.6.21）即构成了著名的古典横向膜理论的基础方程，

此三式为线性的，且未出现扭转位移ϕ，这意味着横向挠曲不与加劲梁的扭转位移ϕ耦合。

现在来导出关于扭转位移ϕ的方程。作用于加劲梁的扭矩为：

$$p_{\phi}=\frac{b}{2}(s_{\mathrm{R}}-s_{\mathrm{L}})-\frac{d}{2}(s_{\mathrm{L}}+s_{\mathrm{R}})\tan\beta=\frac{b}{2}(s_{\mathrm{R}}-s_{\mathrm{L}})-\frac{d}{2}(z_{\mathrm{L}}+z_{\mathrm{R}})$$

$$=H_{\mathrm{q}}\frac{b^{2}}{4}\phi''+bH_{\mathrm{L}}y''-q_{\mathrm{t}}\frac{\omega_{\mathrm{t}}-\omega_{\mathrm{c}}}{h(x)}\frac{d}{2} \tag{2.6.22}$$

将上式代入闭口薄壁梁的翘曲约束扭转基本方程[75,76]，得：

$$\beta E_{1}J_{\omega}\phi''''-\left(GJ_{\mathrm{t}}+\frac{b^{2}}{4}H_{\mathrm{q}}\right)\phi''=-q_{\mathrm{t}}\frac{\omega_{\mathrm{t}}-\omega_{\mathrm{c}}}{h(x)}\frac{d}{2}+bH_{\mathrm{L}}y'' \tag{2.6.23}$$

如果记

$$m_{\mathrm{t}}=-(z_{\mathrm{L}}+z_{\mathrm{R}})\frac{d}{2}=-q_{\mathrm{t}}\frac{\omega_{\mathrm{t}}-\omega_{\mathrm{c}}}{h(x)}\frac{d}{2} \tag{2.6.24}$$

则式（2.6.23）与式（2.6.12）完全相同。决定H_{L}的缆索相容方程也与式（2.6.10）完全相同。由此可见，横向偏载引起的加劲梁扭转分析须先由膜理论或第五节中的理论算出倾斜吊杆的水平分力后，再由式（2.6.24）计算m_{t}，然后才能由式（2.6.23）和式（2.6.10）解出ϕ。

3. 扭转方程的解

如前所述，无论是横向偏载还是竖向偏载，在不考虑耦合的情况下，都可以分解为单独的横向分析或竖向分析与单独的扭转分析，最终再将结果线性迭加。而且扭转方程都归结为式（2.6.12）和式（2.6.10）所示的线性微分-积分方程。这样的方程与第四节第一部分的线性挠度理论方程式（2.4.1）和式（2.4.8）完全相似，所以可像在那里一样采用影响函数的方法求解。当然也可以采用拉普拉斯变换、傅里叶级数展开等方法求解析解。此外也可以采用差分法、传递矩阵法等方法求数值解。但这里将采用一种桥段单元有限元法求数值解。这种有限元法是第三章第四节的第三部分扭转振动有限元法在扭转静力分析中的应用。有限元法的矩阵方程表达为：

$$(\boldsymbol{K}_{\mathrm{SW}}+\boldsymbol{K}_{\mathrm{ST}}+\boldsymbol{K}_{\mathrm{CG}}+\boldsymbol{K}_{\mathrm{CE}})\boldsymbol{r}=\boldsymbol{M}_{\mathrm{t}} \tag{2.6.25}$$

式中，刚度矩阵$(\boldsymbol{K}_{\mathrm{SW}}+\boldsymbol{K}_{\mathrm{ST}}+\boldsymbol{K}_{\mathrm{CG}}+\boldsymbol{K}_{\mathrm{CE}})$及节点位移矢量$\boldsymbol{r}$的意义见第三章第四节的第三部分；$\boldsymbol{M}_{\mathrm{t}}$为节点外力矩矢量，由下式的单元节点外力矩矢量组集得到：

$$\boldsymbol{M}_{\mathrm{t}}^{e}=\left[\frac{m_{\mathrm{t}}l}{b},0,\frac{m_{\mathrm{t}}l}{b},0\right]^{\mathrm{T}} \tag{2.6.26}$$

式中，m_{t}由式（2.6.5）或式（2.6.24）计算，l为桥单元长度，b为桥宽。

由式（2.6.5）解出节点位移矢量后，由下式计算桥段单元的梁段子单元节点内力：

$$\boldsymbol{F}^e = \boldsymbol{K}^e \boldsymbol{\delta}^e \tag{2.6.27}$$

式中，$\boldsymbol{\delta}^e$ 为单元节点位移，见第三章第四节的第三部分。$\boldsymbol{F}^e$ 和 $\boldsymbol{K}^e$ 分别为：

$$\boldsymbol{F}^e = \left[M_{\mathrm{ti}}, B_{\mathrm{wi}}, M_{\mathrm{tj}}, B_{\mathrm{wj}}\right]^{\mathrm{T}} \tag{2.6.28}$$

$$\boldsymbol{K}^e = \frac{2}{b}\begin{bmatrix} -D\beta\lambda\,\mathrm{sh}\lambda l & & & \\ D(\mathrm{ch}\lambda l - 1) & \dfrac{D(\beta\lambda l\,\mathrm{ch}\lambda l - \mathrm{sh}\lambda l)}{\beta\lambda} & & 对称 \\ -D\beta\lambda\,\mathrm{sh}\lambda l & D(\mathrm{ch}\lambda l - 1) & D\beta\lambda\,\mathrm{sh}\lambda l & \\ D(\mathrm{ch}\lambda l - 1) & \dfrac{D(\mathrm{sh}\lambda l - \beta\lambda l)}{\beta\lambda} & -D(\mathrm{ch}\lambda l - 1) & \dfrac{D(\beta\lambda l\,\mathrm{ch}\lambda l - \mathrm{sh}\lambda l)}{\beta\lambda} \end{bmatrix} \tag{2.6.29}$$

式中，$M_{\mathrm{t}i}$ 和 $B_{\mathrm{w}i}$ 分别为单元 i 端的梁端扭矩和纵向双力矩。$D = GJ_{\mathrm{t}}/(2 - 2\mathrm{ch}\lambda l + \beta\lambda l\,\mathrm{sh}\lambda l)$，$\lambda = \sqrt{GJ_{\mathrm{t}}/\beta E_1 J_\omega}$，$\beta = J_{\mathrm{p}}/(J_{\mathrm{p}} - J_{\mathrm{t}})$。

由于扭转引起的缆索内力 H_{L} 用下式计算：

$$\frac{H_{\mathrm{L}} L_{\mathrm{c}}}{E_{\mathrm{c}} A_{\mathrm{c1}}} = -\sum_i \left(y'' \sum_{e=1}^{N_i} l\,\upsilon_e \right) \tag{2.6.30}$$

式中，N_i 为第 i 跨的单元总数；e 代表单元号；υ_e 是节点位移 $\boldsymbol{\delta}^e$ 中的竖向分量，参见式（3.4.12）。

对于实腹扁平箱梁悬索桥，可不考虑翘曲影响，此时令以上各式中 $\beta E_1 J_\omega \to 0$ 即可。

二、考虑加劲梁断面周边变形的情况

这里主要引述小松・西村和片冈・冈村的理论。它们被引述，一是为了完善起见，二是作为作者开发的软件系统理论基础。

1. 加劲梁受竖向偏载的情况

仍采用与挠度理论相同的假定，附加加劲梁断面为双对称桁架断面，并能由实腹等效箱梁代替的假定，则在偏心活载作用下，考虑加劲梁断面变形时的缆和加劲梁位移如图 2.11 所示。图中 θ 为断面的畸变角，其余符号与图 2.9 的意义相同。

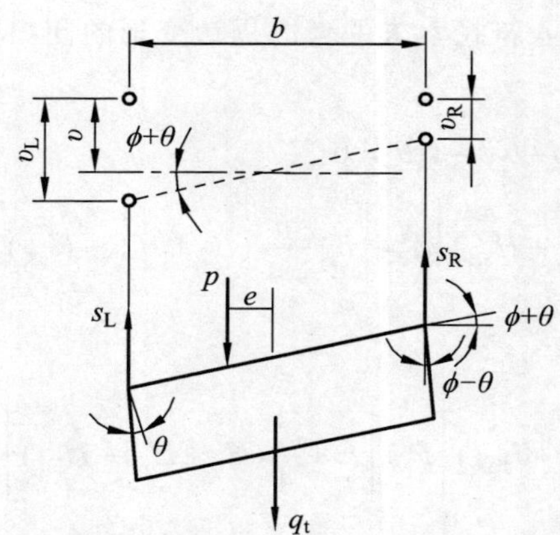

图 2.11　在竖向偏载作用下考虑畸变时的断面位移图

由图可见，左、右缆的挠度为：

$$\upsilon_L = \upsilon + \frac{b}{2}(\phi + \theta) \tag{2.6.31 a}$$

$$\upsilon_R = \upsilon - \frac{b}{2}(\phi + \theta) \tag{2.6.31 b}$$

根据缆索的平衡条件，可导出左、右吊杆膜的拉力集度为：

$$s_L = -\left(\frac{1}{2}H_q + H_{pL}\right)\upsilon_L'' - y''\left(\frac{1}{2}H_q + H_{pL}\right) - \frac{q_c}{2} \tag{2.6.32 a}$$

$$s_R = -\left(\frac{1}{2}H_q + H_{pR}\right)\upsilon_R'' - y''\left(\frac{1}{2}H_q + H_{pR}\right) - \frac{q_c}{2} \tag{2.6.32 b}$$

式中，H_{pL} 和 H_{pR} 分别为偏心活载引起的左、右两缆内的附加缆力。此式与式（2.6.2）不同，在那里认为由扭转位移引起的缆力与竖向位移 υ 引起的缆力相比是小的，因而分开表达，以便在线性化的情况下忽略相应于扭转位移的附加缆力项。这里因还有畸变影响，故不采用上述方式。

根据加劲梁的竖向平衡条件，可导出关于竖向位移 υ 的方程为：

$$EI\upsilon'''' - (H_q + H_{pL} + H_{pR})\upsilon'' - (H_{pL} - H_{pR})\frac{b}{2}(\phi'' + \theta'') = p + (H_{pL} + H_{pR})y'' \tag{2.6.33}$$

此式意味着扭转和畸变与竖向挠曲呈现非线性耦合。

由图 2.11 可见，作用在加劲梁的分布扭矩和分布偏矩分别为：

$$p_\phi = (s_R - s_L)\frac{b}{2} + m_t \tag{2.6.34 a}$$

$$p_\theta = (s_R - s_L)\frac{b}{2} + m_t = p_\phi \tag{2.6.34 b}$$

式中　$m_t = pe$　（2.6.35）

将式（2.6.34）代入符拉索夫的考虑周边变形的闭口薄壁截面梁的扭转方程[75]，得：

$$a\omega''-b_1\omega-b_2\phi'-b_1\theta'=0 \tag{2.6.36}$$

$$b_2\omega'+\left[b_1+\frac{b^2}{4}(H_{\rm q}+H_{\rm pL}+H_{\rm pR})\right]\phi''+\left[b_2+\frac{b^2}{4}(H_{\rm q}+H_{\rm pL}+H_{\rm pR})\right]\theta''+(H_{\rm pL}-H_{\rm pR})\frac{b}{2}\upsilon''$$

$$=-m_{\rm t}-(H_{\rm pL}-H_{\rm pR})\frac{b}{2}y'' \tag{2.6.37}$$

$$b_1\omega'+\left[b_2+\frac{b^2}{4}(H_{\rm q}+H_{\rm pL}+H_{\rm pR})\right]\phi''+\left[b_1+\frac{b^2}{4}(H_{\rm q}+H_{\rm pL}+H_{\rm pR})\right]\theta''-\gamma\theta+(H_{\rm pL}-H_{\rm pR})\frac{b}{2}\upsilon''$$

$$=-m_{\rm t}-(H_{\rm pL}-H_{\rm pR})\frac{b}{2}y'' \tag{2.6.38}$$

以上各式中，ω 为加劲梁断面的翘曲位移，γ 是换算为每延米值的横联剪切刚度[82]，系数 a、b_1 和 b_2 由以下各式计算：

$$a=\frac{1}{4}EA_{\rm s}b^2d^2 \qquad （单位：\mathrm{t\cdot m^4} 或 \mathrm{N\cdot m^4}） \tag{2.6.39 a}$$

$$b_1=\frac{d}{2}G(t_1b+t_2d)b \qquad （单位：\mathrm{t\cdot m^2} 或 \mathrm{N\cdot m^2}） \tag{2.6.39 b}$$

$$b_2=\frac{d}{2}G(t_1b-t_2d)b \qquad （单位：\mathrm{t\cdot m^2} 或 \mathrm{N\cdot m^2}） \tag{2.6.39 c}$$

式中，$A_{\rm s}$ 为加劲桁一个弦杆的断面面积。t_1 为主桁腹杆系的换算板厚，t_2 为平纵联腹杆系的换算板厚，板厚的换算参见文献[82]。E 和 G 分别为弹性模量和剪切模量。

相应于左、右缆索的相容方程为：

$$\frac{H_{\rm pL}L_{\rm c}}{E_{\rm c}A_{\rm c1}}+\sum y''\int\upsilon_{\rm L}{\rm d}x=0 \tag{2.6.40}$$

$$\frac{H_{\rm pR}L_{\rm c}}{E_{\rm c}A_{\rm c1}}+\sum y''\int\upsilon_{\rm R}{\rm d}x=0 \tag{2.6.41}$$

联立式（2.6.33）、式（2.6.36）～（2.6.38）、式（2.6.40）和式（2.6.41），并利用边界条件可求得竖向偏载作用下考虑加劲梁断面周边变形时的解。显然，这些方程呈现非线性耦合特征。

2. 加劲梁受横向偏载的情况

仍将悬索桥作为连续系统考虑，附加加劲梁为双对称桁架断面，并可由等效实腹箱梁代替的假定，则在横向（风）荷载作用下，考虑加劲梁断面周边变形时的位移如图 2.12 所示。图中θ为断面的畸变角，其余符号与图 2.10 的意义相同。

由图可见，左、右缆的挠度为：

$$\upsilon_{\mathrm{L}}=\frac{b}{2}(\phi+\theta)\text{；}\upsilon_{\mathrm{R}}=-\frac{b}{2}(\phi+\theta) \tag{2.6.42}$$

根据左、右缆的竖向平衡条件可导出左、右侧吊杆拉力的竖向分量为：

$$s_{\mathrm{L}}=-\left(\frac{1}{2}H_{\mathrm{q}}+H_{\mathrm{pL}}\right)\upsilon_{\mathrm{L}}''-\left(\frac{1}{2}H_{\mathrm{q}}+H_{\mathrm{pL}}\right)y''-\frac{q_{\mathrm{c}}}{2} \tag{2.6.43 a}$$

$$s_{\mathrm{R}}=-\left(\frac{1}{2}H_{\mathrm{q}}+H_{\mathrm{pR}}\right)\upsilon_{\mathrm{R}}''-\left(\frac{1}{2}H_{\mathrm{q}}+H_{\mathrm{pR}}\right)y''-\frac{q_{\mathrm{c}}}{2} \tag{2.6.43 b}$$

此式与式（2.6.15）类似，但那里认为由于扭转引起的附加缆力 H_{L} 和 H_{R} 为反对称，现在将不那样看待 H_{pL} 和 H_{pR}。

根据缆索的横向平衡，得：

$$\left(H_{\mathrm{q}}+H_{\mathrm{pL}}+H_{\mathrm{pR}}\right)W_{\mathrm{c}}''=-\left[q_{\mathrm{t}}\frac{\omega_{\mathrm{t}}-\omega_{\mathrm{c}}}{h(x)}+p_{\mathrm{c}}\right] \tag{2.6.44}$$

根据悬吊结构的横向平衡，得：

$$EI\omega_{\mathrm{t}}''''=p_{\mathrm{t}}-q_{\mathrm{t}}\frac{\omega_{\mathrm{t}}-\omega_{\mathrm{c}}}{h(x)} \tag{2.6.45}$$

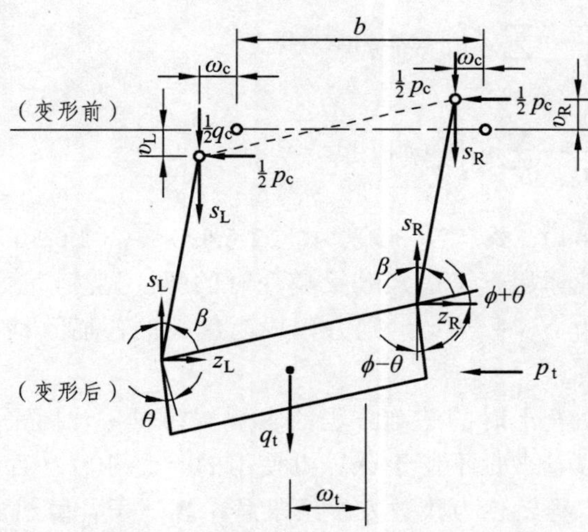

图 2.12　在横向荷载作用下考虑畸变时的断面位移图

由图 2.12 可见，作用于加劲梁的分布扭矩和分布偏矩分别为：

$$p_{\phi}=\frac{b}{2}(s_{\mathrm{R}}-s_{\mathrm{L}})-\frac{d}{2}(s_{\mathrm{L}}+s_{\mathrm{R}})\tan\beta=\frac{b}{2}(s_{\mathrm{R}}-s_{\mathrm{L}})+m_{\mathrm{t}} \tag{2.6.46 a}$$

$$p_\theta = \frac{b}{2}(s_R - s_L) + \frac{d}{2}(s_L + s_R)\tan\beta = \frac{b}{2}(s_R - s_L) - m_t \tag{2.6.46 b}$$

式中，m_t仍由式（2.6.24）表达，即 $m_t = -q_t \dfrac{\omega_t - \omega_c}{h(x)} \dfrac{d}{2}$。

将式（2.6.46）代入符拉索夫的考虑周边变形的闭口薄壁截面梁的扭转方程得[75]：

$$a\omega'' - b_1\omega - b_2\phi' - b_1\theta' = 0 \tag{2.6.47}$$

$$b_2\omega' + \left[b_1 + \frac{b^2}{4}(H_q + H_{pL} + H_{pR})\right]\phi'' + \left[b_2 + \frac{b^2}{4}(H_q + H_{pL} + H_{pR})\right]\theta''$$
$$= -m_t - \frac{b}{2}(H_{pL} - H_{pR})y'' \tag{2.6.48}$$

$$b_1\omega' + \left[b_2 + \frac{b^2}{4}(H_q + H_{pL} + H_{pR})\right]\phi'' + \left[b_1 + \frac{b^2}{4}(H_q + H_{pL} + H_{pR})\right]\theta'' - \gamma\theta$$
$$= m_t - \frac{b}{2}(H_{pL} - H_{pR})y'' \tag{2.6.49}$$

以上式中，各符号的意义及系数的计算与式（2.6.36）～（2.6.38）同。

缆索相容方程为：

$$\frac{H_{pL}L_c}{E_c A_{c1}} + \sum y'' \int \frac{b}{2}(\phi + \theta)\mathrm{d}x = 0 \tag{2.6.50 a}$$

$$\frac{H_{pR}L_c}{E_c A_{c1}} - \sum y'' \int \frac{b}{2}(\phi + \theta)\mathrm{d}x = 0 \tag{2.6.50 b}$$

联立式（2.6.44）、式（2.6.45）、式（2.6.47）～（2.6.50），并利用边界条件可求得横向偏载作用下考虑加劲梁畸变时的解。显然，这些方程为非线性方程。但如果认为 $H_{pR} = -H_{pL}$，则方程成为线性的，而且横向挠曲不与扭转耦合，可单独解出。

关于考虑断面变形时的基础方程的求解，冈村・片冈采用了拉普拉斯变换法求解析解，但看来是不便于计算机使用的[58]；小松・西村采用伽辽金近似方法，将微分方程转化为代数方程组求解，较适于计算机应用[67]。

解出 ω、ϕ、θ 后，截面内力由以下各式计算：

纵向双力矩：　$B = a\omega'$　（2.6.51）

扭矩：　$T_\phi = b_2\omega + b_1\phi' + b_2\theta'$　（2.6.52）

横向双力矩：　$T_\theta = b_1\omega + b_2\phi' + b_1\theta'$　（2.6.53）

求出截面内力后，杆件内力的计算参见文献[82-83]。

使用本小节考虑周边变形的理论作悬索桥承受偏心荷载下的结构分析，仅在采用桁架加劲的悬索桥的情况下，当偏载较大、桁高较大，且对横联剪切刚度无把握时才有必要。一般情况下采用不考虑周边变形的理论作分析即可。对于实腹扁平箱加劲的悬索桥，由于加劲梁的扭转刚度大，如前所述，分析时可以不考虑翘曲变形的影响。

第七节　空间分析

当考虑悬索桥同时承受多个方向的荷载，或由于结构上的变化，使得悬索桥不能照前所述分为多个力学系统单独分析再迭加得总效应的方式进行结构分析时，就需进行空间分析。另外，空间分析也可以用于验证前述各项分析的结果。

当按连续体进行悬索桥的空间分析时，必定要引入一些理想化的简化假定，而且导得的微分方程仍然难于求解[59]。所以本节将使用有限元法对悬索桥作空间分析。在作者所开发的悬索桥空间分析软件中，提供了多种有限单元，根据需要，可选择其中的部分单元组合形成悬索桥空间分析的力学模型[65]。这些单元是：

a. 非线性空间杆单元，可用于模拟缆索或加劲桁架杆件；

b. 非线性空间梁单元，分为考虑和不考虑翘曲位移两种情况，可用于模拟塔及加劲梁；

c. 带刚臂非线性空间杆（索）单元，分为考虑和不考虑加劲梁翘曲位移两种情况，用于加劲梁按梁单元模拟时的吊杆模拟；

d. 非线性空间索膜单元，分为考虑和不考虑加劲梁翘曲位移两种情况，也是用于加劲梁按梁单元模拟时的吊杆模拟。

显然，根据这些单元的功能，甚至对于加劲桁架也可以按其实际结构组成离散。但这将导致太多的自由度和太多的单元，所以作者主张将悬索桥的加劲梁像在斜拉桥的情况一样用“鱼刺梁”模拟，如图 2.13 所示。此时吊杆可用带刚臂杆单元模拟，或用索膜单元模拟，这两种单元模拟吊杆将导致相同的结构总自由度数，但索膜单元模拟时，将减少一半的吊杆单元数。事实上，索膜单元可看作对称于桥轴的两个带刚臂吊杆单元形成的复合单元。

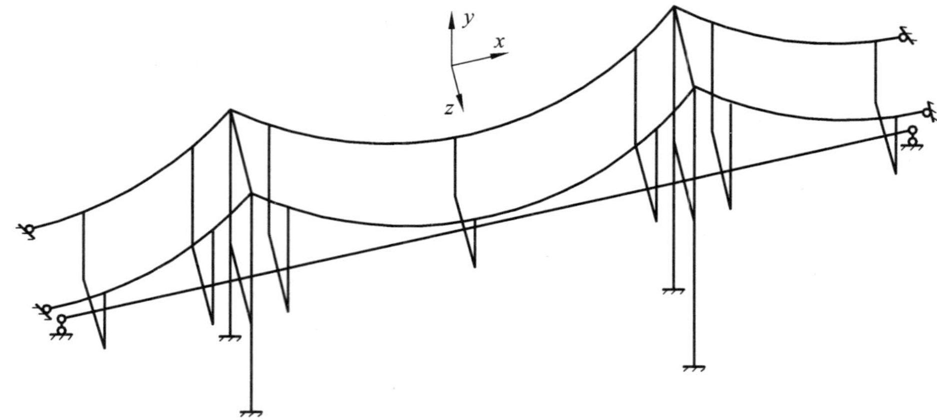

图 2.13　加劲梁用“鱼刺梁”模拟的悬索桥空间有限元模型（吊杆未全示出）

增量形式的整体结构矩阵方程表达为：

$$\boldsymbol{K}_{\mathrm{T}}(\boldsymbol{u})\mathrm{d}\boldsymbol{u}=\mathrm{d}\boldsymbol{F} \tag{2.7.1}$$

式中，$\boldsymbol{K}_{\mathrm{T}}(\boldsymbol{u})$ 为结构的切线刚度矩阵，$\mathrm{d}\boldsymbol{u}$ 为结构节点位移矢量的增量，$\mathrm{d}\boldsymbol{F}$ 为节点荷载矢量的增量。此式是由全部单元的节点位移和节点力关系式集合得到，并利用了节点的平衡条件。

各种单元的节点位移矢量、切线刚度矩阵如下所述。

（1）非线性空间杆单元（见图 2.14）

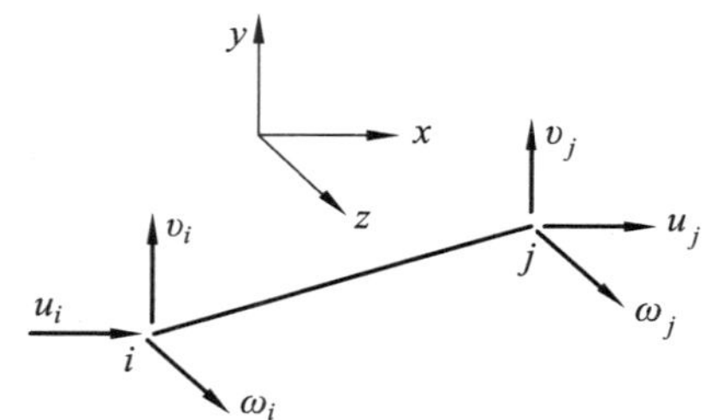

图 2.14　空间杆单元节点位移

每单元有两个杆端节点，每节点有三个位移自由度，节点位移矢量为：

$$\delta_{\mathrm{ba}}^{e}=[u_i,\upsilon_i,\omega_i,u_j,\upsilon_j,\omega_j]^{\mathrm{T}} \tag{2.7.2}$$

下标“ba”是英文 bar 的头两个字母，代表“杆”的意思；下标 i 和 j 代表杆件 i 端和 j 端；u、υ、ω 分别代表 x、y、z 方向位移。

杆单元的加线刚度矩阵为：

$$
\boldsymbol{K}_{\mathrm{ba}}^{e}=\frac{EA}{l_0}\begin{bmatrix}
c_x^2+a_1 & & & & & \\
c_xc_y+a_4 & c_y^2+a_2 & & & \text{对称} & \\
c_xc_z+a_5 & c_yc_z+a_6 & c_z^2+a_3 & & & \\
-c_x^2-a_1 & -c_xc_y-a_4 & -c_xc_z-a_5 & c_x^2+a_1 & & \\
-c_xc_y-a_4 & -c_y^2-a_2 & -c_yc_z-a_6 & c_xc_y+a_4 & c_y^2+a_2 & \\
-c_xc_z-a_5 & -c_yc_x-a_6 & -c_z^2-a_3 & c_xc_z+a_5 & c_yc_z+a_6 & c_z^2+a_3
\end{bmatrix} \tag{2.7.3}
$$

式中

$$
\left.\begin{array}{l}
a_1=(1-c_x^2)\dfrac{e}{l_{\mathrm{c}}};\ a_2=(1-c_y^2)\dfrac{e}{l_{\mathrm{c}}};\ a_3=(1-c_z^2)\dfrac{e}{l_{\mathrm{c}}}; \\
a_4=-c_xc_y\dfrac{e}{l_{\mathrm{c}}};\ a_5=-c_xc_z\dfrac{e}{l_{\mathrm{c}}};\ a_6=-c_yc_z\dfrac{e}{l_{\mathrm{c}}}
\end{array}\right\} \tag{2.7.4}
$$

以上式中，EA 为杆件的轴向刚度；l_0 为无应力长度；l_{c} 为变形后的长度；c_x、c_y 和 c_z 为单元的三个方向余弦，应使用拖带坐标计算；e 为变形后的伸长，由下式计算：

$$
e=l_{\mathrm{c}}-l_0 \tag{2.7.5}
$$

（2）非线性空间梁单元（见图 2.15）

每单元有两个杆端节点，不考虑翘曲位移时，每节点有三个位移自由度和三个转动自由度，节点位移矢量为

$$
\delta_{\mathrm{be1}}^{e}=[u_i,\upsilon_i,\omega_i,\theta_{xi},\theta_{yi},\theta_{zi},u_j,\upsilon_j,\omega_j,\theta_{xj},\theta_{yj},\theta_{zj}]^{\mathrm{T}} \tag{2.7.6}
$$

下标“be”是英文 beam 的头两个字母，表示“梁”的意思，θ_x、θ_y、θ_z 分别代表绕 x、y、z 轴的转角。

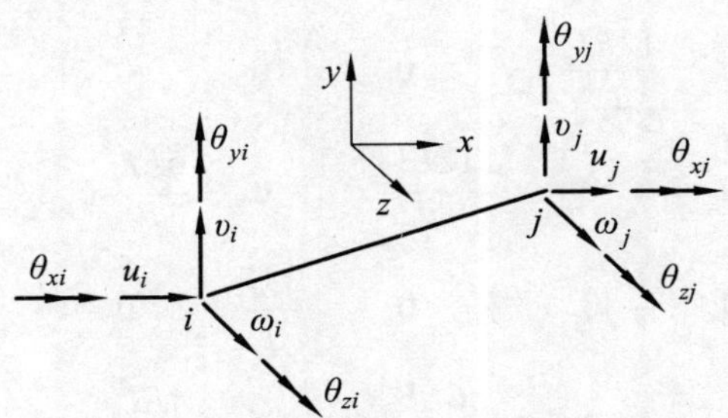

图 2.15　空间梁单元节点位移

考虑翘曲位移时，每节点有三个位移自由度，三个转动自由度和一个翘曲自由度，节点位移矢量为：

$$\delta_{\mathrm{be2}}^{e}=[u_i,\upsilon_i,\omega_i,\theta_{xi},\theta_{yi},\theta_{zi},\theta_i,u_j,\upsilon_j,\omega_j,\theta_{xj},\theta_{yj},\theta_{zj},\theta_j]^{\mathrm{T}} \tag{2.7.7}$$

这里 θ_i 和 θ_j 分别代表 i 端和 j 端的翘曲位移参数。

不考虑翘曲位移时，单元的切线刚度矩阵为

$$\boldsymbol{K}_{\mathrm{be1}}^{e}=\boldsymbol{T}^{\mathrm{T}}\bar{\boldsymbol{K}}^{e}\boldsymbol{T}+\boldsymbol{k}_1^{e} \tag{2.7.8}$$

式中，$\bar{\boldsymbol{K}}^{e}$ 由下式计算：

$$\bar{\boldsymbol{K}}^{e}=\begin{bmatrix}\bar{\boldsymbol{K}}_{ii}^{e} & \bar{\boldsymbol{K}}_{ij}\\ \bar{\boldsymbol{K}}_{ji}^{e} & \bar{\boldsymbol{K}}_{jj}^{e}\end{bmatrix} \tag{2.7.9}$$

$$\bar{\boldsymbol{K}}_{ii}^{e}=\begin{bmatrix}\dfrac{EA}{l_0} & 0 & 0 & 0 & 0 & 0\\ 0 & \dfrac{12EI_z}{l_{\mathrm{c}}^3}\xi_1 & 0 & 0 & 0 & \dfrac{6EI_z}{l_{\mathrm{c}}^2}\xi_1\\ 0 & 0 & \dfrac{12EI_y}{l_{\mathrm{c}}^3}\xi_2 & 0 & -\dfrac{6EI_y}{l_{\mathrm{c}}^2}\xi_2 & 0\\ 0 & 0 & 0 & \dfrac{GJ_t}{l_{\mathrm{c}}} & 0 & 0\\ 0 & 0 & -\dfrac{6EI_y}{l_{\mathrm{c}}^2}\xi_2 & 0 & \dfrac{4EI_y}{l_{\mathrm{c}}}\eta_2 & 0\\ 0 & \dfrac{6EI_z}{l_{\mathrm{c}}^2}\xi_1 & 0 & 0 & 0 & \dfrac{4EI_z}{l_{\mathrm{c}}}\eta_1\end{bmatrix} \tag{2.7.10 a}$$

$$\bar{\boldsymbol{K}}_{jj}^{e}=\begin{bmatrix}\dfrac{EA}{l_0} & 0 & 0 & 0 & 0 & 0\\ 0 & \dfrac{12EI_z}{l_{\mathrm{c}}^3}\xi_1 & 0 & 0 & 0 & -\dfrac{6EI_z}{l_{\mathrm{c}}^2}\xi_1\\ 0 & 0 & \dfrac{12EI_y}{l_{\mathrm{c}}^3}\xi_2 & 0 & \dfrac{6EI_y}{l_{\mathrm{c}}^2}\xi_2 & 0\\ 0 & 0 & 0 & \dfrac{GJ_t}{l_{\mathrm{c}}} & 0 & 0\\ 0 & 0 & \dfrac{6EI_y}{l_{\mathrm{c}}^2}\xi_2 & 0 & \dfrac{4EI_y}{l_{\mathrm{c}}}\eta_2 & 0\\ 0 & -\dfrac{6EI_z}{l_{\mathrm{c}}^2}\xi_1 & 0 & 0 & 0 & \dfrac{4EI_z}{l_{\mathrm{c}}}\eta_1\end{bmatrix} \tag{2.7.10 b}$$

$$\overline{\boldsymbol{K}}^e_{ji}=\begin{bmatrix} -\dfrac{EA}{l_0} & 0 & 0 & 0 & 0 & 0 \\ 0 & -\dfrac{12EI_z}{l_c^3}\xi_1 & 0 & 0 & 0 & -\dfrac{6EI_z}{l_c^2}\zeta_1 \\ 0 & 0 & -\dfrac{12EI_y}{l_c^3}\xi_2 & 0 & +\dfrac{6EI_y}{l_c^2}\xi_2 & 0 \\ 0 & 0 & 0 & \dfrac{GJ_t}{l_c} & 0 & 0 \\ 0 & 0 & -\dfrac{6EI_y}{l_c^2}\xi_2 & 0 & \dfrac{2EI_y}{l_c}\zeta_2 & 0 \\ 0 & +\dfrac{6EI_z}{l_c^2}\xi_1 & 0 & 0 & 0 & \dfrac{2EI_z}{l_c}\zeta_1 \end{bmatrix} \tag{2.7.10 c}$$

$$\overline{\boldsymbol{K}}^e_{ij}=\overline{\boldsymbol{K}}^{e\mathrm{T}}_{ji} \tag{2.7.10 d}$$

式中，ξ_1、ξ_2、ζ_1、ζ_2、η_1、η_2为考虑剪切变形影响的系数，当断面为闭口箱时，由以下各式计算[85]：

$$\left.\begin{aligned} &\xi_1=\frac{1}{1+2g_1};\ \xi_2=\frac{1}{1+2g_2};\ \zeta_1=\frac{1-g_1}{1+2g_1};\zeta_2=\frac{1-g_2}{1+2g_2} \\ &\eta_1=\frac{1+g_1/2}{1+2g_1};\ \eta_2=\frac{1+g_2/2}{1+2g_2};\ g_1=\frac{6EI_z}{GA_y l_c^2};g_2=\frac{6EI_y}{GA_z l_c^2} \end{aligned}\right\} \tag{2.7.10 e}$$

这里 A_y 为两腹板面积，A_z 为上、下两盖板的面积。当梁断面为其他形状时，以上各系数的计算见文献[74]。当不考虑剪切变形时，可令 $g_1=g_2=0$ 。

矩阵 $\boldsymbol{T}$ 为空间梁单元的坐标变换矩阵，但其中的方向余弦要用拖带坐标值计算。

矩阵 $\boldsymbol{k}^e_1$ 为考虑初始轴力影响的修正刚度矩阵，它由下式计算：

$$\boldsymbol{k}^e_1=\frac{EA}{l_0}\begin{bmatrix} a_1 \\ a_4 & a_2 \\ a_5 & a_6 & a_3 & & & & & \text{对称} \\ 0 & 0 & 0 & 0 \\ 0 & 0 & 0 & 0 & 0 \\ 0 & 0 & 0 & 0 & 0 & 0 \\ -a_1 & -a_4 & -a_5 & 0 & 0 & 0 & a_1 \\ -a_4 & -a_2 & -a_6 & 0 & 0 & 0 & a_4 & a_2 \\ -a_5 & -a_6 & -a_3 & 0 & 0 & 0 & a_5 & a_6 & a_3 \\ 0 & 0 & 0 & 0 & 0 & 0 & 0 & 0 & 0 \\ 0 & 0 & 0 & 0 & 0 & 0 & 0 & 0 & 0 & 0 \\ 0 & 0 & 0 & 0 & 0 & 0 & 0 & 0 & 0 & 0 & 0 \end{bmatrix} \tag{2.7.11}$$

式中，a_1～a_6 由式（2.7.4）计算，e 由式（2.7.5）计算，c_x、c_y、c_z 要用拖带

坐标计算。

考虑翘曲位移时，梁单元的切线刚度矩阵为：

$$\boldsymbol{K}_{\mathrm{be2}}^{e}=\boldsymbol{T}_{\omega}^{\mathrm{T}}\overline{\boldsymbol{K}}_{\omega}^{e}\boldsymbol{T}_{\omega}+\boldsymbol{k}_{2}^{e} \tag{2.7.12}$$

式中，$\overline{\boldsymbol{K}}_{\omega}^{e}$是根据乌曼斯基第二理论计入了翘曲约束效应的梁单元刚度矩阵，由下式计算：

$$\overline{\boldsymbol{K}}_{\omega}^{e}=\begin{bmatrix}\overline{\boldsymbol{K}}_{\omega ii}^{e} & \overline{\boldsymbol{K}}_{\omega ij}^{e}\\ \overline{\boldsymbol{K}}_{\omega ji}^{e} & \overline{\boldsymbol{K}}_{\omega jj}^{e}\end{bmatrix} \tag{2.7.13}$$

其中

$$\overline{\boldsymbol{K}}_{\omega ii}^{e}=\begin{bmatrix}\frac{EA}{l_0} & 0 & 0 & 0 & 0 & 0 & 0\\ 0 & \frac{12EI_z}{l_c^3}\xi_1 & 0 & 0 & 0 & \frac{6EI_z}{l_c^2}\xi_1 & 0\\ 0 & 0 & \frac{12EI_y}{l_c^3}\xi_2 & 0 & -\frac{6EI_y}{l_c^2}\xi_2 & 0 & 0\\ 0 & 0 & 0 & D(\mathrm{ch}\lambda l_c-1) & 0 & 0 & D(\mathrm{ch}\lambda l_c-1)\\ 0 & 0 & -\frac{6EI_y}{l_c^2}\xi_2 & 0 & \frac{4EI_z}{l_c}\eta_1 & 0 & 0\\ 0 & \frac{6EI_z}{l_c^2}\xi_1 & 0 & 0 & 0 & \frac{4EI_y}{l_c}\eta_2 & 0\\ 0 & 0 & 0 & D(\mathrm{ch}\lambda l_c-1) & 0 & 0 & \frac{D(\beta\lambda l\,\mathrm{ch}\lambda l_c-\mathrm{sh}\lambda l_c)}{\beta\lambda}\end{bmatrix} \tag{2.7.14 a}$$

$$\overline{\boldsymbol{K}}_{\omega ji}^{e}=\begin{bmatrix}-\frac{EA}{l_0} & 0 & 0 & 0 & 0 & 0 & 0\\ 0 & -\frac{12EI_z}{l_c^3}\xi_1 & 0 & 0 & 0 & -\frac{6EI_z}{l_c^2}\zeta_1 & 0\\ 0 & 0 & -\frac{12EI_y}{l_c^3}\xi_2 & 0 & +\frac{6EI_y}{l_c^2}\zeta_2 & 0 & 0\\ 0 & 0 & 0 & -D\beta\lambda\,\mathrm{sh}\lambda l_c & 0 & 0 & -D(\mathrm{ch}\lambda l_c-1)\\ 0 & 0 & -\frac{6EI_y}{l_c^2}\xi_2 & 0 & \frac{2EI_y}{l_c}\zeta_2 & 0 & 0\\ 0 & \frac{6EI_z}{l_c^2}\xi_1 & 0 & 0 & 0 & \frac{2EI_z}{l_c}\zeta_1 & 0\\ 0 & 0 & 0 & D(\mathrm{ch}\lambda l_c-1) & 0 & 0 & \frac{D(\mathrm{sh}\lambda l_c-\beta\lambda l)}{\beta\lambda}\end{bmatrix} \tag{2.7.14 b}$$

$$
\overline{\boldsymbol{K}}^{e}_{\omega jj}=\begin{bmatrix}
\frac{EA}{l_0} & 0 & 0 & 0 & 0 & 0 & 0\\
0 & \frac{12EI_z}{l_c^3}\xi_1 & 0 & 0 & 0 & -\frac{6EI_z}{l_c^2}\xi_1 & 0\\
0 & 0 & \frac{12EI_y}{l_c^3}\xi_2 & 0 & \frac{6EI_y}{l_c^3}\xi_2 & 0 & 0\\
0 & 0 & 0 & D\beta\lambda\,\mathrm{sh}\lambda l_c & 0 & 0 & -D(\mathrm{ch}\lambda l_c-1)\\
0 & 0 & \frac{6EI_y}{l_c^3}\xi_2 & 0 & \frac{4EI_y}{l_c}\eta_2 & 0 & 0\\
0 & -\frac{6EI_z}{l_c^2}\xi_1 & 0 & 0 & 0 & \frac{4EI_z}{l_c}\eta_1 & 0\\
0 & 0 & 0 & -D(\mathrm{ch}\lambda l_c-1) & 0 & 0 & \frac{D(\beta\lambda l\,\mathrm{ch}\lambda l_c-\mathrm{sh}\lambda l_c)}{\beta\lambda}
\end{bmatrix}
\tag{2.7.14 c}
$$

$$
\overline{\boldsymbol{K}}^{e}_{\omega ij}=(\overline{\boldsymbol{K}}^{e}_{\omega ji})^{\mathrm{T}} \tag{2.7.14 d}
$$

$$
\beta=J_p/(J_p-J_t) \tag{2.7.15}
$$

$$
\lambda=\sqrt{GJ_t/(\beta E_1 J_\omega)} \tag{2.7.16}
$$

$$
E_1=E/(1-\upsilon^2) \tag{2.7.17}
$$

$$
D=\frac{GJ_t}{2-2\mathrm{ch}\lambda l_c+\beta\lambda l_c\,\mathrm{sh}\lambda l_c} \tag{2.7.18}
$$

式（2.7.12）中 $\boldsymbol{T}_\omega$ 为考虑梁翘曲时的坐标变换矩阵，它是在式（2.7.8）中的 $\boldsymbol{T}$ 矩阵增加第 7 行和第 7 列及第 14 行和第 14 列后形成的，增加的行和列的元素除主元为 1 外其余为零。

式（2.7.12）中的 $\boldsymbol{k}_2^e$ 是在式（2.7.11）所示的 $\boldsymbol{k}_1^e$ 的基础上增加第 7 行和第 7 列及第 14 行和第 14 列形成的矩阵，增加的元素全为零元素。

以上式中，I_y、I_z 分别为梁绕 y 轴和 z 轴的惯性矩，E 和 G 分别为弹性模量和剪切模量，l_0 和 l_c 分别为无应力长度和变形后长度，J_t、J_p 和 J_ω 分别为断面的圣文南扭转常数、方向性惯性矩和广义扇性惯性矩，υ 为泊松比。另外，全部方向余弦的计算均应使用拖带坐标。

（3）带刚臂非线性空间杆（索）单元（见图 2.16 a）

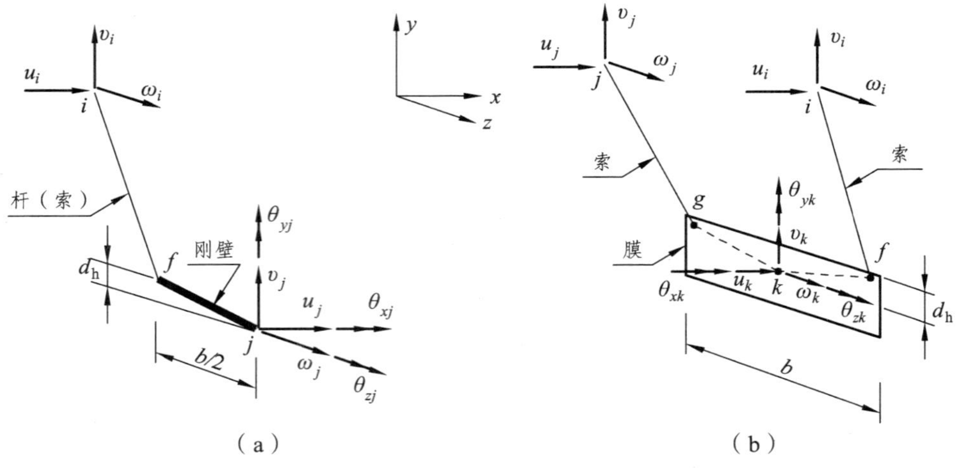

图 2.16　带刚臂空间杆索单元和空间索膜单元的节点位移

每单元有一个杆端节点和一个刚臂端节点，杆端节点有三个位移自由度，不考虑加劲梁的翘曲位移时，刚臂端有三个位移自由度和三个转动自由度，节点位移矢量为：

$$\boldsymbol{\delta}_{\mathrm{rb1}}^{e}=\left[u_i,\upsilon_i,\omega_i,u_j,\upsilon_j,\omega_j,\theta_{xj},\theta_{yj},\theta_{zj}\right]^{\mathrm{T}} \tag{2.7.19}$$

式中，下标“rb”代表刚臂杆件。

考虑加劲梁的翘曲位移时，刚臂的位移应与加劲梁的位移协调，此时刚臂节点应增加一个翘曲自由度，节点位移矢量为：

$$\boldsymbol{\delta}_{\mathrm{rb2}}^{e}=\left[u_i,\upsilon_i,\omega_i,u_j,\upsilon_j,\omega_j,\theta_{xj},\theta_{yj},\theta_{zj},\theta_j\right]^{\mathrm{T}} \tag{2.7.20}$$

不考虑翘曲位移时，单元的切线刚度矩阵为：

$$\boldsymbol{K}_{\mathrm{rb1}}^{e}=\boldsymbol{T}_{\mathrm{r1}}^{\mathrm{T}}\boldsymbol{K}_{\mathrm{b1}}^{e}\boldsymbol{T}_{\mathrm{r1}} \tag{2.7.21}$$

式中，$\boldsymbol{K}_{\mathrm{b1}}^{e}$ 由下式计算：

$$\boldsymbol{K}_{\mathrm{b1}}^{e}=\begin{bmatrix}\boldsymbol{K}_{\mathrm{ba}}^{e} & \boldsymbol{O}_{6\times3}\\ \boldsymbol{O}_{3\times6} & \boldsymbol{O}_{3\times3}\end{bmatrix} \tag{2.7.22}$$

此式中的子矩阵 $\boldsymbol{K}_{\mathrm{ba}}^{e}$ 由式（2.7.3）计算，其中的 c_x、c_y、c_z 是指杆本身的方向余弦（由拖带坐标计算），$a_1 \sim a_6$ 仍由式（2.7.4）计算。

式（2.7.21）中的 $\boldsymbol{T}_{\mathrm{r1}}$ 是刚臂转换矩阵，由下式计算（参见文献[78]）：

$$
\boldsymbol{T}_{\mathrm{r1}}=\begin{bmatrix}\boldsymbol{I}_{3\times3} & \boldsymbol{O}_{3\times3} & \boldsymbol{O}_{3\times3}\\ \boldsymbol{O}_{3\times3} & \boldsymbol{I}_{3\times3} & \boldsymbol{D}_{3\times3}\\ \boldsymbol{O}_{3\times3} & \boldsymbol{O}_{3\times3} & \boldsymbol{I}_{3\times3}\end{bmatrix} \tag{2.7.23}
$$

式中，$\boldsymbol{I}_{3\times3}$ 是 3 阶单位矩阵，$\boldsymbol{D}_{3\times3}$ 是表示刚臂坐标向量的矩阵：

$$
\boldsymbol{D}_{3\times3}=\begin{bmatrix}0 & D_z & -D_y\\ -D_z & 0 & D_x\\ D_y & -D_x & 0\end{bmatrix} \tag{2.7.24}
$$

式中 $$D_x=x_f-x_j\text{；}D_y=y_f-y_j\text{；}D_z=z_f-z_j \tag{2.7.25 a}$$

这里 x_f、y_f、z_f 是附属节点 f（杆与刚臂连接点）的坐标值。对于悬索桥吊杆，有：

$$
D_x=0\text{；}D_y=d_{\mathrm{h}}\text{；}D_z=\pm b/2 \tag{2.7.25 b}
$$

式（2.7.25 b）的第三式中，在图示的坐标系下，当吊杆在加劲梁左侧时取“＋”号，在右侧时取“－”号。

当考虑梁的翘曲位移时，带刚臂杆单元的切线刚度矩阵为：

$$
\boldsymbol{K}_{\mathrm{rb2}}^{e}=\boldsymbol{T}_{\mathrm{r2}}^{T}\boldsymbol{K}_{\mathrm{b2}}^{e}\boldsymbol{T}_{\mathrm{r2}} \tag{2.7.26}
$$

式中，$\boldsymbol{K}_{\mathrm{b2}}^{e}$ 由下式计算：

$$
\boldsymbol{K}_{\mathrm{b2}}^{e}=\begin{bmatrix}\boldsymbol{K}_{\mathrm{ba}}^{e} & \boldsymbol{O}_{6\times4}\\ \boldsymbol{O}_{4\times6} & \boldsymbol{O}_{4\times4}\end{bmatrix} \tag{2.7.27}
$$

此式与式（2.7.22）相比，只是增加了全为零元素的第 10 行第 10 列。

式（2.7.26）中的 $\boldsymbol{T}_{\mathrm{r2}}$ 是刚臂转换矩阵，由下式计算：

$$
\boldsymbol{T}_{\mathrm{r2}}=\begin{bmatrix}\boldsymbol{I}_{3\times3} & \boldsymbol{O}_{3\times3} & \boldsymbol{O}_{3\times4}\\ \boldsymbol{O}_{3\times3} & \boldsymbol{I}_{3\times3} & \boldsymbol{D}_{\omega3\times4}\\ \boldsymbol{O}_{4\times3} & \boldsymbol{O}_{4\times3} & \boldsymbol{I}_{4\times4}\end{bmatrix} \tag{2.7.28}
$$

此式是在式（2.7.23）的基础上修改而成，以考虑由于梁的纵向翘曲位移对刚臂位移的影响。$\boldsymbol{D}_{\omega}$ 的推导如下：因为附属节点 f 与主节点 j 的位移之间存在如下关系：

$$
\begin{bmatrix}u_f\\ \upsilon_f\\ \omega_f\\ \theta_{xf}\\ \theta_{yf}\\ \theta_{zf}\end{bmatrix}=\begin{bmatrix}1 & 0 & 0 & 0 & D_z & -D_y & -\omega\\ 0 & 1 & 0 & -D_z & 0 & D_x & 0\\ 0 & 0 & 1 & D_y & -D_x & 0 & 0\\ 0 & 0 & 0 & 1 & 0 & 0 & 0\\ 0 & 0 & 0 & 0 & 1 & 0 & 0\\ 0 & 0 & 0 & 0 & 0 & 1 & 0\end{bmatrix}\begin{bmatrix}u_j\\ \upsilon_j\\ \omega_j\\ \theta_{xj}\\ \theta_{yj}\\ \theta_{zj}\\ \theta_j\end{bmatrix} \tag{2.7.29}
$$

所以 $\boldsymbol{D}_\omega$ 为：

$$\boldsymbol{D}_\omega=\begin{bmatrix}0 & D_z & -D_y & -\omega\\ -D_z & 0 & D_x & 0\\ D_y & -D_x & 0 & 0\end{bmatrix} \tag{2.7.30}$$

这里 ω 为 f 点在梁断面上的主扇性坐标。翘曲位移 $u(s)$ 与翘曲参数 θ 之间的关系为 $u(s)=-\omega(s)\theta$，其中 s 为沿梁断面周边的曲线坐标。

（4）非线性空间索膜单元（见图 2.16 b）

每单元有两个索端节点和一个膜节点，每个索端节点有三个位移自由度，不考虑加劲梁的翘曲位移时，膜节点有三个位移自由度和三个转角自由度，节点位移矢量为

$$\boldsymbol{\delta}^e_{\text{cm1}}=\left[u_i,\upsilon_i,\omega_i,u_j,\upsilon_j,\omega_j,u_k,\upsilon_k,\omega_k,\theta_{xk},\theta_{yk},\theta_{zk}\right]^{\text{T}} \tag{2.7.31}$$

式中，下标“cm”代表索膜单元。

考虑梁的翘曲位移时，膜的位移应与加劲梁的位移协调，此时膜节点应增加一个翘曲自由度，节点位移矢量为

$$\boldsymbol{\delta}^e_{\text{cm2}}=\left[u_i,\upsilon_i,\omega_i,u_j,\upsilon_j,\omega_j,u_k,\upsilon_k,\omega_k,\theta_{xk},\theta_{yk},\theta_{zk},\theta_k\right]^{\text{T}} \tag{2.7.32}$$

不考虑梁的翘曲位移时，索膜单元的切线刚度矩阵为

$$\boldsymbol{K}^e_{\text{cm1}}=\begin{bmatrix}\boldsymbol{K}^e_{\text{cm1}ii} & \boldsymbol{K}^e_{\text{cm1}ij}\\ \boldsymbol{K}^e_{\text{cm1}ji} & \boldsymbol{K}^e_{\text{cm1}jj}\end{bmatrix} \tag{2.7.33}$$

$$\boldsymbol{K}^e_{\text{cm1}ii}=\begin{bmatrix}c_1 & & & & & \\ c_4 & c_2 & & & \text{对称} & \\ c_5 & c_6 & c_3 & & & \\ 0 & 0 & 0 & d_1 & & \\ 0 & 0 & 0 & d_4 & d_2 & \\ 0 & 0 & 0 & d_5 & d_6 & d_3\end{bmatrix} \tag{2.7.34 a}$$

$$\boldsymbol{K}^e_{\text{cm1}ji}=\begin{bmatrix}-c_1 & -c_4 & -c_5 & -d_1 & -d_4 & -d_5\\ -c_4 & -c_2 & -c_6 & -d_4 & -d_2 & -d_6\\ -c_5 & -c_6 & -c_3 & -d_5 & -d_6 & -d_3\\ (c_4\dfrac{b}{2}-c_5d_{\text{h}}) & (c_2\dfrac{b}{2}-c_6d_{\text{h}}) & (c_6\dfrac{b}{2}-c_3d_{\text{h}}) & -(d_4\dfrac{b}{2}-d_5d_{\text{h}}) & -(d_2\dfrac{b}{2}-d_6d_{\text{h}}) & -(d_6\dfrac{b}{2}-d_3d_{\text{h}})\\ -c_1\dfrac{b}{2} & -c_4\dfrac{b}{2} & -c_5\dfrac{b}{2} & d_1\dfrac{b}{2} & d_4\dfrac{b}{2} & d_5\dfrac{b}{2}\\ c_1d_{\text{h}} & c_4d_{\text{h}} & c_5d_{\text{h}} & d_1d_{\text{h}} & d_4d_{\text{h}} & d_5d_{\text{h}}\end{bmatrix}$$

（2.7.34 b）

$$\boldsymbol{K}_{\mathrm{cm}1jj}^{e}=$$

$$\begin{bmatrix}
c_1+d_1 & & & & & \\
c_4+d_4 & c_2+d_2 & & & & \\
c_5+d_5 & c_6+d_6 & c_3+d_3 & & & \\
\begin{array}{c}(d_4-c_4)\dfrac{b}{2}\\+(c_5+d_5)d_h\end{array} & \begin{array}{c}(d_2-c_2)\dfrac{b}{2}\\+(c_6+d_6)d_{\mathrm{h}}\end{array} & \begin{array}{c}(d_6-c_6)\dfrac{b}{2}\\+(c_3+d_3)d_{\mathrm{h}}\end{array} & \begin{array}{c}(c_2+d_2)\dfrac{b^2}{4}+(c_3+d_3)d_{\mathrm{h}}\\-(c_6+d_6)bd_{\mathrm{h}}\end{array} & & \\
(c_1-d_1)\dfrac{b}{2} & (c_4-d_4)\dfrac{b}{2} & (c_5-d_5)\dfrac{b}{2} & \begin{array}{c}-(c_4+d_4)\dfrac{b^2}{4}\\+(c_5-d_5)\dfrac{b}{2}d_{\mathrm{h}}\end{array} & (c_1+d_1)\dfrac{b^2}{4} & \\
-(c_1+d_1)\dfrac{b}{2} & (c_4-d_4)\dfrac{b}{2}d_{\mathrm{h}} & (c_4-d_4)\dfrac{b}{2}d_{\mathrm{h}} & \begin{array}{c}(c_4-d_4)\dfrac{b}{2}d_{\mathrm{h}}\\-(c_5+d_5)d_{\mathrm{h}}\end{array} & -(c_1-d_1)\dfrac{b}{2}d_{\mathrm{h}} & (c_1+d_1)d_{\mathrm{h}}^2
\end{bmatrix}$$

（2.7.34 c）

$$\boldsymbol{K}_{\mathrm{cm}1ij}^{e}=\left(\boldsymbol{K}_{\mathrm{cm}1ji}^{e}\right)^{\mathrm{T}} \tag{2.7.34 d}$$

以上式中，b 为加劲梁两侧吊点的水平距离（宽度）；d_{h} 为吊点到加劲梁扭心的竖向距离。c_1～c_6 和 d_1～d_6 由以下各式计算：

$$\left.\begin{array}{l}
c_1=\dfrac{EA_1}{l_{10}}\left(c_{x1}^2+r_1\right);c_2=\dfrac{EA_1}{l_{10}}\left(c_{y1}^2+r_2\right);c_3=\dfrac{EA_1}{l_{10}}\left(c_{z1}^2+r_3\right)\\
c_4=\dfrac{EA_1}{l_{10}}\left(c_{x1}c_{y1}+r_4\right);c_5=\dfrac{EA_1}{l_{10}}\left(c_{x1}c_{z1}+r_5\right);c_6=\dfrac{EA_2}{l_{10}}\left(c_{y1}c_{z1}+r_6\right)
\end{array}\right\} \tag{2.7.35}$$

$$\left.\begin{array}{l}
d_1=\dfrac{EA_2}{l_{20}}\left(c_{x2}^2+s_1\right);d_2=\dfrac{EA_2}{l_{20}}\left(c_{y2}^2+s_2\right);d_3=\dfrac{EA_2}{l_{20}}\left(c_{z2}^2+s_3\right)\\
d_4=\dfrac{EA_2}{l_{20}}\left(c_{x2}c_{y2}+s_4\right);d_5=\dfrac{EA_2}{l_{20}}\left(c_{x2}c_{z2}+s_5\right);d_6=\dfrac{EA_2}{l_{20}}\left(c_{y2}c_{z2}+s_6\right)
\end{array}\right\} \tag{2.7.36}$$

式中，A_1 和 A_2 分别为左侧和右侧吊杆的截面面积。l_{10} 和 l_{20} 分别为左侧和右侧吊杆的无应力长度。c_{x1}、c_{y1}、c_{z1} 为左侧吊杆的方向余弦，c_{x2}、c_{y2}、c_{z2} 为右侧吊杆的方向余弦，分别由各自杆端的拖带坐标计算。r_1～r_6 和 s_1～s_6 与式（2.7.4）中的 a_1～a_6 意义相似，分别由以下各式计算：

$$\left.\begin{array}{l}
r_1=\left(1-c_{x1}^2\right)\dfrac{e_1}{l_{1\mathrm{c}}};r_2=\left(1-c_{y1}^2\right)\dfrac{e_1}{l_{1\mathrm{c}}};r_3=\left(1-c_{z1}^2\right)\dfrac{e_1}{l_{1\mathrm{c}}}\\
r_4=-c_{x1}c_{y1}\dfrac{e_1}{l_{1\mathrm{c}}};r_5=-c_{x1}c_{z1}\dfrac{e_1}{l_{1\mathrm{c}}};r_6=-c_{y1}c_{z1}\dfrac{e_1}{l_{1\mathrm{c}}}
\end{array}\right\} \tag{2.7.37}$$

$$
\left.\begin{aligned}
&s_1=\left(1-c_{x2}^2\right)\frac{e_2}{l_{2c}};s_2=\left(1-c_{y2}^2\right)\frac{e_2}{l_{2c}};s_3=\left(1-c_{z2}^2\right)\frac{e_2}{l_{2c}}\\
&s_4=-c_{x2}c_{y2}\frac{e_2}{l_{2c}};s_5=-c_{x2}c_{z2}\frac{e^2}{l_{2c}};s_6=-c_{y2}c_{z2}\frac{e^2}{l_{2c}}
\end{aligned}\right\}\tag{2.7.38}
$$

式中，c_{x1}、c_{y1}、c_{z1}和c_{x2}、c_{y2}、c_{z2}仍为左侧和右侧吊杆的方向余弦；l_{1c}和l_{2c}分别为左侧和右侧吊杆的变形后长度；e_1和e_2分别为左、右侧吊杆伸长量，由下式计算：

$$e_1=l_{1c}-l_{10}\tag{2.7.39 a}$$

$$e_2=l_{2c}-l_{20}\tag{2.7.39 b}$$

式（2.7.33）～（2.7.34）所示的刚度矩阵是由左右两侧的带刚臂索单元刚度矩阵式（2.7.21）复合得到的，这样的推导比文献[64]、[66]中的推导要简单明了得多。

考虑梁的翘曲位移时，索膜单元的切线刚度矩阵为：

$$
\boldsymbol{K}_{\text{cm2}}^{e}=\begin{bmatrix}\boldsymbol{K}_{\text{cm1}}^{e} & \left[k_{i,13}\right]\\ \left[k_{i,13}\right]^{\mathrm{T}} & k_{13,13}\end{bmatrix}\tag{2.7.40}
$$

式中，$\boldsymbol{K}_{\text{cm1}}^{e}$由式（2.7.33）计算，也就是说，$\boldsymbol{K}_{\text{cm2}}^{e}$是在$\boldsymbol{K}_{\text{cm1}}^{e}$的基础上增加第13行和第13列形成的矩阵。$k_{1,13}$～$k_{13,13}$由下列各式计算：

$$k_{1,13}=k_{13,1}=c_1\omega_1\tag{2.7.41 a}$$

$$k_{2,13}=k_{13,2}=c_4\omega_1\tag{2.7.41 b}$$

$$k_{3,13}=k_{13,3}=c_5\omega_1\tag{2.7.41 c}$$

$$k_{4,13}=k_{13,4}=d_1\omega_2\tag{2.7.41 d}$$

$$k_{5,13}=k_{13,5}=d_4\omega_2\tag{2.7.41 e}$$

$$k_{6,13}=k_{13,6}=d_5\omega_2\tag{2.7.41 f}$$

$$k_{7,13}=k_{13,7}=-\left(c_1\omega_1+d_1\omega_2\right)\tag{2.7.41 g}$$

$$k_{8,13}=k_{13,8}=-\left(c_4\omega_1+d_4\omega_2\right)\tag{2.7.41 h}$$

$$k_{9,13}=k_{13,9}=-\left(c_5\omega_1+d_5\omega_2\right)\tag{2.7.41 i}$$

$$k_{10,13}=k_{13,10}=\frac{b}{2}+\left(c_4\omega_1-d_4\omega_2\right)-\left(c_5\omega_1+d_5\omega_2\right)d_{\mathrm{h}} \tag{2.7.41 j}$$

$$k_{11,13}=k_{13,11}=-\frac{b}{2}\left(c_1\omega_1-d_1\omega_2\right) \tag{2.7.41 k}$$

$$k_{12,13}=k_{13,12}=\left(c_1\omega_1+d_1\omega_1\right)d_{\mathrm{h}} \tag{2.7.41 l}$$

$$k_{13,13}=k_{13,13}=c_1\omega_1^2+d_1\omega_2^2 \tag{2.7.41 m}$$

以上式中的 ω_1 和 ω_2 分别为与索膜相连的附属节点 f 点和 g 点在梁断面上的主扇性坐标。

式（2.7.40）是由左右两侧的带刚臂索单元刚度矩阵式（2.7.26）复合得到的。

按以上各式组集得到式（2.7.1）后，非线性方程的求解按前面第三节中的方法进行。

本节建立的空间有限元分析方法，对于测地线形主缆的悬索桥也能分析[84]，对于斜拉桥和系杆拱桥（包括系杆提篮拱桥）也适用。

第八节　塔的结构分析

如前所述，大跨悬索桥塔的顺桥向弯曲刚度对悬索桥在竖向-纵向面内的结构行为影响很小，因此，塔的设计可基于全桥分析得到的塔顶竖向力和纵向水平位移作为荷载状态来进行。这样塔在顺桥向的结构分析就可以针对一个塔腿使用考虑了几何刚度的平面杆系有限元法分析，此时塔顶纵向位移是作为支座位移考虑。但是正如 Klöppel 和国广等所考虑的一样，使用传递矩阵法将更简单。现在来建立这样的分析方法。

考虑图 2.17 所示的一个塔腿，它被分作 n 个节间。在塔顶发生了已知的纵向水平位移 $u_0=\delta_0$。并且有已知的竖向力 V_0、初偏心弯矩 T_0（$=V_0e_0$，e_0 为所考虑的塔顶偏心距）和未知的水平力 H_0 作用。沿塔作用有顺桥向的外荷载（如风载）p_i，假定它在各节间内为均值。塔的自重按作用在各节点考虑。另外在各节点处还可能作用有其他外力，如加劲梁的支座反力等。一个节间所受的截面力、荷载及位移如图 2.17（b）所示。由图可见，节间 i 的平衡微分方程可表达为：

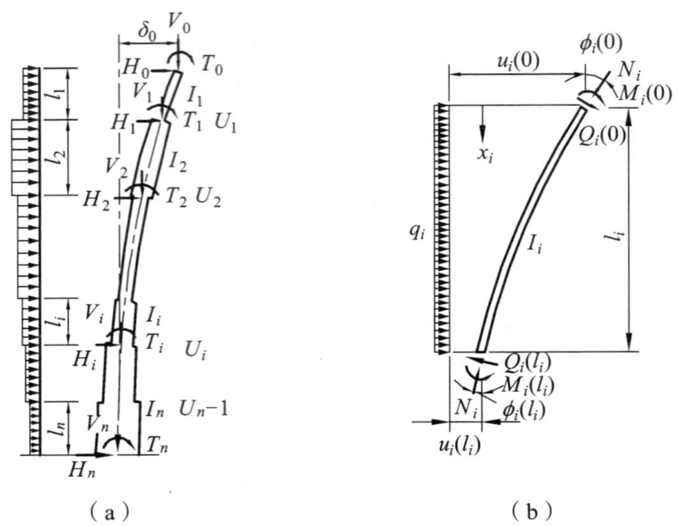

图 2.17　塔的截面内力和位移分析

$$EI_i u'''' + N_i u'' = p_i \tag{2.8.1}$$

式中，EI_i 为第 i 个节间的弯曲刚度；N_i 为第 i 个节间所受的轴力。假定翘曲角 ϕ_i 为微小值，则由图可见：

$$N_i = \sum_{k=0}^{i-1} V_k \tag{2.8.2}$$

由式（2.8.1）可得节间 i 位移和内力的通解为：

$$u = C_1 \cos k_i x + C_2 \sin k_i x + C_3 x + C_4 + \frac{p_i}{2N_i} x^2 \tag{2.8.3 a}$$

$$\phi = \frac{\mathrm{d}u}{\mathrm{d}x} = -C_1 k_i \sin k_i x + C_2 k_i \cos k_i x + C_3 + \frac{p_i}{N_i} x \tag{2.8.3 b}$$

$$M = -EI_i \frac{\mathrm{d}^2 u}{\mathrm{d}x^2} = C_1 N_i \cos k_i x + C_2 N_i \sin k_i x - \frac{p_i}{k_i^2} \tag{2.8.3 c}$$

$$Q = -EI_i \frac{\mathrm{d}^3 u}{\mathrm{d}x^3} = -k_i N_i C_1 \sin k_i x + k_i N_i C_2 \cos k_i x \tag{2.8.3 d}$$

式中，C_1、C_2、C_3、C_4 为待定积分常数，而

$$k_i^2 = N_i / EI_i \tag{2.8.4}$$

根据式（2.8.1），如果节间 i 的 x=0 处的位移和内力 U_i（0）为已知，则

可确定积分常数 $C_1 \sim C_4$，而 $x=l_i$ 处的位移和内力 $\boldsymbol{U}_i$（l_i）即可据以确定，并可由如下的关系表达：

$$\boldsymbol{U}_i(l_i)=\boldsymbol{B}_i\boldsymbol{U}_i(0) \tag{2.8.5}$$

式中 $$\boldsymbol{U}_i(l_i)=\left[u_i(l),\phi_i(l_i),M_i(l_i),Q_i(l_i),1\right]^{\mathrm{T}} \tag{2.8.6}$$

$$\boldsymbol{U}_i(0)=\left[u_i(0),\phi_i(0),M_i(0),Q_i(0),1\right]^{\mathrm{T}} \tag{2.8.7}$$

$$\boldsymbol{B}_i=\begin{bmatrix} 1 & l_i & \dfrac{\cos k_i l_i-1}{k_i^2 EI_i} & \dfrac{\sin k_i l_i-k_i l_i}{k_i^3 EI_i} & \dfrac{p_i}{k_i^4 EI_i}\left(\cos k_i l_i-1+\dfrac{k_i^2 l_i}{2}\right) \\ 0 & 1 & -\dfrac{\sin k_i l_i}{k_i EI_i} & \dfrac{\cos k_i l_i-1}{k_i^2 EI_i} & \dfrac{p_i}{k_i^3 EI_i}(k_i l_i-\sin k_i l_i) \\ 0 & 0 & \cos k_i l_i & \dfrac{\sin k_i l_i}{k_i} & \dfrac{p_i}{k_i^2}(\cos k_i l_i-1) \\ 0 & 0 & -k_i\sin k_i l_i & \cos k_i l_i & -\dfrac{p_i}{k_i}\sin k_i l_i \\ 0 & 0 & 0 & 0 & 0 \end{bmatrix} \tag{2.8.8}$$

注意到在节点 i 处有外力作用，因而在节间 $i+1$ 的 $x_{i+1}=0$ 处的 $\boldsymbol{U}_{i+1}(0)$与节间 i 的 $x_i=l_i$ 处 $\boldsymbol{U}_i(l_i)$ 存在如下关系：

$$\boldsymbol{U}_{i+1}(0)=\boldsymbol{F}_i\boldsymbol{U}_i(l_i) \tag{2.8.9}$$

式中，$\boldsymbol{F}_i$ 为表达节点 i 处的外力影响的矩阵，由下式表达：

$$\boldsymbol{F}_i=\begin{bmatrix} 1 & 0 & 0 & 0 & 0 \\ 0 & 1 & 0 & 0 & 0 \\ 0 & 0 & 1 & 0 & T_i \\ 0 & V_i & 0 & 1 & H_i \\ 0 & 0 & 0 & 0 & 1 \end{bmatrix} \tag{2.8.10}$$

式中，V_i、H_i 和 T_i 为作用在各节点处的竖向外力（包括自重）、水平外力和外力矩，以图 2.17 所示方向为正。

式（2.8.3）和式（2.8.7）对任意节间和节点都成立，如果从塔顶到塔底逐次采用式（2.8.3）和式（2.8.7），则得下式：

$$\boldsymbol{U}_n(l_n)=\boldsymbol{B}_n(\boldsymbol{F}_{n-1}\boldsymbol{B}_{n-1})\cdots(\boldsymbol{F}_i\boldsymbol{B}_i)\cdots(\boldsymbol{F}_1\boldsymbol{B}_1)\boldsymbol{U}_1(0) \tag{2.8.11}$$

此式意味着底部的截面位移及截面力可以用塔顶的 $\boldsymbol{U}_1(0)$ 表示。

由于塔顶及底部的边界条件给定为：

$$u_1(0)=\delta_0;\ M_1(0)=T_0=V_0e_0;\ u_n(l_n)=0;\ \phi_n(l_n)=0 \tag{2.8.12}$$

所以由式（2.8.11）可解出 $\phi_1(0)$、$Q_1(0)$、$M_n(l_n)$ 及 $Q_n(l_n)$ 四个未知数，进一步可求出全部截面位移和截面力。而塔顶的水平支反力（即缆索水平力）H_0 可表达为：

$$H_0=Q_1(0)-V_0\phi_1(0) \tag{2.8.13}$$

关于塔在横桥向荷载作用下的内力分析，塔横梁的设计内力的确定，以及自由悬臂状态下塔的检算，已在前面第一节的概述中有所交代，在此不赘述。

第九节　数值算例

算例一：竖向分析示例

分析模型为由广东集团在 1991 年 4 月设计的汕头海湾大桥投标方案，主桥是 141 m+438 m+141 m 的三跨连续混凝土箱梁加劲悬索桥，共 6 车道。全桥每延米总恒载值为 q=320.5 kN/m。按汽超-20 换算的每延米匀布活载值为 p=3.3×1.212×200 kN/19 m=42.1 kN/m，这里 3.3 为 6 车道的折减系数（按《BS 5400》规定的方法折减），1.212 为考虑偏心加载的系数。分布在长 17.8 m 范围内的重车活载，其在扣除匀布活载 p 后的总值计为 P=3.3×1.212×500 kN－p×17.8m=1 450 kN。结构立面的轮廓尺寸如图 2.18 所示，主要构件的截面特性和材料特性如表 2.3 所示。按竖向非线性有限元理论计算的加劲梁弯矩包络图和挠度包络图如图 2.19 所示。

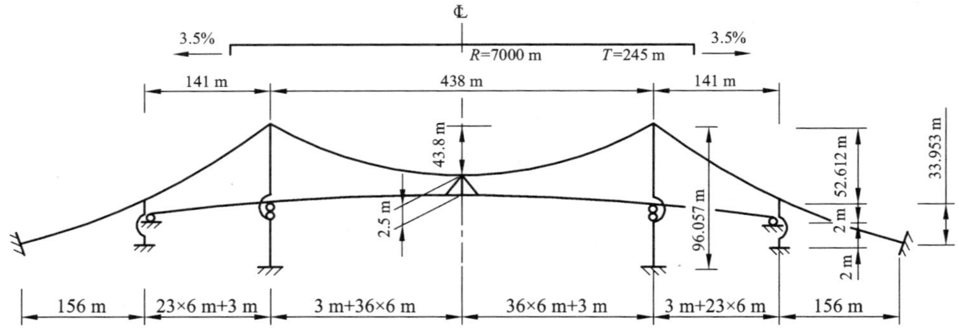

图 2.18　汕头海湾大桥（广东集团）投标方案的立面轮廓尺寸

表 2.3　算例一主要构件的材料特性和截面特性

构　件	弹性模量 $E/(\text{kN/m}^2)$	截面面积 A/m^2	竖向挠曲惯矩 I_z/m^4
缆（两侧和）	2×10^8	0.386	0
吊杆（两侧和）	1.4×10^8	0.005 6	0
加劲梁	3.3×10^7	8.88	6.19
缆结斜杆（两侧和）	2×10^8	0.01	0
塔（两侧和）	3.3×10^7	6.866	97.9
桥台拉索（两侧和）	1.4×10^8	0.005 6	0

注：缆结如图 2.18 所示，它连接缆中点和梁中点，现是用斜索形成。桥台拉索也如图 2.18 所示，它位于边跨靠岸墙，连接主缆和桥台前墙。

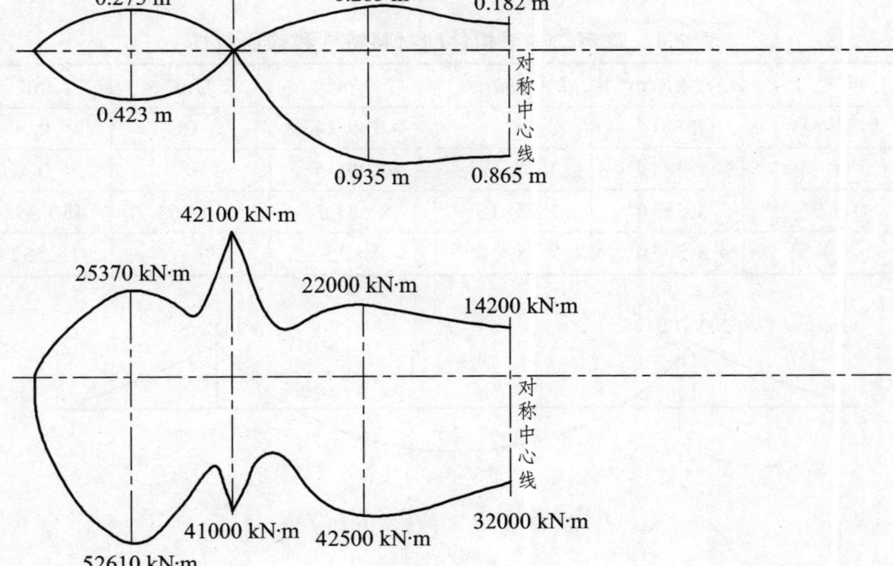

图 2.19　汕头海湾大桥投标方案的竖向挠曲包络图和弯矩包络图

算例二：横向分析示例

模型为由铁道部大桥设计院在 1991 年 10 月设计的汕头海湾大桥初步设计方案。主桥是 154 m+452 m+154 m 的三跨连续混凝土箱梁加劲悬索桥（不考虑加劲梁在塔处的削弱），共 6 车道。全桥每延米总恒载值为 q=360 kN/m，其中加劲梁部分的恒载值为 q_t=320 kN/m，缆索恒载为 q_c=40 kN/m。作用在缆索上的风活载为 p_c=5.6 kN/m，作用在加劲梁上的风活载为 p_t=9.6 kN/m。结构立面的轮廓尺寸如图 2.20 所示，主要构件的截面特性和材料特性如表 2.4 所示。由横向格栅有限元理论计算的加劲梁横向弯矩图和剪力图如图 2.21 所示。

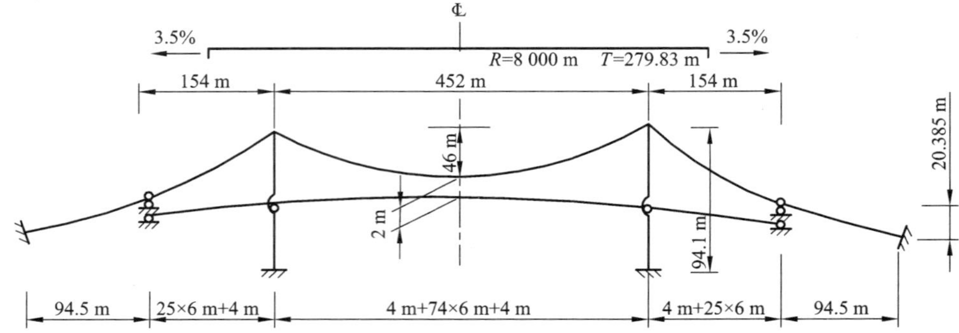

图 2.20 汕头海湾大桥初步设计方案的立面轮廓尺寸

表 2.4 算例二主要构件的材料特性和截面特性

构件	$E/(\mathrm{kN/m^2})$	$G/(\mathrm{kN/m^2})$	$A/\mathrm{m^2}$	$J_t/\mathrm{m^4}$	$I_y/\mathrm{m^4}$
缆（两侧和）	2×10^8	0	0.389 243	0	0
吊杆（两侧和）	1.9×10^8	0	0.006 5	0	0
加劲梁	3.5×10^7	1.48×10^7	8.681 5	20.063	450.858
一个塔腿	3.5×10^7	1.48×10^7	10.25		13.752

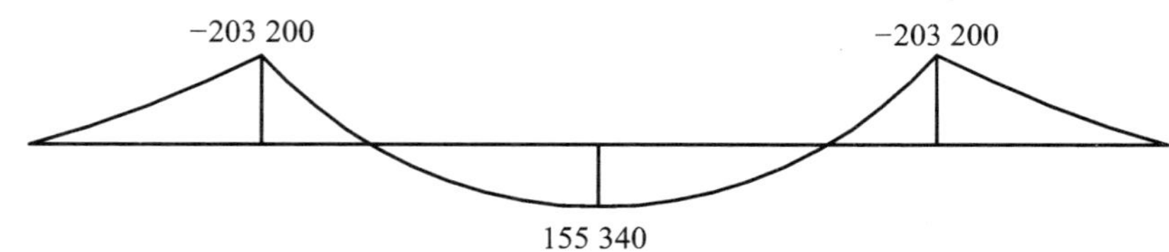

（a）横向弯矩图（单位：kN · m）

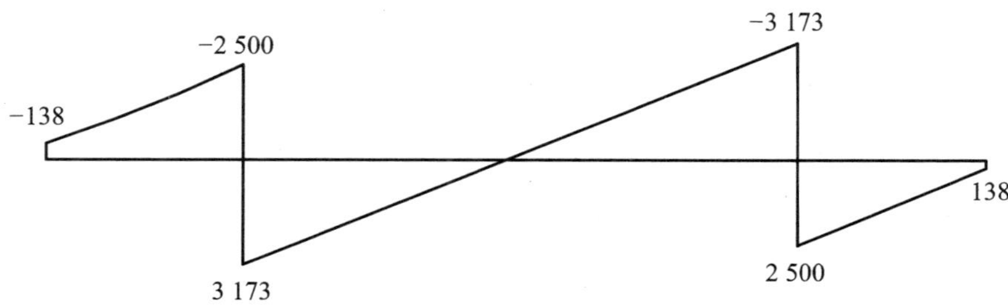

（b）横向剪力图（单位：kN）

图 2.21 汕头海湾大桥初步设计方案的横向弯矩图和剪力图

参考文献

[1] Pugsley A. The theory of suspension bridges[M]. 2nd Ed. 1968.

[2] Steinman D B. Theory of arches and suspension bridges[M]. Chicago: 1913.

[3] Johnson J B，Bryan C W，Turneaure F E. The theory and practice of modern framed structures: Part Ⅱ [M]. New York: John Wiley & Sons. 1916.

[4] Steinman D B. A practical treatise on suspension bridgrs[M]. 2nd Ed. Wiley: 1928.

[5] 小西一郎. 钢桥⑤[M]. 戴振藩，译. 北京：人民铁道出版社，1981.

[6] Timoshenko S. Steifigkeit von hangebrüchen[J]. ZAMM，1928.

[7] Timoshenko S. The stiffness of suspension bridges[J]. Trans.ASCE，1930，Vol.94.

[8] 仓西茂. 行列による吊桥の构造解析[C]//土木学会论文集. 第 81 号. 1962.

[9] 仓西茂. 连续吊桥についての研究[C]//土木学会论文集. 第 84 号. 1962.

[10] Poskitt T J. Structural analysis of suspension bridges[J]. ASCE，1966，Vol.92，No.ST1.

[11] Fukuda T. Analysis of multispan suspension bridges[J]. ASCE，1967，Vol.93，No.ST3.

[12] Esslinger M. Suspension bridges design calculated by electric computer[J]. Acier-Stahl-Steel，1962，Vol.27，Heft5.

[13] 中井博，野口三郎. 传递マトリックス法による吊桥の构造解析[C]//土木学会论文集. 第 255 号. 1976.

[14] West H H，Robinsion A R. Continuous method of suspension bridges analysis[J]. ASCE，1968，Vol.94，No.ST12.

[15] Atkinson R，Southwell R V. On the problem of stiffened suspension bridge and its treatment by relaxation method[J]. ICE，1939，Vol.11.

[16] Crosthwaite C D. Analysis of the long span suspension bridge[C]//3rd LABSE Congress. 1948.

[17] Gavarini C. Considerations on suspension bridge[J]. Acier-Stahl-Steel，1961，Vol.26，Heft3-4.

[18] 小西一郎，白石成人，饭田裕. 斜めハンガーつり桥の力学的性状に关する基础的研究[C]//土木学会论文集. 第 110 号. 1968.

[19] Borges J F，Lima C S，Arantes e Oliveira E R. Matrix analysis of suspension bridge[C]//Symposium on the use of Computers in Civil Engineering. Lisbon: 1964.

[20] Borges J F，Lima C S，Arantes e Oliveira E R. Studies concerning the structural

solution and the design method adopted for the Tagus River Suspension Bridge[C]// Symposium on Suspension Bridges. Lisbon: 1966.

[21] Janiszewski T. Suspender tension method for bridge analysis[J]. ASCE，1966，Vol.93，No.ST5.

[22] Jennings A，Mairs J E. Static analysis of suspension bridge[J]. ASCE，1972，Vol.98，No.ST11.

[23] Brotto D M. A general computer programme for the solution of suspension bridge problems[J]. Structural Engineering，1966，Vol.44，No.5.

[24] Saafan S A. Theoretical analysis of suspension bridges[J]. ASCE，1966，Vol.92，No.ST4.

[25] Tezcan S S. Stiffness analysis of suspension bridges by iteration[C]// Symposiun on Suspension Bridges. Lisbon: 1966.

[26] Hardesty S，Wessman H E. Preliminary design of suspension bridges[J]. Trans. ASCE，1939，Vol.107.

[27] Bowen C F，Charlton T M. A note on the approximate analysis of suspension bridges[J]. Structural Engineering，1967，Vol.45，No.7.

[28] Boynton R M，Werth A R，Geyer W F. Tagus River Suspension Bridge：Analysis of superstructure by a linearized deflection theory[C]//Symposium on Suspension Bridge. Lisbon: 1966.

[29] Neukrich H. Angenaherte berechnung der hangebrücke unter berücksichtigung ihrer verformung[J]. Der Stahlbou，1936，Heft9.

[30] Neukrich H. Berechnung der hangebrücke bei berücksichtigung der verformung des kabels[J]. Ingenieur-Archiv.，1936，Heft7.

[31] Peery D J. An influence line analysis for suspension beidges[C]// Proc. ASCE. 1954，Vol.80.

[32] Lie K H（李国豪）. Praktische berechnung vor hängebrücken nach der theorie II ordnung[J]. Der Stahlbou，1941，Heft 14.（中译文见第一章文献[16]）

[33] Jennings A. Gravity stiffness of classical suspension bridges[C]//Civil Engineering Department Report. Ireland: Queen Univ.，1980.

[34] 陈仁福，张金平. 运用重力刚度法求大跨悬索桥内力和位移的影响线与包络图[C]//第一届全国索结构学术交流会论文集. 无锡：1991.

[35] Chen R F. A new method of influence line analysis for suspension bridges[C]//Proc. 3rd Int. Conf. on EPPCME. Dalian: 1992.

[36] Moisseiff L S，Lienhard F. Supension bridges under the action of lateral force[J].

Trans. ASCE，1933.

[37] Selberg A. Berechnung des verhältens von hangebrücken unter windbelastung[J]. Der Stahlbau，1946，Vol.14，Heft12-22.

[38] Waltking F W. Hangebrücken unter statischem wind[J]. Der Bauingenieur，1950，Vol.25，Heft4.

[39] Crosthwaite C D. Corrected theory of the stiffened suspension bridges[J]. ICE，1947，Vol.28.

[40] Silverman I K. Lateral rigidity of suspension bridges[J]. ASCE，1957，No.EM7.

[41] Gursoy A H. Lateral wind on side spans of suspension bridges[J]. ASCE，1968，Vol.94，No.ST10.

[42] Topaloff B. Stationarer winddruck auf hangebrücken[J]. Der Stahlbau，1954，Vol.23，Heft5.

[43] Ellis C A. Discussion of "Suspension bridges under the action of lateral Force"[J]. Trans. ASCE，1933，Vol.98.

[44] Erzen C Z. Lateral bending of suspension bridges[C]//Proc.ASCE. 1955，Vol.81.

[45] Fukuda T. Multispan suspension bridges under lateral loads[J]. ASCE，1968，Vol.94，No.ST1.

[46] 后藤茂夫. 有限变形による吊桥的解法[C]//土木学会论文集. 第 156 号. 1968.

[47] 吉冢纯治. 横荷重を受ける长大吊桥の应力计算[J]. 桥梁と基础，1972，Vol.6，No.5.

[48] Franciosi C，Franciosi V. Suspension bridges analysis using lagrangian approach[J]. Computer & Structures，1987，Vol.26，No.3.

[49] Moppert H. Statische und dynamische berechnung erd-verankerter hangebrücken mit hilfe von greenschen funktionen und integralgleichungen[J]. Veroffentlichungen des Deutscken Stahlbau-Verbandes，1955，Heft9.

[50] Hawranek A，Steinhardt O. Theorie und berechnung der stahlbrücken[J]. Springer，1958.

[51] Sih N S. Torsion analysis for suspension bridges[J]. ASCE，1957，Vol.83，No.ST6.

[52] Irvine H M. Torsion analysis of boxgider suspension bridges[J]. ASCE，1974，Vol.100，No.ST4.

[53] Fukuda T（福田武雄）. Multispan suspension bridges nuder torsion loading[J]. JSCE，1975，No.242.

[54] Esslinger M. Ein rechenverfahren fur die antimetrische belastung von hangebrücken[J]. Stahlbau，1963，Vol.32，Heft9.

[55] 仓西茂，小森和男．トラス补刚桁をき一た连续吊桥のねじり解析[C]//土木学会论文报告集. 1977，No.261.

[56] 小松定夫，西村宣男．吊构造の横断面变形を考虑した吊桥の立体解析[C]//土木学会论文报告集. 1975，No.236.

[57] 小松定夫，西村宣男．横荷重を受にる吊桥の变形と应力に一いて[C]//土木学会论文报告集. 1976，No.248.

[58] 冈村隆夫，片冈敬．吊桥补刚トラスの断面变形を考虑したねじり解析[C]//土木学会论文报告集. 1974，No.231.

[59] Shimada S（岛田静雄）. Programming for digital computation of suspension bridges under vertical，horizontal and torsional loadings[J]. Trans. JSCE，1964，No.102.

[60] 大地羊三，渡边隆之．刚性マトリックスを用いた吊桥の解法[C]//土木学会第 29 回年次学术讲演会概要集，Ⅰ-180. 1974.

[61] 小松定夫，西村宣男，中川知和．グループ变形法による吊桥の立体解析[C]//土木学会论文报告集. 1978，No.278.

[62] Arzoumenidis S G，Bieniek M P. Finite element analysis of suspension bridges[J]. Computer & Structures，1985，Vol.21，No.6.

[63] 川田忠树．现代の吊桥[M]．日本：理工图书株式会社．昭和 62 年（1987）.

[64] 唐家祥，裴若娟．斜拉桥分析的索膜单元理论及其应用[J]．计算结构力学及其应用，1991，8（2）.

[65] 陈仁福，强士中．悬索桥设计用计算程序系统开发研究[C]//第一届全国索结构学术交流会论文集．无锡: 1991.

[66] 廖海黎，沈锐利．悬索桥三维自振特性分析[C]//第一届全国索结构学术交流会论文集．无锡: 1991.

[67] Birdsall B. The suspension bridge tower cantilever problem[J]. Trans.ASCE，1942，Vol.107.

[68] Klöppel K，Esslinger M，Kollmeier H. Die berechnung eingespannter und fest mit dem kabel verbundener hangebrückenpylonen bei beanspruchung in brückenlangsrichtung[J]. Der Stahlbau，1965，Heft 12.

[69] 国广哲男，藤原稔，井刈治久．还元法けよる吊桥主塔の桥轴方向の计算[R]//土木研究所资料. 1970，No.588.

[70] Roberts G. Forth Road Bridge[J]. ICE，1967.

[71] 钱伟长．变分法及有限元[M]．北京：科学出版社，1980.

[72] Livesley R K，Chandler D B. Stability functions for structural frameworks[M]. England: 1956.

[73] 丁皓江，何福保，谢贻权，等. 弹性和塑性力学中的有限单元法[M]. 北京：机械工业出版社，1989.

[74] 盖尔 J M，韦孚 W. 杆系结构分析[M]. 边启光，译. 北京：水利出版社，1980.

[75] 包世华，周坚. 薄壁杆件结构力学[M]. 北京：中国建筑工业出版社，1991.

[76] 郭在田. 薄壁杆件的弯曲与扭转[M]. 北京：中国建筑工业出版社，1989.

[77] 强士中，李乔. 关于闭口薄壁杆件约束扭转的周边不变形理论[J]. 桥梁建设，1985，(1).

[78] 钟万勰，丁殿明，程耿东. 计算结构力学[M]. 北京：高等教育出版社，1989.

[79] Ohshima H，Sato K. Structural analysis of suspension bridges[J]. ASCE，1984，Vol.110，No.EM3.

[80] 藤野勉，大坂宪司. 任意形式の吊桥の静的构造解析法—有限变位理论による骨组构造解析法の应用[J]. 三菱重工技报，1966，3（6).

[81] Hegab H I A. Discussion of “Vertical vibration analysis of suspension bridges”，by Abdel-Ghaffar A M[J]. ASCE，1981，Vol.107，No.ST10.

[82] 小松定夫，西村宣男. 薄肉弹ばりん理论によるトラス一立体解析[C]//土木学会论文报告集. 1975，No.238.

[83] 林有一郎，通口康三，田中美宇. 断面变形を考虑レた薄肉弹性ばり理论によるトラス桥の立体解析[C]//土木学会论文报告集. 1976，No.242.

[84] 陈仁福. 南昆铁路清水河大桥主跨 300 m 混凝土加劲梁测地线形主缆悬索桥设计方案[G]. 1990.

[85] 赵超燮. 结构矩阵分析原理[M]. 北京：人民教育出版社，1982.

第三章　悬索桥振动性状分析

第一节　概　述

悬索桥的振动性状研究是悬索桥动荷载行为研究的基础。自 1940 年秋发生老塔可马悬索桥的风毁事故以来，探讨悬索轿风致振动机理的专家们发现，一个需要优先解决的问题，就是了解悬索桥固有振动的基本性态。自那时以来，关于悬索桥振动性态的分析研究已经取得了很大进步。同时，在这样的研究过程中还认识到，不仅风荷载，而且诸如地震和行驶车辆等各种动力荷载都可能引起悬索桥的严重振动。

一、悬索桥振动性状研究的历史发展与现状述评

对于通常所要考虑的三种动力激励源（风、地震、行驶活载）所致的振动效应的研究，悬索桥在空间各向振动的振型和频率都是需要的。为了方便，人们通常将振型分成四种类型，即竖向、纵向、横向和扭转振型。然而，实际情况却是一种位移常会与另一种位移耦合，特别是竖向位移可能与纵向位移耦合，横向位移可能与扭转位移耦合，有时甚至空间上的四种位移同时耦合，耦合情况取决于结构几何和支承条件等因素。可是利用古典解析方法求解时，考虑空间耦合将导致更复杂的微分方程，从而难于求得闭合解析解；即使采用 Rayleigh-Ritz（瑞利-李兹）法等近似算法求空间耦合的振型和频率也是困难的；所以常常在假定振动是小振幅的前提下，进一步将空间耦合忽略掉，以便于求解。这种处理并不是没有道理的，因为精确的数值分析所得的空间耦合振型显示，每一振型都各有占支配地位的位移方向。这个事实也支持人们对那些即便是空间耦合的振型仍能根据每个振型的支配位移方向将其方便地分类为竖向、纵向、横向和扭转振型。

1. 理论分析

为了确定悬索桥的振型和频率，现已发展了多种方法，这些方法大致可

以分为三类：① 古典解析方法；② 近似方法或经验公式；③ 数值方法。其中近似或经验公式是古典解析法的合乎逻辑的发展。在设计的最终阶段，需要精确地计算振型和频率，以便可以进行振型迭加法或者谱分析的计算，这便需要用比较精确的数值方法计算。然而，在方案选择和初步设计阶段需要快速的近似计算法以便解释桥梁参数的变化对动力特性的影响，在这阶段，一个定性的指导常比精确的公式更有意义，因为充分考虑了结构细节和相对耗时的精确数值方法并不容易产生结构特性随主要参数变化而变化的清晰图景。

（1）古典解析方法

这类方法是基于对由 Hamilon（哈密顿）原理导得的作为分布参数系统的函数形式的偏微分方程求解析解的一种方法。早期的研究者们普遍采用了这一方法。研究内容涉及竖向、横向、扭转及空间耦合的振动性态。纵向振型是在后来的环境振动试验和三维空间数值分析中认识到的，早期的解析研究者没有特别关心这类振型的研究。

① 竖向振动分析

塔可马桥风毁事故之后，美国联邦公路局委托了各方面专家研究事故原因[1-5]。最早提出报告的是 Amman、Von Karman 和 Woodruff 所在的工程师委员会[1]。在这份 1941 年 3 月提出的报告中，Amman 和 Von Karman 采用解析方法分析了塔可马悬索桥的竖向振动性状。但是在他们的分析中，没有考虑惯性力引起的缆索弹性拉伸。稍后在 1943 年，Steinamn 也发表了他的研究成果[6]。他也采用解析方法来研究悬索桥的竖向振动，但仍未考虑惯性力引起的缆索弹性拉伸的影响。1950 年，Bleich 发表了专著《悬索桥振动的数学理论》[4]，在这篇经典的文献中，Bleich 以其出色的研究成果奠定了悬索桥振动研究的基础。其在竖向振动解析研究方面的重要贡献是认识到惯性力引起的缆索弹性拉伸对悬索桥正对称竖向振型有不容忽视的影响。1959 年，Steinman 修正了他的早期研究成果，并对当时的悬索桥振动研究工作给予出色的综述[7]。至此，关于悬索桥竖向振动的理论解析已臻完善。

② 扭转振动分析

在 Amman 和 Von Karman 等于 1941 年提出的报告中，报道了 Rannie 关于扭转振动的理论解析方法[8]。在这个方法中，Rannie 考虑到当时的悬索桥大多像塔可马桥那样仅有一个平纵联（水平抗风桁架或桥面系），因而完全忽略了加劲梁的扭转刚度。扭转振动的恢复力主要来自两侧加劲梁的竖向抗弯刚度（相当于翘曲刚度），这样导致扭转振动系统等同于在两侧的两个缆-桁系统在竖向平面的反相振动，因而扭转振动完全采用竖向振动的微分方程求解，只需以能产生等效断面转动惯量的质量替换竖向振动的质量即可。由于断面的回转半径通常小于半桥宽，所以用于扭转振动的质量通常小于竖向振动的质量，而扭转振动的频率则一般高于相应的竖向振动频率，对于规则的断面形式，甚至能获得同阶扭弯频率比与断面尺寸的关系。不仅如此，扭转振动的振型也是与竖向振动的振型一一对应的，也就是说，在竖向一阶通常为反对称的情况下，扭转一阶振型亦应为反对称[8,9]。这个本来是有局限性的结论，迄今却仍在影响一些学者对悬索桥扭转振型的认识。Steinman 在其 1943 年的文献中不恰当地沿袭了 Rannie 的方法[6]。Smith 和 Vincent 在其关于塔可马桥的气动稳定性研究简报中发展了 Rannie 的扭转解析方法，考虑了惯性力引起的缆索弹性拉伸对正对称振型的影响，但仍未考虑加劲梁的扭转刚度。以上的几位研究者代表了早期扭转振动解析尚未发达的状况。他们的研究成果是有局限性的，用于解析诸如早期的华盛顿桥、布隆克斯白石桥、塔可马桥等也许是可行的，例如，这样的研究成功地解释了塔可马桥为什么会以一阶反对称扭转振荡形态破坏。但是将他们的研究推而广之，认为所有悬索桥的一阶扭转振型均为反对称振型及潜在的气动非稳定振荡形态必为一阶反对称扭振形态则是错误的观念。事实上，以上的研究者都没有研究具有闭合型断面的情况。上述研究的局限性直到 Bleich 发表他的值得鉴赏的研究成果后才得以改进。Bleich 的研究工作几乎与 Smith 和 Vincent 同时进行。在他 1950 年发表的专著中[4]，针对桁架加劲梁的情况所建立的扭转振动解析方法，不仅考虑了惯性力引起的缆索弹性拉伸的影响，而且还使用 Wagner 的扭转理论考虑了加劲梁的扭转刚度和翘曲变形的影响。如同在竖向振动的情况一样，Bleich 的扭转解析方法也奠定了这方面研究的基础。1959 年，Steinman 改进了他早期的研究成果[7]，分考虑和不考虑加劲梁扭转刚度（加劲梁分别具有一个或两个平纵联）的情况，更恰当地建立了悬索桥的扭转振动解析方法，并对当时的研究工作进行了出色的综述。Selberg 在他 1961 年发表的文献中也延续 Bleich 和 Steinman 的方法，对扭转振动解析进行了广泛的研究[10]。1974 年，Irvine[11]发表了针对像塞文桥那样的具有实腹扁平箱加劲梁悬索桥的扭转振动解析方法，他认为由于这类悬索桥加劲梁的圣文南扭转刚度较大，且具有密布的隔板或横梁，故可忽略翘曲变形和畸变，加劲梁的变形只需考虑扭转。他的方法与 Bleich、Steinman 和 Selberg 的方法在忽略翘曲变形的情况下实质上一样。但是，前面考虑加劲梁断面翘曲变形的研究者普遍将闭口和开口薄壁杆件的翘曲约束扭转问题混为一谈了。根据薄壁杆件力学的发展，它们应该区别对待[42,43]。

③ 侧向（横向）振动分析

由塔可马桥风毁事故引发的对悬索桥振动问题的研究，早期并未涉及到悬索桥侧向振动性态的分析。有关这方面的研究是在 1957 年才由 Silverman 开始的[12]。但是在 Silverman 的研究中分别处理缆索和加劲梁的侧向振动而没有考虑它们之间的相互作用。1958 年，Selberg 在讨论 Silverman 的研究成果时[13]，通过包括缆索和加劲梁的相互作用而改正了 Silverman 的错误。Selberg 的研究成果后来也被纳入在他 1961 年的一篇文献中[10]。1960 年，平井敦[14]在他的一篇关于悬索桥在侧向地震作用下的运动稳定性研究文献中，也建立了悬索桥侧向固有振动性态的解析方法，他所导得的侧向自由振动的微分方程与 Selberg 的完全相同。至此，由 Selberg 和平井的研究可以说已经使悬索桥的侧向振动解析研究臻于完善，但是伊藤学在 1966 年[15]、Abdel-Ghaffar 在 1978 年[16]和 1982 年[17]分别通过包括一个缆索的向上位移作为进一步的恢复力来不恰当地修改 Selberg 和平井所导得的微分方程。由于缆索的向上位移本来是与悬吊结构的侧向位移密切相关的，1986 年，Castellani 通过仔细的分析发现伊藤和 Abdel-Ghaffar 的修改完全是画蛇添足之举[18]，并指出这个错误是由于他们在推导缆索应变能时，涉及缆索向上位移的一个负号错误所致。

④ 空间耦合振动分析

从事悬索桥空间耦合振动理论解析的研究者相对较少。值得一提的研究者主要有小西一郎、白石成人[19,20]和 Abdel-Ghaffar 等[17]。小西一郎和白石成人在 1966 年发表的一篇文章中导出了空间耦合振动的微分方程，并证明了空间耦台振动实际上可划分为仅包括纵向和竖向位移的“挠曲式振动”及包括全部各向位移的“复合扭转式振动”。但由于小西一郎和白石成人未考虑加劲梁的竖曲线及梁高的影响，故在所导得的“复合扭转式振动”方程中，耦合仅以非线性项的形式出现。本章后面将证明，当考虑竖曲线和梁高影响时，耦合也会以线性项的形式出现。在小西和白石导得的方程中，当忽略耦合振动方程的非线性项时，可以得到非耦合的竖向振动、侧向振动和扭转振动的微分方程[19]，它们基本与以往的研究者单独研究非耦合的竖向振动、侧向振动或扭转振动时所导得的方程相同，差别仅在侧向振动的恢复力有误差，但笔者发现，这个误差并非小西和白石所采用的基本原则有误，而仅仅是由于他们推导过程中的不小心所致。这样小西和白石的研究成果对于早期研究者单独研究非耦合竖向振动、侧向振动或扭转振动的合理性就是一个有力的佐证。1982 年，Abdel-Ghaffar 在不仅考虑加劲梁翘曲位移，而且还考虑加劲梁畸变的情况下，导得了加劲梁竖向挠曲-扭转-畸变耦合振动的微分方程。但是日本学者 Komatsu 和 Nishimura（小松和西村）早已证明[21,22]，桁架加劲的悬索桥其加劲梁的横联剪切刚度通常大于 10^5 t·m/m，此时，畸变的影响可忽略不计；而实腹箱梁加劲的悬索桥由于加劲梁通常具有密布的横隔板且圣文南扭转刚度较大，所以不仅畸变位移可忽略，甚至翘曲位移都可忽略不计；因此对于实际的悬索桥，畸变对振动的影响都可忽略。当忽略畸变和非线性项时，Abdel-Ghaffar 所导得的耦合方程又归结为非耦台的竖向挠曲振动方程和扭转振动方程。另一方面，对于实际上可能存在的侧向挠曲-扭转耦合振动情况没有研究。此外，这些研究者也将闭口和开口薄壁杆件的翘曲约束扭转问题混为一谈了。

古典解析方法因是基于对分布参数系统的偏微分方程求解析解，因而使用这个方法能更容易地说明参数变化对振动性状的影响，以及参数变化对于桥梁动力反应的影响。例如，Bleich 曾使用这类方法研究了垂跨比、加劲梁刚度等参数变化对振动性状的影响。但是这类方法通常难于考虑结构细节变化的影响，例如，前述的研究者普遍未考虑塔的弹性刚度（尽管其影响不大）、缆结、加劲梁竖曲线、加劲梁纵向有无约束及斜吊杆等因素的影响。当考虑这些因素时，使用解析方法可能会难于导出微分方程，或者导出的微分方程难于求得闭合解析解，而不得不借助傅里叶级数方法或伽辽金法求数值解。这些问题使得解析方法的使用有局限性。

（2）近似方法和经验公式

这里所说的近似方法是指将结构作为连续参数系统基于能量原理用 Rayleigh-Ritz（珊利-李兹）方法求近似解的方法。前已指出，古典解析方法或者难于求得解析解或者难于考虑结构细节变化的影响。但是 Rayleigh-Ritz 方法无需采用复杂的数学模式和烦琐的数字计算，却可以容易地求出近似的固有振型和频率，甚至在涉及塔刚度、缆结、斜拉缆等细节构造的影响时，该方法也能提供一种容易而又迅速的解答。

Bleich 早在他发表经典文献《悬索桥振动的数学理论》时[4]，就意识到寻求解析解并不容易，因而他在建立解析方法的同时也致力于用 Rayleigh-Ritz 方法推导用于估计悬索桥低阶振型和频率的近似公式。Steinman 也在他 1959 年的文献中进行了类似的研究[7]。但是在 Steinman 的推导中，假定振型为具有不同半波数的各种正弦波形，相应于各阶频率估算式的推导都采用了广义单自由度的等效弹簧常数和质量的概念。然而由于缆力水平分量变化的影响，低阶振型实际上没有完全的正弦波形。此外，接连续体使用 Rayleigh-Ritz 方法分析悬索桥振动性态的还有其他一些学者，如 Selberg[10]、平井[55]及 Van Der Woude 等[66]。

作为连续体的 Rayleigh-Ritz 法是一个近似分析方法，如果说这个方法用于估算低阶频率是可接受的话，用于估算高阶频率则会有一定误差。但由于在初步设计阶段的参数研究仅需考察低阶频率即可，因而这个近似方法仍是有价值的。

对于近似估算悬索桥的振型和频率，除了可用上述由 Rayleigh-Ritz 法导得的近似公式计算外，还可用基于实验和经验的一些近似公式计算。例如，由 Pugsley 在 1949 年通过实验获得的经验式等[9]。最简单的经验式是由 Herzog 在研究气动稳定性简化评价方法时提出来的[23]，所要计算的最低竖向和扭转频率只与垂跨比及加劲梁是否开口或闭合断面有关，但 Herzog 的经验式正是由于简单和考虑的参数太少而显得太粗糙。

（3）数值方法

这里所说的数值方法是指将结构作为离散参数多自由度系统（如多质点的质量-弹簧系统、有限元系统等）用数值逼近方法并通常借助计算机求振型和频率的方法。这类方法是伴随着计算机、计算数学和计算力学的发展而产生的。

早在 1960 年，小西和山田就建立了将悬索桥看作多自由度离散参数的弹簧质量系统用数值方法求竖向-纵向振动振型和频率的方法[24]，这个方法是作为地震响应分析的基础而建立的，研究内容和成果在 1960 年的第二届世界地震工程会议（WCEE）发表。1961 年，Housner 和 Clough 等在 4 月 25 日桥的抗震分析中[25]，也按弹簧质量系统分析振动性态，但抗震研究的重点是放在塔墩体系。在 1965 年的第三届 WCEE 会议上，小西和山田进一步完善了将悬索桥按离散弹簧质量系统用数值方法计算振动性态和地震响应的方法[26]，并包括了侧向振动性态和侧向地震响应的分析计算。他们的方法后来被用于关门桥和早期的本四连络线几个悬索桥的振动性态分析和抗震设计中。类似的方法也由 Brotton[27]、Tezcan[28]、Franciosi[29]等采用，并在日本得到广泛的应用。另外，West 等也按这种离散参数的质量弹簧系统来分析悬索桥的振动性状，并研究了参数变化对悬索桥振动性状的影响[30]。

按离散参数弹簧质量系统分析悬索桥的振动性态时所遇到的一个麻烦是要恰当地选取连接于各堆聚质量的弹簧常数，这使得该法不像位移有限元法中的直接刚度法那样方便，所以随着动力有限元理论的日臻完善，该法迅速被也具有离散参数特性和便于计算机运算的有限元法取而代之。最早使用有限元法来分析悬索桥振动性态和地震响应的研究者似乎是 Baron，他在 1975 年针对金门桥的振动性态和地震响应采用有限元法进行了广泛的研究，所采用的有限元离散模型包括竖向-纵向面内的二维有限元离散模型和空间三维有限元离散模型，研究的成果在伯克利加州大学地震工程研究中心的 EERC 报告第 76-31 号发表[31]。与此同时，Abdel-Ghaffar 和 Housner 也采用二维和三维有限元离散模型研究了悬索桥的振动性态和地震响应问题，他们的研究成果在加州理工学院地震工程研究试验室的 EERL 报告第 76-01 号和 77-01 号发表[32,33]。

1977 年，日本的林有和村田根据符拉索夫周边不变形的翘曲约束扭转理论建立了只用于扭转振动分析的三维有限元法（其中梁单元节点位移只考虑扭转和翘曲）[34]。上述的研究者均采用了按结构组成离散的杆（梁）系有限元离散模型。但是，鉴于当时的计算机发展水平，按结构组成离散所需的计算机容量、速度和计算成本相对较大，所以 Abdel-Ghaffar 在随后的研究中分别建立了按所谓“桥单元”（每个桥单元包括梁段及相应的缆索节段）离散的二维竖向、扭转、横向振动分析的有限元法，并在一系列的文章中予以发表[16,35,36]。Abdel-Ghaffar 的这些方法较之按结构组成离散的杆（梁）系有限元方法的确提高了计算速度，并减小了所需计算机容量；只是关于横向振动的分析方法，如同他的解析理论一样错误地处理了振动的恢复力（但这个错误容易改正）；另外关于扭转振动仍是将闭口与开口薄壁杆翘曲约束扭转混为了一谈。Abdel-Ghaffar 与 Scanlan 一起利用这些方法分析了金门桥的振动性状，并与三维杆（梁）系有限元分析结果及环境振动测试结果进行了比较，证明了这些方法对规则结构的适用性[37]。可是 Abdel-Ghaffar 的方法不能考虑结构在细节上的变化（如测地线型主缆、斜拉索、缆结、竖曲线等）。随着计算机技术的发展，容量和速度已不成其为问题，所以按结构组成离散的杆（梁）系有限元法目前在悬索桥振动研究和设计实践中更普遍地被使用。不同的研究者所采用的杆（梁）系有限元离散模型可能不同，但差别主要在于三维模型中的加劲梁单元模型及其与吊杆单元的联系可能各有不同，以及是否考虑加劲梁的翘曲和畸变等。一般的做法是将加劲梁按鱼刺梁模拟[38, 39]。但在英国，由 Dumanoglu 及 Severn 等针对已建成的几座扁平箱加劲梁悬索桥所进行的一系列振动研究中，则是将扁平箱梁按等效受弯矩形板单元模拟（等效是指具有与扁平箱梁相等的竖向和横向挠曲惯矩及扭转常数）[40]。美国哥伦比亚大学的 Arzoumanidis 则是用由杆、梁、受剪矩形板单元形成的各种复合单元系列来模拟加劲梁，并根据需要选择其一[41]。

按多自由度的离散参数系统来分析悬索桥的振动性状，因可方便地借助于计算机求解，所以相对于连续系统的微分方程解析法而言，能够比较容易和准确地求出许多个振型和频率，也能方便地考虑结构在细节上的变化，所以在设计的最终阶段需要比较准确地了解许多个振型和频率时，应该使用这种方法进行分析。

2. 试验测试

以上三类分析方法的结果可以用于相互的检验，但是更直接的检验方式是试验测试，包括实验室模型测试、实桥冲击振动试验、强迫振动试验和环境振动试验（英文 Ambient Vibration Survey 或 Ambient Vibration Test）。近年来环境振动试验更受重视。所谓环境振动，顾名思义，它不是由人工激励所引起的振动，而是由交通荷载、风荷载及其他环境因素激励所引起的振动[44]。环境振动试验就是借助安装在桥上的若干敏感的传感器与数据采集系统一起测读并记录环境振动响应，然后借助于动态分析仪进行直接的数字功能率谱分析以获得模态频率、振型和阻尼比。环境振动试验使用了随机振动理论的概念和数字功率谱分析的技巧[69,70]，试验的方法和步骤由 Mclamore 及 Abdel-Ghaffar 等给予了较详细的描述[46,47]。环境振动试验的优点是步骤相当简单，所需的设备仅是数据采集系统（包括传感器）和动态（频率）分析仪。由于计算机硬件和软件技术的发展，这种试验的结果也比较可靠，所以这种试验被认为比其他的试验更好。最早对悬索桥进行环境振动试验的是 Mclamore（环境振动试验这一概念似乎也最早由他提出和定义），他在 1970 年进行了布隆克斯-白石桥的环境振动试验[45]，随后又在 1971 年进行了纽波特桥和威廉·普莱斯顿通道纪念桥的环境振动试验[46]。1977 年，Abdel-Ghaffar 和 Housner 为验证他们的理论分析，对文森特·托马斯桥进行了环境振动试验[47]。1979 年，Buckland 等在进行狮门桥的振动研究时，为验证解析方法和有限元数值方法的分析结果，进行了包括实桥冲击振动试验、强迫振动试验和环境振动试验在内的各种试验测试[48]。1985 年，Abdel-Ghaffar 和 Scanlan 又进行了金门桥的环境振动试验，以验证 Abdel-Ghaffar 所提出的二维“桥单元”有限元模型分析的结果并与按结构组成离散的二维和三维有限元分析的结果进行了比较[37]。1987 年，Brownjohn、Dumanoglu 和 Severn 等在进行所谓英国式悬索桥的地震研究时，为验证由有限元数值分析所获得的基本振动性状的理论结果，进行了亨伯桥的环境振动试验[49]；随后他们又在 1989 年进行了第一博斯普鲁斯桥的环境振动试验[50]并与 Tezcan 在 1975 年所进行的该桥强迫振动试验结果进行了比较[51]。一般而言，环境振动试验能够获得许多阶模态的振型、频率和阻尼比，并且试验的结果普遍证实了按结构组成离散的二维或三维有限元模型及 Abdel-Ghaffar 的二维“桥单元”有限元模型的数值分析方法获得的许多阶模态的结果是可靠的，也证实了按解析方法、近似方法所得的低阶模态结果是可靠的。这意味着，在桥梁尚未建成之前的设计阶段，用理论分析来预估桥梁的振动性态是可行的。

3. 动力优化设计和参数研究

固有振动性状是影响结构动力反应的主要因素，因此，动力优化设计一个主要目的是最大限度地改善结构固有振动性状以避免动力失效和减小动力响应。为此目的而进行的参数研究是动力优化设计的一个重要手段。

关于影响悬索桥低阶振动性状的各种参数研究，早在古典理论建立之后就由 Bleich、Steinman 等做过研究，所考虑的参数包括垂跨比、加劲梁刚度、塔的刚度等。1977 年，前田幸雄等研究了加劲梁纵向支承刚度对竖向振动频率的影响[54]。田中淳之则综述了日本所进行的悬索桥参数研究概况，其中包括了研究悬索桥低阶模态中加劲梁和缆索的刚度贡献率随跨长变化的关系及桁高和垂跨比变化对低阶固有频率的影响[52]。一般认为，在实际可能的范围内，加劲梁和塔的挠曲刚度的变化对竖向挠曲频率的影响不大；而加劲梁扭转刚度的增大，将引起扭转频率随之增大；增加垂度将引起扭转频率增大和挠曲频率减小；增加恒载将引起扭转频率减小而挠曲频率变化不大；另外，纵向支承刚度的增加将提高竖向一阶反对称振动频率[53]。然而，这些研究者只着眼于频率和模态形状随参数的变化，却没有注意到模态阶次随参数变化而重新排列的情况。注意到自由悬挂缆随垂跨比变化会出现模态阶次重新排列的现象，West 研究了悬索桥缆索的垂跨比和加劲梁竖向挠曲刚度及纵向支承刚度的变化对竖向振动性态的影响[30]，结果发现这些因素不仅引起竖向频率的变化，而且引起模态阶次的重新排列。但是，笔者注意到，West 所考察的参数值超出了实桥可能的范围，而在实际可能范围内，除小跨悬索桥和加劲梁纵向受约束的斜吊杆悬索桥的最低挠曲振型为正对称外，大跨悬索桥最低阶挠曲振型一般都为反对称。笔者则在 1991 年发表的一篇文章中研究了恒载、垂跨比及加劲梁扭转刚度的变化对扭转振动性状的影响，发现了在实桥可能的参数范围内扭转模态阶次随垂跨比及加劲梁扭转刚度的变化而重新排列的现象[53]。这个发现解释了 20 世纪早期修建的悬索桥的基本扭转模态为反对称而英国式悬索桥的基本扭转模态为正对称的原因。但是该文没有考察纵向支承刚度变化对振动性态的影响。除此之外，小松・西村[67]及 Hayashikawa [68]等还研究了加劲梁剪切变形对振动性态的影响，并认为应考虑剪切变形对高阶振型的影响。

二、本章研究内容

本章的研究工作旨在建立分析固有振动性状的各种方法和认识悬索桥固有振动性状的一些最基本的规律，为后续的抗风和抗震分析作准备。为此，在第二节将导出悬索桥空间耦合的非线性自由振动基础微分-积分方程，并由此在第三节进一步导出线性的竖向挠曲振动、横向挠曲振动、扭转振动的基础微分-积分方程，在可能情况下求出一般解析解。在第四节将建立二维的竖向-纵向挠曲振动、横向挠曲振动和扭转振动的有限元分析方法。在第五节将建立三维空间振动的有限元方法，这样二维和三维的有限元数值分析结果可以相互校核。第六节探讨塔的振动分析问题。第七节介绍有关模态质量、振型贡献率和模态参与因子的概念。第八节是几个算例。基于本章理论所开发的计算软件简介于附录 A。

第二节　悬索桥作为连续体的空间耦合自由振动分析

考虑如图 3.1 所示的三跨悬索桥，本节将把它作为一个连续系统来建立空间耦合自由振动的分析方法。为便于分析，这里引入如下的理想化假定：

a. 所有材料符合胡克定律。

b. 恒载为沿跨度均布，且完全为缆索支承，故在无活载状态下，缆索为抛物线形，加劲梁为无应力状态。

c. 在各跨内，加劲梁为两端简支的等截面直梁，不考虑加劲梁的竖曲线。

d. 吊杆是稠密的，可比拟为仅在竖向有抗力的均匀膜。不考虑吊杆的拉伸。

e. 不考虑塔的顺桥向的抗弯刚度及轴向压缩变形[54,55,68]。塔在横桥向的刚度被认为是充分大的，以至塔的横桥向变形可被忽略不计。

f. 考虑加劲梁断面在扭转时的翘曲变形，但不考虑断面的畸变（周边变形），即假定横联或横隔板是稠密的且剪切刚度为充分大。

g. 对于桁架加劲梁，采用等效实腹箱梁代替[56,58]。

设振动时的基本变位如图 3.1（b）所示，其中所考虑的变位有：加劲梁的竖向位移 υ，横向位移 ω，扭转角 θ，左侧主缆的纵向、竖向和横向位移 u_L、υ_L、ω_L，右侧主缆的纵向、竖向和横向位移 u_R、υ_R、ω_R。恒载状态下缆索静止时的微单元长度满足如下的几何关系：

$$(\mathrm{d}s)^2=(\mathrm{d}x)^2+(\mathrm{d}y_c)^2 \tag{3.2.1}$$

振动时的缆索微单元变形如图 3.1（c）所示。以左缆为例，微单元变形后存在如下几何关系：

$$(\mathrm{d}s+\Delta \mathrm{d}s_L)^2=(\mathrm{d}x+\mathrm{d}u_L)^2+(\mathrm{d}y_c+\mathrm{d}\upsilon_L)^2+(\mathrm{d}\omega_L)^2 \tag{3.2.2}$$

式中，$(\mathrm{d}s+\Delta \mathrm{d}s_L)$ 是左缆微单元变形后的长度，$(\mathrm{d}x+\mathrm{d}u_L)$、$(\mathrm{d}y_c+\mathrm{d}\upsilon_L)$ 及 $\mathrm{d}\omega_L$ 分别是左缆微单元变形后在 x 方向（纵向）、y 方向（竖向）、z 方向（横向）的

投影长度。上式使用了缆索倾角为小值的假定，因而仅在垂跨比小于 1∶8 时近似成立（悬索桥的垂跨比通常小于 1∶9），因其时的缆索倾角较小[16]。

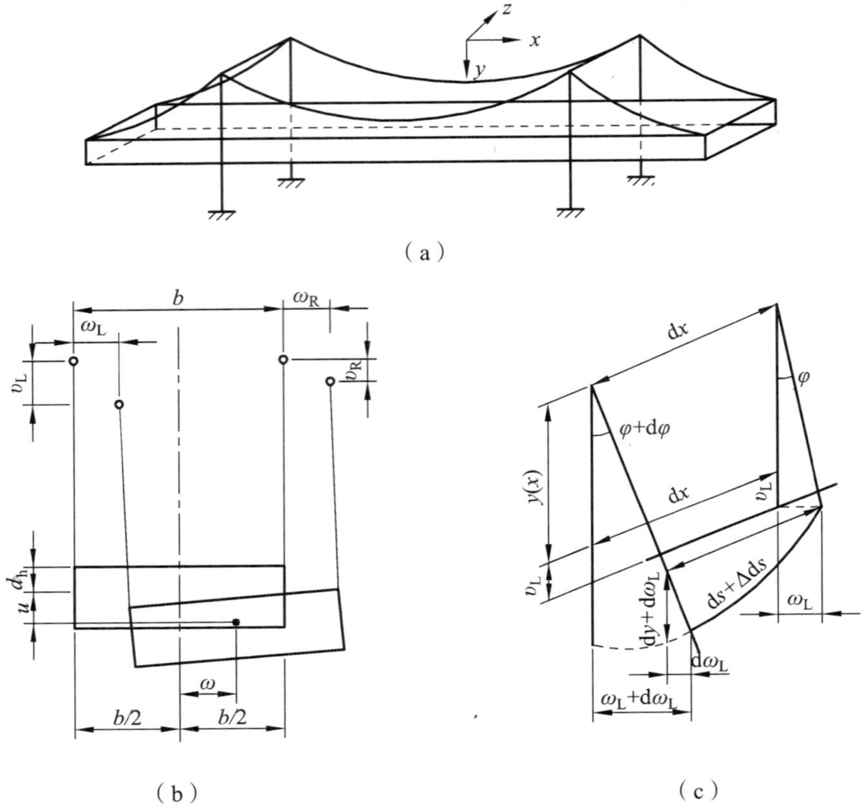

图 3.1　悬索桥作为连续体的空间振动分析

展开式（3.2.2），然后将它与式（3.2.1）相减，结果得到：

$$\Delta\,\mathrm{d}s_{\mathrm{L}}=\frac{\partial u_{\mathrm{L}}}{\partial x}\frac{\mathrm{d}x}{\mathrm{d}s}\mathrm{d}x+\frac{1}{2}\left(\frac{\partial u_{\mathrm{L}}}{\partial x}\right)^{2}\frac{\mathrm{d}x}{\mathrm{d}s}\mathrm{d}x+\frac{\partial v_{\mathrm{L}}}{\partial x}\frac{\mathrm{d}y_{\mathrm{c}}}{\mathrm{d}s}\mathrm{d}x+\frac{1}{2}\left(\frac{\partial v_{\mathrm{L}}}{\partial x}\right)^{2}\frac{\mathrm{d}x}{\mathrm{d}s}\mathrm{d}x+\frac{1}{2}\left(\frac{\partial \omega_{\mathrm{L}}}{\partial x}\right)^{2}\frac{\mathrm{d}x}{\mathrm{d}s}\mathrm{d}x \tag{3.2.3 a}$$

同理可得相应于右缆的如下方程：

$$\Delta\,\mathrm{d}s_{\mathrm{R}}=\frac{\partial u_{\mathrm{R}}}{\partial x}\frac{\mathrm{d}x}{\mathrm{d}s}\mathrm{d}x+\frac{1}{2}\left(\frac{\partial u_{\mathrm{R}}}{\partial x}\right)^{2}\frac{\mathrm{d}x}{\mathrm{d}s}\mathrm{d}x+\frac{\partial v_{\mathrm{R}}}{\partial x}\frac{\mathrm{d}y_{\mathrm{c}}}{\mathrm{d}s}\mathrm{d}x+\frac{1}{2}\left(\frac{\partial v_{\mathrm{R}}}{\partial x}\right)^{2}\frac{\mathrm{d}x}{\mathrm{d}s}\mathrm{d}x+\frac{1}{2}\left(\frac{\partial \omega_{\mathrm{R}}}{\partial x}\right)^{2}\frac{\mathrm{d}x}{\mathrm{d}s}\mathrm{d}x \tag{3.2.3 b}$$

缆索的变形是由于振动惯性力导致缆索内力增加而引起，根据胡克定律得到：

$$\Delta \mathrm{d}s_{\mathrm{L}}=\frac{H_{\mathrm{L}}(t)(\mathrm{d}s)^2}{E_{\mathrm{c}}A_{\mathrm{c1}}\mathrm{d}x} \tag{3.2.4 a}$$

$$\Delta \mathrm{d}s_{\mathrm{R}}=\frac{H_{\mathrm{R}}(t)(\mathrm{d}s)^2}{E_{\mathrm{c}}A_{\mathrm{c1}}\mathrm{d}x} \tag{3.2.4 b}$$

式中，A_{c1} 为一侧缆索的截面面积，$H_{\mathrm{L}}(t)$ 和 $H_{\mathrm{R}}(t)$ 分别表示由于惯性力引起的左侧和右侧缆索水平缆力增量。将式（3.2.3）代入式（3.2.4），沿三跨积分，并考虑到缆索在锚碇处固定不动，结果得到如下的缆索相容方程：

$$H_{\mathrm{L}}(t)=\frac{E_{\mathrm{c}}A_{\mathrm{c1}}}{L_{\mathrm{c}}}\sum_{i=1}^{3}\left[\frac{q}{H_{\mathrm{q}}}\int_0^{Li}\upsilon_{\mathrm{L}}\mathrm{d}x_i+\frac{1}{2}\int_0^{Li}\left(\frac{\partial u_{\mathrm{L}}}{\partial x}\right)^2\mathrm{d}x_i+\frac{1}{2}\int_0^{Li}\left(\frac{\partial \upsilon_{\mathrm{L}}}{\partial x}\right)^2\mathrm{d}x_i+\frac{1}{2}\int_0^{Li}\left(\frac{\partial \omega_{\mathrm{L}}}{\partial x}\right)^2\mathrm{d}x_i\right] \tag{3.2.5 a}$$

$$H_{\mathrm{R}}(t)=\frac{E_{\mathrm{c}}A_{\mathrm{c1}}}{L_{\mathrm{c}}}\sum_{i=1}^{3}\left[\frac{q}{H_{\mathrm{q}}}\int_0^{Li}\upsilon_{\mathrm{R}}\mathrm{d}x_i+\frac{1}{2}\int_0^{Li}\left(\frac{\partial u_{\mathrm{R}}}{\partial x}\right)^2\mathrm{d}x_i+\frac{1}{2}\int_0^{Li}\left(\frac{\partial \upsilon_{\mathrm{R}}}{\partial x}\right)^2\mathrm{d}x_i+\frac{1}{2}\int_0^{Li}\left(\frac{\partial \omega_{\mathrm{R}}}{\partial x}\right)^2\mathrm{d}x_i\right] \tag{3.2.5 b}$$

式中，L_{c} 由式（2.4.9）计算，q 为总恒载集度；H_{q} 为总恒载水平缆力（两缆）。

记缆索和加劲梁的应变能分别为 V_{ce} 和 V_{se}，重力势能为 V_{g}，动能为 T，则悬索桥空间耦合振动问题的大位移不完全广义势能泛函为：

$$\Pi^*=\int_{t_1}^{t_2}\left(T-V_{\mathrm{ce}}-V_{\mathrm{se}}-V_{\mathrm{g}}-\sum_{i=1}^{3}\int_0^{Li}\lambda_{\mathrm{L}}f_{\mathrm{L}}\mathrm{d}x_i-\sum_{i=1}^{3}\int_0^{Li}\lambda_{\mathrm{R}}f_{\mathrm{R}}\mathrm{d}x_i\right)\mathrm{d}t \tag{3.2.6}$$

式中，λ_{L} 和 λ_{R} 为 Lagrange（拉格朗日）乘子，f_{L} 和 f_{R} 分别表示左侧和右侧吊杆无延伸的约束条件。上式中的各项由如下各式给出：

振动动能为：

$$T=\frac{1}{2}\sum_{i=1}^{3}\int_0^{Li}\frac{q_{\mathrm{s}}}{gA_{\mathrm{s}}}\left[I_y\left(\frac{\partial^2\omega}{\partial x\,\partial t}\right)^2+I_z\left(\frac{\partial^2\upsilon}{\partial x\,\partial t}\right)^2+(I_y+I_z)\left(\frac{\partial\theta}{\partial t}\right)^2+A_{\mathrm{s}}\left(\frac{\partial\upsilon}{\partial t}\right)^2+A_{\mathrm{s}}\left(\frac{\partial\omega}{\partial t}\right)^2\right]\mathrm{d}x_i+$$
$$\frac{1}{2}\sum_{i=1}^{3}\int_0^{Li}\frac{q_{\mathrm{s}}}{2g}\left[\left(\frac{\partial u_{\mathrm{L}}}{\partial t}\right)^2+\left(\frac{\partial \upsilon_{\mathrm{L}}}{\partial t}\right)^2+\left(\frac{\partial \omega_{\mathrm{L}}}{\partial t}\right)^2+\left(\frac{\partial u_{\mathrm{R}}}{\partial t}\right)^2+\left(\frac{\partial \upsilon_{\mathrm{R}}}{\partial t}\right)^2+\left(\frac{\partial \omega_{\mathrm{R}}}{\partial t}\right)^2\right]\mathrm{d}x_i \tag{3.2.7}$$

式中，g 为重力加速度；q_{s} 和 q_{c} 分别为悬吊结构的恒载集度和缆索的恒载集度（两缆之和）；A_{s}、I_y 和 I_z 分别为加劲梁的截面面积、侧向挠曲惯矩和竖向挠曲惯矩。

缆索的应变能为：

$$V_{\mathrm{ce}}=\sum_{i=1}^{3}\frac{L_{\mathrm{c}}}{E_{\mathrm{c}}A_{\mathrm{c1}}}\left[\frac{1}{2}H_{\mathrm{q}}(H_{\mathrm{L}}+H_{\mathrm{R}})+\frac{1}{2}(H_{\mathrm{L}}^2+H_{\mathrm{R}}^2)\right] \tag{3.2.8}$$

式中，H_L 和 H_R 分别由式（3.2.5a）和式（3.2.5b）表达。

加劲梁应变能力：

$$V_{se}=\frac{1}{2}\sum_{i=1}^{3}\left[\int_0^{Li}\beta E_1 J_\omega\left(\frac{\partial^2\theta}{\partial x^2}\right)^2\mathrm{d}x_i+\int_0^{Li}GJ_t\left(\frac{\partial\theta}{\partial x}\right)^2\mathrm{d}x_i+\right.$$

$$\left.\int_0^{Li}EI_y\left(\frac{\partial^2\omega}{\partial x^2}\right)^2\mathrm{d}x+\int_0^{Li}EI_z\left(\frac{\partial^2\upsilon}{\partial x^2}\right)\mathrm{d}x_i\right]\tag{3.2.9}$$

式中，第一项代表翘曲应变能，根据周边不变形的闭口薄壁杆件约束扭转的уманский（乌曼斯基）第二理论，当闭口薄壁杆所受的外扭矩不超过 x 的二次式时，可用 βE_1J_ω 置换开口薄壁杆件的 EC_m 而得到类似的关于扭转角 θ 的基础微分方程，所以在加劲梁为闭口截面的情况下，翘曲刚度为 βE_1J_ω [42,43]。但是，以往的研究者不恰当地使用了开口薄壁杆件的翘曲刚度 EC_m，或者是不恰当地使用了乌曼斯基第一理论或 Wagner（瓦格纳）理论[19,58]。上式中各符号的意义为：$\beta=J_p/(J_p-J_t)$，$E_1=E/(1-\upsilon^2)$，其中 J_p 为断面的方向性惯性矩，J_t 为圣文南扭转常数，E 为加劲梁的弹性模量，υ 为泊松比。

重力势能为：

$$V_g=-\sum_{i=1}^{3}\left[\int_0^{Li}q_s\upsilon\cdot\mathrm{d}x_i+\int_0^{Li}\frac{1}{2}q_c(V_L+V_R)\mathrm{d}x_i\right]\tag{3.2.10}$$

左、右侧吊杆无延伸的约束条件为：

$$f_L=\left(\frac{b}{2}\frac{\partial\omega}{\partial x}-u_L\right)^2+(\omega-d_h\theta-\omega_L)^2+\left(h+\upsilon+\frac{b\theta}{2}-\upsilon_L\right)^2-h^2(x)=0\tag{3.2.11 a}$$

$$f_R=\left(\frac{b}{2}\frac{\partial\omega}{\partial x}+u_R\right)^2+(\omega-d_h\theta-\omega_R)^2+\left(h+\upsilon-\frac{b\theta}{2}-\upsilon_R\right)^2-h^2(x)=0\tag{3.2.11 b}$$

式中，h 为吊杆长度，即吊杆膜的形函数；b 为桥宽（假定两侧缆索间距与加劲梁的宽度相等）；d_h 为加劲梁扭转中心距吊点的竖向高度。

对泛函 Π^* 取变分，求关于未知量 υ、ω、θ、u_L、υ_L、u_R、ω_L、υ_R、ω_R 及 λ_L 和 λ_R 的欧拉方程，可得如下的 9 个基础微分方程及式（3.2.11 a）和（3.2.11 b）所示的两个约束条件：

$$\frac{q_s}{g}\ddot{\upsilon}-\frac{q_s}{gA_s}I_z\frac{\partial^4\upsilon}{\partial x^2\partial t^2}+EI_z\frac{\partial^4\upsilon}{\partial x^4}+2\lambda_L\left(h+\upsilon+\frac{b\theta}{2}-\upsilon_L\right)+2\lambda_R\left(h+\upsilon-\frac{b\theta}{2}-\upsilon_R\right)=q_s\tag{3.2.12 a}$$

注：上标“¨”表示对时间 t 的二阶导数。

$$\frac{q_s}{g}\ddot{\omega}-\frac{q_s}{gA_s}I_y\frac{\partial^4\omega}{\partial x^2\partial t^2}+EI_y\frac{\partial^4\omega}{\partial x^4}-\frac{\partial}{\partial x}\left[b\lambda_L\left(\frac{b}{2}\frac{\partial\omega}{\partial x}-u_L\right)\right]-\frac{\partial}{\partial x}\left[b\lambda_R\left(\frac{b}{2}\frac{\partial\omega}{\partial x}+u_R\right)\right]+$$

$$2\lambda_L(\omega-d_h\theta-\omega_L)+2\lambda_R(\omega-d_h\theta-\omega_R)=0 \tag{3.2.12 b}$$

$$\frac{q_s}{gA_s}(I_y+I_z)\ddot{\theta}+\beta E_1J_\omega\frac{\partial^4\theta}{\partial x^4}-GJ_t\frac{\partial^2\theta}{\partial x^2}+b\lambda_L\left(h+\upsilon+\frac{b\theta}{2}-\upsilon_L\right)-b\lambda_R\left(h+\upsilon-\frac{b\theta}{2}-\upsilon_R\right)-$$

$$2d_h\lambda_L(\omega-d_h\theta-\omega_L)-2d_h\lambda_R(\omega-d_h\theta-\omega_R)=0 \tag{3.2.12 c}$$

$$\frac{q_c}{2g}\ddot{u}_L-\left(\frac{1}{2}H_q+H_L\right)\frac{\partial^2u_L}{\partial x^2}-2\lambda_L\left(\frac{b}{2}\frac{\partial\omega}{\partial x}-u_L\right)=0 \tag{3.2.12 d}$$

$$\frac{q_c}{2g}\ddot{u}_R-\left(\frac{1}{2}H_q+H_R\right)\frac{\partial^2u_R}{\partial x^2}-2\lambda_R\left(\frac{b}{2}\frac{\partial\omega}{\partial x}+u_R\right)=0 \tag{3.2.12 e}$$

$$\frac{q_c}{2g}\ddot{\upsilon}_L+\left(\frac{1}{2}H_q+H_L\right)\frac{q}{H_q}-\left(\frac{1}{2}H_q+H_L\right)\frac{\partial^2u_L}{\partial x^2}-2\lambda_L\left(h+\upsilon+\frac{b\theta}{2}-\upsilon_L\right)=\frac{q_c}{2} \tag{3.2.12 f}$$

$$\frac{q_c}{2g}\ddot{\upsilon}_R+\left(\frac{1}{2}H_q+H_R\right)\frac{q}{H_q}-\left(\frac{1}{2}H_q+H_R\right)\frac{\partial^2\upsilon_R}{\partial x^2}-2\lambda_R\left(h+\upsilon-\frac{b\theta}{2}-\upsilon_R\right)=\frac{q_c}{2} \tag{3.2.12 g}$$

$$\frac{q_c}{2g}\ddot{\omega}_L-\left(\frac{1}{2}H_q+H_L\right)\frac{\partial^2\omega_L}{\partial x^2}-2\lambda_L(\omega-d_h\theta-\omega_L)=0 \tag{3.2.12 h}$$

$$\frac{q_c}{2g}\ddot{\omega}_R-\left(\frac{1}{2}H_q+H_R\right)\frac{\partial^2\omega_R}{\partial x^2}-2\lambda_R(\omega-d_h\theta-\omega_R)=0 \tag{3.2.12 i}$$

式（3.2.12 a）～（3.2.12 i）9 个微分方程与式（3.2.5 a）、式（3.2.5 b）、式（3.2.11 a）、（3.2.11 b）联立，即构成了悬索桥空间自由振动的基础微分方程，它们全是非线性的，并且所有位移量在空间都是耦合的。显然这些微分方程的求解是困难的，可以说得不到解析解。

在这样的耦合振动中，加劲梁的位移部分 υ、ω 和 θ 是主要的，如像以往的解析处理那样不考虑缆索的纵向位移，则由式（3.2.12）可得如下各式：

竖向振动：

$$\frac{q_s}{g}\ddot{\upsilon}+\frac{q_s}{2g}(\ddot{\upsilon}_L+\ddot{\upsilon}_R)-\frac{q_s}{gA_s}I_z\frac{\partial^4\upsilon}{\partial x^2\partial t^2}+EI_z\frac{\partial^4\upsilon}{\partial x^4}-\frac{H_q}{2}\left(\frac{\partial^2\upsilon_L}{\partial x^2}+\frac{\partial^2\upsilon_R}{\partial x^2}\right)+$$

$$(H_L+H_R)\frac{q}{H_q}-H_L\frac{\partial^2\upsilon_L}{\partial x^2}-H_R\frac{\partial^2\upsilon_R}{\partial x^2}=0 \tag{3.2.13}$$

扭转振动：

$$\frac{q_s}{gA_s}(I_y+I_z)\ddot{\theta}+\beta E_1J_\omega\frac{\partial^4\theta}{\partial x^4}-\left(GJ_t+\frac{b^2}{4}H_q\right)\frac{\partial^2\theta}{\partial x^2}+\frac{q_c}{g}\left(\frac{b}{2}\right)^2\ddot{\theta}+\frac{b}{2}(H_L-H_R)\frac{q}{H_q}-$$

$$\frac{q_c}{2g}d_h(\ddot{\omega}_L+\ddot{\omega}_R)+d_h\frac{H_q}{2}\left(\frac{\partial^2\omega_L}{\partial x^2}+\frac{\partial^2\omega_R}{\partial x^2}\right)-\frac{b}{2}H_L\frac{\partial^2\upsilon_L}{\partial x^2}+\frac{b}{2}H_R\frac{\partial^2\upsilon_R}{\partial x^2}+$$

$$d_hH_L\frac{\partial^2\omega_l}{\partial x^2}+d_hH_R\frac{\partial^2\omega_R}{\partial x^2}+\frac{q_c}{2g}\frac{b}{2}\frac{\partial^2}{\partial t^2}\left[\frac{(\omega-d_h\theta-\omega_L)^2}{2h}-\frac{(\omega-d_h\theta-\omega_R)^2}{2h}\right]-$$

$$\frac{b}{2}\frac{H_q}{2}\frac{\partial^2}{\partial x^2}\left[\frac{(\omega-d_h\theta-\omega_t)^2}{2h}-\frac{(\omega-d_h\theta-\omega_r)^2}{2h}\right]=0 \tag{3.2.14}$$

加劲梁侧向振动：

$$\frac{q_s}{g}\ddot{\omega}-\frac{q_s}{gA}I_y\frac{\partial^4\omega}{\partial x^2\partial t^2}+EI_y\frac{\partial^4\omega}{\partial x^4}+\frac{(\omega-d_h\theta-\omega_L)}{h}\left[\frac{q_c}{2g}\left(\ddot{\upsilon}+\frac{b}{2}\ddot{\theta}\right)+\left(\frac{1}{2}H_q+H_R\right)\frac{q}{H_q}-\right.$$

$$\left.\left(\frac{1}{2}H_q+H_L\right)\frac{\partial^2}{\partial x^2}\left(\upsilon+\frac{b}{2}\theta\right)-\frac{q_c}{2}\right]+\frac{(\omega-d_h\theta-\omega_R)}{h}\left[\frac{q_c}{2g}\left(\ddot{\upsilon}-\frac{b}{2}\ddot{\theta}\right)+\right.$$

$$\left.\left(\frac{1}{2}H_q+H_R\right)\frac{q}{H_q}-\left(\frac{1}{2}H_q+H_R\right)\frac{\partial^2}{\partial x^2}\left(\upsilon-\frac{b}{2}\theta\right)-\frac{q_c}{2}\right]=0 \tag{3.2.15 a}$$

左缆侧振：

$$\frac{q_s}{2g}\ddot{\omega}_L-\left(\frac{1}{2}H_q+H_L\right)\frac{\partial^2\omega_L}{\partial x^2}-\frac{(\omega-d_h\theta-\omega_L)}{h}\left[\frac{q_c}{2g}\left(\ddot{\upsilon}+\frac{b}{2}\ddot{\theta}\right)+\right.$$

$$\left.\left(\frac{H_q}{2}+H_L\right)\frac{q}{H_q}-\left(\frac{1}{2}H_q+H_L\right)\frac{\partial^2}{\partial x^2}\left(\upsilon+\frac{b}{2}\theta\right)-\frac{q_c}{2}\right]=0 \tag{3.2.15 b}$$

右缆侧振：

$$\frac{q_c}{2g}\ddot{\omega}_R-\left(\frac{1}{2}H_q+H_R\right)\frac{\partial^2\omega_r}{\partial x^2}-\frac{(\omega-d_h\theta-\omega_R)}{h}\left[\frac{q_c}{2g}\left(\ddot{\upsilon}-\frac{b}{2}\ddot{\theta}\right)+\right.$$

$$\left.\left(\frac{1}{2}H_g+H_R\right)\frac{q}{H_q}-\left(\frac{1}{2}H_q+H_R\right)\frac{\partial^2}{\partial x^2}\left(\upsilon-\frac{b}{2}\theta\right)-\frac{q_c}{2}\right]=0 \tag{3.2.15 c}$$

以上式中，H_L 和 H_R 仍由式（3.2.5 a）和式（3.2.5 b）给出。

以上的方程与小西一郎给出的方程不同[19]，除了形式上的差别外，小西一郎导出的加劲梁侧向振动方程（相应于上面的式（3.2.15 a）的恢复力有误，大概是由于推导时的不慎所致。）

由以上各式可见，如只考虑线性项，则竖向挠曲振动不与横向挠曲振动和扭转振动耦合；但是由于加劲梁具有高度，其扭转中心偏离吊点平面，导致扭转振动与横向挠曲振动在线性情况下都会出现耦合。这个结论与小西一郎的结论亦不相同，小西一郎在推导时因未考虑梁的高度影响[19]，而得出了线性情况下扭转振动与横向挠曲振动不耦合的结论。但实际上不仅梁高的影响，而且加劲梁竖曲线的影响都会导致线性振动时的横挠与扭转振动耦合。

另外，由于这里的推导采用了式（3.2.2）～（3.2.5）所示的近似几何关系和缆索方程，同时也没有考虑加劲梁的纵向位移，所以从上面的方程中看不出纵向振动与竖向挠曲振动的线性耦合，但实际上竖向挠曲振动与纵向振动存在着线性耦合，这可从后面三维有限元分析的算例中看出。然而，对于一般悬索桥而言，可以认为纵向和竖向的振动将不会与横向和扭转的振动发声线性耦合。

式（3.2.13）～（3.2.15）仍不能求解，即使只考虑线性项，也因耦合而难于求得闭合解析解。下节将在线性假定并忽略耦合的情况下，分别考虑各向振动的解析问题。

第三节　悬索桥作为连续体的二维自由振动分析

一、竖向挠曲振动

单纯竖向振动时，由式（3.2.11）可见 $\upsilon_{\mathrm{L}}=\upsilon_{\mathrm{R}}=\upsilon$，从而 $H_{\mathrm{L}}=H_{\mathrm{R}}$；令 $H_{\upsilon}=H_{\mathrm{L}}+H_{\mathrm{R}}$，则在忽略非线性项后，由式（3.2.13）可得：

$$\frac{q}{g}\ddot{\upsilon}-\frac{q_{\mathrm{s}}}{gA_{\mathrm{s}}}I_{z}\frac{\partial^{4}\upsilon}{\partial x^{2}\partial t^{2}}+EI_{z}\frac{\partial^{4}\upsilon}{\partial x^{4}}-H_{\mathrm{q}}\frac{\partial^{2}\upsilon}{\partial x^{2}}+\frac{q}{H_{\mathrm{q}}}H_{\upsilon}=0 \tag{3.3.1}$$

式中，q 仍为总恒载集度；H_{q} 仍为总的恒载缆力水平分量。在忽略非线性项的情况下，H_{υ} 由下式计算：

$$H_{\upsilon}=\frac{E_{\mathrm{c}}A_{\mathrm{c}}}{L_{\mathrm{c}}}\sum_{i=1}^{3}\left(\frac{q}{H_{\mathrm{q}}}\int_{0}^{L_{i}}\upsilon_{i}\mathrm{d}x_{i}\right) \tag{3.3.2}$$

这里 A_{c} 为左、右两根缆索的截面面积之和。

式（3.3.1）中的第二项与加劲梁振动时的断面挠曲转角相关，如果忽略此项，则得如下的常见形式：

$$\frac{q}{g}\ddot{\upsilon}+EI_{z}\frac{\partial^{4}\upsilon}{\partial x^{4}}-H_{\mathrm{q}}\frac{\partial^{2}\upsilon}{\partial x^{2}}+\frac{q}{H_{\mathrm{q}}}H_{\upsilon}=0 \tag{3.3.3}$$

式（3.3.3）与式（3.3.2）构成了悬索桥竖向挠曲振动的基础微分-积分方程，它们的解可以通过设 $\upsilon(x,t)=\overline{\upsilon}(x)\mathrm{e}^{i\omega t}$ 和 $H_{\upsilon}(t)=\bar{H}_{\upsilon}\mathrm{e}^{i\omega t}$ 来求得；这里 ω 是固有频率，$\overline{\upsilon}(x)$ 是相应的振型。将 $\upsilon(x,t)$ 和 $H_{\upsilon}(t)$ 的这些假设形式代入上面的基础方程后，将导致一个 4 阶常系数非齐次常微分方程，由此并利用给定的边界条件，可以求出固有频率和振型的表达式。对于三跨简支悬索桥（边界条件：$\upsilon_i(0)=\upsilon_i(L_i)=0$，$\upsilon_i''(0)=\upsilon_i''(L_i)=0$）所求得的解为：

（1）对称振动

频率方程：

$$\frac{qfL}{\Phi^3(Z^2-1)Z}\left[\frac{\Phi}{\sqrt{2}}Z-\frac{Z+1}{\sqrt{Z-1}}\tan\left(\frac{\Phi}{\sqrt{2}}\frac{\sqrt{Z-1}}{2}\right)-\frac{Z-1}{\sqrt{Z+1}}\mathrm{th}\left(\frac{\Phi}{\sqrt{2}}\frac{\sqrt{Z+1}}{2}\right)\right]+$$

$$\frac{2q_1f_1L_1}{\Phi_1^3(Z_1^2-1)Z_1}\left[\frac{\Phi_1}{\sqrt{2}}Z_1-\frac{Z_1+1}{\sqrt{Z_1-1}}\tan\left(\frac{\Phi_1}{\sqrt{2}}\frac{\sqrt{Z_1-1}}{2}\right)-\frac{Z_1-1}{\sqrt{Z_1+1}}\mathrm{th}\left(\frac{\Phi_1}{\sqrt{2}}\frac{\sqrt{Z_1+1}}{2}\right)\right]-$$

$$\frac{L_c}{E_cA_c}\frac{H_q}{32\sqrt{2}}=0 \tag{3.3.4}$$

主跨振型：

$$\bar{\upsilon}(x)=\frac{C}{\Phi^2(Z^2-1)}\left[\frac{Z+1}{2Z}\left(1-\cos\frac{\mu x}{L}-\tan\frac{\mu}{2}\sin\frac{\mu x}{L}\right)+\frac{Z-1}{2Z}\left(1-\mathrm{ch}\frac{\upsilon x}{L}+\mathrm{th}\frac{\upsilon}{2}\mathrm{sh}\frac{\upsilon x}{L}\right)\right] \tag{3.3.5}$$

边跨振型：

$$\bar{\upsilon}_1(x)=\frac{C}{\Phi_1^2(Z_1^2-1)}\left[\frac{Z_1+1}{2Z_1}\left(1-\cos\frac{\mu_1 x}{L_1}-\tan\frac{\mu_1}{2}\sin\frac{\mu_1 x}{L_1}\right)+\frac{Z_1-1}{2Z_1}\left(1-\mathrm{ch}\frac{\upsilon_1 x}{L_1}+\mathrm{th}\frac{\upsilon_1}{2}\mathrm{sh}\frac{\upsilon_1 x}{L_1}\right)\right] \tag{3.3.6}$$

（2）反对称振动：

频率方程：$\sin\dfrac{\mu}{2}=0$；$\sin\dfrac{\mu_1}{2}=0$ （3.3.7）

主跨频率：$\omega=\dfrac{n\pi}{L}\sqrt{\dfrac{g}{q}\left(H_q+n^2\pi^2\dfrac{EI_z}{L^2}\right)}$ $(n=2, 4, 6, \cdots)$ （3.3.8 a）

边跨频率：$\omega_1=\dfrac{n\pi}{L_1}\sqrt{\dfrac{g}{q_1}\left(H_q+n^2\pi^2\dfrac{EI_{z1}}{L_1^2}\right)}$ $(n=1, 3, 5, \cdots)$ （3.3.8 b）

主跨振型：$\bar{\upsilon}(x)=C\sin\dfrac{n\pi x}{L}$ $(n=2, 4, 6, \cdots)$ （3.3.9）

边跨振型：$\bar{\upsilon}_1(x)=C\sin\dfrac{n\pi x}{L_1}$ $(n=1, 3, 5, \cdots)$ （3.3.10）

以上式中，$\Phi=\sqrt{H_qL^2/EI_z}$，$\Phi_1=\sqrt{H_qL_1^2/EI_{z1}}$，$Z=\sqrt{1+32f\omega^2/\Phi^2g}$，

$Z_1=\sqrt{1+32f_1\omega^2/\Phi_1^2g}$，$\upsilon=\dfrac{\Phi}{\sqrt{2}}\sqrt{Z+1}$，$\upsilon_1=\dfrac{\Phi_1}{\sqrt{2}}\sqrt{Z_1+1}$，$\mu=\dfrac{\Phi}{\sqrt{2}}\sqrt{Z-1}$，

$\mu_1 = \dfrac{\Phi_1}{\sqrt{2}}\sqrt{Z_1 - 1}$；$g$ 为重力加速度；q、L、f 和 I_z 分别为主跨的恒载集度、跨长、垂度和加劲梁竖向挠曲惯矩；q_1、L_1、f_1 和 I_{z1} 分别为边跨的恒载集度、跨长、垂度和加劲梁竖向挠曲惯矩，n 是指半波数（不是指振型次序），C 为积分常数。

二、扭转振动

由式（3.2.14）可见，当忽略非线性项，并且不考虑加劲梁扭转中心与吊点平面的偏差（即令 d_h=0）时，扭转振动将不与横向振动耦合，此时式（3.2.14）成为：

$$\left(\frac{q_s}{g}r^2 + \frac{q_c}{g}\frac{b^2}{4}\right)\ddot{\theta} + \beta E_1 J_\omega \frac{\partial^4\theta}{\partial x^4} - \left(GJ_t + \frac{b^2}{4}H_q\right)\frac{\partial^2\theta}{\partial x^2} + \frac{1}{2}\frac{q}{H_q}H_\theta = 0 \qquad (3.3.11)$$

式中，$r = \sqrt{(I_y + I_z)/A_s}$，为加劲梁断面的回转半径。$q$ 和 H_q 仍指全桥恒载而言。$H_\theta = H_L - H_R$，当忽略非线性项时，H_θ 由下式计算。因为纯扭时，由式（3.2.11）可得 $\upsilon_L = \dfrac{b}{2}\theta, \upsilon_R = -\dfrac{b}{2}\theta$，代入式（3.2.5）并忽略该式中的高次项后可得：

$$H_\theta = H_L - H_R = \frac{E_c A_c}{L_c}\sum_{i=1}^{3}\left(\frac{q}{H_q}\frac{b}{2}\int_0^{Li}\theta_i \mathrm{d}x_i\right) \qquad (3.3.12)$$

式中，A_c 为两根缆索的截面面积之和，q 和 H_q 均以全桥计。

式（3.3.11）可改写为如下的形式：

$$I_m\ddot{\theta} + \beta E_1 J_\omega \frac{\partial^4\theta}{\partial x^4} - \left(GJ_t + \frac{b^2}{4}H_q\right)\frac{\partial^2\theta}{\partial x^2} + \frac{b}{2}\frac{q}{H_q}H_\theta = 0 \qquad (3.3.13)$$

式中，$I_m = \left(I_{ms} + \dfrac{q_c}{g}\dfrac{b}{4}\right)$ 为全桥转动惯量，$I_{ms} = \dfrac{q_s}{g}r^2$ 为加劲梁转动惯量。

式（3.3.13）与式（3.3.12）一起构成悬索桥扭转振动的基础微分-积分方程，其形式与竖向挠曲振动的基础方程完全相似，所以可用同样的方法求解。对于简支悬索桥，若以 $\Phi^2 = \left(GJ_t + \dfrac{b^2}{4}H_q\right)L^2/\beta E_1 J_\omega$ 及 $Z = \sqrt{1 + 4\omega^2 I_m L^2/[\Phi^2(GJ_t + H_q b^2/4)]}$ 置换前面竖向振动时的 Φ 和 Z，则可得到类似的频率方程和振型方程。

对于实腹扁平箱形加劲梁，因其圣文南扭转刚度较大，翘曲变形很小，所以在线性振动时可以不考虑翘曲变形，此时可将式（3.3.11）和式（3.3.13）中的 $\beta E_1 J_\omega \frac{\partial^4\theta}{\partial x^4}$ 项去掉，剩下的二阶偏微分方程将更容易求解。

三、横向挠曲振动

由式（3.2.15）可见，若忽略非线性项，且不考虑加劲梁扭转中心与吊点平面的偏差（即 d_h=0）时，横向挠曲振动将不与扭转振动耦合。此时缆索位移 $\omega_L=\omega_R=\omega_c$，式（3.2.15）成为：

加劲梁横向振动：

$$\frac{q_s}{g}\ddot{\omega}-\frac{q_s}{gA_s}I_y\frac{\partial^4\omega}{\partial x^2\partial t^2}+EI_y\frac{\partial^4\omega}{\partial x^2}+\frac{\omega-\omega_c}{h}q_s=0 \tag{3.3.14 a}$$

缆索横向振动：

$$\frac{q_c}{g}\ddot{\omega}_c-H_q\frac{\partial^2\omega}{\partial x^2}-\frac{\omega-\omega_c}{h}q_s=0 \tag{3.3.14 b}$$

式中，q_c 是两缆恒载集度之和；H_q 仍是以两缆计；h 是吊杆膜的形函数。

笔者注意到由小西一郎所导出的侧向振动微分方程中[19]，项 $\left[\frac{\omega-\omega_c}{h}q_c\right]$ 被包括，这是由于他不恰当地将缆索恒载置于加劲梁上所引起的一个小错误。另外，在 Abdel-Ghaffar 导出的缆索横向振动的方程中[17]，比式（3.3.14 b）增加了一个恢复力项 $\left[\omega_c q/y_c(x)\right]$，但 Castel-lanin 已指出其错误[18]。

若忽略式(3.3.14 a)中与横向挠曲转动惯性有关的第二项，则获得 Selberg 导出的如下形式微分方程：

$$\frac{q_s}{g}\ddot{\omega}+EI_y\frac{\partial^4\omega}{\partial x^4}+\frac{\omega-\omega_c}{h(x)}q_s=0 \tag{3.3.15 a}$$

$$\frac{q_c}{g}\ddot{\omega}_c-H_q\frac{\partial^2\omega_c}{\partial x^2}-\frac{\omega-\omega_c}{h(x)}q_s=0 \tag{3.3.15 b}$$

式中，q_c 和 H_q 仍指两缆之和。

式（3.3.14）或式（3.3.15）所示的微分方程属于变系数的偏微分方程组，所以一般难于求得闭合解析解，但可以使用傅里叶级数方法求解，或用伽辽金法求近似解。若直接用 Ritz（李兹）法求横向振动的频率和振型的近似解，则从实用的角度也许更方便。

以上关于竖向、扭转、横向振动的基础微分-积分方程也可由第二章的式（2.2.41）和式（2.2.42）（忽略非线性项）、式（2.6.12）和式（2.6.10）、式（2.6.20）和式（2.6.21）使用 d'Alembert（达兰贝）原理直接导出。

第四节　悬索桥自由振动分析的二维有限元法

前面按连续体的分析方法引入了一些理想化假定，由此所得的分析结果必存在误差，另外，微分方程的求解也不容易。如果抛开微分方程按连续体直接基于能量原理用 Ritz 法求解，则所得的高阶模态将是不准确的，所以如果需要准确算出较多的模态特性，就应当使用有限元数值分析方法。本节建立二维的动力有限元方法，下节建立三维有限元法。除非另作说明，这里只引入材料符合胡克定律的假定及振动为小振幅线性振动的假定。

一、竖向-纵向自由振动

当悬索桥在竖向-纵向面内振动时，结构没有横桥向位移及扭转位移，所以对称于纵向平面的两个缆索-加劲系统的结构特性可以合并到一起考虑，这样悬索桥的竖向-纵向振动性状就可以用一般的平面框架结构动力有限元法分析。按这样的方法分析时，对结构的有限元离散模型是与竖向静力分析时完全一致的，即将结构看作一系列平面梁和杆单元的集合，每个梁单元有两个节点，每个节点有三个自由度，即在 x 和 y 方向的两个相互垂直的位移自由度和在 x-y 平面内的一个转角自由度，杆单元则相当于梁单元没有抗弯刚度时的情况。与静力分析不同的是，这里只考虑结构在恒载几何状态静平衡位置附近的微小线性振动，不考虑大位移的非线性振动。但是在恒载状态下缆索、吊杆和塔单元内有初始内力，这个初始内力引起的结构几何刚度必须与结构弹性刚度一并考虑。这样，自由振动的矩阵方程表达为：

$$\boldsymbol{M}\ddot{\boldsymbol{u}}+(\boldsymbol{K}_{\mathrm{E}}+\boldsymbol{K}_{\mathrm{G}})\boldsymbol{u}=0 \tag{3.4.1}$$

式中，$\boldsymbol{M}$ 为总体结构质量矩阵；$\boldsymbol{u}$ 为总体节点位移列阵；$\boldsymbol{K}_{\mathrm{E}}$ 为总体弹性刚度矩阵；$\boldsymbol{K}_{\mathrm{G}}$ 为总体几何刚度矩阵，它们是由以下的单元特性集合而成：

单元质量矩阵，采用如下的集中质量矩阵：

$$
\boldsymbol{M}^{e}=\begin{bmatrix} m_e\dfrac{l}{2} & 0 & 0 & 0 & 0 & 0 \\ 0 & m_e\dfrac{l}{2} & 0 & 0 & 0 & 0 \\ 0 & 0 & 0 & 0 & 0 & 0 \\ 0 & 0 & 0 & m_e\dfrac{l}{2} & 0 & 0 \\ 0 & 0 & 0 & 0 & m_e\dfrac{l}{2} & 0 \\ 0 & 0 & 0 & 0 & 0 & 0 \end{bmatrix} \tag{3.4.2}
$$

式中，m_e 为单元的单位长度质量，l 是单元长度。

单元节点位移矢量：

$$
\boldsymbol{\delta}^{e}=[u_i, \upsilon_i, \theta_i, u_j, \upsilon_i, \theta_j\ ]^{\mathrm{T}} \tag{3.4.3}
$$

式中，u 为 x 方向位移；υ 为 y 方向位移；θ 为 x-y 平面内的转角。

单元弹性刚度矩阵为：

$$
\boldsymbol{K}_{\mathrm{E}}^{e}=\begin{bmatrix} a_1 & a_3 & a_5 & -a_1 & -a_3 & a_5 \\ a_3 & a_2 & a_4 & -a_3 & -a_2 & a_4 \\ a_5 & a_4 & a_6 & -a_5 & -a_4 & a_7 \\ -a_1 & -a_3 & -a_5 & a_1 & a_3 & -a_5 \\ -a_3 & -a_2 & -a_4 & a_3 & a_2 & -a_4 \\ a_5 & a_4 & a_7 & -a_5 & -a_4 & a_6 \end{bmatrix} \tag{3.4.4}
$$

其中

$$
a_1=\frac{EA}{l_0}\cos^2\psi+\frac{12EI}{l^3}\sin^2\psi \tag{3.4.5 a}
$$

$$
a_2=\frac{EA}{l_0}\sin^2\psi+\frac{12EI}{l^3}\cos^2\psi \tag{3.4.5 b}
$$

$$
a_3=\left(\frac{EA}{l_0}-\frac{12EI}{l^3}\right)\sin\psi\cos\psi \tag{3.4.5 c}
$$

$$
a_4=\frac{6EI}{l^2}\cos\psi \tag{3.4.5 d}
$$

$$
a_5=-\frac{6EI}{l^2}\sin\psi \tag{3.4.5 e}
$$

$$a_6 = 4EI/l \tag{3.4.5 f}$$

$$a_7 = 2EI/l \tag{3.4.5 g}$$

式中，E 为单元的弹性模量；I 为惯矩；A 为截面面积；l_0 为单元无应力长度；l 为恒载状态下的单元长度；Ψ 为恒载状态下单元的倾角。

单元几何刚度矩阵为：

$$\boldsymbol{K}_G^e = \begin{bmatrix} \frac{N}{l}\sin^2\psi & -\frac{N}{l}\sin\Psi\cos\psi & 0 & -\frac{N}{l}\sin^2\psi & \frac{N}{l}\sin\varphi\cos\psi & 0 \\ -\frac{N}{l}\sin\psi\cos\psi & \frac{N}{l}\cos^2\psi & 0 & \frac{N}{l}\sin\varphi\cos\psi & -\frac{N}{l}\cos^2\psi & 0 \\ 0 & 0 & 0 & 0 & 0 & 0 \\ -\frac{N}{l}\sin^2\psi & \frac{N}{l}\sin\psi\cos\psi & 0 & \frac{N}{l}\sin^2\psi & -\frac{N}{l}\sin\psi\cos\psi & 0 \\ \frac{N}{l}\sin\psi\cos\psi & -\frac{N}{l}\cos^2\psi & 0 & -\frac{N}{l}\sin\psi\cos\psi & \frac{N}{l}\cos^2\psi & 0 \\ 0 & 0 & 0 & 0 & 0 & 0 \end{bmatrix} \tag{3.4.6}$$

式中，N 为单元在恒载几何状态下的初始内力。

如将式（3.4.4）与式（3.4.6）合并起来，并注意到此时 $e = l - l_0 = Nl_0/EA$，则得如下结果：

$$\boldsymbol{K}_{\mathrm{EG}}^e = \boldsymbol{K}_{\mathrm{E}}^e + \boldsymbol{K}_{\mathrm{G}}^e = \boldsymbol{K}_{\mathrm{T}}^e(\boldsymbol{\delta}^e = \mathbf{0}) \tag{3.4.7}$$

式中，$\boldsymbol{K}_{\mathrm{T}}^e(\boldsymbol{\delta}^e = \mathbf{0})$ 是式（2.3.5）中取 $\boldsymbol{\delta}^e = \mathbf{0}$ 及 $l_{\mathrm{c}}=l$ 时的切线刚度矩阵，即初始切线刚度矩阵。这就是说，目前，用于振动计算的刚度矩阵始终是恒载初始状态未发生大位移时的切线刚度矩阵，因而所考虑的振动是小位移的线性振动。作者注意到，有的研究者将这样的振动称为非线性振动，这样的叫法显然是不恰当的。

二、横向振动

当考虑悬索桥在横桥向作单纯的横向振动时，意味着不考虑悬索桥吊点平面与扭转中心的偏差。假设两侧的缆索具有相同的横向位移，则对称于纵向平面的两个缆索-加劲系统的结构特性可以合并到一起考虑，从而使悬索桥的横向振动性状可以用一般的平面板架（格栅结构）动力有限元法分析。按这样的方法分析时，对结构的有限元离散模型是与第二章第五节中的静力分析方法完全一致的，即将结构看作一系列的格栅杆单元的集合，每个格栅杆单元有两个节点，每个节点有三个自由度，即在 z 方向的一个横移自由度和在 x-z 平面与 y-z 平面的两个转角自由度。与静力分析相同，这里只考虑在恒载状态静平衡位置附近的线性微小振动，而且仍应将恒载初始内力引起的几何刚度与弹性刚度一并考虑。这样，横向自由振动的矩阵方程可以写为：

$$\boldsymbol{M}\ddot{\boldsymbol{u}}+\boldsymbol{K}\boldsymbol{u}=\boldsymbol{0} \tag{3.4.8}$$

式中，$\boldsymbol{M}$ 为总体结构质量矩阵；$\boldsymbol{K}$ 为总体结构刚度矩阵；$\boldsymbol{u}$ 为总体结构节点位移列阵。$\boldsymbol{K}$ 和 $\boldsymbol{u}$ 的表达式与横向静力分析时完全相同，$\boldsymbol{M}$ 采用集中质量对角矩阵，并且是由如下的单元质量矩阵集合得到：

$$\boldsymbol{M}^e=\begin{bmatrix} 0 & 0 & 0 & 0 & 0 & 0 \\ 0 & 0 & 0 & 0 & 0 & 0 \\ 0 & 0 & \dfrac{m_e l}{2} & 0 & 0 & 0 \\ 0 & 0 & 0 & 0 & 0 & 0 \\ 0 & 0 & 0 & 0 & 0 & 0 \\ 0 & 0 & 0 & 0 & 0 & \dfrac{m_e l}{2} \end{bmatrix} \tag{3.4.9}$$

虽然在这样的分析中，加劲梁在 y-z 平面的转角位移相应于加劲梁的扭转位移，但由于分析时是将两个缆索-加劲系统合并起来作为格栅结构考虑的，合并后的缆索系统与加劲梁的连接被认为是在加劲梁的扭转中心处，所以这样分析得到的扭转位移不代表实桥的扭转位移，而只代表作为格栅时的杆件扭转位移，因而无实际意义，而这里分析的目的只在获得有实际意义的横向位移的振动性态。

三、扭转振动

本节前两个部分已建立了用二维有限元分析竖向-纵向振动的方法和横向挠曲振动的方法，为形成整套的二维动力分析有限元法，还需要有一个计算扭转振动的二维有限元法。但是，加劲梁的扭转位移伴随着两侧缆索彼此反相的竖向位移，所以前面所采用的平面框架有限元和平面板架有限元模型都不能正确地产生悬索桥的扭转模态。事实上，如欲借助于杆系有限元模型产生悬索桥的扭转模态，则这样的杆系有限元应是空间杆系有限元，但这样的内容是列在下一节的三维有限元分析中。为此，本部分将介绍一个用于扭转振动分析的二维的“桥单元”有限元法，这个方法主要是基于 Abdel-Ghaffar 的研究工作[35]，但在这里修正了原法中关于闭口薄壁截面杆翘曲约束扭转分析方面的错误，并且将更明确地阐述各自由度的物理意义。这个方法建立在如下假定的基础上：

a. 材料符合胡克定律，振动为小振幅的线性振动。

b. 恒载状态下缆索为抛物线形，加劲梁不受力。

c. 吊杆为竖直，并认为是不可拉伸的。

d. 加劲梁是直的，并认为吊点平面与加劲梁扭转中心的偏差影响可以忽略，这样扭转振动不与竖向或横向挠曲振动耦合。

e. 不考虑加劲梁的畸变效应，即认为横联或横隔板的剪切刚度充分大。对桁架加劲梁用等效箱梁代替[56-58]。

f. 因为塔的挠曲刚度的影响不大，所以不考虑塔的挠曲刚度。

这些假定实际上与前节扭转振动解析方法所采用的假定相同，只是在这里没有采用加劲梁为等截面的假定。Abdel-Ghaffar 的方法原是针对闭合桁架加劲的悬索桥提出，所以有更多的假定，这里予以放宽了，以便这个方法也适用于实腹箱梁加劲的悬索桥。

将悬索桥划分为一系列离散的桥单元，每个桥单元由缆索节段子单元和梁段子单元及连接它们的两个或多个刚性吊杆组成（单元不一定按一个一个节间划分），如图 3.2 所示。由于扭转时，缆索的竖向位移等于加劲梁吊点处的竖向位移，这样就可以仅在梁段两端设置节点；又由于缆索或加劲梁吊点处的竖向位移与加劲梁的扭转角存在如下关系，即：$\theta_i(x,t)=\upsilon_i(x,t)\left(\dfrac{2}{b}\right)$ 及 $\dfrac{\partial\theta_i(x,t)}{\partial x}=\dfrac{\partial\upsilon_i(x,t)}{\partial x}\left(\dfrac{2}{b}\right)$，故可考虑每个节点有两个自由度：一个竖向位移自由度，一个转角自由度（竖向位移的导数）。前者除以 $b/2$ 后，实际上代表加劲梁的扭转位移，后者除以 $b/2$ 后实际上代表加劲梁扭转角的导数，它在一定意义上可看作翘曲位移参数。在 Abdel-Ghaffar 的文献中没有这样明确解释各自由度的物理意义。

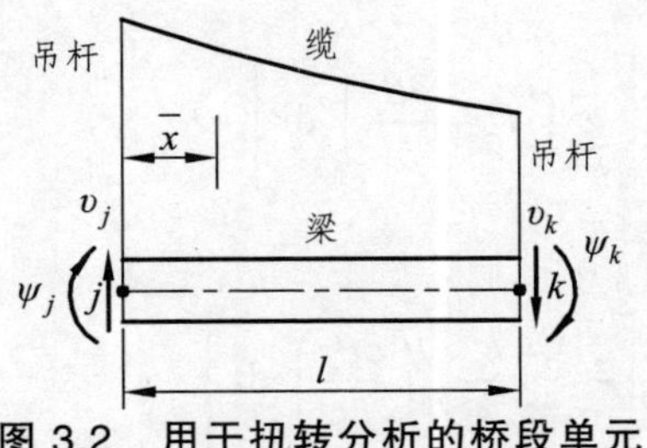

图 3.2　用于扭转分析的桥段单元

由于用竖向位移及其导数来描述扭转问题，扭转问题就在形式上转化为简单和熟知的弯曲问题。而对于弯曲问题，就可以采用简单的三次 Hermitian（埃尔米特）样条插值函数来描述单元内部位移。因此，单元内部任意点的扭转角及其导数可表达为：

$$\theta_e(\xi_1,\xi_2)=\frac{2}{b}\upsilon_e(\xi_1,\xi_2)=\frac{2}{b}[f(\xi_1,\xi_2)]_e^{\mathrm{T}}\boldsymbol{\delta}^e(t)\quad(e=1,2,\cdots,N)\tag{3.4.10}$$

这里 e 是单元记号，N 为单元总数，(ξ_1,ξ_2) 是正则坐标。$\xi_1(\bar{x})=(1-\bar{x}/l),\xi_2(\bar{x})=\bar{x}/l$，$\bar{x}$ 为单元内部任意点的位置坐标，l 为单元长度。$[f(\xi_1,\xi_2)]^{\mathrm{T}}$ 为插值函数矢量。由下式表达：

$$[f(\xi_1,\xi_2)]^{\mathrm{T}}=[\xi_1^2(3-2\xi_1),-l\xi_1^2\xi_2,\ \xi_2^2(3-2\xi_2),-l\xi_1\xi_2^2]\tag{3.4.11}$$

$\boldsymbol{\delta}^e(t)$ 是单元节点位移矢量，由下式表达：

$$\boldsymbol{\delta}^e(t)=[\upsilon_j,\psi_j,\upsilon_k,\psi_k]^{\mathrm{T}}\tag{3.4.12}$$

式中，υ 代表竖向位移，而 ψ 代表竖向位移的一阶导数，形式上是缆索挠曲角或加劲梁边缘吊点处挠曲角，实际上用它除以 $b/2$ 后代表扭转角的一阶导数，并作为翘曲位移参数看待。

理论上，对于周边不变形的闭口薄壁杆件翘曲约束扭转问题，根据乌曼斯基第二理论和符拉索夫的理论，扭转角的一阶导数与翘曲位移参数还不是一回事，但如前所述，当梁所受的外扭矩不超过 x 的二次式时，关于扭转角的四阶微分方程与开口薄壁杆件的基础扭转方程相似，只是翘曲刚度前面要乘一个系数，并且翘曲常数的计算有所不同。然而在 Abdel-Ghaffar 的文献中[35]，涉及翘曲问题时不恰当地使用了乌曼斯基第一理论或者开口薄壁杆件的翘曲约束扭转理论（或者是由于沿袭 Bleich 的方法使用了 Wagner 的开口薄壁杆件扭转理论[4]）。这里予以改正。

扭转振动时，储存在全部单元的各能量项为：

加劲梁动能：

$$T_{\mathrm{s}}(t)=\frac{1}{2}\sum_{i=1}^{3}\left[\sum_{e=1}^{N_i}\int_0^l I_{\mathrm{ms}}\left(\frac{\partial\theta_e}{\partial t}\right)^2\mathrm{d}x\right]\tag{3.4.13}$$

缆索动能：

$$T_{\mathrm{c}}(t)=\frac{1}{2}\sum_{i=1}^{3}\left[\frac{q_{\mathrm{c}}}{g}\sum_{e=1}^{N_i}\frac{b^2}{4}\int_0^l\left(\frac{\partial\theta_e}{\partial t}\right)^2\mathrm{d}x\right]\tag{3.4.14}$$

加劲梁翘曲应变能：

$$V_{s\omega}(t)=\frac{1}{2}\sum_{i=1}^{3}\left[\sum_{e=1}^{N_i}\int_0^l \beta E_1 J_\omega\left(\frac{\partial^2\theta_e}{\partial x^2}\right)^2 \mathrm{d}x\right] \tag{3.4.15}$$

加劲梁扭转应变能：

$$V_{st}(t)=\frac{1}{2}\sum_{i=1}^{3}\left[\sum_{e=1}^{N_i}\int_0^l GJ_t\left(\frac{\partial\theta_e}{\partial x}\right)^2 \mathrm{d}x\right] \tag{3.4.16}$$

缆索应变能：

$$V_c(t)=\frac{1}{2}\sum_{i=1}^{3}\left[\sum_{e=1}^{N_i}H_q\frac{b^2}{4}\int_0^l\left(\frac{\partial\theta_e}{\partial x}\right)^2 \mathrm{d}x\right]+\frac{1}{2}\sum_{i=1}^{3}\left[2H(t)\sum_{e=1}^{N_i}\frac{q}{H_q}\frac{b}{2}\int_0^l\theta_e \mathrm{d}x\right] \tag{3.4.17}$$

式中，第一项代表重力势能，第二项代表弹性应变能。而

$$H(t)=\frac{E_c A_{c1}}{L_c}\sum_{i=1}^{3}\left[\sum_{e=1}^{N_i}\frac{q}{H_q}\frac{b}{2}\int_0^l\theta_e \mathrm{d}x\right]=\frac{E_c A_c}{2L_c}\sum_{i=1}^{3}\left[\sum_{e=1}^{N_i}\frac{q}{H_q}\frac{b}{2}\int_0^l\theta_e \mathrm{d}x\right] \tag{3.4.18}$$

以上各式中，β 由式（2.7.15）定义，E_1 为折算弹性模量，J_ω 为广义扇性惯性矩，它们由式（2.7.15）～（2.7.18）计算；G 是剪切模量，J_t 是圣文南扭转常数，H_q 是总恒载水平缆力（两缆之和），I_{ms} 是加劲梁的转动惯量，N_i 为第 i 跨的离散单元数，A_c 为缆索截面面积（两根之和），A_{c1} 为一根缆索截面面积。

将式（3.4.10）代入式（3.4.13）～（3.4.17），然后将各能量项代入 Hamilton（哈密顿）方程施行变分计算，获得如下的振动矩阵方程：

$$\boldsymbol{I}_\theta\ddot{\boldsymbol{r}}+(\boldsymbol{K}_{SW}+\boldsymbol{K}_{ST}+\boldsymbol{K}_{CG}+\boldsymbol{K}_{CE})\boldsymbol{r}=0 \tag{3.4.19}$$

式中，$\boldsymbol{r}$ 为整体节点位移矢量，$\boldsymbol{I}_\theta$、$\boldsymbol{K}_{SW}$、$\boldsymbol{K}_{ST}$、$\boldsymbol{K}_{CG}$、$\boldsymbol{K}_{CE}$ 分别为整体惯性（质量）矩阵、加劲梁翘曲刚度矩阵、加劲梁扭转刚度矩阵、缆索重力刚度矩阵、缆索弹性刚度矩阵。除 $\boldsymbol{K}_{CE}$ 外，它们均为带状对称矩阵，且分别由如下的单元特性组集得到：

$$\boldsymbol{I}_\theta^e=\frac{4I_m}{b^2}\int_0^l\{f\}_e\{f\}_e^{\mathrm{T}}\mathrm{d}\overline{x}=\frac{I_m l}{105b^2}\begin{bmatrix}156 & -22l & 54 & 13l\\ -22l & 4l^2 & -13l & -3l^2\\ 54 & -13l & 156 & 22l\\ 13l & -3l^2 & 22l & 4l^2\end{bmatrix} \tag{3.4.20}$$

$$\boldsymbol{K}_{SW}^e=\frac{4\beta E_1 J_\omega}{b^2}\int_0^l\{f''\}_e\{f''\}_e^{\mathrm{T}}\mathrm{d}\overline{x}=\frac{4\beta E_1 J_\omega}{b^2 l^3}\begin{bmatrix}12 & -6l & -12 & -6l\\ -6l & 4l^2 & 6l & 2l^2\\ -12 & 6l & 12 & 6l\\ -6l & 2l^2 & 6l & 4l^2\end{bmatrix} \tag{3.4.21}$$

$$
\boldsymbol{K}_{\mathrm{ST}}^{e}=\frac{4}{b^{2}}\int_{0}^{l}GJ_{\mathrm{t}}\left\{f'\right\}_{e}\left\{f'\right\}_{e}^{\mathrm{T}}\mathrm{d}\overline{x}=\frac{2GJ_{t}}{15b^{2}l}\begin{bmatrix}36 & -3l & -36 & -3l\\ -3l & 4l^{2} & 3l & -l^{2}\\ -36 & 3l & 36 & 3l\\ -3l & -l^{2} & 3l & 4l^{2}\end{bmatrix} \tag{3.4.22}
$$

$$
\boldsymbol{K}_{\mathrm{CG}}^{e}=H_{\mathrm{q}}\int_{0}^{l}\left\{f'\right\}_{e}\left\{f'\right\}_{e}^{\mathrm{T}}\mathrm{d}\overline{x}=\frac{H_{q}}{30l}\begin{bmatrix}36 & -3l & -36 & -3l\\ -3l & 4l^{2} & 3l & -l^{2}\\ -36 & 3l & 36 & 3l\\ -3l & -l^{2} & 3l & 4l^{2}\end{bmatrix} \tag{3.4.23}
$$

式（3.4.20）中

$$
I_{\mathrm{m}}=I_{\mathrm{ms}}+\frac{q_{\mathrm{c}}}{g}\frac{b^{2}}{4}=\frac{q_{\mathrm{s}}}{g}r^{2}+\frac{q_{\mathrm{c}}}{g}\frac{b^{2}}{4} \tag{3.4.24}
$$

这里 q_{s} 和 q_{c} 分别为加劲梁及缆索（两根之和）的恒载集度；r 是加劲梁断面的回转半径，可按 $r=\sqrt{(I_{y}+I_{z})/A_{\mathrm{s}}}$ 计算；I_{ms} 是加劲梁的转动惯量。

$\boldsymbol{K}_{\mathrm{CE}}$ 为对称稀疏但非带状的矩阵，它由下式计算：

$$
\boldsymbol{K}_{\mathrm{CE}}=\frac{A_{\mathrm{c}}E_{\mathrm{c}}}{L_{\mathrm{c}}}\left(\sum_{i=1}^{3}\frac{q}{H_{\mathrm{q}}}\left\{\hat{f}\right\}_{Ni}\right)\left(\sum_{i=1}^{3}\frac{q}{H_{\mathrm{q}}}\left\{\hat{f}\right\}_{Ni}^{\mathrm{T}}\right) \tag{3.4.25}
$$

式中

$$
\left\{\hat{f}\right\}_{Ni}=\mathrm{Ass}\left\{\hat{f}\right\}_{e} \tag{3.4.26}
$$

$$
\left\{\hat{f}\right\}_{e}^{\mathrm{T}}=\int_{0}^{l}\left\{f\right\}_{e}^{\mathrm{T}}\mathrm{d}\overline{x}=\left[\frac{l}{2},\frac{l^{2}}{12},\frac{l}{2},\frac{l^{2}}{12}\right] \tag{3.4.27}
$$

这里 Ass 意为组集。

对于实腹扁平箱梁加劲的悬索桥，圣文南扭转刚度很大，翘曲变形则不会大，此时可忽略上述式中与翘曲变形有关的项，即在式（3.4.19）或式（3.4.21）中令 $\boldsymbol{K}_{\mathrm{SW}}=\boldsymbol{0}$ 即可。对于闭合桁架断面加劲梁，则应将其按等效实腹箱梁代替，然后根据该等效箱梁计算 β、J_{ω} 及 J_{t} 等截面特性。

以上三个小节的矩阵方程都可以化为标准的特征值方程用子空间迭代法求解[59,60]。

第五节　悬索桥自由振动分析的三维空间有限元法

采用二维有限元法时，竖向、横向、扭转方向的振动性态必须分别分析，但是采用空间三维有限元法时，则能在一次分析后获得所有方向的振动形态。另外，三维有限元法能够反映各向振动在空间上的耦合，理论上，分析的结果当更可靠。按三维有限元法对悬索桥进行动力分析时，对结构的有限元离散模型可以与空间静力分析（见第二章第七节）时完全一致，即将结构看作一系列的空间杆单元、空间梁单元、带刚臂杆单元或索膜单元的集合。与静力分析不同的是，这里只考虑结构在恒载状态静平衡位置附近的微小线性振动，不考虑大位移的非线性振动。但是在恒载状态下缆索、吊杆及塔内有初始内力，这个初始内力引起的结构几何刚度必须与结构弹性刚度一并考虑。这样用于振动分析的刚度矩阵为恒载状态处于静平衡位置时的切线刚度矩阵，振动矩阵方程表达为：

$$\boldsymbol{M}\ddot{\boldsymbol{u}}+\boldsymbol{K}_{\mathrm{EG}}\boldsymbol{u}=\boldsymbol{0} \tag{3.5.1}$$

式中

$$\boldsymbol{K}_{\mathrm{EG}}=\boldsymbol{K}_{\mathrm{T}}(\boldsymbol{u}=\boldsymbol{0}) \tag{3.5.2}$$

这里，$\boldsymbol{K}_{\mathrm{T}}(\boldsymbol{u}=\boldsymbol{0})$ 是式（2.7.1）中的 $\boldsymbol{K}_{\mathrm{T}}(\boldsymbol{u})$ 取 $\boldsymbol{u}=\boldsymbol{0}$ 时的切线刚度矩阵，$\boldsymbol{u}$ 为整体结构节点位移矢量，$\boldsymbol{M}$ 是整体结构的质量矩阵，它由杆单元及梁单元质量矩阵组集得到。吊杆的质量小且可分配到缆索和加劲梁上，因而在这个方法中是将带刚臂的杆单元或索膜单元当作没有质量的单元处理的。

杆单元的质量矩阵采用如下的集中质量对角矩阵：

$$\boldsymbol{M}_{\mathrm{ba}}^{e}=\begin{bmatrix} \frac{m_e}{2}l & 0 & 0 & 0 & 0 & 0 \\ 0 & \frac{m_e}{2}l & 0 & 0 & 0 & 0 \\ 0 & 0 & \frac{m_e}{2}l & 0 & 0 & 0 \\ 0 & 0 & 0 & \frac{m_e}{2}l & 0 & 0 \\ 0 & 0 & 0 & 0 & \frac{m_e}{2}l & 0 \\ 0 & 0 & 0 & 0 & 0 & \frac{m_e}{2}l \end{bmatrix} \tag{3.5.3}$$

式中，m_e 为杆单元单位长度的质量；l 是单元长度。

梁单元质量矩阵采用如下形式的集中质量对角矩阵：

$$
\bar{\boldsymbol{M}}_{\mathrm{be}}^{e}=\begin{bmatrix}
\frac{m_e}{2}l & & & & & & & & & & & \\
& \frac{m_e}{2}l & & & & & & & & & & \\
& & \frac{m_e}{2}l & & & & & & & & & \\
& & & \frac{m_e}{2}r^2 l & & & & & & & & \\
& & & & \frac{m_e}{2}\left(\frac{b^2+l^2}{12}\right)l & & & & & & & 0 \\
& & & & & \frac{m_e}{2}\frac{l^2}{12}l & & & & & & \\
& & & & & & \frac{m_e}{2}l & & & & & \\
& & & & & & & \frac{m_e}{2}l & & & & \\
& 0 & & & & & & & \frac{m_e}{2}l & & & \\
& & & & & & & & & \frac{m_e}{2}r^2 l & & \\
& & & & & & & & & & \frac{m_e}{2}\frac{(b^2+l^2)}{12}l & \\
& & & & & & & & & & & \frac{m_e}{2}\frac{l^2}{12}l
\end{bmatrix} \quad (3.5.4)
$$

式中，b 为梁宽；r 是断面的回转半径，可按 $r=\sqrt{(I_y+I_z)/A}$ 计算。式（3.5.4）相应于不考虑翘曲位移的情况，当需考虑翘曲时，只需在上式增加第 7 行第 7 列和第 14 行第 14 列即可；增加的行列的非对角元全为零，而增加的行列的主元均为 $\left(\frac{m_e}{2}r^2 l\frac{l^2}{12}\right)$ 或按 0 处理。式（3.5.4）是对杆件局部坐标而言的，组集总质量矩阵时，应对其进行坐标变换。

式（3.5.1）可以化为标准的特征值问题用子空间迭代法求解。

第六节　塔的振动性状分析

在前面有限元法的振动分析中，塔可以容易地纳入整体一起分析。但是，观察和分析的结果都证明，塔的振动特性与作为上部结构体系的缆-梁体系的振动特性可以明显地区别开来[47-50]，这不仅意味着前面作为连续体的上部结构振动分析不考虑塔的影响有其合理性，而且意味着塔的振动特性可以由单独取出的塔柱体系进行分析来获得。这样单独的塔柱体系振动分析在塔的变更设计检算中可能是有意义的。另外，当需考察塔柱—塔敦—基础体系的振动特性或动力响应时，也是要将该体系单独取出分析。

塔柱的地震响应，特别是顺桥向的地震响应，有时会成为控制塔的截面设计的重要因素，因而塔的动力分析就显得重要起来。由于这个原因，日本的一些学者研究了塔的动力分析问题[61]，他们一般使用离散弹簧-质量体系来模拟塔柱或塔敦体系。在美国，Housner 和 Clough 曾受托进行 4 月 25 日桥的抗震设计，也是使用离散弹簧-质量体系模拟塔柱或塔敦体系进行动力分析[25]。Abdel-Ghaffar 在他的悬索桥动力问题的一系列研究工作中，也曾将塔柱单独取出进行顺桥向动力分析，但他是将塔柱作为连续体用四阶常系数偏微分方程来描述其动力学方程，其中截面抗弯刚度、初始轴向压力、质量等结构特性被看作是沿塔的高度不变的[6]。然而，实际上这些结构特性沿塔的高度显然是变化的，如果用连续体的方法分析，则偏微分方程必成为变系数的，求解变得很困难。所以本文主张使用有限元法分析塔的动力问题。这样的有限元法自由振动分析与其他框架结构的分析并无两样。特殊之处只是要考虑初始轴向压力的影响，另外在顺桥向的振动分析中还要考虑缆索的弹簧约束作用。塔柱顺桥向动力分析的力学模型可取为如图 3.3 所示，弹簧常数由下式近似计算[35,36,63]：

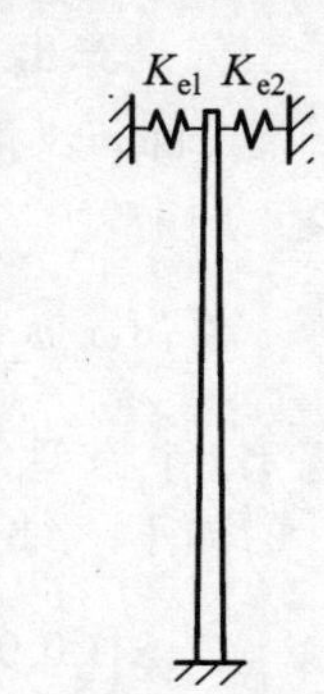

图 3.3　塔柱顺桥向动力分析力学模型

$$K \approx K_{e1} + K_{e2} \tag{3.6.1}$$

其中

$$K_{e1} = E_c A_c / L_{c1} \tag{3.6.2}$$

$$K_{e2} = E_c A_c / (L_{c2} + L_{c3}) \tag{3.6.3}$$

式中，L_{c1} 为相邻边跨的缆索实际长度；L_{c2} 和 L_{c3} 分别为中跨和另一边跨缆的实际长度。塔架横桥向的动力分析则可不考虑缆索的弹簧约束作用。

第七节　振型参与系数和振型贡献率

在用振型迭加法计算地震响应（特别是作为一致支承激励的地震响应）

时，涉及取用多少振型参与计算的问题，本节介绍所谓振型参与系数（modal participation factor，亦称振型参与因子）、振型质量（modal mass）和振型贡献率（ratio of modal mass to finite element model mass，简称为 modal mass ratio）的概念，这些概念在一定程度上体现各振型反应在总反应中的相对大小，因此是决定参与迭加计算的振型数目的重要参数。由于这些参数本身只与结构的固有振动特性有关，一旦求出结构的固有振动特性，它们都可容易地借助于振型矢量算出，所以这里对这些概念予以介绍。

考虑三维空间振动的一般情况。设总自由度数为 N，记全部振型形成的振型矩阵为 $\boldsymbol{\Phi}$，即：

$$\boldsymbol{\Phi}=\left[\boldsymbol{\varphi}_1,\boldsymbol{\varphi}_2,\cdots,\boldsymbol{\varphi}_i,\cdots,\boldsymbol{\varphi}_N\right] \tag{3.7.1}$$

式中，$\boldsymbol{\varphi}_i$ 为第 i 个振型矢量。定义 E_x、E_y、E_z 为长度是 N（与未知节点位移个数相同）的如下一维矢量：

$$\boldsymbol{E}_x=\left[1,0,0,0,0,0,\cdots\right]^{\mathrm{T}} \tag{3.7.2}$$

$$\boldsymbol{E}_y=\left[0,1,0,0,0,0,\cdots\right]^{\mathrm{T}} \tag{3.7.3}$$

$$\boldsymbol{E}_z=\left[0,0,1,0,0,0,\cdots\right]^{\mathrm{T}} \tag{3.7.4}$$

即 $\boldsymbol{E}_x$ 为对应于节点位移矢量的 u 方向（即 x 方向）位移的分量取 1，其余分量取零的矢量；同理 $\boldsymbol{E}_y$ 为对应于 υ 方向（即 y 方向）的分量取 1，其余分量取零的矢量；$\boldsymbol{E}_z$ 为对应于 ω 方向（即 z 方向）的分量取 1，其余方向分量取零的矢量。这些矢量都是对未知位移自由度的方向具有筛选性的矢量[64]。

借助于上述的矢量，并设振型矩阵已关于质量矩阵正交规范化，则定义如下的矢量为振型参与系数矢量：

$$\boldsymbol{F}_x=\boldsymbol{\Phi}^{\mathrm{T}}\boldsymbol{M}\boldsymbol{E}_x \tag{3.7.5}$$

$$\boldsymbol{F}_y=\boldsymbol{\Phi}^{\mathrm{T}}\boldsymbol{M}\boldsymbol{E}_y \tag{3.7.6}$$

$$\boldsymbol{F}_z=\boldsymbol{\Phi}^{\mathrm{T}}\boldsymbol{M}\boldsymbol{E}_z \tag{3.7.7}$$

式中，$\boldsymbol{F}_x$、$\boldsymbol{F}_y$、$\boldsymbol{F}_z$ 分别为 x、y、z 方向（或 u、υ、ω 方向）的振型参与系数矢量；$\boldsymbol{M}$ 是整体结构质量矩阵。$\boldsymbol{F}_x$、$\boldsymbol{F}_y$、$\boldsymbol{F}_z$ 可以用如下的分量形式表达：

$$\boldsymbol{F}_x=[F_{x1},F_{x2},\cdots,F_{xi},\cdots,F_{xN}]^{\mathrm{T}} \tag{3.7.8}$$

$$\boldsymbol{F}_y = [F_{y1}, F_{y2}, \cdots, F_{yi}, \cdots, F_{yN}]^{\mathrm{T}} \tag{3.7.9}$$

$$\boldsymbol{F}_z = [F_{z1}, F_{z2}, \cdots, F_{zi}, \cdots, F_{zN}]^{\mathrm{T}} \tag{3.7.10}$$

其中

$$F_{xi} = \boldsymbol{\varphi}_i^{\mathrm{T}} \boldsymbol{M}\boldsymbol{E}_x \quad (i = 1, \cdots, N) \tag{3.7.11}$$

$$F_{yi} = \boldsymbol{\varphi}_i^{\mathrm{T}} \boldsymbol{M}\boldsymbol{E}_y \quad (i = 1, \cdots, N) \tag{3.7.12}$$

$$F_{zi} = \boldsymbol{\varphi}_i^{\mathrm{T}} \boldsymbol{M}\boldsymbol{E}_z \quad (i = 1, \cdots, N) \tag{3.7.13}$$

式中，F_{xi}、F_{yi}、F_{zi} 分别称为第 i 振型的 x 方向、y 方向、z 方向的振型参与系数；$\boldsymbol{\varphi}_i$ 为第 i 个振型矢量。

矢量 $\boldsymbol{F}_x$ 的内积为：

$$\begin{aligned}\boldsymbol{F}_x^{\mathrm{T}} \boldsymbol{F}_x &= (\boldsymbol{\Phi}^{\mathrm{T}} \boldsymbol{M}\boldsymbol{E}_x)^{\mathrm{T}} \boldsymbol{\Phi}^{\mathrm{T}} \boldsymbol{M}\boldsymbol{E}_x = \boldsymbol{E}_x^{\mathrm{T}} \boldsymbol{M}^{\mathrm{T}} \boldsymbol{\Phi}\boldsymbol{\Phi}^{\mathrm{T}} \boldsymbol{M}\boldsymbol{E}_x \\ &= \boldsymbol{E}_x \boldsymbol{M}^{\mathrm{T}} \boldsymbol{\Phi}\boldsymbol{\Phi}^{\mathrm{T}} \boldsymbol{M}\,\boldsymbol{\Phi}\boldsymbol{\Phi}^{-1} \boldsymbol{E}_x = \boldsymbol{E}_x^{\mathrm{T}} \boldsymbol{M}^{\mathrm{T}} \boldsymbol{\Phi}\,\boldsymbol{I}\,\boldsymbol{\Phi}^{-1} \boldsymbol{E}_x \\ &= \boldsymbol{E}_x^{\mathrm{T}} \boldsymbol{M}\,\boldsymbol{E}_x \end{aligned} \tag{3.7.14 a}$$

式中，$\boldsymbol{I}$ 为 N 阶单位矩阵。上式利用了关系 $\boldsymbol{M}=\boldsymbol{M}^{\mathrm{T}}$（$\boldsymbol{M}$ 为对角矩阵），$\boldsymbol{\Phi}^{\mathrm{T}} \boldsymbol{M}\boldsymbol{\Phi} = \boldsymbol{I}$（正交性），及 $\boldsymbol{\Phi}\boldsymbol{\Phi}^{-1} = \boldsymbol{I}$ 和 $\boldsymbol{\Phi}\,\boldsymbol{I}\,\boldsymbol{\Phi}^{-1} = \boldsymbol{I}$ 等关系。上式可进一步写为如下形式：

$$\sum_{i=1}^{N} F_{xi}^2 = \sum_{j=1}^{N_x} m_{xj} \tag{3.7.14 b}$$

式中，m_x 为质量矩阵中对应于 x 方向位移自由度的元素，N_x 是该类元素的总数，也就是 E_x 中非零元素的总数。上式右边为对应于 x 方向位移的质量总和。

同理，矢量 $\boldsymbol{F}_y$ 和 $\boldsymbol{F}_z$ 的内积分别为：

$$\boldsymbol{F}_y^{\mathrm{T}} \boldsymbol{F}_y = \boldsymbol{E}_y^{\mathrm{T}} \boldsymbol{M}\boldsymbol{E}_y \quad \text{或} \quad \sum_{i=1}^{N} F_{yi}^2 = \sum_{j=1}^{N_y} m_{yi} \tag{3.7.15}$$

$$\boldsymbol{F}_z^{\mathrm{T}} \boldsymbol{F}_z = \boldsymbol{E}_z^{\mathrm{T}} \boldsymbol{M}\boldsymbol{E}_z \quad \text{或} \quad \sum_{i=1}^{N} F_{zi}^2 = \sum_{j=1}^{N_z} m_{zj} \tag{3.7.16}$$

由以上各式可见，各方向振型参与系数矢量的内积等于各该方向质量的总和，因此，振型参与系数的平方具有当量质量的意义。在这个意义上，把各振型的各方向的振型参与系数的平方定义为各该方向的模态质量，即：

$$M_{xi} = F_{xi}^2 \quad (i = 1, \cdots, N) \tag{3.7.17}$$

$$M_{yi} = F_{yi}^2 \quad (i = 1, \cdots, N) \tag{3.7.18}$$

$$M_{zi}=F_{zi}^2 \quad (i=1,\cdots,N) \tag{3.7.19}$$

将式（3.7.17）～（3.7.19）代入式（3.7.14）～（3.7.16），有：

$$\sum_{i=1}^{N} M_{xi}=\sum_{j=1}^{N_x} m_{xj} \tag{3.7.20}$$

$$\sum_{i=1}^{N} M_{yi}=\sum_{j=1}^{N_y} m_{yj} \tag{3.7.21}$$

$$\sum_{i=1}^{N} M_{zi}=\sum_{j=1}^{N_z} m_{zj} \tag{3.7.22}$$

即各方向全部振型质量的总和等于各该方向实际质量的总和。

振型质量是决定该振型参与动力反应大小程度的一个重要参数（其他的参数还有该振型的频率以及相应的振型阻尼比），因此定义如下的振型质量与总质量的比率为振型贡献率，即：

$$r_{xi}=M_{xi}\Big/\left(\sum_{j=1}^{N_x} m_{xj}\right) \quad (i=1,\cdots,N) \tag{3.7.23}$$

$$r_{yi}=M_{yi}\Big/\left(\sum_{j=1}^{N_y} m_{yj}\right) \quad (i=1,\cdots,N) \tag{3.7.24}$$

$$r_{zi}=M_{zi}\Big/\left(\sum_{j=1}^{N_z} m_{zj}\right) \quad (i=1,\cdots,N) \tag{3.7.25}$$

$$r_i=(M_{xi}+M_{yi}+M_{zi})\Big/\left(\sum_{j=1}^{N_x} m_{xj}+\sum_{j=1}^{N_y} m_{yj}+\sum_{j=1}^{N_z} m_{zj}\right) \quad (i=1,\cdots,N) \tag{3.7.26}$$

式中，r_i 称为第 i 振型的振型贡献率；r_{xi} 为第 i 振型的 x 方向的振型贡献率；r_{yi} 为第 i 振型的 y 方向的振型贡献率；r_{zi} 为第 i 振型的 z 方向的振型贡献率；通常以百分率来表示这些振型贡献率。显然，根据式（3.7.20）～（3.7.22），应有：

$$\sum_{i=1}^{N} r_{xi}=100\%;\ \sum_{i=1}^{N} r_{yi}=100\%;\ \sum_{i=1}^{N} r_{zi}=100\%;\ \sum_{i=1}^{N} r_i=100\% \tag{3.7.27}$$

使用振型迭加法计算时，通常不可能求出全部振型并利用全部振型参与动力反应计算。若取 n 个振型参与计算，并记：

$$R_x=\sum_{i=1}^{n} r_{xi};\ R_y=\sum_{i=1}^{n} r_{yi};\ R_z=\sum_{i=1}^{n} r_{zi};\ R=\sum_{i=1}^{n} r_i \tag{3.7.28}$$

则称 R_x、R_y、R_z 和 R 各为前 n 个振型的总贡献率，它们的大小反映出所取振型数是否足够。

在日本本四连络桥抗震设计规范中，当采用振型迭加法计算地震响应时，规定上述的总贡献率不得小于 95%[65]，这是个相当严格的规定。由于悬索桥在一个相当宽范围的频带内具有密布的频谱，而在这个宽带内所有振型都可能被地震激起振动，所以规定不小于 95% 可能是合理的，但这样所需的参与振型数可能在 60 阶以上。

对二维振动，可以类似地定义振型参与系数和振型贡献率。

第八节　数值算例

算例一：汕头海湾大桥初步设计变更方案的三维空间自由振动分析

汕头海湾大桥初步设计变更方案是由铁道部大桥局设计院在 1991 年 12 月设计的变更方案，结构在立面的轮廓尺寸如图 2.20 所示，但主要构件的截面特性有所变化。用于本算例的主要构件材料特性和截面特性如表 3.1 所示。两缆中心距 25.2 m，加劲梁宽 24.2 m，$d_{\mathrm{h}}=0$ 。分析所得的三维空间自由振动性状如表 3.5 所示（分析中未考虑加劲梁的翘曲和剪切变形）。分析所得的振型参与系数和振型贡献率如表 3.9 所示。

算例二：虎门大桥初步设计方案的三维空间自由振动分析

虎门大桥初步设计方案由交通部公路规划设计院在 1992 年设计，主桥为跨度 888 m 的单跨扁平钢箱梁加劲悬索桥。结构在立面的轮廓尺寸如图 3.4 所示。用于本算例的主要构件材料特性和截面特性如表 3.2 所示。两缆中心距和加劲梁宽均按 33.4 m 计，假定 $d_{\mathrm{h}}=0$ 。分析所得的三维空间自由振动性状如表 3.6 所示（分析中未考虑加劲梁的翘曲和剪切变形）。分析所得的振型参与系数和振型贡献率如表 3.10 所示。

算例三：江阴长江大桥初步设计方案的三维空间自由振动分析

江阴长江大桥初步设计方案由交通部公路规划设计院在 1992 年设计，主桥为跨度 1 385 m 的单跨扁平钢箱梁加劲悬索桥。结构在立面的轮廓尺寸如图 3.5 所示。用于本算例的主要构件材料特性和截面特性如表 3.3 所示。两缆中心距和加劲梁宽均按 32.5 m 计，假定 $d_{\mathrm{h}}=0$ 。分析所得的三维空间自由振动性状如表 3.7 所示（分析中未考虑翘曲和剪切变形）。分析所得的振型参与系数和振型贡献率如表 3.11 所示。

算例四：南昆铁路清水河桥测地线形主缆混凝土箱梁加劲悬索桥的自由振动分析

这个方案由笔者在 1990 年 10 月设计，结构的立面和平面布置如图 3.6

所示。这是一个跨度 300 m 的单跨单线铁路悬索桥方案。为满足铁路桥的刚度要求，采用了较重的混凝土箱形加劲梁和较厚的道床；同时，缆索呈现为测地线形的空间曲线，以提高桥梁的横向刚度。缆索在横向的垂跨比为 1∶30，加劲梁宽度是 10 m，不考虑加劲梁扭心与吊点平面的偏差，即 $d_h=0$。主要构件的材料特性和截面特性如表 3.4 所示。由三维空间分析所得的自由振动性状如表 3.8 a 所示（分析中未考虑翘曲变形和剪切变形）。为便于比较，也分析了缆索呈常规形状时的自由振动性状，如表 3.8b 所示。比较两表可见，采用测地线形缆索使横向基频提高约 22%，可见缆索采用测地线形对桥梁刚度有明显提高。

表 3.1 汕头海湾大桥初步设计变更方案的构件材料特性和截面特性

构　件	E/（kN/m^2）	G/（kN/m^2）	A/m^2	J_t/m^4	I_y/m^4	I_z/m^4	m/（kg/m）
缆（每根）	2×10^8	0	0.196 5	0	0	0	2 000
吊杆（每根）	1.6×10^8	0	0.003 92	0	0	0	0
加劲梁	3.5×10^7	1.48×10^7	8.934	20.063	450.858 2	5.37	33 000
主塔单柱	3.5×10^7	1.48×10^7	10.25	33.174	13.752	34.675	24 600
主塔上横梁	3.5×10^7	148×10^7	13.4	38.777	52.867	19.151	32 160
主塔中、下横梁	3.5×10^7	1.48×10^7	15.4	65.817	65.33	37.433	36 960

注：1. 该方案为连续加劲悬索桥，但加劲梁截面在塔处 8 m 范围的过渡段系采用钢梁，根据设计单位所给尺寸算得该处钢梁的截面特性为 A=0.043 m^2，J_t=0.001 m^4，I_y=4 m^4，I_z=0.000 3 m^4，材料特性为 $E=2.1\times10^8$ kN/m^2，$G=8.2\times10^7$ kN/m^2。
2. 过渡梁段的中部由两根竖向钢立柱支撑在塔的下横梁上，钢立柱为加劲梁提供桥轴向的弹性约束 k=13 040 kN/m。
3. 吊杆质量由缆和加劲梁分担。
4. 加劲梁的竖向支撑偏离塔中心线 4 m。

表 3.2 虎门大桥初步设计方案的构件材料特性和截面特性

构　件	E/（kN/m^2）	G/（kN/m^2）	A/m^2	J_t/m^4	I_y/m^4	I_z/m^4	m/（kg/m）
缆（每根）	1.9×10^8	0	0.27	0	0	0	2 163.3
吊杆（每根）	1.4×10^8	0	0.01	0	0	0	0
加劲梁	2.1×10^8	$8.171\ 2\times10^7$	1.299 7	5.495 4	149.8	2.052	18773
主塔单柱（上部）	3.3×10^7	1.4×10^7	11.5（估）	40（估）	16.7（估）	42（估）	27 600（估）
主塔单柱（下部）	3.3×10^7	1.4×10^7	17.4（估）	100（估）	42（估）	104（估）	41 760（估）
主塔横梁	3.3×10^7	1.4×10^7	20（估）	120（估）	150（估）	60（估）	48 000（估）

注：1. 塔的截面从上到下呈现变化，塔的截面特性为估计值。
2. 加劲梁在纵向不受约束，加劲梁的竖向支承与塔中心线重合。
3. 吊杆质量由缆和加劲梁分担。
4. 不考虑引桥对主桥的约束效应和惯性影响。

表 3.3　江阴长江大桥初步设计方案的构件材料特性和截面特性

构　件	E/（kN/m^2）	G/（kN/m^2）	A/m^2	J_t/m^4	I_y/m^4	I_z/m^4	m/（kg/m）
缆（每根）	1.9×10^8	0	0.451 4	0	0	0	4 000
吊杆（每根）	1.4×10^8	0	0.010 7	0	0	0	0
加劲梁	2.1×10^8	$8.171\ 2\times10^7$	1.045 2	4.855 1	94.802	1.7092	18 140
主塔单柱（上部）	3.3×10^7	1.4×10^7	36.626	200（估）	84（估）	211.5（估）	88 000（估）
主塔单柱（下部）	3.3×10^7	1.4×10^7	61（估）	1150（估）	495（估）	1 250（估）	146 400（估）
主塔横梁	3.3×10^7	1.4×10^7	40（估）	300（估）	500（估）	100（估）	96 000（估）

注：1. 后拉索的截面面积略有增加，为 A=0.476 3 m^2/根。
2. 塔的截面从上到下呈现变化，塔的截面特性为估计值。
3. 加劲梁在纵向不受约束，加劲梁的竖向支承偏离塔中心线 4.5 m。
4. 吊杆质量由缆和加劲梁分担。
5. 不考虑引桥对主桥的约束效应和惯性影响。

表 3.4　清水河铁路悬索桥方案的构件材料特性和截面特性

构　件	E/（kN/m^2）	G/（kN/m^2）	A/m^2	J_t/m^4	I_y/m^4	I_z/m^4	m/（kg/m）
缆（每根）	2×10^8	0	0.17	0	0	0	1 425
吊杆（每根）	1.6×10^8	0	0.003 5	0	0	0	0
加劲梁	3.5×10^7	1.48×10^7	6	6	59	2	41 500
主塔单柱	3.5×10^7	1.48×10^7	10.3	33.2	13.8	34.7	24 720
主塔上横梁	3.5×10^7	1.48×10^7	13.4	38.8	52.8	19.2	32 160
主塔下横梁	3.5×10^7	1.48×10^7	15.4	65.8	65.3	37.4	36 960

注：1. 加劲梁一端在塔处受到纵向约束，加劲梁的竖向支承偏离塔中心线 2 m。
2. 吊杆质量由缆和加劲梁分担。

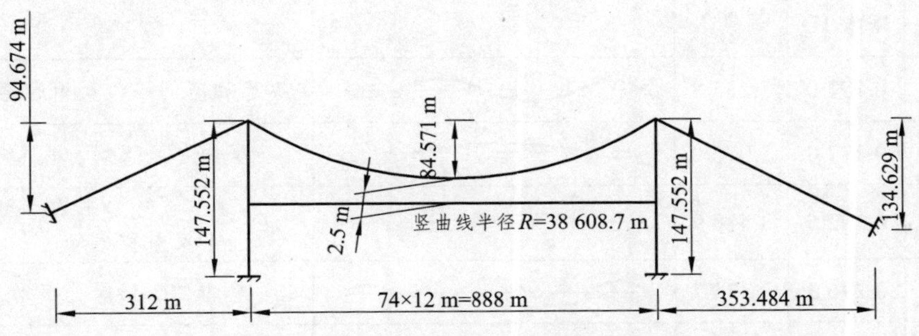

图 3.4　虎门大桥初步设计方案立面轮廓尺寸

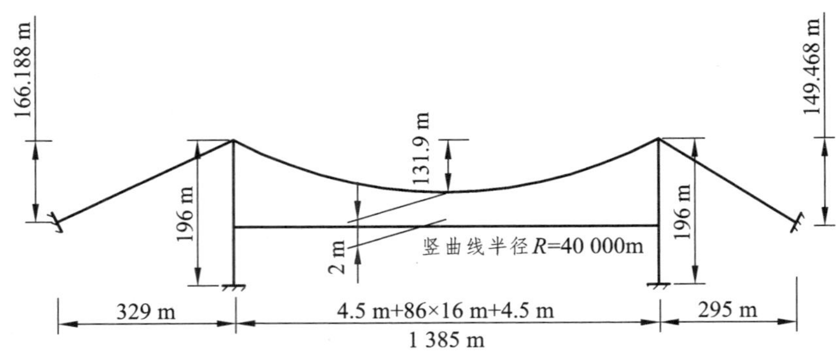

图 3.5　江阴长江大桥初步设计方案立面轮廓尺寸

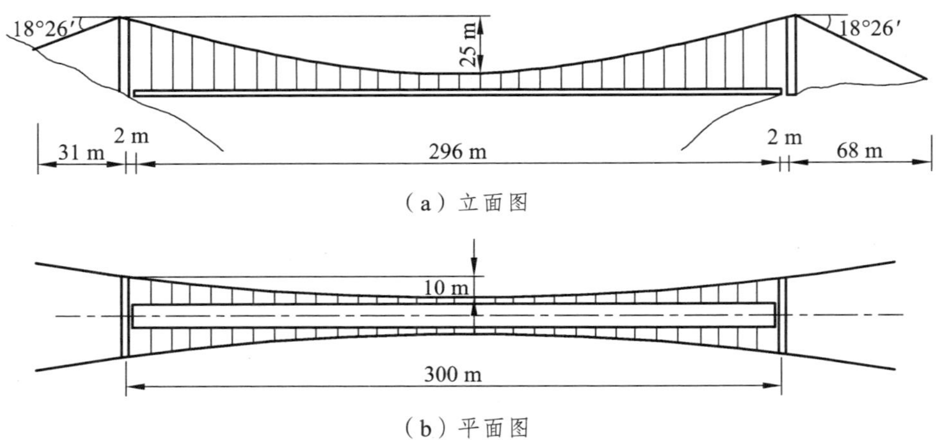

（a）立面图

（b）平面图

图 3.6　清水河铁路桥测地线形主缆混凝土箱梁加劲悬索桥方案的立面和平面轮廓尺寸图

表 3.5　汕头海湾大桥初步设计变更方案自由振动性状

阶次	频率/Hz	周期/S	振　型	说　明
1	0.191 0	5.235 8		纵漂和竖向一阶反对称振动
2	0.197 0	5.076 0		竖向一阶正对称振动
3	0.292 5	3.418 9		纵漂和边跨为主的竖向反对称振动
4	0.296 3	3.374 7		竖向二阶正对称振动
5	0.318 2	3.143 1		横向一阶正对称振动

续表

阶次	频率/Hz	周期/S	振型	说明
6	0.346 7	2.884 7		纵漂和边跨为主的竖向反对称振动
7	0.392 8	2.545 6		竖向正对称振动
8	0.433 3	2.308 1		竖向二阶反对称振动
9	0.570 3	1.753 4		横向一阶反对称振动
10	0.592 0	1.689 1		一阶正对称扭转振动
11	0.600 8	1.664 3		竖向三阶正对称振动
12	0.608 8	1.642 4		中跨缆索横向正对称振动（两缆反相）
13	0.631 3	1.584 1		横向正对称振动（缆梁反相）
14	0.637 8	1.567 8		中跨缆索横反对称振动（两缆反相）
15	0.685 4	1.459 0		横向振动
16	0.691 0	1.447 3		横向振动
17	0.776 2	1.288 4		边跨缆索横向振动
18	0.776 2	1.288 4		边跨缆索横向振动
19	0.778 2	1.285 1		竖向反对称振动
20	0.778 2	1.285 0		边跨为主的竖向正对称振动
21	0.788 4	1.268 4		横向振动，略带反对称扭转
22	0.792 8	1.261 3		竖向振动
23	0.809 8	1.234 8		横向振动，略扭
24	0.826 4	1.210 1		一阶反对称扭转振动
25	0.965 7	1.035 5		中跨缆索横向振动
26	0.994 3	1.005 7		横向振动
27	1.020 0	0.980 4		横向振动，略带反对称扭转
28	1.091 1	0.916 5		中跨缆索横向振动
29	1.136 6	0.879 8		横向振动，略带反对称扭转
30	1.219 7	0.819 9		边跨为主的扭转反对称振动

表 3.6　虎门大桥初步设计方案自由振动性状

阶次	频率/Hz	周期/S	振　型	说　明
1	0.092 1	10.862 4		横向一阶正对称振动
2	0.113 2	8.831 3		纵漂和竖向一阶反对称振动
3	0.166 7	5.997 5		纵漂为主、带有竖向反对称振动
4	0.168 6	5.931 0		竖向一阶正对称振动
5	0.225 3	4.438 1		竖向二阶正对称振动
6	0.279 0	3.584 0		竖向二阶反对称振动
7	0.286 6	3.488 9		横向一阶反对称振动
8	0.336 5	2.971 4		扭转一阶正对称振动，略带横向振动
9	0.341 4	2.929 1		横向二阶正对称振动，略带扭转
10	0.348 4	2.870 2		缆索横向振动（两缆反相）
11	0.359 8	2.779 3		缆索横向反对称振动（两缆反相）
12	0.372 8	2.682 5		竖向三阶正对称振动
13	0.379 5	2.635 4		横向反对称振动（缆梁反相），略扭
14	0.391 2	2.556 1		横向振动
15	0.397 0	2.519 2		横向振动
16	0.433 2	2.308 5		扭转一阶反对称振动
17	0.474 5	2.107 6		竖向三阶反对称振动
18	0.565 3	1.769 0		缆索横向振动
19	0.574 6	1.740 2		横向振动
20	0.592 6	1.687 4		竖向振动
21	0.621 1	1.610 1		缆索横向振动
22	0.627 3	1.594 1		横向振动
23	0.653 8	1.529 5		扭转二阶正对称振动

续表

阶次	频率/Hz	周期/S	振　型	说　明
24	0.675 2	1.481 1		主塔振动
25	0.700 6	1.427 3		横向振动，略扭
26	0.705 8	1.416 8		纵漂和主塔振动
27	0.724 1	1.381 0		竖向振动
28	0.775 0	1.290 3		缆索横向振动
29	0.807 0	1.239 2		横向振动
30	0.856 7	1.167 2		扭转二阶反对称振动
31	0.871 6	1.147 3		竖向振动
32	0.873 1	1.145 3		横向振动，略扭
33	0.879 6	1.136 9		缆索横向振动
34	0.915 1	1.092 8		横向振动和扭转振动
35	0.996 4	1.003 6		横向振动
36	1.000 5	0.999 5		横向振动
37	1.015 9	0.984 3		缆索横向振动
38	1.073 5	0.931 5		横向振动和扭转振动
39	1.078 7	0.927 0		扭转三阶正对称振动
40	1.139 9	0.877 3		缆索横向振动

表 3.7　江阴长江大桥初步设计方案自由振动性状

阶次	频率/Hz	周期/S	振　型	说　明
1	0.051 5	19.419 5		横向一阶正对称振动
2	0.091 2	10.967 0		竖向一阶反对称振动，带纵漂
3	0.124 8	8.010 6		横向一阶反对称振动
4	0.132 1	7.569 2		竖向一阶正对称振动
5	0.153 1	6.529 7		纵漂为主，带竖向反对称振动

续表

阶次	频率/Hz	周期/S	振　型	说　明
6	0.179 4	5.573 8		竖向二阶反对称振动
7	0.200 4	4.989 5		竖向二阶反对称振动
8	0.218 6	4.573 9		缆索横向正对称振动 （两缆反相）
9	0.222 6	4.491 8		横向反对称振动 （缆梁反相），略扭
10	0.222 7	4.489 5		缆索横向振动 （反对称，两缆反相）
11	0.224 5	4.454 3		缆索为主的横向正对称振动，略扭
12	0.240 9	4.151 3		横向二阶正对称振动
13	0.249 8	4.002 8	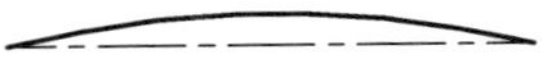	扭转一阶正对称振动
14	0.257 1	3.889 8		竖向三阶正对称振动
15	0.264 3	3.783 8		扭转一阶反对称振动
16	0.266 1	3.758 5		横向振动，略扭
17	0.273 3	3.659 1		横向振动，略扭
18	0.310 3	3.222 3		竖向振动
19	0.369 6	2.705 3		竖向振动
20	0.370 0	2.702 5		缆索横向振动
21	0.384 2	2.602 7		横向振动
22	0.390 3	2.562 2		缆索横向振动
23	0.401 4	2.491 4		扭转二阶正对称振动
24	0.402 7	2.483 1		横向和扭转振动
25	0.430 6	2.322 4		竖向振动
26	0.456 0	2.192 8		横向振动，略扭
27	0.496 3	2.014 7		竖向振动
28	0.507 1	1.972 1		缆索横向振动

续表

阶次	频率/Hz	周期/S	振　型	说　明
29	0.521 3	1.918 3		横向振动
30	0.521 4	1.917 9		扭转二阶反对称振动
31	0.554 9	1.802 1		缆索横向振动
32	0.559 3	1.787 9		横向振动
33	0.565 0	1.770 0		竖向振动
34	0.600 1	1.666 4		纵漂和主塔振动
35	0.637 1	1.569 5		横向和扭转振动
36	0.638 4	1.566 5		竖向振动
37	0.643 6	1.553 7		纵漂和主塔振动
38	0.650 8	1.536 6		缆索横向振动
39	0.654 7	1.527 5		扭转三阶正对称振动
40	0.711 8	1.404 9		横向振动，略扭

表 3.8a　清水河铁路桥测地线形主缆悬索桥方案的自由振动性状

阶次	频率/Hz	周期/S	振　型	说明
1	0.190 3	5.255 1		横向一阶正对称振动
2	0.237 2	4.215 8		竖向一阶反对称振动
3	0.310 8	3.217 8		竖向一阶正对称振动
4	0.414 1	2.415 1		竖向二阶正对称振动
5	0.515 8	1.938 8		横向一阶反对称振动

表 3.8b　清水河铁路桥常规形主缆悬索桥方案的自由振动性状

阶次	频率/Hz	周期/S	振　型	说　明
1	0.155 7	6.423 3		横向一阶正对称振动
2	0.245 8	4.068 1		竖向一阶反对称振动
3	0.316 8	3.156 6		竖向一阶正对称振动
4	0.425 2	2.351 7		竖向二阶正对称振动
5	0.513 2	1.968 4		横向一阶反对称振动

表 3.9 汕头海湾大桥初步设计变更方案的振型参与系数和振型贡献率

阶次	F_x	F_y	F_z	r	阶次	F_x	F_y	F_z	r
1	6.103 2	0.000 0	0.000 0	0.003 0	16	0.000 0	0.000 0	−35.097 4	0.100 6
2	0.000 0	−17.232 8	0.000 0	0.024 3	17	−0.000 1	0.000 0	0.000 0	0.000 0
3	21.989 2	0.000 0	0.000 1	0.039 5	18	−0.000 6	0.000 0	0.000 0	0.000 0
4	0.000 6	0.001 6	0.000 0	0.000 0	19	0.620 8	0.000 0	0.000 0	0.000 0
5	−0.004 4	−0.000 1	−43.999 7	0.158 2	20	0.000 0	−0.216 2	0.000 0	0.000 0
6	−48.669 8	0.000 0	0.004 8	0.193 5	21	−0.000 0	0.000 0	0.000 0	0.000 0
7	0.000 0	−45.178 0	0.000 1	0.166 7	22	0.2962 3	0.000 0	0.000 0	0.000 0
8	−0.256 6	0.000 1	−0.000 2	0.000 0	23	0.000 0	0.000 0	−14.065 2	0.016 2
9	0.000	−0.000 1	0.000 0	0.000 0	24	0.000 0	0.000 0	0.000 0	0.000 0
10	0.000 0	0.005 9	1.032 4	0.000 1	25	0.000 0	0.000 0	−0.000 2	0.000 0
11	0.000 0	−10.120 4	0.000 6	0.008 4	26	0.000 0	0.000 0	6.309 4	0.003 3
12	0.000 0	−0.003 1	0.000 0	0.000 0	27	0.000 0	0.000 0	0.000 3	0.000 0
13	0.000 0	0.000 0	−9.410 6	0.007 2	28	0.000 0	0.000 0	0.001 3	0.000 0
14	0.000 0	0.000 0	0.001 1	0.000 0	29	0.000 0	0.000 0	0.000 3	0.000 0
15	0.000 0	0.000 0	0.000 0	0.000 0	30	0.000 0	0.000 8	−0.001 9	0.000 0
前 30 个振型总贡献率： $R=\sum r=72.1\%$									

表 3.10 虎门大桥初步设计方案的振型参与系数和振型贡献率

阶次	F_x	F_y	F_z	r	阶次	F_x	F_y	F_z	r
1	0.000 0	0.000 0	43.649 9	0.123 0	12	0.174 1	11.236 8	0.000 0	0.008 2
2	−27.882 9	−0.202 7	0.000 0	0.050 2	13	0.000 0	0.000 0	32.497 1	0.000 1
3	30.881 4	7.835 1	0.000 0	0.065 5	14	0.000 0	0.000 0	6.953 4	0.068 2
4	−9.494 8	23.580 2	0.000 0	0.041 7	15	0.000 0	0.000 0	0.084 5	0.003 1
5	0.100 4	34.467 6	0.000 0	0.076 7	16	0.000 0	0.000 0	0.000 0	0.000 0
6	1.203 0	−0.034 9	0.000 0	0.000 1	17	0.787 5	−0.014 1	0.000 0	0.000 0
7	0.000 0	0.000 0	−0.588 5	0.000 0	18	0.000 0	0.000 3	−3.997 2	0.000 0
8	0.000 0	0.000 0	10.610 9	0.007 3	19	0.000 0	0.000 9	−0.000 7	0.001 0
9	0.000 0	0.000 0	−37.037 9	0.088 5	20	−0.333 7	−6.545 5	−0.000 0	0.002 8
10	0.000 0	0.000 0	0.000 0	0.000 0	21	0.000 0	0.000 0	0.000 0	0.000 0
11	0.000 1	0.004 1	−0.000 0	0.000 0	22	0.000 0	0.000 0	0.078 1	0.000 0

续表

阶次	F_x	F_y	F_z	r	阶次	F_x	F_y	F_z	r
23	0.000 0	0.000 0	0.406 7	0.000 0	32	0.000 0	0.000 0	−0.067 6	0.000 0
24	−50.155 7	0.893 2	0.000 0	0.162 4	33	0.000 0	0.000 0	0.000 0	0.000 0
25	0.000 0	0.000 0	7.860 5	0.004 0	34	0.000 0	0.000 0	0.045 0	0.000 0
26	−5.865 9	−3.242 3	0.000 0	0.002 9	35	0.000 0	0.000 0	−4.433 2	0.001 3
27	−1.195 6	−0.007 5	0.000 0	0.000 1	36	0.000 0	0.000 0	7.943 0	0.004 1
28	0.000 0	0.000 0	0.000 1	0.000 0	37	0.000 0	0.000 0	−0.001 9	0.000 0
29	0.000 0	0.000 0	1.859 0	0.000 2	38	0.000 2	0.000 0	10.522 5	0.007 2
30	0.000 0	0.000 0	−0.003 0	0.000 0	39	0.000 3	0.000 0	−8.606 9	0.004 8
31	−0.017 1	4.919 6	0.000 0	0.001 6	40	0.000 1	0.000 0	0.000 0	0.000 0
前 40 个振型总贡献率：$R=\sum r=72.48\%$									

表 3.11　江阴长江大桥初步设计方案的振型参与系数和振型贡献率

阶次	F_x	F_y	F_z	r	阶次	F_x	F_y	F_z	r
1	0.000 0	0.000 0	56.967 7	0.080 4	18	1.036 1	0.010 7	0.001 8	0.000 0
2	−28.647 7	0.078 0	0.000 0	0.020 3	19	−0.112 4	9.574 8	0.000 0	0.002 3
3	0.000 1	0.006 3	−0.028 4	0.000 0	20	0.000 0	−0.000 0	0.000 0	0.000 0
4	0.562 9	−24.279 0	0.000 0	0.014 6	21	0.000 0	0.000 0	−0.066 4	0.000 0
5	−45.204 8	0.376 4	0.000 5	0.050 7	22	0.000 0	0.000 0	0.000 0	0.000 0
6	−0.065 0	49.6562	0.0004	0.061 1	23	0.000 0	0.000 0	4.576 1	0.000 5
7	2.975 7	0.073 5	0.000 0	0.000 2	24	0.000 0	0.000 0	−8.142 3	0.001 6
8	0.000 0	0.000 0	0.005 0	0.000 0	25	−2.427 8	−0.020 7	0.000 0	0.000 2
9	0.000 0	0.000 0	3.738 3	0.000 4	26	0.000 0	0.000 0	0.006 6	0.000 0
10	0.000 0	0.000 0	0.005 0	0.000 0	27	−0.149 3	6.638 1	−0.000 1	0.001 1
11	0.000 0	0.000 0	40.135 5	0.039 9	28	0.000 0	0.000 0	0.000 0	0.000 0
12	−0.001 2	−0.000 8	−43.848 0	0.047 7	29	0.000 0	0.000 0	0.1000	0.000 0
13	−0.001 8	−0.000 4	−1.371 5	0.000 1	30	0.000 0	0.000 0	−0.004 5	0.000 0
14	0.142 4	−18.076 5	−0.000 0	0.008 1	31	0.000 0	0.000 0	−0.000 0	0.000 0
15	−0.000 0	0.000 0	0.181 1	0.000 0	32	0.000 0	0.000 0	−0.016 7	0.000 0
16	−0.000 2	0.000 0	2.959 6	0.000 2	33	−6.354 0	−0.049 7	−0.000 4	0.001 0
17	−0.000 0	0.000 0	51.810 8	0.066 5	34	−87.225 2	−0.689 5	0.000 0	0.188 6

续表

阶次	F_x	F_y	F_z	r	阶次	F_x	F_y	F_z	r
35	0.000 0	0.000 0	7.824 3	0.001 5	38	0.000 0	0.000 0	−0.004 3	−0.000 0
36	−1.545 7	−4.268 0	−0.000 0	0.000 5	39	−0.000 0	0.000 0	−0.719 9	0.000 0
37	−5.979 0	5.090 3	−0.000 2	0.001 5	40	−0.000 6	0.000 2	6.960 2	0.001 2
前 40 个振型总贡献率：$R=\sum r = 59.02\%$									

参考文献

[1] Amman O H，Von Karman T，Woodruff G B. The failure of the Tacoma Narrows Bridge，report to the Honorable John M Carmody，administrator of the Federal Works Agency[C]. Waslungtan, D.C.，March，1941.

[2] Farquharson F B. Aerodynamic stability of suspension bridges[M]. Univ. of Washington Press, 1941-1950，Part I-V，No.116.

[3] Smith E C，Vincent G S. Aerodynamic stability of suspension bridges with special references to the Tacoma Narrows Bridge[M]. Univ. of Washington Engineering Experiment station，1949-1954.

[4] Bleich F M，McCullough C B，Rosecrans R，et al. The mathematical theory of vibration in suspension bridges[M]. Government Printing Office，Bureau of Public Roads，U.S. Department of Commere，1950.

[5] 辽宁省交通科研所. 桥梁风振论文集[C]. 1982.

[6] Steinman D B. Rigidity and aerodynanuc stability of suspension bridges[C]// Proc.ASCE. 1943.

[7] Steinman D B. Modes and natural frequencies of suspension bridges oscillations[J]. Journal of the Franklin Institute，1959.

[8] Rannie W D. The failure of the Tacoma Narrows Bridge，Board of Engineers，Amman O H，Von Karman T，Woodruff G B，Federal works agency，Appendix VI. March，1941.（即文献[1]的附录六）

[9] Pugsley A. The theory of suspension bridges[M]. London: 1957.

[10] Selberg A. Oscillation and aerodynamic stability of suspension bridges[J]. Acta Polytechruca Scandinavia, 1961.

[11] Irvine M. Torsional vibrations in boxgirder suspension bridges[J]. Earthquake Engineering and Structural Dynamics，1974，Vol.3.

[12] Silverman I K. The lateral rigidity of suspension bridges[J]. ASCE，1957，Vol. 83，No.EM8.

[13] Selberg A. Discussion of “The lateral rigidity of suspension bridges”, by Silverman I K[J]. ASCE，1958，Vol.84，No.EM1.

[14] Hirai A，Okumura T，Ito M，et al. Lateral stability of a suspension bridge subjected to foundation motion[C]//Proc. 2nd WCEE. Japen: 1960.

[15] Ito M. Lateral rigidity of a suspension bridge[C]//Symposium on Suspension Bridges. Lishon: 1966.

[16] Abdel-Ghaffar A M. Free lateral vibrations of suspension bridges[J]. ASCE，1978，Vol. 104，No.ST3.

[17] Ahdel-Ghaffar A M. Suspension bridge vibration：Continum formulation[J]. ASCE，1982，Vol. 108，No.EM6.

[18] Castellani A，Felotti P. Lateral vibration of suspension bridges[J]. ASCE，1986，Vol. 112，Na.ST9.

[19] 小西一郎．钢桥⑤[M]．戴振藩，译．北京：中国铁道出版社，1981.

[20] Konishi I，Shiraishi N. On the free vibrational characteristics of long-spanned suspension bridge[C]//Symposium on Suspension Bridges. Lisbon: 1966.

[21] Komatsu S，Nishirnura N（小松定夫和西村宣男）. Torsional oscillation analysis of suspension bridges under the consideration of cross sectional distortion in suspended structure[J]. JSCE，1974，No.4.

[22] 小松定夫，西村宣男．吊构造の横断面变形を考慮した吊桥の立体解析[C]//土木学会论文报告集. 1975，No.236.

[23] Herzog M. Vereinfachte beurteilung der aerodynamischen stabilität von Hangebrücken[J]. Bnuingenieur, 1982，Vol.57.

[24] Konishi I，Yamada Y（小西一郎，山田善一）. Earthquake responses of a long span suspension bridge[C]//Proc. 2nd WCEE. 1960.

[25] Housner G W，Converse F J，Clough R W. Seismic analysis of the main piers for the Tagus River Bridge[M]. San Francisco: Tudor Engineering Company，1961.

[26] Konishi I, Yamada Y. Earthquake response and earthquake resistant design of long span suspension bridges[C]//Proc.3rd WCEE. 1965.

[27] Chaudhury N K，Brotton D M. Analysis of vertical flexural oscillations of suspension bridges by digital computer[C]//Symposium on Suspension Bridges.

Lisbon: 1966.

[28] Tezcan S S，Cherry S. Earthquake analysis of suspension bridges[C]// Proc.4th WCEE. 1969.

[29] Franciosi C，Franciosi V. Suspension bridge analysis using lagrangian approach[J]. Computer& Structures，1987, Vol. 26，No.3.

[30] West H H，Suhoski J E. Natural frequencies and modes of suspension bridges[J]. ASCE，1984，Vol.110，No.ST10.

[31] Baron F，Arikan M，Hamati R E. The effects of seismic disturbances on the Golden Gate Bridge (EERC Report). Univ. of Cal.，1976，No. 76-31.

[32] Abdel-Ghaffar A M. Dynamic analysis of suspension bridge structures (EERL-7601). 1976.

[33] Abdel-Ghaffar A M，Housner G W. An analysis of the dynamic characteristics of a suspension bridge by ambient vibration Measurements (EERL-7701). 1977.

[34] Hayashi Y，Murata M. Torsional oscillation analysis of suspension bridges by a displacement method[J]. JSCE，1977，No. 258.

[35] Abdel-Ghaffar A M. Free torsional vibrations of suspension bridges[J]. ASCE，1979，Vol. 105，No. ST4.

[36] Abdel-Ghaffar A M. Vertical vibration analysis of suspension bridges[J]. ASCE，1980，Vol.106，No.ST10.

[37] Abdel-Ghaffar A M，Scanlan R H. Ambient vibration studies of Golden Gate Bridge：Ⅰ.Suspended Structure，Ⅱ.Tower-Pier Structure[J]. ASCE，1985，Vol.111，No.EM4.

[38] 州田忠树. 现代の吊桥[M]. 日本：理工图书株式会社，昭和 62 年（1987）.

[39] Yamaguchi H，Arakawa K. Nonlinear-coupled free oscillation analysis of suspension bridges[J]. JSCE，1986，No. 374.

[40] Dumanoglu A A，SevemR T. Asynchronous seismic analysis of modern suspension bridges, Part Ⅰ：Free Vibration[R]//Research Report. Department of Civil Engineering，Univ.of Bristol，U. K. 1985.

[41] Arzoumenidis S G，Bieniek M P. Finite element analysis of suspension bridges[J]. Computer & Structures，1985，Vol. 21. No.6.

[42] 强士中，李乔. 关于闭口薄壁杆件约束扭转的周边不变形理论[J]. 桥梁建筑，1985，(1).

[43] 包世华，周坚. 薄壁杆件结构力学[M]. 北京：中国建筑工业出版社，1991.

[44] 谷口修. 振动工程大全[M]. 北京：机械工业出版社，1983.

[45] Mclamore V R. Ambient vibration survey of Bronx-Whitestone Bridge[R]// Report 1070-2517. New York: 1970.

[46] Mclamore V R，Hart G C. Ambient vibration of two suspension bridges[J]. ASCE，1971，Vol. 97，No.STl0.

[47] Abdel-Ghaffar A M, Housner G W. Ambient vibration tests of suspension bridge[J]. ASCE，1978，Vol.104，No.EM5.

[48] Buckland P，et al. Suspension bridge vibrations：Computed and measured[J]. ASCE，1979，Val. 105，No.ST5.

[49] Brownjohn J M，Dumanoglu A A，Severn R T，et al. Ambient vibration measurements of Humber suspension bridge and comparison with calculated characteristics[J]. lCE，Part2，1987， Vol. 83.

[50] Brownjohn J M，Dumanoglu A A，Severn R T，et al. Ambient vibration survey of the Bosporus Supension Bridge[J]. Earthquake Engineering & Structural Dynamics，1989，Vo1.18.

[51] Tezcan M. Forced vibration survey of Istanbul Bogazici Bridge[C]//Proc. 5th Eur.Conf. Earthquake eng. Istanbul，1975.

[52] 田中淳之. 吊桥の上部构造の设计[J]. 桥梁と基础，1984，No.8.（严国敏：日本本州四国连络桥情报资料第 4 期）

[53] 陈仁福. 对影响扁平箱梁悬索桥静动力性能的几个参数研究[C]//第一届全国索结构学术交流会论文集. 无锡：1991.

[54] 前田幸雄，林正，前田研一. 吊桥の固有振动计算法[C]//土木学会论文报告集. 1977，No. 262.

[55] 平井教. 钢桥Ⅲ[M]. 技报堂，1967.

[56] 小松定夫，西村宣男. 薄肉弹性ばり理论によるトラス一立体解析[C]//土木学会论文报告集. 1975，No. 238.

[57] 林有一郎，通口康三，田中美宇. 断面变形を考虑した薄肉弹性ばり理论によるトラス桥の立体解析[C]//土木学会论文报告集. 1976，No.242.

[58] 小西一郎. 钢桥③[M]. 朱立冬，等，译. 北京：中国铁道出版社，1981.

[59] 巴特 KJ，威尔逊 EL. 有限元分析中的数值方法[M]. 北京：科学出版社，1985.

[60] 克拉夫 R W，彭津 J. 结构动力学[M]. 北京：科学出版社，1983.

[61] Yamada Y，Takemiya H. Seismic response analysis of long span suspension bridge tower and pier system[C]//Proc.6th. WCEE. 1977.

[62] Abdel-Ghaffar A M. Simplified earthquake analysis of suspension bridge towers[J]. ASCE，1982，Vol. 108，EM2.

[63] 浑井广之. 新体系土木工学—桥梁上部构造（Ⅱ）：吊桥[M]. 技报堂，1979.

[64] 星谷胜. 随机振动分析[M]. 北京：地震出版社，1977.

[65] 日本本四公团. 耐震设计基准[M]. 昭和 52 年（1977）.
[66] Van der Woude F. Natural oscillations of suspension bridges[J]. ASCE，1982，Vo1.108，ST8.
[67] 小松定夫，西村宣男. 长大吊桥の固有振动にたいする吊构造せん断变形の影响[C]//土木学会论文报告集. 1982，No. 323.
[68] Hayashikawa T，Watanabe N. Vertical vibration in Timoshenko bean suspension bridges[J]. ASCE，1984，Vol.110. No. EM3.
[69] 汪凤泉，郑万泔. 试验振动分析[M]. 南京：江苏科技出版社，1988.
[70] 郑治真. 波谱分析基础[M]. 北京：地震出版社，1979.

第四章　悬索桥地震响应理论分析

第一节　概　述

根据文献介绍[34,63]，至少在日本有一些跨度不大的悬索桥曾经遭受地震损坏，例如 1923 年的关东大地震中，主跨 90 m 的 Arakawa 桥的一个主塔发生断裂；1948 年的福冈地震中，跨度 2×124 m 的 Gosho 桥的加劲梁上弦发生屈曲，锚碇移动 20 cm。最近，还有许多地震引起悬索桥局部损伤的例子[63]。但是，迄今仍没有大跨悬索桥因地震引起严重损伤的报道。然而，这个事实并不意味着既有大跨悬索桥的抗震设计是合理的。一些学者认为，其所以迄今仍未有大跨悬索桥因地震引起严重损伤，主要原因在于这些有限数目的大跨悬索桥迄今仍未受到严重的地震激励。实际上，目前国际上热门的生命线结构的防灾研究普遍具有未雨绸缪的意义。从这个意义上来看待也作为重要的生命线结构的大跨悬索桥，就会认识到它的抗震研究是值得的和必要的。

一、悬索桥抗震理论研究和设计实践的历史发展与现状述评

一般认为，地震工程学的起源在日本[1,2]，因为这个处在环太平洋地震带上的国家深受震害之苦。1891 年的浓尾地震促进了对结构物抗震性能的研究。1923 年的关东大地震则促成对结构物抗震设计的实施和推广。其时的抗震设计是采用将动力地震作用用等价的静力荷载置换的所谓震度法，此即我国所称的静力法或地震系数法。日本对结构物进行抗震设计的观点和方法很快为美国工程师所接受，因为美国西部也是处在环太平洋上的地震多发带。在这样的背景下，20 世纪 30 年代在美国西海岸的旧金山，两座同时修建的著名悬索桥——奥克兰海湾大桥和金门大桥，都采用了静力法进行抗震设计。这是世界上对大跨度悬索桥进行抗震设计的首例。奥克兰海湾大桥考虑地震系数为 0.1 的水平地震作用，金门大桥考虑地震系数为 0.075 的水平地震作用；但两桥均未考虑到竖向地震作用[3,17,18]。此后，日本在 50 年代末修建若户大桥

时，也采用静力法进行了抗震设计，考虑了地震系数为 0.15 的水平地震作用[3]。

静力法不考虑结构的振动效应，并假定地震动最大加速度就是作用于结构物各构件的最大加速度。因此，它只适用于刚性结构，对柔性结构来说，则会给出偏离真实情况很远的反应评价。所以，在静力法被应用于结构物抗震设计之后不久，它即受到检讨[2]。1931 年，以东京大学末广教授应邀在美各地进行地震工程演讲为发端，在美国西部开始设置强震仪，这是为研究地震动时引起的结构物动力效应作准备。20 世纪 30 年代的强震观测成果在 40 年代开始朝实用化迈进。1940 年，加州公共工程局的 Raab 和 Wood 发表了为旧金山奥克兰海湾大桥所作的抗震动力检算成果。尽管他们受日本学者的影响而把地震加速度波形近似处理为具有 1.5 s 以下周期的无限延续的 0.1 g 的正弦波，但把地震作为振动现象处理并应用于实际问题，Raab 和 Wood 的工作不仅对悬索桥是首次，对于所有的结构物在全世界范围内也是首次[3,17]。1942 年，Biot 分析了无阻尼单自由度体系由于实际地震记录输入所产生的加速度反应与固有周期的关系[62]。根据他的研究，固有周期大于 0.3 s 时，加速度反应与固有周期成反比减小。这是第一次证实了实际地震引起结构的动力效应，而这种效应不能笼统地用静力作用效应等效代替。1953 年，Housner 等给出了很多有阻尼单自由度体系反应谱曲线的分析例，导致以后 Housner 提出了平均反应谱的概念及平均反应谱曲线[64]，这为结构地震动力反应分析提供了一种快速解法，即反应谱法，这种方法迄今仍在各国的各种结构物抗震设计规范中广泛采用。

对于悬索桥，日本学者小西和山田曾就地震动力响应分析做过许多研究[19-22]，但真正将动力反应分析方法实际应用于抗震设计则是从 20 世纪 60 年代初在葡萄牙修建 4 月 25 日桥开始的[23,65]。该桥由 Steinman 所在的美国公司设计和旋工，并委托著名的地震工程专家 Housner 和 Clough 进行抗震性能研究和设计。所考虑的水平地震作用取自 El Centro（埃尔森特罗）的实际地震记录，最大加速度 0.12g。1967 年，为进行傅斯普鲁斯海峡第一桥的抗震设计，土耳其政府委托日本学者起草了《博斯普鲁斯桥的抗震设计规则（1967）》，并将其推荐给该桥设计者 Freeman & Fox 公司[66]。在该桥的抗震设计中，取水平地震系数 0.1，竖向地震系数 0.05。由日本学者起草的这个规则推荐当时在日本规范中所采用的修正震度法进行抗震设计。所谓修正震度法，其在引用设计震度把动力现象用静力荷载置换这一点上，仍是与震度法相同的。然而，它突破了震度法的原有限制，在决定震度时引入结构振动特性，由单自由度的反应谱来推断设计震度。在这种方法中，同一结构各构件的设计震度将不同，设计震度的推定取决于地震系数和各构件呈现卓越振动时的那个模态的周期（它不一定是结构基本周期），因而这个方法与借助于设计反应谱进行动力反应分析的抗震设计方法，即通常所谓的反应谱法也不同。对每个构件而言，修正震度法只考虑了一个模态的振动效应，这是不恰当的，但作为日本规范中从震度法到反应谱法的一种过渡方法，是比完全不考虑振动效应的震度法或静力法要好[2,3]。这个方法也曾在日本《本四连络桥抗震设计规范》的初稿即《本四连络桥抗震设计指针（1967）》中采用[2,3]。但那时日本正在规划设计关门桥，该桥抗震设计则撇开了修正震动法而直接采用反应谱法，并以直接输入地震记录的时间历程响应分析方法进行检核。设计中取水平地震系数为 0.15，未考虑竖向地震作用[3,4]。关门桥是首座采用反应谱法进行抗震设计的悬索桥，其经验后来被吸收到现行《本四联络桥抗震设计规范（1977）》中。目前在日本已建或正在修建的本四连络线上的各悬索桥，均是按这个规范进行抗震设计[68,69]。除上述的悬索桥外，1988 年建成的土耳其第二博斯普鲁斯桥也采用反应谱法进行了抗震设计，取水平地震系数为 0.1，未考虑竖向地震作用[67]。

日本《本四连络桥抗震设计规范（1977）》（日本：《耐震设计基准》）可以说是现今世界上最早也是唯一通行的适于大跨悬索桥的抗震规范（注意到美国 1983 年的 AASHTO 抗震规范不包括悬索桥）。按照这个规范，本四连络线上的所有悬索桥的抗震设计用两种方法进行[68,69]：① 采用多质点模型，以本四地震设计谱输入后进行反应谱法动力响应分析，以反应谱法分析的结果为依据做抗震设计；② 输入给定的地震波进行时间历程响应分析，分析的结果用以检验反应谱法的结果。在两种方法中，以反应谱法为基础。该规范中的反应谱曲线是根据日本全国 20 次强震的 44 条加速度记录的平均反应谱，并充分考虑了远强震对长周期范围谱值的贡献后得出的谱曲线，谱曲线的周期范围为 0.1～10 s，如图 4.1 所示。所考虑的设计地震动是具有设计谱所定义的频谱结构及基岩最大加速度为 180 Gal 的地震动。这个最大加速度是按距桥位较远（150 km）的大地震（8 度，日本标准）推定的。

据介绍，本四桥设计者认为[69]：对于大跨悬索桥，除支点附近加劲梁及主塔等部分之外，由地震时的截面内力来决定构件设计的部件较少，因此抗震分析一般起验算作用。而对于主塔，仅通过适当的塔墩振型来进行动态分析并据以做抗震设计即可。这样，既能保持下部结构的连续性，又能避免抗震设计的繁杂。

以上是过去的抗震设计发展概况及所依据的理论基础。不难看出，悬索桥抗震设计实践是与地震工程学总的发展状况密不可分的，前述日本学者关于悬索桥地震危险性的经验性看法也是建立在使用一般工程结构抗震理论研究成果和方法的基础上得出的。特别是，迄今为止的悬索桥设计方法仍同其他结构一样是基于一致支承激励的反应谱法。然而，近年来关于悬索桥抗震理论研究的一些新进展对以往的理论和经验提出了不同意见。这些新的进展主要集中在关于非一致支点激励及其响应研究的讨论上。

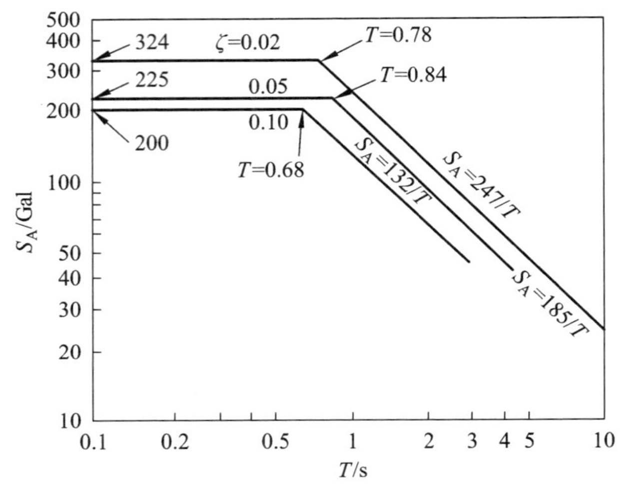

图 4.1　本四连络桥抗震设计加速度反应谱

最简单的非一致支点激励模型是将地震引起的大尺度结构的各支点激励看作是仅存在相位差的所谓传导激励模型。有关悬索桥受传导激励的研究最早是从小西和山田开始的（1964）[20]，但由于他们所考虑的地面运动是理想化的振幅为 2 m 的传导正弦位移波，所以他们的研究结果几乎是不可信的，因而没有引起重视。其真正受到重视的这种研究是从 Baron 开始的。1971 年的 San Fernando（圣费尔兰多）地震造成加州的许多现代桥梁被破坏，Baron 在受托研究跨越 San Francisco 海湾的 Dumbarton 桥替换结构的地震激励模型和抗震设计方法时[25]，真正意识到传导激励对长桥地震影响的重要性。为此，他专门研究了适用于长桥的抗震设计判据和进行传导地震激励响应分析的方法。这些判据和方法本是用于研究 Dumbarton 桥的替换结构的，但当他用于研究金门桥的抗震性能时，发现传导激励对悬索桥响应有更大的影响[26,27]。根据 Baron 的研究，当输入 1952 年的 Taft（塔夫特）地震记录（最大加速度 $a_{\max}=0.2\,g$ ），或输入由 Seed 和 Idress 模拟的相当于 8^{+}级地震的人造地震记录 SI8^{+}（ $a_{\max}=0.42\,g$ ）时，传导激励与一致激励的响应可能会有成倍甚至更大的差别。在 Baron 之后，以 Abdel-Ghaffar 为首的研究小组，主要针对金门大桥研究了非一致支点激励对悬索桥地震响应的影响，并发表了一系列文章[28-33]。在 Abdel-Ghaffar 的研究中，非一致激励以两种方式考虑：一是一个时间历程在多个支点传导输入的激励方式，各支点激励间仅存在相位差；二是多个时间历程在多个支点输入的激励方式，而这些时间历程是同一历史地震事件在不同地点的记录历程，各记录之间存在着程度不同的相关性。根据 Abdel-Ghaffar 的研究结果，当输入 1979 年大峡谷地震 El Centro（埃尔森特罗）的多排记录（最大加速度 $a_{\max}=0.5\,g$）时，非一致激励与一致激励的响应之间也有成倍甚至更大的差别；在一些情况下，不仅塔，而且加劲梁构件的非一致激励的响应接近甚至超过构件的屈服强度。最近，由 Dumanoglu 和 Severn 以博斯普鲁斯海峡第一桥和亨伯桥为例，研究了所谓英国式悬索桥（即具有柔塔、扁平箱梁、斜吊杆的悬索桥）在传导激励下的响应[57,58]。根据他们的研究结果，当输入 1971 年 San Fernando（圣费尔兰多）地震 Pacoima（帕柯伊马）记录（$a_{\max}=0.71\,g$）时，传导激励的响应也是比一致激励的响应大了许多。但是他们认为，对于英国式的悬索桥，无论地震激励如何，其响应都不像美国式的古典悬索桥的响应那样严重。

由上述的研究成果，似乎可以获得如下认识，即悬索桥非一致激励的地震响应将显著地不同于一致激励的响应；采用一致激励的方式一般都将过低地估计悬索桥的地震响应。因而，在今后的悬索桥抗震研究和设计中，确实应该以适当方式来考虑各支点激励的变化，即地震动的空间变化问题。

然而，尽管上述的研究指出了非一致激励的重要性，却仍然存在如下一些问题：① 首先，所有的研究者在选择激励模型时，都缺少对悬索桥有针对性的频谱结构和持时的考虑。例如 1979 年 El Centro 记录是在厚达 300 m 的松软沉积层上获得的记录，其频谱的卓越周期达 4 秒以上[28-33]。Abdel-Ghaffar 输入这样的记录来分析悬索桥的响应，当然会得出悬索桥易遭地震损害的看法。然而，悬索桥的持力层通常不可能是 El Centro 记录所处的那种场地。而 1971 年 Pacoima 记录是在震中区的坚硬场地上获得的，它显然缺少了激起悬索桥长周期响应的频谱值。Dumanoglu 和 Severn 输入这样的记录来分析悬索桥的响应，当然会得出悬索桥不易遭受地震损害的看法，可以认为这种做法与 Abdel-Ghaffar 相反而走向了另一个极端。另外，这些历史记录的持时相对悬索桥的长周期而言都不是足够长的。② 所选择的地震激励的强度，因为是与特定的历史记录相联系，因而未能从概率意义上与悬索桥的地震安全度联系起来。例如，Taft（塔夫特）记录的最大加速度是 0.2 g，SI8^{+}的最大加速度是 0.42 g，El Centro 记录的相应值是 0.5 g，Pacoima 记录是 0.71 g，研究者取这些强度的地震记录作为输入并未讲出道理，因而可以说其是有主观随意性的。③ 研究者所取用的参与响应分析的结构振型数目其总的模态质量比率都远远小于 100%。④ 研究者大多采用时域内的逐步积分方式来计算响应，只有 Abdel-Ghaffar 采用了频域随机振动的方式来计算响应。但 Abdel-Ghaffar 在评价峰响应的可靠度时，却采用了 Vanmack 关于平稳高斯随机激励的稳态响应的可靠性评价理论[9-11]，这意味着 Abdel-Ghaffar 的研究没有恰当考虑激励的非平稳性和响应的瞬态特性，因而偏安全地过高估计了悬索桥的响应。⑤ 最后但却是最重要的是，尽管意识到了各支点激励的变化，但却大多仅以传导激励或其他不恰当的方式来考虑这个变化，缺乏对桥位地震动时空变化随机特性的充分考虑。这些问题如不做深入的研究，将不能形成对悬索桥地震易损性的正确看法，更不能建立恰当的抗震设计方法。

二、本章研究内容

鉴于上述的情况，本章下而将研究如下一些问题。首先在第二节探讨悬索桥在动力行为方面不同于一般结构的特殊性，因为这些特殊性不仅影响对设计地震动及其空间变化的定义，也影响对结构响应的分析方法的建立。然后，在第三节将利用地震工程学的最新成果，从随机的角度定义用于悬索桥的地震随机场激励模型；基于这种随机场模型，当给定各支点的空间位置时，即可获得非一致的支点地震激励模型；这种模型不仅能考虑地震动在时间和空间的随机变化，而且在强度上能与具有概率意义的规范烈度指标相联系，在频谱结构上考虑了对悬索桥（和其他大尺度生命线结构）的针对性。为了利用第三节的随机激励模型进行时域的时间历程响应分析，在第四节将研究随机场的时间历程样本模拟问题。在第五、第六、第七节将建立多点激励的时域与频域时间历程响应分析方法和平稳与非平稳的随机振动分析方法。这些方法不仅能适用于非一致激励的情形，当然也能适用于一致激励的情形。为了从随机振动分析确定所需的设计量值，将在第八节探讨随机振动的最大响应评价问题，即动力可靠度问题。在第九节将建立多点非一致激励的反应谱法，由于反应谱内在地包括了地震动的非平稳性和瞬态响应特性，所以多点非一致激励的反应谱法比稳态随机振动方法优越，但又不像瞬态随机振动分析那样复杂，因而可能是有吸引力的。所有的响应分析方法都建立在前一章对结构的二维或三维空间有限元离散模型的基础上。第十节是数值算例和对结果的一些分析。基于本章理论所开发的计算软件简介于附录 A。

第二节　悬索桥在动力行为方面的特殊性

悬索桥由于其柔性和大尺度，在动力行为方面有不同于一般工程结构的特殊性，笔者曾在文献[70]中总结这些特殊性是：

（1）它具有远大于一般结构的超长周期。一般土木结构的周期大多在 2 s 以内，大型塔桅及高耸结构的周期也多在 5 s 以内，而大跨悬索桥的基本周期通常远远超过 5 s，如跨度 1 285 m 的美国金门大桥，其侧向基本周期达 18 s，根据笔者的计算，我国即将修建的跨度 1 385 m 的江阴长江公路悬索桥，其侧向基本周期将近 20 s，正在修建的跨度 888 m 的虎门悬索桥，其侧向周期将近 11 s。

（2）悬索桥具有密布的频谱。在一个较宽的频率范围内，许多阶振型都可能被动力荷载激起强烈振动，特别是在地震激励的情况下。这也是其与一般工程结构相当不同的特性。众所周知，一般工程结构由于其频谱稀疏及基本周期不长，所以在采用模态分解法计算动力响应时，至多取前 3～4 阶振型参与分析已经足够；但对悬索桥，只取前 3～4 阶振型是远不够的。笔者曾参与检核我国正在修建的跨度 452 m 汕头海湾悬索桥的初步设计方案，在进行抗震检算时，发现如要比较准确地分析其地震响应，至少应取 30 阶振型参与计算[71]；在大跨悬索桥的情况，所需要的振型将更多，如日本关门桥，抗震设计所取用的振型数，在竖向与纵向为 60 阶，在侧向也为 60 阶[3,4]。拟议中的跨度 3 300 m 的墨西拿海峡悬索桥，其侧向振动的模态质量总比率（即各阶模态质量与结构总质量的比率之和）与参与振型阶数的关系显示，在参与振型为 60 阶时模态质量总比率还不到 40%[34]。前面的表 3.9～3.11 显示了汕头海湾大桥、虎门大桥、江阴大桥的三维模态质量总比率与参与振型阶数的关系。由表可见，当所考虑的参与振型为 30 阶或 40 阶时，总的模态质量比率远小于 100%。然而，在大跨悬索桥，即使在 30 阶或 40 阶甚至更高阶的情况下，模态频率仍处在宽带地震激励的有意义的频率范围之内。因此，在计算悬索桥的地震响应时，应该取尽可能多的振型参与计算。

密布的频谱不仅要求参与动力响应计算的振型数目应该充分多，而且还要求当采用随机振动方式或反应谱法分析响应时，根据振型响应计算总响应的组合原则应该是全二次组合（即 CQC 组合），而不应当采用简单的振型响应的平方和开平方的组合原则（即 SRSS 组合），因为 SRSS 组合忽略了振型响应的交叉相关项，而在振型频率密布时，交叉项是不能忽略的[1,9-11]。

（3）悬索桥的大尺度导致其所遭受的动力激励很不同于一般结构，特别是，悬索桥的地震响应强烈受到地震动空间变化的影响。众所周知，一般工程结构由于其尺度不大，故其地震响应分析通常不考虑地震动的空间变化，即认为所受地震激励为一致激励。然而，具有多个支点的悬索桥，其各支点间的距离通常与地震波波长具有同样数量级，甚至可能超过地震波波长，这使悬索桥的各支点激励因地震动的空间变化而很不相同，而这种不一致的支点激励对悬索桥这类结构可能是很有害的。因而对悬索桥的地震响应分析，应该考虑非一致激励的影响。

在充分认识了悬索桥在动力行为方面的这些特殊性后，就可以有针对性地建立悬索桥的地震激励模型和适宜的响应分析方法。

第三节　适用于大跨悬索桥的地震激励模型

地震作为一种自然现象，无论其规模、发震概率及每次地震的波形特征，都具有随机性质。众所周知，对于随机荷载，应该用基于概率论的方法研究其规律，建立合理的随机模型，以便能用可靠性理论来科学地评价由其引起的结构物响应，并且制订合理的结构物设计对策。现在许多通用或专门的抗震设计规范已经或正在朝着这一方向努力。所以，通过恰当的随机模型来定义地震激励是更合理的。

可以假定现有规范中关于地震规模及发震概率的研究成果是科学合理的，它们以有关宏观烈度指标和烈度区划的条文来表达；相应于每个烈度指标所规定的加速度峰值也假定其是合理的。这样，剩下的问题就是关于地震动的波形特征，但它又可由恰当定义的频谱和持时来确定。当然，对于不同的设计目的，它们是应该有所不同的，但当频谱、持时以及加速度峰值一经给定之后，对于可以看作是一致支承激励的结构物，其地震动的随机激励模型至此就已经完全确定了。

然而，对大跨悬索桥而言，是不能将它们看作一致支承激励结构的。前已指出，它们具有超常的跨度，其支点距离与地震波长具有同样的数量级，当地震动经过这样长距离的传导时，不同支点在同一时刻遭受的地震激励已经很不相同。考虑到这个事实，Abdel-Ghaffar 以台阵记录的同一地震的不同位置的时间历程来作为不同支点的输入进行金门桥的地震响应分析[28-33]。然而，台阵中的各强震仪距离不可能恰好与所考虑的特定悬索桥的支点间距一一对应；另外，这样的激励模型也不具有统计意义。Dumanlogno 及其他人则使用传导波来模拟悬索桥的不同支点激励，这意味着，悬索桥的不同支点激励除存在相位差外，并无其他区别[57-59]。可是，地震波是由若干不同性质的波族迭加而成，每个波族又包含有许多频率不同的成分，各成分在传导过程中很可能会有程度不同的衰减，结果是不同支点激励不仅存在相位差，而且可能会有很不相同的频谱结构，甚至幅值也会不同。Castellani 曾指出传导激励模型的不恰当性[34]。

注意到地震动无论在时间还是在地表空间上都有随机的特性，本文尝试把桥位场地的地震动作为一个一维多变量的矢量高斯随机过程或二维时空高斯随机场来看待，据此来定义适于大跨悬索桥的地震激励模型，这样本文就可以更合理地考虑地震动空间变化对悬索桥地震响应的影响。根据随机场理论（参见附录 B），多变量的矢量随机过程与随机场是等价的，其谱描述存在下述关系[12,13,46]：

$$
\begin{aligned}
S(\kappa,\omega,t) &= \left|A(t,\omega)\right|^2 S(\kappa,\omega) = (2\pi)^{-1}\int_{-\infty}^{+\infty}\left|A(t,\omega)\right|^2 S(\xi,\omega)\mathrm{e}^{-\mathrm{i}\kappa\xi}\mathrm{d}\xi \\
&= (2\pi)^{-1}\int_{-\infty}^{+\infty} S(\xi,\omega,t)\mathrm{e}^{-\mathrm{i}\kappa\xi}\mathrm{d}\xi
\end{aligned}
\tag{4.3.1}
$$

式中，$S(\kappa,\omega,t)$ 是随机场的演化频率-波数谱（这里只考虑均匀随机场，但它可以是非平稳的），$A(t,\omega)$ 是表示非平稳性的慢变调制函数，$S(\kappa,\omega)$ 是相应的平稳均匀场的频率-波数谱，$S(\xi,\omega,t)$ 是非平稳多变量矢量随机过程的演化的交叉谱密度，$S(\omega,\xi)$ 是相应的平稳多变量矢量随机过程的交叉谱密度，t 是时间，ω 是频率，κ 是波数，ξ 是空间间隔。

现在需要确定式（4.3.1）中的频率-波数谱或交叉谱密度。先考虑平稳情况。由于有关地震动空间变化对结构物地震响应的影响是近十多年来伴随着生命线结构防灾研究的兴起才受重视的，而设置密集台阵及根据密集台阵获得的记录数据分析地震动的空间变化则更是晚近的事。上述的频率-波数谱或交叉谱的确定对于非专业人员而言是件困难的事情，因为这项工作需要分析大量的密集台阵记录数据，即使从事地震工程研究的专业人员，有关这方面的研究成果也不多。尽管如此，有限的成果仍是可资利用的[35-54]。

通常认为，导致地震动空间变化的主要因素，第一是由于地震波速的有限性质导致在空间上的不同位置处地震波的到达时间存在差别，即通常所说的传导效应；第二是由于地震波在复杂的分层介质中传导时会产生大量的折射、反射，加上震源本身具有一定的范围，使从震源发出的信号来自震源的不同部位，这些不同方向和不同性质的波在空间上的每个位置都会产生不同的迭加效果。这个因素通常被称为非相干性（incoherence）效应，其中也包括波的散射引起的能量耗散效应。这些因素都具有随机的特性，通过对记录数据的分析，可以由恰当建立的交叉谱密度模型来将它们特征化。但在目前的地震工程研究中，通常将交叉频谱密度用点谱（自谱）标准化，并将其定义为频率依赖的空间相关函数 $\rho(\omega,\xi)$：

$$\rho(\omega,\xi)=\frac{S(\omega,\xi)}{\sqrt{S_{ii}(\omega)S_{jj}(\omega)}} \tag{4.3.2}$$

先建立这个相关函数 $\rho(\omega,\xi)$ 的模型，然后再由上式求交叉谱密度。这里下标 i 和 j 代表空间上间隔为 ξ 的两个点的位置。$\rho(\omega,\xi)$ 一般是 Hermitian 型的，其实部为偶函数，虚部为奇函数，其绝对值不大于 1。$\rho(\omega,\xi)$ 可写成如下形式：

$$\rho(\omega,\xi)=\left|\rho(\omega,\xi)\right|\mathrm{e}^{\mathrm{i}\varphi(\omega,\xi)} \tag{4.3.3}$$

式中，$\left|\rho(\omega,\xi)\right|$ 是 $\rho(\omega,\xi)$ 的绝对值，可称为幅值谱，$\varphi(\omega,\xi)=\mathrm{arctg}^{-1}\dfrac{\mathrm{Im}[\rho(\omega,\xi)]}{\mathrm{Re}[\rho(\omega,\xi)]}$ 可称之为相位谱。$\left|\rho(\omega,\xi)\right|$ 正好等于频域相干函数 $\gamma_{ij}(\omega)$，即：

$$\left|\rho(\omega,\xi)\right|=\sqrt{\frac{\left|S_{ij}(\omega)\right|^2}{S_{ii}(\omega)S_{jj}(\omega)}}=\gamma_{ij}(\omega) \tag{4.3.4}$$

以式（4.3.3）表示的空间相关函数 $\rho(\omega,\xi)$，其等式右边的两项正好特征化了导致地震动空间变化的两个主要因素：项 $\left|\rho(\omega,\xi)\right|$ 表征非相干效应，而项 $\exp[\mathrm{i}\varphi(\omega,\xi)]$ 表征地震波的传导特性，$\varphi(\omega,\xi)$ 代表频率为 ω 的波在间隔为 ξ 的两点间的相位差。

由 Loh[39,60,72]、Harichandran 和 Vanmarcker[36,37,42,52,54]、Luko[76]、Abrahamson[40,75,61]、Tsai[73]、Sawada 和 Kameda[74]、Oliveira 和 Penzien[38,77]等建议了多种 $\rho(\omega,\xi)$ 的模型可供选择，这里采用 Harichandran 和 Vanmarcke 的模型。Harichandran 和 Vanmarcke 经分析台湾罗东强震密集台阵 SMART-1 的记录数据后，认为 $\left|\rho(\omega,\xi)\right|$ 随频率和距离的增大而衰减，并提出以下的经验模型：

$$\left|\rho(\omega,\xi)\right|=A\exp\frac{-2\left|\xi\right|(1-A+\alpha A)}{\alpha\theta(\omega)}+(1-A)\exp\frac{-2\left|\xi\right|(1-A+\alpha A)}{\theta(\omega)} \tag{4.3.5}$$

式中

$$\theta(\omega)=K\left[1+\left(\frac{|\omega|}{2\pi f_0}\right)^b\right]^{-0.5} \tag{4.3.6}$$

A、α、K、f_0 和 b 是经验参数，可由上面的模型匹配于实际的记录数据而获得。其中，相关长度 K 被认为是对相关函数 $\left|\rho(\omega,\xi)\right|$ 影响最大的参数。

Harichandran 和 Vanmarcke 还提出相谱 φ 的近似表达式为：

$$\varphi(\omega,\xi) = -\frac{\omega\xi}{V} \tag{4.3.7}$$

而
$$\exp[\mathrm{i}\varphi(\omega,\xi)] = \exp\frac{-\mathrm{i}\,\omega\xi}{V} \tag{4.3.8}$$

式中，V 为表观传导波速。

将式（4.3.3）、式（4.3.5）和式（4.3.8）代入式（4.3.2），得交叉谱密度模型为：

$$S(\omega,\xi) = \sqrt{S_{ii}(\omega)S_{jj}(\omega)}\left|\rho(\omega,\xi)\right|\exp\frac{-\mathrm{i}\,\omega\xi}{V} \tag{4.3.9 a}$$

如果认为局部场地上各点的自谱相同，即 $S_{ii}(\omega) = S_{jj}(\omega) = S(\omega)$，则上式成为：

$$S(\omega,\xi) = S(\omega)\left|\rho(\omega,\xi)\right|\exp\frac{-\mathrm{i}\,\omega\xi}{V} \tag{4.3.9 b}$$

式中的自谱 $S(\omega)$ 可以使用 Kanai-Tajimi 谱型，也可以使用 Clough-Penzien 谱型[14]。但由于在后面的响应分析中需要用到位移自谱，而 Kanai-Tajimi 谱型的位移谱在 $\omega = 0$ 时无界[1]，所以本文选用 Clough-Penzien 谱，其加速度谱的形式如下：

$$S_{\ddot{\mathrm{u}}}(\omega) = S_0\frac{\omega_{\mathrm{g}}^4 + 4\zeta_{\mathrm{g}}^2\omega_{\mathrm{g}}^2\omega^2}{(\omega_{\mathrm{g}}^2 - \omega^2)^2 + 4\zeta_{\mathrm{g}}^2\omega_{\mathrm{g}}^2\omega^2}\frac{\omega^4}{(\omega_{\mathrm{f}}^2 - \omega^2)^2 + 4\zeta_{\mathrm{f}}^2\omega_{\mathrm{f}}^2\omega^2} \tag{4.3.10}$$

相应的速度谱和位移谱可分别由上式乘 $-\omega^{-2}$ 和 ω^{-4} 获得。上式中 S_0 是谱强度因子，ω_{g}、ζ_{g}、ω_{f} 和 ζ_{f} 是滤波器参数。

将式（4.3.10）代入式（4.3.9）可获得任意两点（相距 ξ）的加速度交叉谱，即：

$$S_{\ddot{\mathrm{u}}\ddot{\mathrm{u}}}(\omega,\xi) = S_{\ddot{\mathrm{u}}}(\omega)\left|\rho(\omega,\xi)\right|\exp\frac{-\mathrm{i}\,\omega\xi}{V} \tag{4.3.11}$$

而任意两点的加速度与位移交叉谱及位移与位移交叉谱分别为：

$$S_{\ddot{\mathrm{u}}\mathrm{u}}(\omega,\xi) = -\omega^{-2}S_{\ddot{\mathrm{u}}\ddot{\mathrm{u}}}(\omega,\xi) \tag{4.3.12}$$

$$S_{\mathrm{uu}}(\omega,\xi) = \omega^{-4}S_{\ddot{\mathrm{u}}\ddot{\mathrm{u}}}(\omega,\xi) \tag{4.3.13}$$

式（4.3.9）定义了一个可考虑地震动空间变化的随机激励模型，通过仔细地选择模型参数，这个模型原则上可适用于任何生命线结构的地震响应分析。当式（4.3.6）中的相关长度 K 为 ∞ 时，任意两点间不存在相关损失，此时，$\left|\rho(\omega,\xi)\right| \equiv 1$，式（4.3.9）即退化为简单的传导激励模型。

为使上述的随机激励模型匹配于合乎需要的设计地震动，模型参数的选择应谨慎从事。考虑到前述的悬索桥在动力行为方面的特殊性，大跨悬索桥的设计地震动应该充分考虑长周期范围内频谱值对响应的贡献。笔者注意到世界上唯一的长大桥抗震规范——《日本本四连络桥抗震规范》的反应谱曲线确实充分考虑了长周期范围的谱值影响（见图 4.1），尽管那个规范是为一致激励的反应谱法而制定，并未考虑地震动空间变化的影响[68,69]。笔者还注意到，日本规范阐明所考虑的设计地震是离桥位 150 km 外的 8 度地震（日本标准），这意味着所考虑的设计地震是远强震，这是有意义的，因为远强震经弱衰减传导途径后，能保持有丰富的长周期分量。与此相同的思想，还可以从其他国家学者的观点中看到。意大利学者 Castellani 在探讨墨西拿海峡桥方案的地震行为时指出[34]，悬索桥设计地震动应充分考虑对长周期范围谱值有重要影响的如下三类地震：① 持续时间较长的地震；② 震源较深，震中距较远，但为经过弱衰减传导途径的强震；③ 名义震中距较近的多源相继发生的强构造地震。这些地震在一般的结构物抗震设计中可能不被重视，但对于大跨悬索桥则决不能忽视。根据这些观点，本文认为国内三座正在设计和施工中的大跨悬索桥的地震动随机激励模型参数可选择为如表 4.1 所示。

表 4.1　地震随机场模型参数

<table>
<tr><th colspan="2"></th><th>用于汕头桥</th><th>用于虎门桥</th><th>用于江阴桥</th></tr>
<tr><td rowspan="2">FLT1</td><td>ω_g</td><td>15 rad/s</td><td>15 rad/s</td><td>15 rad/s</td></tr>
<tr><td>ζ_g</td><td>0.64</td><td>0.64</td><td>0.64</td></tr>
<tr><td rowspan="2">FLT1</td><td>ω_f</td><td>1.5 rad/s</td><td>1.5 rad/s</td><td>1.5 rad/s</td></tr>
<tr><td>ζ_f</td><td>0.6</td><td>0.6</td><td>0.6</td></tr>
<tr><td colspan="2">$2S_0$</td><td>0.014 m^2/s^3（烈度 8）</td><td>0.014 m^2/s^3（烈度 8）</td><td>0.003 5 m^2/s^3（烈度 8）</td></tr>
<tr><td rowspan="5">相关性参数</td><td>A</td><td>0.736</td><td>0.736</td><td>0.736</td></tr>
<tr><td>α</td><td>0.146</td><td>0.146</td><td>0.146</td></tr>
<tr><td>K</td><td>5 210 m</td><td>5 210 m</td><td>5 210 m</td></tr>
<tr><td>f_0</td><td>1.09 Hz</td><td>1.09 Hz</td><td>1.09 Hz</td></tr>
<tr><td>b</td><td>2.78</td><td>2.78</td><td>2.78</td></tr>
<tr><td rowspan="3">调制参数</td><td>A_0</td><td>4</td><td>4</td><td>9.496 7</td></tr>
<tr><td>b_1</td><td>0.25</td><td>0.25</td><td>0.107 9</td></tr>
<tr><td>b_2</td><td>0.5</td><td>0.5</td><td>0.143 8</td></tr>
<tr><td colspan="2">持时 T_d</td><td>20.48 s</td><td>20.48 s</td><td>40.96 s</td></tr>
</table>

表 4.1 中，FLT1 指式（4.3.10）中的第一个滤波器，FLT2 指第二个滤波

器。所选择的滤波器参数值相当于中硬场地的情况[1,79]。之所以未按坚硬场地取值，乃是为了照顾长周期谱值对悬索桥响应的有意义的贡献。S_0 是根据 Key.D 建议的如下公式由所需的最大加速度值（与规范烈度[80]指标相联系）反算的[78]：

$$2S_0 = G_0 = \frac{0.141 a_{\max}^2 \zeta_g}{\omega_g (1 + 4\zeta_g^2)^{0.5}} \tag{4.3.14}$$

相关函数的模型参数 A'、α、K、f_0 及 b 采用了由 Harichandran 和 Vanmarcke 经分析台湾 SMART-1 台阵记录的事件 20 的数据所获得的经验参数值。事件 20 的震级为 M=6.9，震中距 116.6 km，震源深度 30.6 km，它接近于远强震的要求。

至此，本文已经确定了平稳多变量矢量随机过程的交叉谱模型及其模型参数。对于非平稳情况，还需要确定表示非平稳性的慢变调制函数的形式。如同地震工程中经常的做法一样，现仅考虑均匀调制的非平稳性。此时，慢变调制函数仅是时间 t 的函数。在多种建议的调制函数形式中，现在取 Shinozuka 建议的如下指数函数形式[53,81]：

$$A(t) = A_0 (\mathrm{e}^{-b_1 t} - \mathrm{e}^{-b_2 t}) \quad (b_2 > b_1) \tag{4.3.15}$$

式中，A_0 是比尺因子，b_1 和 b_2 的值可由强地面运动持时及上升段时间所占的比例来确定。用于本文后面的算例分析的调制函数参数 A_0、b_1、b_2 及持时 T_d 也列于表 4.1 中。

在确定了调制函数 $A(t)$ 后，式（4.3.1）中的非平稳均匀随机场的演化频率-波数谱可表达为：

$$S(\kappa,\omega,t) = |A(t)|^2 S(\kappa,\omega) = (2\pi)^{-1} |A(t)|^2 \int_{-\infty}^{+\infty} S(\xi,\omega)\, \mathrm{e}^{-\mathrm{i}\kappa\xi} \mathrm{d}\xi \tag{4.3.16}$$

非平稳多变量矢量随机过程的演化交叉谱可表达为：

$$S(\xi,\omega,t) = |A(t)|^2 S(\xi,\omega) \tag{4.3.17}$$

式（4.3.16）将用于下节的随机场时间历程样本模拟，式（4.3.17）将用于第六节和第七节的随机振动分析。

将式（4.3.9）代入式（4.3.16）后积分得：

$$\begin{aligned} S(\kappa,\omega,t) &= |A(t)|^2 S(\kappa,\omega) \\ &= |A(t)|^2 \pi^{-1} S(\omega) \left[\frac{A\gamma_1(\omega)}{\gamma_1^2(\omega) + (\kappa + \omega / V)^2} + \frac{(1-A)\gamma_2(\omega)}{\gamma_2^2(\omega) + (\kappa + \omega / V)^2} \right] \end{aligned} \tag{4.3.18}$$

式中 $$\gamma_1(\omega)=\frac{2(1-A+\alpha A)}{\alpha\theta(\omega)};\quad \gamma_2(\omega)=\frac{2(1-A+\alpha A)}{\theta(\omega)} \tag{4.3.19}$$

前述各式皆以双边谱的形式给出，但在后面的计算中通常使用单边谱，它们之间满足如下的关系：

$$G=2S\quad(0\leqslant\omega<+\infty) \tag{4.3.20}$$

式中，G 为单边谱。

第四节　随机场时间历程样本模拟

前节所定义的荷载模型是以随机方式给出，它们适合于随机振动分析。为进行等价的时间历程响应分析，就必须根据随机荷载模型模拟足够数量的时间历程样本，以便由这些样本的时间历程响应求得响应的统计规律。本节即探讨随机模型的时间历程样本模拟方法。

一般而言，随机场样本函数的模拟可借助于以下三种手段实现[43-50,81,82]：① 谱描述方法；② ARMA（自回归滑动平均）模型；③ 协方差矩阵分解过程。由于本文中随机场模型以谱描述方式给出，所以本节采用谱描述方法模拟随机场样本。

用谱描述方法来模拟一维一个变量的平稳随机过程是首先由 Shinozuka（筱冢）提出的，随后 Shinozuka 又将这个方法推广到多维一个变量和多维多变量（矢量）均匀随机场的样本模拟[48]。根据谱描述方法，零均值的平稳高斯随机过程或均匀高斯随机场的时间历程样本可以由大量的三角函数的加权和得到，而且这样产生的样本是各态历经的，样本的随机特征随模拟所采用的三角函数的项数增加而迅速趋近原随机场特征。但是采用大量三角函数模拟样本要占用相当长的计算时间。为了改进谱描述方法的计算效率，Shinozuka 后来又在这个方法中引入 FFT（快速傅里叶变换）算法。然而，按照 Shinozuka 的方式引入 FFT 算法后，尽管样本的模拟可以更迅速，但是获得的样本却不具有各态历经性。为了使获得的样本具有各态历经性，就需强迫随机场在原点的 PSD（功率谱密度）值为零，而不管它的实际值如何[82]。

将谱描述方法推广到一维一个变量的非平稳随机过程和多维一个变量的非均匀随机场的样本模拟也是 Shinozuka 的功劳[46]，在这种非平稳和非均匀的情况下，由 priestley 提出的演化谱的概念被采用[9-13]。样本的模拟仍然是由大量的三角函数的加权和得到。但是 Shinozuka 没有讨论多维多变量（矢量）非均匀场的模拟问题。最近 Li 基于谱描述方法在一维多变量（矢量）非平稳随机过程的模拟中引入 FFT 算法[48]。但是，多维一个变量的非均匀场的模拟如何引入 FFT 算法，以及多维多变量的非均匀场如何模拟和如何引入 FFT 算法的问题仍需进一步研究。

本文采用 FFT 算法，提出改进的一维一个变量的随机过程（包括非平稳过程）样本模拟方法，并推广于多维一个变量的平稳均匀及非平稳非均匀场的样本模拟。新的模拟方法中，引入 FFT 算法的方式都较以往有所不同，从而克服了以往模拟方法的缺陷。

仍需指出，这里假定所涉及的随机过程或场均具有 Gauss（高斯）特征。因为工程中所涉及的许多随机场都是（或是可以化为）零均值的高斯随机场。如果随机场确实具有非高斯的特征，则其样本模拟可参照 Shinozuka 的文献[51]。

一、一维一个变量的随机过程的样本模拟

先考虑平稳情况。设有一零均值的平稳高斯随机过程，其谱密度函数为 $S(\omega)$。根据 Shinozuka 的研究，时间历程样本可由下式产生[46]：

$$\left.\begin{aligned} f(t) &= \sqrt{2}\sum_{k=1}^{k}[2S(\omega_k)\Delta\omega]^{\frac{1}{2}}\cos(\omega_k t+\varphi_k) \\ \omega_k &= \left(k-\frac{1}{2}\right)\Delta\omega \quad (k=1,\cdots,K) \end{aligned}\right\} \tag{4.4.1}$$

式中，$\Delta\omega$ 是频率，φ_k 是 $[0,2\pi]$ 间均匀分布的随机相位角。式（4.4.1）在 ω_k 取值足够大，以至更高频率的 PSD 值对样本的贡献可忽略时有效。由式（4.4.1）模拟的样本有如下特征：① 样本的最低频率分量为 $\omega=\dfrac{1}{2}\Delta\omega$，因而 $f(t)$ 的周期为 $T_0=4\pi/\Delta\omega$；② 无论 K 值大小，样本是各态历经的；③ 样本随 $K\to\infty$ 而渐进高斯分布；④ 样本的集平均、自相关函数和谱密度函数随 $K\to\infty$ 而趋于与原随机场相同，样本相关函数的误差是 $(\Delta\omega)^3$ 级的。

式（4.4.1）是较早的算式。在 Shinozuka 后来的文献中出现并被广泛引用的算式是：

$$\left.\begin{aligned} f(t) &= \sqrt{2}\sum_{k=1}^{k}[2S(\omega_k)\Delta\omega]^{\frac{1}{2}}\cos(\omega_k t+\varphi_k) \\ \omega_k &= k\Delta\omega \quad (k=1,\cdots,K) \end{aligned}\right\} \tag{4.4.2}$$

由式（4.4.2）模拟的样本较式（4.4.1）模拟的样本有如下区别：① 样本的最低率分量变为 $\omega=\Delta\omega$ ，因而 $f(t)$ 的周期缩短为 $T_0=2\pi/\Delta\omega$ ；② 样本相关函数的误差变为 $(\Delta\omega)^2$ 级，这样样本的随机特征向原随机场特征的收敛率降低。除此之外，两种样本的内在特征相似。即使是上述的两个区别，也可以通过提高频率分辨率（减小 $\Delta\omega$ ）来消除，尽管这样增大了计算量，但以式（4.4.2）的形式更适于引入 FFT 算法，所以式（4.4.2）被广泛引用。

为了改进计算效率，Shinozuka 按如下方式在式（4.4.2）中引入 FFT 算法[82]：

$$\left.\begin{aligned}&f(t_r)=\sqrt{2}Re\left\{\sum_{k=1}^{K-1}[2S(\omega_k)\Delta\omega]^{\frac{1}{2}}\mathrm{e}^{\mathrm{i}\varphi_k}\mathrm{e}^{\mathrm{i}2\pi rk/K}\right\}\\&\omega_k=k\Delta\omega\qquad(k=0,1,\cdots,K-1)\\&t_r=r\Delta t;\qquad\Delta t=2\pi/K\Delta\omega\quad(r=0,1,\cdots,K-1)\end{aligned}\right\}\tag{4.4.3}$$

式（4.4.3）为满足 FFT 算法 k 从 0 到 $K-1$ 的要求，离散频率变为从 $\omega_0=0$ 开始。这一变化的后果是严重的，它导致由式（4.4.3）模拟的样本不再如式（4.4.2）那样是各态历经的，因为式（4.4.3）的样本的时间平均是 $[4S(\omega=0)\Delta\omega]^{\frac{1}{2}}\cos\varphi_0\neq0$，其中 φ_0 是第一个随机的相位角。为了克服这个缺陷，必须假定 $S(\omega=0)=0$，而不管 PSD 在 $\omega=0$ 处的实际值如何[82]。

为了在引入 FFT 算法后，模拟的样本完全与式（4.4.2）一致，本文改按下式计算：

$$\left.\begin{aligned}f(t_r)&=\sqrt{2}Re\left\{\mathrm{e}^{\mathrm{i}\Delta\omega t_r}\sum_{k=0}^{K-1}[2S(\omega_k)\Delta\omega]^{\frac{1}{2}}\mathrm{e}^{\mathrm{i}\varphi_k}\mathrm{e}^{\mathrm{i}2\pi rk/K}\right\}\\&=\sqrt{2}Re\left\{\mathrm{e}^{\mathrm{i}2\pi r/K}\sum_{k=0}^{K-1}[2S(\omega_k)\Delta\omega]^{\frac{1}{2}}\mathrm{e}^{\mathrm{i}\varphi_k}\mathrm{e}^{\mathrm{i}2\pi rk/K}\right\}\\\omega_k&=(k+1)\Delta\omega\qquad(k=0,1,\cdots,K-1)\\t_r&=r\Delta t;\quad\Delta t=2\pi/K\Delta\omega\quad(r=0,1,\cdots,K-1)\end{aligned}\right\}\tag{4.4.4}$$

式（4.4.4）利用了关系 $\mathrm{e}^{\mathrm{i}\omega_k t_r}=\mathrm{e}^{\mathrm{i}k\Delta\omega t_r}\mathrm{e}^{\mathrm{i}\Delta\omega t_r}$ ，因 $\mathrm{e}^{\mathrm{i}\Delta\omega t_r}$ 与 k 无关，故将它提到求和号之前，而对求和项施行 FFT，变换后再乘因子 $\mathrm{e}^{\mathrm{i}\Delta\omega t_r}$ 这样式（4.4.4）与式（4.4.2）模拟的样本完全相同，但计算速度却大大提高。

根据推导式（4.4.4）的原理，完全可以在式（4.4.1）中引入 FFT 算法，得到如下等价的模拟算式：

$$\left.\begin{aligned}&f(t_r)=\sqrt{2}Re\left\{\mathrm{e}^{\mathrm{i}\pi r/K}\sum_{k=0}^{K-1}[2S(\omega_k)\Delta\omega]^{\frac{1}{2}}\mathrm{e}^{\mathrm{i}\varphi_k}\mathrm{e}^{\mathrm{i}2\pi rk/K}\right\}\\&\omega_k=(k+1/2)\Delta\omega\quad(k=0,1,\cdots,K-1)\\&t_r=r\Delta t;\quad\Delta t=2\pi/K\Delta\omega\quad(r=0,1,\cdots,K-1)\end{aligned}\right\}\tag{4.4.5}$$

式（4.4.5）与式（4.4.4）的区别，正如式（4.4.1）与式（4.4.2）的区别。

当引入 FFT 算法时，为了防止频率混叠现象，要求：

$$\left.\begin{aligned}&\Delta t \leqslant \frac{2\pi}{2\omega_u} = \frac{\pi}{K\Delta\omega} \leqslant \frac{2\pi}{N\Delta\omega}\\&N = 2^m \geqslant 2K \quad (m\text{为整数})\end{aligned}\right\} \tag{4.4.6}$$

式中，ω_u 是 PSD 函数值有实际意义的上限频率值，$N = 2^m$ 是基 2 的 FFT 算法的内在要求[5-8]。上式说明，为了防止频率混叠，在 ω_u 之上至少应再加上 K 个 PSD 值为零的附加频率参与 FFT 运算。此时式（4.4.4）成为：

$$\left.\begin{aligned}&f(t_r) = \sqrt{2}Re\left\{\mathrm{e}^{\mathrm{i}2\pi r/N}\sum_{k=0}^{N-1}[2S(\omega_k)\Delta\omega]^{\frac{1}{2}}\mathrm{e}^{\mathrm{i}\varphi_k}\mathrm{e}^{\mathrm{i}2\pi rk/N}\right\}\\&\omega_k = (k+1)\Delta\omega \quad (k = 0,1,\cdots,N-1;\ N = 2^m)\\&t_r = r\Delta t;\quad \Delta t = 2\pi/N\Delta\omega \quad (r = 0,1,\cdots,N-1)\end{aligned}\right\} \tag{4.4.7}$$

式（4.4.5）成为：

$$\left.\begin{aligned}&f(t_r) = \sqrt{2}Re\left\{\mathrm{e}^{\mathrm{i}\pi r/N}\sum_{k=0}^{N-1}[2S(\omega_k)\Delta\omega]^{\frac{1}{2}}\mathrm{e}^{\mathrm{i}\varphi_k}\mathrm{e}^{\mathrm{i}2\pi rk/N}\right\}\\&\omega_k = \left(k+\frac{1}{2}\right)\Delta\omega \quad (k = 0,1,\cdots,N-1;N = 2^m)\\&t_r = r\Delta t;\quad \Delta t = 2\pi/N\Delta\omega \quad (r = 0,1,\cdots,N-1)\end{aligned}\right\} \tag{4.4.8}$$

以上是平稳过程的模拟。如果随机过程是非平稳的，设其 PSD 函数为 $S(t,\omega)$，则 $S(t,\omega)$ 代替 $S(\omega)$ 后，仍可直接由式（4.4.1）或式（4.4.2）模拟非平稳随机过程的样本。如欲在模拟计算中使用 FFT 算法，则因 $S(t,\omega)$ 是 t 的函数，式（4.4.7）和式（4.4.8）不能直接使用。但如果 $S(t,\omega)$ 可表达为如下的形式：

$$S(t,\omega) = \left|A(t)\right|^2 S(\omega) \tag{4.4.9}$$

则可由下式获得非平稳过程样本：

$$f(t_r) = A(t_r) f_s(t_r) \tag{4.4.10}$$

式中，$A(t)$ 是仅依赖于时间的慢变调制函数，$f_s(t_r)$ 是由式（4.4.7）或式（4.4.8）模拟的 PSD 函数为 $S(\omega)$ 的平稳随机过程的样本。上式意味着，只要非平稳过程的演化谱可以表示成式（4.4.9）那样的变量分离形式，则非平稳过程的样本模拟仍可借助平稳过程样本模拟的 FFT 算法实现。

在地震工程中，规范化的谱描述常常不以功率谱而是以反应谱的形式给出。由于加速度的功率谱与反应谱存在如下的近似关系[1]：

$$S(\omega_k)=\frac{2\zeta}{\pi\omega_k}S_A^2(\omega_k)\Big/\left[-2\ln\left(-\frac{\pi}{\omega_k T_{\mathrm{d}}}\ln p\right)\right] \tag{4.4.11 a}$$

所以仍可利用前述的算法来产生所需要的样本。式中，$S_A(\omega)$ 为给定的反应谱，ζ 为阻尼比，T_{d} 为持时，p 为反应不超过反应谱值的概率，一般取 $p\geqslant 0.85$。由于上式是近似关系，模拟便需多次迭代，以使样本的反应谱逼近给定的 $S_A(\omega)$。但是在低频（长周期）范围，无论迭代多少次都不易收敛到 $S_A(\omega)$。在这种情况下，Rosenblueth 建议，采用等效阻尼 $\zeta_{\mathrm{eq}}=\zeta+2/(\omega_k T_{\mathrm{d}})$ 代替上式的 ζ，此时上式成为[83]：

$$S(\omega_k)=2\left(\frac{\zeta}{\pi\omega_k}+\frac{2}{\pi\omega_k^2 T_{\mathrm{d}}}\right)S_A^2(\omega_k)\Big/\left[-2\ln\left(-\frac{\pi}{\omega_k T_{\mathrm{d}}}\ln \mathrm{p}\right)\right] \tag{4.4.11 b}$$

二、多维一个变量的随机场的样本模拟

根据 Shinozuka 的研究，一维一个变量的平稳随机过程的谱描述模拟方法可以直接推广到 n 维一个变量的均匀随机场的情况[46]。设有一零均值的 n 维高斯均匀场 $f(x)$，其谱密度为 $S(\kappa)$，其中 $x=[x_1,\cdots,x_n]^{\mathrm{T}}$，$\kappa=[\kappa_1,\cdots,\kappa_n]^{\mathrm{T}}$，则 $f(x)$ 的样本可由下式产生：

$$\left.\begin{aligned}
&f(x)=\sqrt{2}\sum_{k_1=1}^{K_1}\sum_{k_2=1}^{K_2}\cdots\sum_{k_n=1}^{K_n}\sum_{I_1=1}\sum_{I_2=\pm1}\cdots\sum_{I_n=\pm1}[2S(I_1\kappa_{1k_1},\cdots,I_n\kappa_{nk_n})\Delta\kappa_1\Delta\kappa_2\cdots\Delta\kappa_n]^{\frac{1}{2}}\times\\
&\qquad\cos(I_1\kappa_{1k_1}x_1+I_2\kappa_{2k_2}x_2+\cdots+I_n\kappa_{nk_n}x_n+\varPhi_{k_1,k_2,\cdots,k_n}^{I_1,I_2,\cdots,I_n})\\
&\kappa_{jk_j}=k_j\Delta\kappa_j\quad(k_j=1,2,\cdots,K_j;\,j=1,2,\cdots,n)
\end{aligned}\right\} \tag{4.4.12}$$

式中，$\varPhi_{k_1^1,k_2^2,\cdots,k_n^n}^{I_1,I_2,\cdots,I_n}$ 是 $[0,2\pi]$ 间均匀分布的独立随机相位角。上式可看作是式（4.4.2）向 n 维的扩展，故用上式模拟的样本与式（4.4.2）模拟的样本具有相似的内在特性，即它们是各态历经的，且随 K_j 的增大而趋近原随机场的内在特征。

Shinozuka 还在 n 维随机场的谱描述模拟方法中引入 FFT 算法，其算法是式（4.4.3）向 n 维的扩展。正如前面指出的，这样模拟的样本将不是各态历经的，所以这里摒弃 Shinozuka 的算法，而改用如下的方式引入 FFT 算法：

$$
\left.\begin{aligned}
&f(x_{r_1},x_{r_2},\cdots,x_{r_n})=\sqrt{2}Re\sum_{I_1=1}\sum_{I_2=\pm 1}\cdots\sum_{I_n=\pm 1}\left\{\exp\left(\frac{I_1 \mathrm{i}2\pi r_1}{N_1}+\frac{I_2 \mathrm{i}2\pi r_2}{N_2}+\cdots+\frac{I_n \mathrm{i}2\pi r_n}{N_n}\right)\times\right.\\
&\qquad\sum_{k_1=0}^{N_1-1}\sum_{k_2=0}^{N_2-1}\cdots\sum_{k_n=0}^{N_n-1}\left\{[2S(I_1\kappa_{1k_1},I_2\kappa_{2k_2},\cdots,I_n\kappa_{nk_n})\Delta\kappa_1\Delta\kappa_2\cdots\Delta\kappa_n]^{\frac{1}{2}}\times\right.\\
&\qquad\left.\left.\exp(\mathrm{i}\Phi_{k_1,k_2,\cdots,k_n}^{I_1,I_2,\cdots,I_n})\exp\left(\frac{I_1 \mathrm{i}2\pi r_1 k_1}{N_1}+\frac{I_2 \mathrm{i}2\pi r_2 k_2}{N_2}+\cdots+\frac{I_n \mathrm{i}2\pi r_n k_n}{N_n}\right)\right\}\right\}\\
&\kappa_{jk_j}=(k_j+1)\Delta\kappa_j \quad (k_j=0,1,\cdots,N_j-1;\ j=1,2,\cdots,n)\\
&x_{rj}=r_j\Delta x_j;\Delta x_j=\frac{2\pi}{N_j\Delta\kappa_j} \quad (r_j=0,\cdots,N_j-1;N_j=2^{m_j}\geqslant 2K_j)
\end{aligned}\right\}\quad(4.4.13)
$$

此式是相应于式（4.4.7）向 n 维的扩展。而相应于式（4.4.8）的 n 维随机场样本模拟的 FFT 算式为：

$$
\left.\begin{aligned}
&f(x_{r_1},x_{r_2},\cdots,x_{r_n})=\sqrt{2}Re\sum_{I_1=1}\sum_{I_2=\pm 1}\cdots\sum_{I_n=\pm 1}\left\{\exp\left(\frac{I_1 \mathrm{i}\pi r_1}{N_1}+\frac{I_2 \mathrm{i}\pi r_2}{N_2}+\cdots+\frac{I_n \mathrm{i}\pi r_n}{N_n}\right)\times\right.\\
&\qquad\sum_{k_1=0}^{N_1-1}\sum_{k_2=0}^{N_2-1}\cdots\sum_{k_n=0}^{N_n-1}\left\{[2S(I_1\kappa_{1k_1},I_2\kappa_{2k_2},\cdots,I_n\kappa_{nk_n})\Delta\kappa_1\Delta\kappa_2\cdots\Delta\kappa_n]^{\frac{1}{2}}\times\right.\\
&\qquad\left.\left.\exp(\mathrm{i}\Phi_{k_1^1,k_2^2,\cdots,k_n^n}^{I_1,I_2,\cdots,I_n})\exp\left(\frac{I_1 \mathrm{i}2\pi r_1 k_1}{N_1}+\frac{I_2 \mathrm{i}2\pi r_2 k_2}{N_2}+\cdots+\frac{I_n \mathrm{i}2\pi r_n k_n}{N_n}\right)\right\}\right\}\\
&\kappa_{jk_j}=\left(k_j+\frac{1}{2}\right)\Delta\kappa_j \quad (k_j=0,1,\cdots,N_j-1;\ j=1,2,\cdots,n)\\
&x_{rj}=r_j\Delta x_j;\ \Delta x_j=\frac{2\pi}{N_j\Delta\kappa_j} \quad (r_j=0,\cdots,N_j-1;N_j=2^{m_j}\geqslant 2K_j)
\end{aligned}\right\}\quad(4.4.14)
$$

以上是平稳均匀场的模拟。如果随机场是非均匀的，设 PSD 函数为 $S(x,\kappa)$，则以 $S(x,\kappa)$ 代替 $S(\kappa)$ 后，仍可直接由式（4.4.12）模拟非均匀随机场的样本。如欲在模拟计算中使用 FFT 算法，则因 $S(x,\kappa)$ 是 x 和 κ 的函数，式（4.4.13）和式（4.4.14）不能直接使用。但如果 $S(x,\kappa)$ 可表达为如下的变量分离形式：

$$S(x,\kappa)=|A(x)|^2 S(\kappa)=|A(x_1,x_2,\cdots,x_n)|^2 S(\kappa) \quad (4.4.15)$$

则可由下式获得非均匀场的样本：

$$f(x_{r_1},x_{r_2},\cdots,x_{r_n})=A(x_{r_1},x_{r_2},\cdots,x_{r_n})f_s(x_{r_1},x_{r_2},\cdots,x_{r_n}) \quad (4.4.16)$$

式中，$A(x)$ 是仅依赖于时空坐标的调制函数，$f_s(x_{r_1},x_{r_2},\cdots,x_{r_n})$ 是由式（4.4.13）或式（4.4.14）模拟的谱密度为 $S(\kappa)$ 的 n 维均匀场的样本。上式意味着，只要非均匀场的演化谱可以表示成式（4.4.15）那样的变量分离形式，则非均匀场的样本模拟仍可借助均匀场的样本模拟的 FFT 算法实现。

对于前节定义的二维时空地震随机场模型，式（4.4.15）简化成为式（4.3.17）的形式。图 4.2 显示了由式（4.4.13）模拟的虎门桥的各支点的一个时间历程样本。模拟时，取上限 $\kappa_u = 0.070\,76\ \text{rad/m}$，$\omega_u = 314.159\,3\ \text{rad/s}$，$\Delta x = 44.4\ \text{m}$，$\Delta t = 0.01\ \text{s}$，$N_1 = 2\,048$（频率离散点数），$N_2 = 64$（波数离散点数），$V$=1 000 m/s。取空间离散间隔 $\Delta x = 44.4\ \text{m}$ 的原因是因为虎门桥各跨的跨度正好接近 44.4 m 的倍数，因而各支点正好处在离散节点上。这将导致波数大于 0.070 76 rad/m 的大波数范围的频率-波数谱值被忽略。但是如果将 Δx 取更小的值，为能求得各支点样本，将不得不增大 N_2，那将导致模拟所需的计算机容量不能容忍。时间间隔 Δt 取 0.01 s 是恰当的，因为地震工程中强震记录数据的最高频率通常接近 50 Hz[16]，即 $\omega_u = 314.159\,3\ \text{rad/s}$。

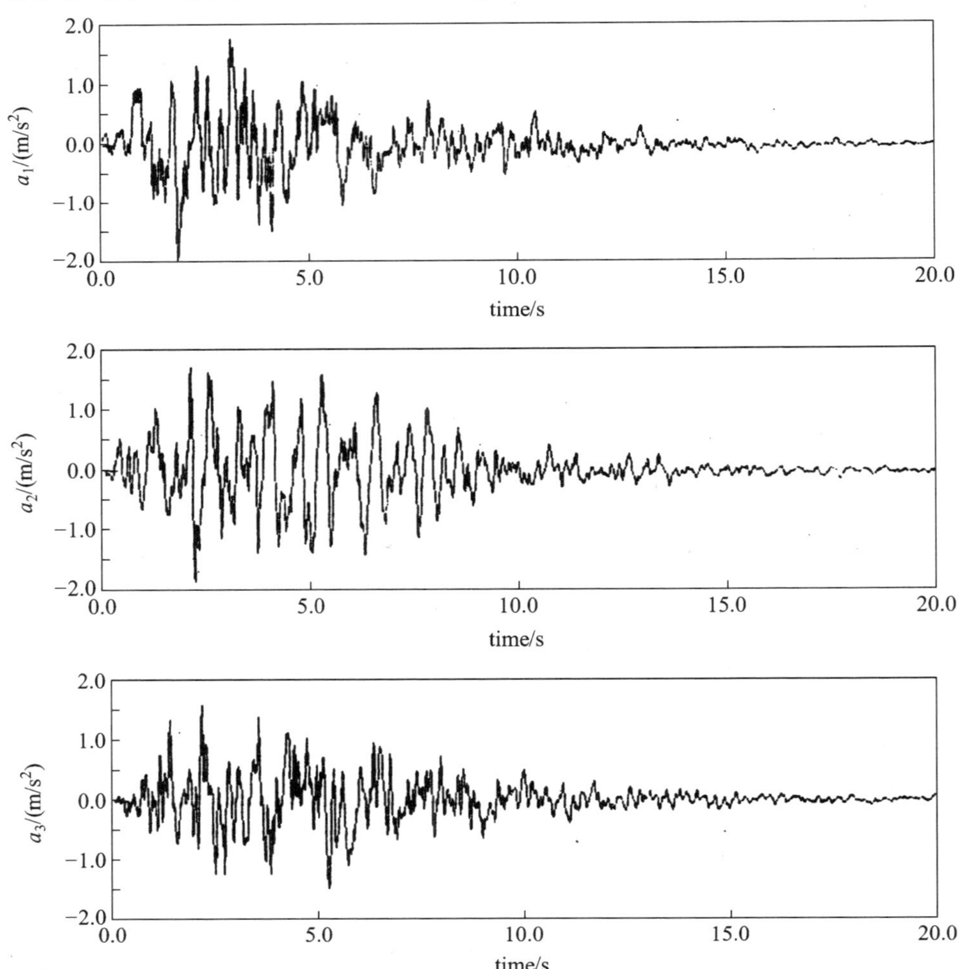

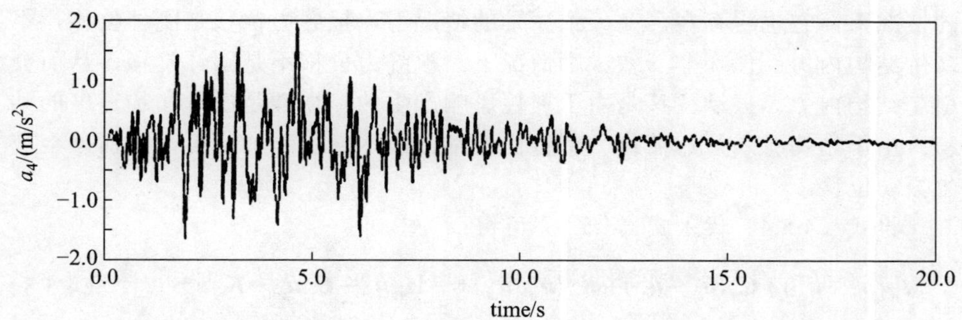

图 4.2 虎门桥各支点激励的时间历程样本 （V=1 000 m/s）

第五节 非一致激励的时间历程响应分析

本节将建立输入为时间历程时悬索桥地震响应的时间历程分析方法。当结构仅仅受支点运动激励时，无论采用二维还是三维的有限元模型，其结构的支配运动方程都可以写为如下的形式[1,2,14,15]：

$$\boldsymbol{M}\ddot{\boldsymbol{u}}+\boldsymbol{C}\dot{\boldsymbol{u}}+\boldsymbol{K}\boldsymbol{u}=\boldsymbol{0} \tag{4.5.1}$$

式中，$\boldsymbol{M}$ 是结构质量矩阵；$\boldsymbol{C}$ 是结构阻尼矩阵；$\boldsymbol{K}$ 是结构刚度矩阵；$\boldsymbol{u}$ 是节点位移矢量。

将式（4.5.1）写成如下的分块矩阵形式[28-33,57-58]：

$$\begin{bmatrix}\boldsymbol{M}_{\mathrm{rr}} & \boldsymbol{M}_{\mathrm{rg}}\\ \boldsymbol{M}_{\mathrm{gr}} & \boldsymbol{M}_{\mathrm{gg}}\end{bmatrix}\begin{bmatrix}\ddot{\boldsymbol{u}}_{\mathrm{r}}\\ \ddot{\boldsymbol{u}}_{\mathrm{g}}\end{bmatrix}+\begin{bmatrix}\boldsymbol{C}_{\mathrm{rr}} & \boldsymbol{C}_{\mathrm{rg}}\\ \boldsymbol{C}_{\mathrm{gr}} & \boldsymbol{C}_{\mathrm{gg}}\end{bmatrix}\begin{bmatrix}\dot{\boldsymbol{u}}_{\mathrm{r}}\\ \dot{\boldsymbol{u}}_{\mathrm{g}}\end{bmatrix}+\begin{bmatrix}\boldsymbol{K}_{\mathrm{rr}} & \boldsymbol{K}_{\mathrm{rg}}\\ \boldsymbol{K}_{\mathrm{gr}} & \boldsymbol{K}_{\mathrm{gg}}\end{bmatrix}\begin{bmatrix}\boldsymbol{u}_{\mathrm{r}}\\ \boldsymbol{u}_{\mathrm{g}}\end{bmatrix}=\begin{bmatrix}\boldsymbol{0}\\ \boldsymbol{0}\end{bmatrix} \tag{4.5.2}$$

其中，第一个方程为：

$$\boldsymbol{M}_{\mathrm{rr}}\ddot{\boldsymbol{u}}_{\mathrm{r}}+\boldsymbol{C}_{\mathrm{rr}}\dot{\boldsymbol{u}}+\boldsymbol{K}_{\mathrm{rr}}\boldsymbol{u}_{\mathrm{r}}=-\boldsymbol{M}_{\mathrm{rg}}\ddot{\boldsymbol{u}}_{\mathrm{g}}-\boldsymbol{C}_{\mathrm{rg}}\dot{\boldsymbol{u}}_{\mathrm{g}}-\boldsymbol{K}_{\mathrm{rg}}\boldsymbol{u}_{\mathrm{g}} \tag{4.5.3}$$

式（4.5.2）和式（4.5.3）中，下标 r 代表结构自由度，下标 g 代表结构与基础相接触的自由度。式（4.5.3）代表了结构自由度的运动方程。

节点位移可表达成如下的两部分之和：

$$\begin{bmatrix}\boldsymbol{u}_{\mathrm{r}}\\ \boldsymbol{u}_{\mathrm{g}}\end{bmatrix}=\begin{bmatrix}\boldsymbol{u}_{\mathrm{sr}}\\ \boldsymbol{u}_{\mathrm{sg}}\end{bmatrix}+\begin{bmatrix}\boldsymbol{u}_{\mathrm{dr}}\\ \boldsymbol{0}\end{bmatrix} \tag{4.5.4}$$

式中，右边第一项是拟静力位移，第二项是振动位移，分别以下标 s 和 d 指示。拟静力位移是由于支座位移引起的“静”的结构位移，即使在一致激励的情况下，它也将存在。在一致激励的情况下，拟静力位移是刚体位移，不产生结构内力；但在非一致激励情况下，拟静力位移不是刚体位移，从而会引起结构内力。振动位移是由于惯性影响产生的；惯性是质量和加速度的乘积；由于结构有质量，而每一个自由度都会因地震引起加速度，因而就会产生振动位移。

将式（4.5.4）代入式（4.5.3）可得：

$$\boldsymbol{M}_{\mathrm{rr}}(\ddot{\boldsymbol{u}}_{\mathrm{sr}}+\ddot{\boldsymbol{u}}_{\mathrm{dr}})+\boldsymbol{C}_{\mathrm{rr}}(\dot{\boldsymbol{u}}_{\mathrm{sr}}+\dot{\boldsymbol{u}}_{\mathrm{dr}})+\boldsymbol{K}_{\mathrm{rr}}(\boldsymbol{u}_{\mathrm{sr}}+\boldsymbol{u}_{\mathrm{dr}})=-\boldsymbol{M}_{\mathrm{rg}}\ddot{\boldsymbol{u}}_{\mathrm{sg}}-\boldsymbol{C}_{\mathrm{rg}}\dot{\boldsymbol{u}}_{\mathrm{sg}}-\boldsymbol{K}_{\mathrm{rg}}\boldsymbol{u}_{\mathrm{sg}} \tag{4.5.5}$$

该式是结构自由度的动力平衡方程，其中也含有静力平衡方程。在该式中去掉与振动有关的项，得如下的静力平衡方程：

$$\boldsymbol{K}_{\mathrm{rr}}\boldsymbol{u}_{\mathrm{sr}}=-\boldsymbol{K}_{\mathrm{rg}}\boldsymbol{u}_{\mathrm{sg}} \tag{4.5.6}$$

此式代表无荷载而有支座位移时的静力平衡条件，将其代入式（4.5.5），得结构自由度的振动方程为

$$\boldsymbol{M}_{\mathrm{rr}}\ddot{\boldsymbol{u}}_{\mathrm{dr}}+\boldsymbol{C}_{\mathrm{rr}}\dot{\boldsymbol{u}}_{\mathrm{dr}}+\boldsymbol{K}_{\mathrm{rr}}\boldsymbol{u}_{\mathrm{dr}}=-\begin{bmatrix}\boldsymbol{M}_{\mathrm{rr}} & \boldsymbol{M}_{\mathrm{rg}}\end{bmatrix}\begin{bmatrix}\ddot{\boldsymbol{u}}_{\mathrm{sr}}\\ \ddot{\boldsymbol{u}}_{\mathrm{sg}}\end{bmatrix}-\begin{bmatrix}\boldsymbol{C}_{\mathrm{rr}} & \boldsymbol{C}_{\mathrm{rg}}\end{bmatrix}\begin{bmatrix}\dot{\boldsymbol{u}}_{\mathrm{sr}}\\ \dot{\boldsymbol{u}}_{\mathrm{sg}}\end{bmatrix} \tag{4.5.7}$$

根据 Baron 和 Abdel-Ghaffar[25-33]的分析，式（4.5.7）右边与速度有关的项可忽略；另外，当采用集中质量矩阵时，$\boldsymbol{M}_{\mathrm{rg}}$将消失。这样，式（4.5.7）简化为如下形式：

$$\boldsymbol{M}_{\mathrm{rr}}\ddot{\boldsymbol{u}}_{\mathrm{dr}}+\boldsymbol{C}_{\mathrm{rr}}\dot{\boldsymbol{u}}_{\mathrm{dr}}+\boldsymbol{K}_{\mathrm{rr}}\boldsymbol{u}_{\mathrm{dr}}=-\boldsymbol{M}_{\mathrm{rr}}\ddot{\boldsymbol{u}}_{\mathrm{sr}} \tag{4.5.8}$$

由式（4.5.6）可得 $\boldsymbol{u}_{\mathrm{sr}}$ 和 $\boldsymbol{u}_{\mathrm{sg}}$ 的如下关系：

$$\boldsymbol{u}_{\mathrm{sr}}=-\boldsymbol{K}_{\mathrm{rr}}^{-1}\boldsymbol{K}_{\mathrm{rg}}\boldsymbol{u}_{\mathrm{sg}}=\boldsymbol{R}_{\mathrm{rg}}\boldsymbol{u}_{\mathrm{sg}}=\sum_{k=1}^{m}\boldsymbol{r}_k u_k(t) \tag{4.5.9}$$

式中，$\boldsymbol{R}_{\mathrm{rg}}=-\boldsymbol{K}_{\mathrm{rr}}^{-1}\boldsymbol{K}_{\mathrm{rg}}$，$\boldsymbol{r}_k$ 是 $\boldsymbol{R}_{\mathrm{rg}}$ 的第 k 列，$u_k(t)$ 是第 k 个支座的地震位移历程。当采用三维空间有限元模型时，$u_k(t)$ 是第 k 组支座（例如，同一塔或锚锭下的两个支座可看作一组支座）的位移历程。m 是支座总（组）数。将上式代入式（4.5.8），得结构自由度的振动方程的最终形式为：

$$\boldsymbol{M}_{\mathrm{rr}}\ddot{\boldsymbol{u}}_{\mathrm{dr}}+\boldsymbol{C}_{\mathrm{rr}}\dot{\boldsymbol{u}}_{\mathrm{dr}}+\boldsymbol{K}_{\mathrm{rr}}\boldsymbol{u}_{\mathrm{dr}}=-\boldsymbol{M}_{\mathrm{rr}}\boldsymbol{R}_{\mathrm{rg}}\ddot{\boldsymbol{u}}_{\mathrm{sg}} \tag{4.5.10}$$

矩阵 $\boldsymbol{R}_{\mathrm{rg}}$ 按其定义式 $\boldsymbol{R}_{\mathrm{rg}}=-\boldsymbol{K}_{\mathrm{rr}}^{-1}\boldsymbol{K}_{\mathrm{rg}}$ 计算将是一件麻烦的事，但如果根据其实际的物理意义改用另一种方法计算则比较方便。$\boldsymbol{R}_{\mathrm{rg}}$ 的物理意义是，该矩阵

注：上标“·”表示对时间 t 的一阶导数。

的第 k 列 $\boldsymbol{r}_k$ 代表第 k 个支座（当采用三维有限元模型时是第 k 组支座）发生单位位移而其他支座不动时，在结构自由度产生的位移。这样我们就可以根据其物理意义，逐列进行计算，将所得解装配起来就是 $\boldsymbol{R}_{\mathrm{rg}}$ [57,58]。

式（4.5.10）可以使用振型迭加法求解，也可以对方程组直接进行数值积分求解。但对方程组直接进行数值积分时，需事先确定阻尼矩阵 $\boldsymbol{C}_{\mathrm{rr}}$。目前在有限元法的动力响应分析中，通常或者采用 Rayleigh 阻尼理论确定 $\boldsymbol{C}_{\mathrm{rr}}$，或者采用振型阻尼比反算确定 $\boldsymbol{C}_{\mathrm{rr}}$。前者要通过 n 个振型阻尼比确定 n 个比例系数，这是一件麻烦的事；后者将导致 $\boldsymbol{C}_{\mathrm{rr}}$ 为满阵[14]。虽然 Rayleigh 阻尼理论最近有新的发展简化了 $\boldsymbol{C}_{\mathrm{rr}}$ 的计算[84]，但这样确定的 $\boldsymbol{C}_{\mathrm{rr}}$ 似不能反映本文的悬索桥的结构阻尼实况。另一方面，对方程组直接进行数值积分的解法需较多的计算时间和计算机容量。所以下面将基于振型迭加法分别在频域和时域内求解式（4.5.10）。

一、时域分析

首先利用第二章的方法求解以下齐次方程以获得模态频率和振型：

$$\boldsymbol{M}_{\mathrm{rr}}\ddot{\boldsymbol{u}}_{\mathrm{dr}}+\boldsymbol{K}_{\mathrm{rr}}\boldsymbol{u}_{\mathrm{dr}}=\boldsymbol{0} \tag{4.5.11}$$

一旦获得模态特征 ω_j 和 $\boldsymbol{\varphi}_j$，则结构自由度的振动位移可表达为如下形式：

$$\boldsymbol{u}_{\mathrm{dr}}=\sum_{j=1}^{n}\boldsymbol{\varphi}_j Y_j(t) \tag{4.5.12}$$

式中，$Y_j(t)$ 是对应于第 j 个振型的广义坐标，它是时间依赖的振型幅值；n 是所取的参与迭加的模态数目；$\boldsymbol{\varphi}_j$ 为第 j 个振型矢量，假定它已关于质量矩阵正交规范化。

将式（4.5.12）代入式（4.5.10），可以得到如下解耦的单自由度运动方程：

$$\begin{aligned}\ddot{Y}_j(t)+2\zeta_j\omega_j\dot{Y}_j(t)+\omega_j^2 Y_j(t)&=-\boldsymbol{\varphi}_j^{\mathrm{T}}\boldsymbol{M}_{\mathrm{rr}}\boldsymbol{R}_{\mathrm{rg}}\ddot{\boldsymbol{u}}_{\mathrm{sg}}\\&=\sum_{k=1}^{n}\gamma_{kj}\ddot{u}_k(t)\quad(j=1,\cdots,n)\end{aligned} \tag{4.5.13}$$

式中，ζ_j 是第 j 振型的振型阻尼比，γ_{kj} 由下式给出：

$$\gamma_{kj}=-\boldsymbol{\varphi}_j^{\mathrm{T}}\boldsymbol{M}_{\mathrm{rr}}\boldsymbol{r}_k \tag{4.5.14}$$

比较上式和第三章第七节中定义的参与因子可见，γ_{kj} 可看作第 k 支点激励时的第 j 振型参与因子（但其中纳入了式（4.5.10）等号右边的负号）。因此，在用 $\boldsymbol{r}_k$ 代替筛选矢量 $\boldsymbol{E}$ 后，有关参与因子和振型贡献率的概念和性质可推广到非一致激励情况。

为了方便，这里定义仅由 $\ddot{u}_k(t)$ 引起的第 j 振型反应为 $q_{kj}(t)$，即：

$$\ddot{q}_{kj}(t)+2\zeta_j\omega_j\dot{q}_{kj}(t)+\omega_j^2 q_{kj}(t)=\ddot{u}_k(t) \tag{4.5.15}$$

式中的单自由度时间历程响应 $q_{kj}(t)$ 可以利用标准的逐步积分法如 Wilson-θ 法求得[15]。求出 $q_{kj}(t)$ 后，则 $Y_j(t)$ 可由如下的和式求得：

$$Y_j(t)=\sum_{k=1}^{n}\gamma_{kj}q_{kj}(t) \tag{4.5.16}$$

一旦获得 n 个振型反应 $Y_j(t)$，将其代入式（4.5.12），即可获得结构自由度的振动位移 $\boldsymbol{u}_{\mathrm{dr}}$。将 $\boldsymbol{u}_{\mathrm{dr}}$ 与由式（4.5.9）算得的拟静力位移相加，即可获得结构自由度的总位移为：

$$\boldsymbol{u}_{\mathrm{r}}=\boldsymbol{u}_{\mathrm{sr}}+\boldsymbol{u}_{\mathrm{dr}}=\boldsymbol{R}_{\mathrm{rg}}\boldsymbol{u}_{\mathrm{sg}}+\sum_{j}^{n}\boldsymbol{\varphi}_j Y_j(t)=\sum_{k=1}^{m}\boldsymbol{r}_k u_k(t)+\sum_{k=1}^{m}\sum_{j=1}^{n}\boldsymbol{\varphi}_j\gamma_{kj}q_{kj}(t) \tag{4.5.17}$$

求得 $\boldsymbol{u}_{\mathrm{r}}$ 后，结构内力可由下式计算：

$$\boldsymbol{F}=\boldsymbol{K}_{\mathrm{rr}}\boldsymbol{u}_{\mathrm{r}} \tag{4.5.18}$$

式中的 $\boldsymbol{F}$ 是在结构坐标系下任意时刻所有结构自由度的内力，如全部存储在计算机内，则所需的计算机容量将是不能容忍的。实际上，我们通常只关心某些关键构件在单元坐标系下的内力，这样只需由下式计算任意时刻某些构件在单元坐标系下的内力并将其予以存储即可：

$$\bar{\boldsymbol{F}}^e=\bar{\boldsymbol{K}}^e\boldsymbol{T}\boldsymbol{\delta}^e \tag{4.5.19}$$

式中，$\bar{\boldsymbol{F}}^e$ 是单元坐标下的构件节点力矢量；$\bar{\boldsymbol{K}}^e$ 是单元坐标下的单元刚度矩阵；$\boldsymbol{T}$ 是坐标变换矩阵；$\boldsymbol{\delta}^e$ 是结构坐标系下的单元节点位移矢量，可以从式（4.5.17）的 $\boldsymbol{u}_{\mathrm{r}}$ 中抽取。这样，$\boldsymbol{u}_{\mathrm{r}}$ 也不必全部存放在计算机内，只需存放那些关键部件的节点位移即可。

二、频域分析

当使用模态迭加法时，步骤与前述的时域分析相同，只是在求解式（4.5.13）时，不采用逐步积分法求解，而是先将该式两边进行傅里叶变换，求得 $Y_j(t)$ 的傅里叶谱为：

$$\tilde{Y}_j(\omega)=H_j(\omega)\sum_{k=1}^{m}\gamma_{kj}\tilde{U}_k(\omega) \tag{4.5.20}$$

式中，$\tilde{Y}_j(\omega)$为$Y_j(t)$的傅里叶变换；$\tilde{U}_k(\omega)$为$\ddot{u}_k(t)$的傅里叶变换；$H_j(\omega)$是对应于第j个振型的频率响应函数，它由下式定义：

$$H_j(\omega)=\frac{1}{\omega_j^2-\omega^2+2\mathrm{i}\zeta_j\omega\omega_j} \tag{4.5.21}$$

式中，$\mathrm{i}=\sqrt{-1}$是虚数单位。

由式（4.5.17）求得$Y_j(t)$的傅里叶谱$\tilde{Y}_j(\omega)$后，对其施行逆傅里叶变换即可求得$Y_j(t)$。为了提高计算速度，傅里叶变换应该用 FFT 算法[5-8]。

在频域分析时有如下问题需要特别注意。由于通常假定地震动$\ddot{u}_{\mathrm{g}}(t)$在$t=0$时开始作用于体系的支承处，此时体系处于静止状态，即$\boldsymbol{u}_{\mathrm{dr}}(t=0)=\dot{\boldsymbol{u}}_{\mathrm{dr}}(t=0)=\mathbf{0}$。在频域分析时，为满足这一初始条件，须在全部地震动过程的持时$T_{动}$之后，再加一段持时为$T_{静止}$的$\ddot{u}_{\mathrm{g}}(t)\equiv 0$部分，使地震动总持时为$T_{\mathrm{p}}=T_{动}+T_{静止}$。根据文献[1]，当阻尼比为 0.05 左右时，应取$T_{静}>5T_1$，T_1为所考虑的结构基本周期。同时应使得$T_{\mathrm{p}}/\Delta t=N=2^M$（$\Delta t$为时间步长，$N$与$M$均为正整数)，以便进行 FFT 运算。这是由于在频域分析中，实际计算相当于地震动与体系反应都是以T_{p}为周期周而复始地重复的，只有在$T_{静}$足够长时，在$T_{动}$末的体系反应才有可能通过阻尼的衰减作用使到$t=T_{\mathrm{p}}$时的体系反应变得可以认为是静止了；这样，在$T_{动}$开始时，才能保证体系处于静止状态。

可是对于悬索桥，实测的阻尼比通常在 0.02～0.03，工程实践中通常假定为 0.02，在这种情况下，根据笔者的试算（与时域分析的结果对比），至少应满足$T_{静}>15T_1$才恰当。如果$T_{动}=40\,\mathrm{s}$，$T_1=18\,\mathrm{s}$（如金门大桥的侧向周期长达 18 s），则$T_{\mathrm{p}}>310\,\mathrm{s}$。如取$\Delta t=0.02\,\mathrm{s}$，则$T_{\mathrm{p}}$应凑足$327.68\,\mathrm{s}$，才使得$N$=16 384=$2^{14}$，以便进行 FFT 运算。在$N$=16 384 或更大的情况下，借助 FFT 算法的频域分析也不比时域分析优越。所以在本文中，频域时间历程响应分析只作为时域分析的一种验算方法，本文的时间历程响应分析主要利用时域逐步积分法求得。

用于前面响应分析的支点激励时间历程，可以由前一节所讲的随机场样本模拟得到，当然也可以采用历史地震的记录历程。虽然我国大陆至今尚未设置用于研究地震动空间变化的密集台阵，因而没有可资利用的数据，不过，就目前已公开出版发行的记录数据讲，至少可以满足其用于一致激励和传导激励的响应分析[16]。然而，在进行大跨悬索桥分析时，即使那些可以认为能够用于一致激励分析和传导激励分析的记录数据，仍然需作某些人工改造，以符合我们所要求的强度、频谱结构和持时。特别是，注意到我国广泛使用 RDZ-1 型强震仪的通频带为 0.5～35 Hz，其低频端不够宽，长周期分量出现失真现象，而在仪器校正和零线校正时，Ormsby 滤波器的低频截断周期是按记录长度的 1/2～1/3 选择的，这使得许多记录数据频谱缺少对悬索桥响应有意义的长周期分量[5,16]。

第六节　非一致随机激励下的稳态随机响应分析

本节讨论在非一致随机地震动激励下悬索桥的稳态随机响应分析。假定地震动为具有零均值的二维高斯均匀时空随机场。如前所述，悬索桥各支点处的地震动可以由该随机场在给定各支点的空间位置后获得。下面推导悬索桥响应的各阶谱矩的计算公式。

当按随机方式处理悬索桥的地震问题时，前节导得的非一致激励的时间历程响应可看作是随机振动响应的一个样本。为了方便，这里将任意某个反应量（它可以是某个节点位移或者某个构件内力）的时间历程写成如下形式：

$$R(t)=\sum_{k=1}^{m}\alpha_k u_k(t)+\sum_{k=1}^{m}\sum_{i=1}^{n}\beta_{ki}q_{ki}(t) \tag{4.6.1}$$

其中

$$\alpha_k=\boldsymbol{A}^{\mathrm{T}}r_k\text{；}\quad \beta_{kj}=\boldsymbol{A}^{\mathrm{T}}\boldsymbol{\varphi}_i\,\gamma_{ki} \tag{4.6.2}$$

式（4.6.2）中，$\boldsymbol{A}$ 可定义为一个反应转换矢量，当它取不同的形式时，能使式（4.6.1）中的 R 分别代表式（4.5.17）中的某个节点位移或式（4.5.19）中的某个杆端力。

在假定输入为高斯平稳均匀的情况下，如果只考虑结构的稳态响应（即不考虑瞬态响应的影响），则由式（4.6.1）可得响应的功率谱为：

$$\begin{aligned}G_{RR}(\omega)=&\sum_{k=1}^{m}\sum_{l=1}^{m}\alpha_k\alpha_l G_{u_k u_l}(\omega)+2\sum_{k=1}^{m}\sum_{l=1}^{m}\sum_{j=1}^{n}\alpha_k\beta_{lj}H_j^*(\omega)G_{u_k\ddot{u}_l}(\omega)+\\&\sum_{k=1}^{m}\sum_{l=1}^{m}\sum_{i=1}^{n}\sum_{j=1}^{n}\beta_{ki}\beta_{lj}H_i(\omega)H_j^*(\omega)G_{\ddot{u}_k\ddot{u}_l}(\omega)\end{aligned} \tag{4.6.3}$$

式中，* 号代表复共轭，$G_{u_k u_l}(\omega)$ 是第 k 个（组）支座的地震动位移 u_k 与第 l 个（组）支座的地震动位移的交叉谱密度；同理 $G_{u_k\ddot{u}_l}(\omega)$ 是地震动位移 u_k 与地震动加速度 $\ddot{u}_l$ 的交叉谱密度，$G_{\ddot{u}_k\ddot{u}_l}(\omega)$ 是 $\ddot{u}_k$ 与 $\ddot{u}_l$ 的交叉谱密度。上式中的第一项和第三项分别代表拟静力响应和振动响应对总响应功率谱的贡献，第二项代表拟静力响应和振动响应的交叉相关对总响应功率谱的贡献。

响应的前三阶谱矩为：

$$\lambda_R^{(M)} = \int_0^\infty \omega^M G_{RR}(\omega)\mathrm{d}\,\omega \qquad (M=0,1,2) \tag{4.6.4}$$

将式（4.6.3）代入式（4.6.4）得：

$$\lambda_R^{(M)} = \sum_{k=1}^{m}\sum_{l=1}^{m}\alpha_k\alpha_l\lambda_{u_k,u_l}^{(M)} + 2\sum_{k=1}^{m}\sum_{l=1}^{m}\sum_{j=1}^{n}\alpha_k\beta_{lj}\lambda_{u_k,q_{lj}}^{(M)} + \sum_{k=1}^{m}\sum_{l=1}^{m}\sum_{i=1}^{n}\sum_{j=1}^{n}\beta_{ki}\beta_{lj}\lambda_{q_{ki},q_{lj}}^{(M)} \qquad (M=0,1,2) \tag{4.6.5}$$

式中，$\lambda_{u_k,u_l}^{(M)}$ 是地震动位移过程 u_k 和 u_l 的交叉谱矩，$\lambda_{u_k,q_{lj}}^{(M)}$ 是 u_k 与地震动加速度过程 $\ddot{u}_l$ 引起的第 j 个振型反应 $q_{lj}(t)$ 的交叉谱矩，$\lambda_{q_{ki},q_{lj}}^{(M)}$ 是 q_{ki} 与 q_{lj} 的交叉谱矩。它们分别由以下各式计算：

$$\lambda_{u_k,u_l}^{(M)} = Re\int_0^\infty \omega^M G_{u_k,u_l}(\omega)\,\mathrm{d}\omega \qquad (M=0,1,2) \tag{4.6.6}$$

$$\lambda_{u_k,q_{lj}}^{(M)} = Re\int_0^\infty \omega^M H_j^*(\omega)\,G_{u_k\ddot{u}_l}(\omega)\,\mathrm{d}\omega \qquad (M=0,1,2) \tag{4.6.7}$$

$$\lambda_{q_{ki},q_{ij}}^{(M)} = Re\int_0^\infty \omega^M H_i(\omega)H_j^*(\omega)\,G_{\ddot{u}_k\ddot{u}_l}(\omega)\,\mathrm{d}\omega \qquad (M=0,1,2) \tag{4.6.8}$$

以上的频域稳态随机振动分析方法在 Abdel-Ghaffar 的一系列文章中被广泛采用，但是其中的 $G_{u_ku_l}(\omega)$、$G_{u_k\ddot{u}_l}(\omega)$、$G_{\ddot{u}_k\ddot{u}_l}(\omega)$ 不是随机模型的功率谱，而是由地震事件历史记录数据的频谱分析获得的数字功率谱，例如[5-8]：

$$G_{u_k,u_l}(\omega) \simeq \frac{2}{T_\mathrm{d}}\tilde{U}_k^*(\omega)\tilde{U}_l(\omega) \tag{4.6.9}$$

式中，$\tilde{U}$ 代表记录数据的傅里叶谱；T_d 为地震动持时。然而，地震历史记录无例外地显示出地震动过程的非平稳性，在这种情况下，前述按平稳输入算得的结果将过高估计悬索桥的响应。如果考虑地震动为均匀调制的非平稳过程，如第三节所定义的那样，则响应的各阶谱矩将是时间函数。在不考虑瞬态响应的影响时，均匀调制非平稳随机激励下稳态随机响应的各阶谱矩将可由下式计算：

$$\lambda_R^{(M)}(t) = A^2(t)\lambda_R^{(M)} \qquad (M=0,1,2) \tag{4.6.10}$$

式中，$A(t)$ 是慢变调制函数，$\lambda_R^{(M)}$ 由式（4.6.5）计算。

第七节　非一致非平稳随机激励下的瞬态随机响应分析

前节导出了平稳和均匀调制的非平稳随机激励下结构稳态响应的各阶谱矩的计算式。实际上，强地震动的持时通常仅在 10～30 s，对于基本周期较长的悬索桥，这样的地震动持时不可能长得足以使结构振动达到稳态水平。因此对于悬索桥的随机地震响应分析，激励的非平稳性和结构响应是瞬态特性都应给予适当的考虑。本节将建立均匀调制非平稳随机激励下的瞬态随机响应分析方法。

假定各支座激励为 m 个均匀调制的非平稳高斯随机过程，它们可由一个均匀调制的非平稳二维高斯时空随机场在给定各支座的空间位置后获得。当考虑结构反应的瞬态特性时，瞬态的频率响应函数将不仅是频率 ω 的函数，而且是时间 t 的函数，此时，响应的功率谱将是随时间变化的演化功率谱，并可由下式计算：

$$G_{RR}(\omega,t)=\sum_{k=1}^{m}\sum_{l=1}^{m}\alpha_k\alpha_l G_{u_k u_l}(\omega)A^2(t)+2\sum_{k=1}^{m}\sum_{l=1}^{m}\sum_{j=1}^{n}\alpha_k\beta_{lj}M_j^*(\omega,t)A(t)G_{u_k\ddot{u}_l}(\omega)+$$
$$\sum_{k=1}^{m}\sum_{l=1}^{m}\sum_{i=1}^{n}\sum_{j=1}^{n}\beta_{ki}\beta_{lj}M_i(\omega,t)M_j^*(\omega,t)G_{\ddot{u}_k\ddot{u}_l}(\omega) \tag{4.7.1}$$

其中
$$M_i(\omega,t)=\int_0^t h_i(\tau)A(t-\tau)\,\mathrm{e}^{-\mathrm{i}\omega\tau}\,\mathrm{d}\tau \tag{4.7.2}$$

*号代表复共轭，$h_i(t)$ 为第 i 个振型的单位脉冲响应函数，$A(t)$ 是非平稳的慢变调制函数。当调制函数为第三节所给出的指数函数时，$M_i(\omega,t)$ 可由下式计算：

$$M_i(\omega,t)=M_i^R(\omega,t)+\mathrm{i}\,M_i^I(\omega,t) \tag{4.7.3}$$

这里 $M_i^R(\omega,t)$ 和 $M_i^I(\omega,t)$ 各为 $M_i(\omega,t)$ 的实部和虚部，分别由下式计算：

$$M_i^R(\omega,t)=\frac{A_0}{2\overline{\omega}_i}\sum_{r=1}^{2}\sum_{s=1}^{2}\frac{(-1)^{s-1}}{(b_s-\zeta_i\omega_i)^2+\omega_r^2}\times$$
$$\left\{\mathrm{e}^{-\zeta_i\omega_i t}[(b_s-\zeta_i\omega_i)\sin\omega_r t-\omega_r\cos\omega_r t]+\omega_r\mathrm{e}^{-b_s t}\right\} \tag{4.7.4}$$

$$M_i^I(\omega,t)=\frac{A_0}{2\overline{\omega}_i}\sum_{r=1}^{2}\sum_{s=1}^{2}\frac{(-1)^{r+s}}{(b_s-\zeta_i\omega_i)^2+\omega_r^2}\times$$
$$\left\{\mathrm{e}^{-\zeta_i\omega_i t}[(b_s-\zeta_i\omega_i)\cos\omega_r t+\omega_r\sin\omega_r t]-(b_s-\zeta_i\omega_i)\mathrm{e}^{-b_s t}\right\} \tag{4.7.5}$$

式中，$\bar{\omega}_i=\omega_i\sqrt{1-\zeta_i^2}$，$\omega_1=\bar{\omega}_i+\omega$，$\omega_2=\bar{\omega}_i-\omega$；$\omega_i$ 和 ζ_i 分别为第 i 振型的固有圆频率和阻尼比；A_0、b_1 和 b_2 见式（4.3.15）。

响应的各阶谱矩为：

$$\lambda_R^{(M)}(t)=\sum_{k=1}^{m}\sum_{l=1}^{m}\alpha_k\alpha_l\lambda_{u_k,u_l}^{(M)}(t)+2\sum_{k=1}^{m}\sum_{l=1}^{m}\sum_{j=1}^{n}\alpha_k\beta_{lj}\lambda_{u_k,q_{lj}}^{(M)}(t)+$$
$$\sum_{k=1}^{m}\sum_{l=1}^{m}\sum_{i=1}^{n}\sum_{j=1}^{n}\beta_{ki}\beta_{lj}\lambda_{q_{ki},q_{lj}}^{(M)}(t)\qquad(M=0,1,2)\tag{4.7.6}$$

式中，$\lambda_{u_k,u_l}^{(M)}(t)$、$\lambda_{u_k,q_{lj}}^{(M)}(t)$、$\lambda_{q_{ki},q_{lj}}^{(M)}(t)$ 分别由以下各式计算：

$$\lambda_{u_k,u_l}^{(M)}(t)=Re\int_0^{\infty}\omega^M A^2(t)G_{u_ku_l}(\omega)\mathrm{d}\omega\qquad(M=0,1,2)\tag{4.7.7}$$

$$\lambda_{u_k,q_{lj}}^{(M)}(t)=Re\int_0^{\infty}\omega^M M_j^*(\omega,t)A(t)G_{u_k\ddot{u}_l}(\omega)\mathrm{d}\omega\qquad(M=0,1,2)\tag{4.7.8}$$

$$\lambda_{q_{ki},q_{lj}}^{(M)}(t)=Re\int_0^{\infty}\omega^M M_i(\omega,t)M_j^*(\omega,t)G_{\ddot{u}_k\ddot{u}_l}(\omega)\mathrm{d}\omega\qquad(M=0,1,2)\tag{4.7.9}$$

第八节　结构随机振动的峰响应评价

众所周知，随机振动分析的根本目的可概括为如下两个方面：

（1）实际结构所受的动力激励往往具有很复杂的统计性变化，用古典的确定论方法考虑具有统计特性的动力激励将不能真实地反应实际情况，因而更正确地从理论上处理动力激励的统计特性就是随机振动分析的根本目的。有关动力激励的统计特性的考虑已在第三、第四节阐述。

（2）作为随机振动分析的最终目的，是要从概率上进行结构动力可靠度的定量评价；而从结构设计的角度而言，是要利用这些动力可靠度的评价方法推求与一定的可靠度指标相联系的响应的最大值。有关这方面的内容在本节探讨。

严格来说，上述所谓可靠度指标，实际只是评价结构随机破坏（Chance failure）的安全度，而未包括评价疲劳累积损伤破坏、时效破坏等的可靠度指标。但由于随机破坏的安全度是动力可靠度中最重要的方面，本文将只考虑这个方面。对于可靠度与安全度的概念，本节将不加区别地引用。

根据动力可靠度理论，在一个固定的时间间隔 $[0,T]$ 内，随机振动响应过

程 $x(t)$ 的最大值 x_m 是一个随机变量，其概率分布函数代表了结构的动力可靠度，并且可以通过首次偏移时间的概率分布函数求得，即[2,9-11]：

$$F_{x_m}(\alpha)=P(x_m\leqslant\alpha)=P(T_f>T)=L_{T_f}(T)=1-F_{T_f}(T) \tag{4.8.1}$$

式中，$F_{x_m}(\alpha)$ 是 x_m 的概率分布函数；$P(x_m\leqslant\alpha)$、$P(T_f>T)$ 及 $L_{T_f}(T)$ 都是 $[0,T]$ 间隔内不发生跨越水平 α 的概率，即动力可靠度；T_f 为首次偏移时间；$F_{T_f}(T)$ 是首次偏移（跨越水平 α ）时间的概率函数。

另一方面，如果能得到响应过程 $x(t)$ 的峰值的概率分布函数，并假设各个峰值是相互独立的，则 x_m 的概率分布也能根据最大值的确切分布公式由下式推得[9-10]：

$$F_{x_m}(\alpha)=[F_p(\alpha)]^{MT(t)}=\left[1-\frac{M(\alpha\,;T)}{MT(t)}\right]^{MT(t)} \tag{4.8.2}$$

式中，$F_p(\alpha)$ 是峰的概率分布函数，$M(\alpha\,;T)$ 是间隔 $[0,T]$ 内 $x(t)=\alpha$ 以上的峰期望数，MT 是总的峰期望数。一旦最大值的概率分布函数得到，则与给定的不超过概率 p（即可靠度指标）相联系的响应最大值就可通过解下列方程求出：

$$p=F_{x_m}(\alpha) \tag{4.8.3}$$

以上各式尽管给出了推求 x_m 的途径，但式（4.8.1）和式（4.8.2）中的几个概率分布函数的精确确定是困难的事情，在大多数情况下这还是尚未解决的数学问题。然而，用响应过程 $x(t)$ 及其导数过程的二阶统计量来近似表示这些概率函数通常是可行的。当 $x(t)$ 是正态过程（即高斯过程）时，这些结果一般可用闭合的解析式表示[9]。以下根据这些近似解，利用式（4.8.3）推导平稳和非平稳正态响应过程 $x(t)$ 的最大值 α 的解。

一、平稳正态情况

如果 $x(t)$ 是零均值的平稳正态过程，在 α 充分大的情况下，可合理地假定跨越水平 α 或 $-\alpha$ 是独立的事件，则在 $[0,T]$ 内跨越 $\pm\alpha$ 的次数为具有平稳增量的 Poisson（泊松）过程，其在瞬时 t 的跨越率为：

$$\upsilon(\alpha)=2N_x^+(\alpha) \tag{4.8.4}$$

式（4.8.4）利用了正态过程的对称性，而 $N_x^+(\alpha)$ 是在瞬时 t 过程 $x(t)$ 以正斜率

跨越 $+\alpha$ 的概率。根据 Rice 的经典研究[2,9-11]，它可以利用过程 $x(t)$ 及 $\dot{x}(t)$ 的联合概率密度函数导出。在正态平稳情况下，其闭合的解析表达式为：

$$\upsilon(\alpha)=2N_x^+(0)\exp\left(-\frac{\alpha^2}{2\sigma_x^2}\right) \tag{4.8.5}$$

$$N_x^+(0)=\frac{1}{2\pi}\frac{\sigma_{\dot{x}}}{\sigma_x}=\frac{1}{2\pi}\sqrt{\frac{\lambda_2}{\lambda_0}} \tag{4.8.6}$$

式中，$N_x^+(0)$ 是零水平的上交率；λ_0 和 λ_2 是 $x(t)$ 的 0 阶和 2 阶谱矩；σ_x 和 $\sigma_{\dot{x}}$ 是 $x(t)$ 和 $\dot{x}(t)$ 的均方根。利用以上各式及泊松过程的概率公式可导得 x_m 的概率分布函数为：

$$\begin{aligned}F_{x_m}(\alpha)&=L_{T_f}(T)=P(T_f>T)=P(0,T)\\&=\exp[-\upsilon(\alpha)T]=\exp\left[-2N_x^+(0)T\exp\left(-\frac{\alpha^2}{2\sigma_x^2}\right)\right]\end{aligned} \tag{4.8.7}$$

另一方面此式也可利用式（4.8.2）求得 x_m 的确切分布后（假设各个峰值相互独立），取其在 $MT(t)=MT$ 充分大时的渐近形式得到。其中 $M(\alpha;T)$ 和 $MT(t)$ 的表达式参见文献[9]。

式（4.8.7）可进一步写成如下的渐进形式：

$$F_{x_m}(\alpha)=\exp\left\{-\exp\left[-C_1\left(\frac{\alpha}{\sigma_x}-C_1\right)\right]\right\} \tag{4.8.8}$$

式中
$$C_1=[2\ln(2N_x^+(0)T)]^{\frac{1}{2}} \tag{4.8.9}$$

显然，式（4.8.8）属 I 型渐进最大值分布，其性质是众所周知的。Davenport 指出，当 x_m 服从这类分布时，其期望和方差为：

$$E(x_m)=\mu_{x_m}=C\sigma_x \tag{4.8.10}$$

$$Var(x_m)=\sigma_{x_m}^2=\frac{\pi^2}{6}\frac{\sigma_x^2}{C_1^2} \tag{4.8.11}$$

式中
$$C=C_1+0.577\,2/C_1 \tag{4.8.12}$$

若将 $\alpha=\mu_{x_m}+n\sigma_{x_m}$ 代入式（4.8.8），可以推算到如下几个有用的不超越概率 p 值：

当 $n=0$ 时：$\alpha=\mu_{x_m}$；　$p=F_{x_m}(\mu_{x_m})=57.04\%$

$n=1$ 时：$\alpha=\mu_{x_m}+\sigma_{x_m}$；　$p=F_{x_m}(\mu_{x_m}+\sigma_{x_m})=85.58\%$

$n=2$ 时：$\alpha=\mu_{x_m}+2\sigma_{x_m}$；　$p=F_{x_m}(\mu_{x_m}+2\sigma_{x_m})=95.78\%$

$n=3$ 时：$\alpha=\mu_{x_m}+3\sigma_{x_m}$；　$p=F_{x_m}(\mu_{x_m}+3\sigma_{x_m})=98.81\%$

这些与 n 相联系的 p 值是 I 型渐进最大值分布的固有属性，不论参数 C_1 和 σ_x 取值如何。

如将式（4.8.8）代入式（4.8.3），可得与任意不超越概率 p 相联系的 α 的闭合解析式为：

$$\frac{\alpha}{\sigma_x}=C_1-\frac{\ln(-\ln p)}{C_1}=\eta_{T;p} \tag{4.8.13}$$

式中，$\eta_{T;p}$ 称为峰值因子。

以上是在泊松跨越假定或峰值相互独立的假定下得到的结果。当 α 充分大时，能给出满意的近似解（当 $\alpha\to\infty$ 时是精确解）。但当 α 不是充分大时，因峰会趋于成丛地出现而使跨越不具独立性，因而泊松跨越假定或峰值相互独立的假定就不恰当。在这种情况下，基于以上假定的近似解会给出偏于保守的结果。

鉴于泊松跨越假定或峰值相互独立的假定的不恰当性。Vanmarcke 遂转而采用两态 0-1Марков（马尔可夫）过程跨越假定来研究可靠度问题的近似解[85]。在这种情况下，x_m 或 T_f 的分布函数与在泊松跨越假定时的区别主要源自跨越率不同。此时，平稳正态过程跨越水平 $\pm\alpha$ 的跨越率为：

$$\upsilon(\alpha)=2N_x^+(0)\frac{1-\exp(-\sqrt{2\pi}\,\alpha\,\delta/\sigma_x)}{\exp\left(\dfrac{\alpha^2}{2\sigma_x^2}\right)-1} \tag{4.8.14}$$

式中，$N_x^+(0)$ 仍由式（4.8.6）给出，δ 是谱形参数，由下式给出：

$$\delta=\sqrt{1-\frac{\lambda_1^2}{\lambda_0\lambda_2}} \tag{4.8.15}$$

根据数字模拟的结果，$L_{T_f}(T)$ 仍可表达为式（4.8.7）中的第 4 个等式所示的指数形式，即 $L_{T_f}=\exp(-\upsilon T)$（这里假定不发生跨越的初始概率为 1，即 $L_{T_f}(0)=1$）。利用式（4.8.14），得两态马尔可夫跨越假定下的最大值概率分布为：

$$\begin{aligned}F_{x_m}(\alpha)&=L_{T_f}(T)=\exp[-\upsilon(\alpha)T]\\&=\exp\left[-2N_x^+(0)T\frac{1-\exp(-\sqrt{2\pi}\,\delta\,\alpha/\sigma_x)}{\exp(\alpha^2/2\sigma_x^2)-1}\right]\end{aligned} \tag{4.8.16}$$

Der Kiureghian 已导出对应于式（4.8.16）的概率分布时，估算 x_m 的均值和方差的经验公式为[86]：

$$E(x_m)=\mu_{x_m}=C\sigma_x=\left[\sqrt{2\ln(\upsilon_e T)}+\frac{0.577\,2}{\sqrt{2\ln(\upsilon_e T)}}\right]\sigma_x \tag{4.8.17}$$

$$Var(x_m)=\sigma_{x_m}^2=D^2\sigma_x^2=\left[\frac{1.2}{\sqrt{2\ln(\upsilon_e T)}}-\frac{5.4}{13+[2\ln(\upsilon_e T)]^{3.2}}\right]^2\sigma_x^2 \tag{4.8.18}$$

式中
$$\upsilon_e=\begin{cases}2N_x^+(0)(1.63\delta^{0.45}-0.38) & (\delta\leqslant 0.69)\\ 2N_x^+(0) & (\delta\geqslant 0.69)\end{cases} \tag{4.8.19}$$

Vanmarcke 在将式（4.8.16）代入式（4.8.3）时，同时考虑了 Cook 模拟研究所得的如下结论：对于短的时期，首次跨越时间的分布函数时迅速衰减的，对于长的时期，它才成为指数的衰减，因而得到与不超越概率 p 相联系的最大值 α 的如下半理论半经验的表达式[85]：

$$\frac{\alpha}{\sigma_x}=\{2\ln\{2n[1-\exp(-\delta_e\sqrt{\pi\ln(2n)})]\}\}^{0.5}=\eta_{T;p} \tag{4.8.20}$$

$$n=[N_x^+(0)T](-\ln p)^{-1} \tag{4.8.21}$$

$$\delta_e\simeq\delta^{1.2} \tag{4.8.22}$$

式中，指数 1.2 是经验常数。

当 $\alpha\to\infty$ 时，式（4.8.20）与式（4.8.13）趋于一致；但当 α 较小时，则差别较大。而式（4.8.17）更接近模拟计算的结果。模拟计算还显示，当 α 较小时，式（4.8.13）给出偏于保守的结果。

二、非平稳正态情况

假设跨越水平 $\pm\alpha$ 的跨越率 υ 是时间的连续函数，就可以把平稳过程的最大值和首次跨越时间的分布推广到非平稳随机过程。假定不发生跨越的初始概率是 1，则分布函数可表达为：

$$F_{x_m}(\alpha)=L_{T_f}(T)=\exp\left(-\int_0^T\upsilon(\alpha,t)\mathrm{d}t\right) \tag{4.8.23}$$

假定 $x(t)$ 是非平稳高斯过程，则在泊松跨越假定或峰值相互独立的假定下，$\upsilon(\alpha,t)$ 可由式（4.8.4）和式（4.8.5）直接推广得到。但所有二阶统计量都将是时间 t 的函数：

$$\upsilon(\alpha,t)=2N_x^+(\alpha,t)=2N_x^+(0,t)\exp\left(-\frac{\alpha^2}{2\delta_x^2(t)}\right) \tag{4.8.24}$$

$$N_x^+(0,t)=\frac{1}{2\pi}\frac{\sigma_{\dot{x}}(t)}{\sigma_x(t)}=\frac{1}{2\pi}\sqrt{\frac{\lambda_2(t)}{\lambda_0(t)}} \tag{4.8.25}$$

在马尔可夫跨越假定下，由 Corotis 等提出，$\upsilon(\alpha,t)$ 也可由式（4.8.14）直接推广得到，但二阶统计量也都将是 t 的函数[56]：

$$\upsilon(\alpha,t)=2N_x^+(0,t)\frac{1-\exp[-\sqrt{2\pi}\delta(t)\alpha/\sigma_x(t)]}{\exp[\alpha^2/2\sigma_x^2(t)]-1} \tag{4.8.26}$$

将式（4.8.24）和（4.8.26）分别代入式（4.8.23），得 x_m 的分布为：

泊松假定：
$$F_{x_m}(\alpha)=\exp\left(-\int_0^T 2N_x^+(0,t)\exp\left[-\frac{\alpha^2}{2\sigma_x^2(t)}\right]\mathrm{d}t\right) \tag{4.8.27}$$

马尔可夫假定：
$$F_{x_m}=\exp\left(-\int_0^T 2N_x^+(0,t)\frac{1-\exp[-\sqrt{2\pi}\delta(t)\alpha/\sigma_x(t)]}{\exp[\alpha^2/2\sigma_x^2(t)]-1}\mathrm{d}t\right) \tag{4.8.28}$$

由于以上两式中的指数函数是对时间的积分式，故由上两式一般不能得到 α 的闭合解析式。为了求得与不超越概率 p 相联系的 α，将不得不对以上两式进行数值计算。

应该指出，在非平稳情况下，式（4.8.24）～（4.8.26）中定义的 $N_x^+(\alpha,t)$ 是与 Rice 的定义有区别的，根据 Rice 的定义[9]：

$$N_x^+(\alpha,t)=\int_0^\infty \dot{x}\,p(\alpha,\dot{x},t)\,\mathrm{d}\dot{x} \tag{4.8.29}$$

式中，$p(\alpha,\dot{x},t)$ 是 $x(t)$ 和 $\dot{x}(t)$ 的联合概率密度函数。对于平稳正态过程，由式（4.8.29）可导出式（4.8.5）和（4.8.6）；但对于非平稳过程，由于 $\mathrm{E}[x(t)\dot{x}(t)]\neq 0$，所以由式（4.8.29）导得的 $N_x^+(\alpha,t)$ 将包含 $x(t)$ 和 $\dot{x}(t)$ 的相关项。显然，式（4.8.24）～（4.8.26）中忽略了这些有关项。然而，根据 Corotis 等的研究，在非平稳情况下，在与最大值分布概率有关的一些参数中，$\sigma_x(t)$、$\sigma_{\dot{x}}(t)$ 及 $\sigma(t)$ 等受非平稳性的影响较大，但 $N_x^+(0,t)$ 则受非平稳的影响不大。另外，由式（4.8.27）和式（4.8.28）计算的结果与模拟的结果相比，也是令人满意的，只是当 α 较小时，由式（4.8.27）计算的结果偏于保守，这仍是泊松假定的不恰当性所致。因此，式（4.8.24）～（4.8.28）仍是合理的和有用的，只是数值计算较烦琐[9,56]。

在非平稳正态情况下，迄今仅当 $x(t)$ 具有窄带特性时，才由 Shinozuka 和 Yang 基于泊松跨越假定得到 F_{x_m} 的近似解析表达式，并可进一步近似为 I 型渐近最大值分布[55]：

$$F_{x_m}(\alpha)\simeq\exp\left\{-2N_x^+(0\,;T)\exp\left[-\frac{1}{\beta}\left(\frac{\alpha}{\sigma}\right)^{\beta}\right]\right\}$$

$$\simeq \exp\left\{-\exp\left[-D_1^{\beta-1}\left(\frac{\alpha}{\sigma}-D_1\right)\right]\right\} \tag{4.8.30}$$

其中
$$D_1=\left\{\beta \ln[2N_x^+(0;T)]\right\}^{\frac{1}{\beta}} \tag{4.8.31}$$

$$N_x^+(0\,;T)=\int_0^T N_x^+(0,t)\,\mathrm{d}t \tag{4.8.32}$$

根据 Shinozuka 的研究，$N_x^+(0,t)$ 是由式（4.8.29）导得，不同于式（4.8.25）[55]：

$$N_x^+(0,t)=\frac{1}{2\pi}\frac{\sigma_{\dot{x}}(t)}{\sigma_x(t)}[1-\rho^2(t)]^{\frac{1}{2}}=\frac{1}{2\pi}\sqrt{\frac{\lambda_2(t)}{\lambda_0(t)}}[1-\rho^2(t)]^{\frac{1}{2}} \tag{4.8.33}$$

式中，$\rho(t)$ 是 $x(t)$ 和 $\dot{x}(t)$ 的互相关系数。

式（4.8.30）中 σ 和 β 是将 $x(t)$ 的峰分布匹配于 Weibull（威布尔）分布时间的两个参数，它们按如下的步骤确定[55]：由式（4.8.2），峰的概率分布 $F_p(\alpha)$ 为：

$$F_p(\alpha)=1-\frac{M(\alpha\,;T)}{MT(t)} \tag{4.8.34}$$

由于 $x(t)$ 的窄带性质，可以认为 $M(\alpha\,;T)=N_x^+(\alpha\,;T)=\int_0^T N_x^+(\alpha,t)\,\mathrm{d}t$ 及 $MT(t)=N_x^+(0\,;T)$，从而

$$F_p(\alpha)=1-\frac{N_x^+(\alpha\,;T)}{N_x^+(0\,;T)} \tag{4.8.35}$$

计算 $N_x^+(\alpha\,;T)$ 时，$N_x^+(\alpha,t)$ 由式（4.8.29）推导。利用式（4.8.35）进行数值计算并将数据点在威布尔概率纸上，即可确定匹配于如下的威布尔分布的 σ 和 β：

$$F_p(\alpha)=1-\exp\left[-\frac{1}{\beta}\left(\frac{\alpha}{\sigma}\right)^{\beta}\right] \tag{4.8.36}$$

在 x_m 服从式（4.8.30）的分布时，根据 I 型渐近最大值分布的性质，x_m 的期望和方差为：

$$E(x_m)=\mu_{x_m}=\left(D_1+\frac{0.577\,2}{D_1^{\beta-1}}\right) \tag{4.8.37 a}$$

$$Var(x_m)=\sigma_{x_m}^2=\frac{\pi^2}{6}\frac{\sigma^2}{(D_1^{\beta-1})^2} \tag{4.8.37 b}$$

将式（4.8.30）代入式（4.8.3），可得 α 的闭合的解析式为：

$$\frac{\alpha}{\sigma}=D_1-\frac{\ln(-\ln p)}{D_1^{\beta-1}} \tag{4.8.38}$$

以上的窄带近似解是基于泊松跨越假定求得的，未考虑丛的影响，而窄

带假定又限制了这些公式的使用范围。另外，确定参数σ和β也是一件麻烦的事情。所以，在多数情况下，与不超越概率p相联系的非平稳正态响应过程的最大值α将不得不利用式（4.8.27）或式（4.8.28）进行数值计算来求得。

第九节　非一致激励响应分析的反应谱法

反应谱法是工程抗震设计实践中习用的方法。但是通常意义的反应谱法是基于一致支点激励的假定，没有考虑地震动的空间变化。本节将建立在非一致激励下地震响应分析的反应谱法。这里将从平稳随机振动的响应谱矩计算式（4.6.5）出发来推导多点非一致激励反应谱法计算公式，但由于反应谱本身内在地包含了地震动的非平稳性和响应的瞬态特性，所以反应谱法的分析结果原则上将比平稳激励假定下的稳态随机响应分析结果更合理。

为便于推导，这里将式（4.6.5）中响应量R的零阶谱矩计算式改写为如下形式：

$$\sigma_R^2=\sum_{k=1}^{m}\sum_{l=1}^{m}\alpha_k\alpha_l\rho_{u_ku_l}\sigma_{u_k}\sigma_{u_l}+2\sum_{k=1}^{m}\sum_{l=1}^{m}\sum_{j=1}^{n}\alpha_k\beta_{lj}\rho_{u_kq_{lj}}\sigma_{u_k}\sigma_{q_{lj}}+\sum_{k=1}^{m}\sum_{l=1}^{m}\sum_{i=1}^{n}\sum_{j=1}^{n}\beta_{ki}\beta_{lj}\rho_{q_{ki}q_{lj}}\sigma_{q_{ki}}\sigma_{q_{lj}} \tag{4.9.1}$$

式中

$$\sigma_{u_k}^2=\int_0^{\infty}G_{u_ku_k}(\omega)\,\mathrm{d}\omega \tag{4.9.2}$$

$$\sigma_{q_{ki}}^2=\int_0^{\infty}|H_i(\omega)|^2\,G_{\ddot{u}_k\ddot{u}_k}(\omega)\,\mathrm{d}\omega \tag{4.9.3}$$

$$\rho_{u_ku_l}=\frac{1}{\sigma_{u_k}\sigma_{u_l}}Re\int_0^{\infty}G_{u_ku_l}(\omega)\mathrm{d}\omega \tag{4.9.4}$$

$$\rho_{u_kq_{lj}}=\frac{1}{\sigma_{u_k}\sigma_{q_{lj}}}Re\int_0^{\infty}H_j^*(\omega)G_{u_ku_l}(\omega)\mathrm{d}\omega \tag{4.9.5}$$

$$\rho_{q_{ki}q_{lj}}=\frac{1}{\sigma_{q_{ki}}\sigma_{q_{lj}}}Re\int_0^{\infty}H_i(\omega)H_j^*(\omega)G_{u_ku_l}(\omega)\mathrm{d}\omega \tag{4.9.6}$$

设单自由度体系承受支座加速度$\ddot{u}(t)$激励下的位移反应谱为$S_D(\omega,\zeta)$。由于无限柔体系的位移反应将与支座位移相同，所以$S_D(0,\zeta)=u_{\max}$，这里$u_{\max}$代表支座位移的最大值。根据前节的理论，一个随机过程的最大值与均方根值可以通过峰因子联系起来。这样就可以写出$u_{k,\max}=\eta_{u_k}\sigma_{u_k}$，$S_D^{(k)}(\omega_i,\zeta_i)=\eta_{q_{ki}}\sigma_{q_{ki}}$，及$R_{\max}=E[\max|R(t)|]=\eta_R\sigma_R$；利用这些关系式和式（4.9.1），可导出利用反应

谱计算最大响应 $R_{\max}$ 的公式为：

$$R_{\max}=\left[\sum_{k=1}^{m}\sum_{l=1}^{m}\alpha_k\alpha_l\rho_{u_ku_l}\frac{\eta_R^2}{\eta_{u_k}\eta_{u_l}}u_{k,\max}\,u_{l,\max}+\right.$$

$$2\sum_{k=1}^{m}\sum_{l=1}^{m}\sum_{j=1}^{n}\alpha_k\beta_{lj}\rho_{u_kq_{lj}}\frac{\eta_R^2}{\eta_{u_k}\eta_{q_{lj}}}u_{k,\max}\,S_D^{(l)}(\omega_j,\zeta_j)+$$

$$\left.\sum_{k=1}^{m}\sum_{l=1}^{m}\sum_{i=1}^{n}\sum_{j=1}^{n}\beta_{ki}\beta_{lj}\rho_{q_{ki}q_{lj}}\frac{\eta_R^2}{\eta_{q_{ki}}\eta_{q_{lj}}}S_D^{(k)}(\omega_i,\zeta_i)\,S_D^{(l)}(\omega_j,\zeta_j)\right]^{\frac{1}{2}} \tag{4.9.7}$$

式中，$S_D^{(k)}(\omega_i,\zeta_i)$ 是第 k 个支点处的地震激励的位移反应谱对应于第 i 个振型的谱值。同理，$S_D^{(l)}(\omega_j,\zeta_j)$ 是第 l 个支点处的地震激励的位移反应谱对应于第 j 个振型的谱值。如同在前面用功率谱描述支点激励的情形一样，当假定各支点激励的自功率谱相同时，也可假定各支点激励的位移反应谱曲线相同，此时可去掉上式中反应谱值的上角标 k 和 l。

由于峰因子对每个过程特性的依赖性并不很强，所以上式中的峰因子比值将接近单位值[1]。如果假定这个比值等于单位值，则上式成为：

$$R_{\max}=\left[\sum_{k=1}^{m}\sum_{l=1}^{m}\alpha_k\alpha_l\rho_{u_ku_l}u_{k,\max}\,u_{l,\max}+2\sum_{k=1}^{m}\sum_{l=1}^{m}\sum_{j=1}^{n}\alpha_k\beta_{lj}\rho_{u_kq_{lj}}u_{k,\max}\,S_D(\omega_j,\zeta_j)+\right.$$

$$\left.\sum_{k=1}^{m}\sum_{l=1}^{m}\sum_{i=1}^{n}\sum_{j=1}^{n}\beta_{ki}\beta_{lj}\rho_{q_{ki}q_{lj}}S_D(\omega_i,\zeta_i)\,S_D(\omega_j,\zeta_j)\right]^{\frac{1}{2}} \tag{4.9.8}$$

式（4.9.8）表达了利用位移反应谱求最大响应量值的组合规则，一旦三个交叉相关系数 $\rho_{u_ku_l}$、$\rho_{u_kq_{lj}}$、$\rho_{q_{ki}q_{lj}}$ 求出，就可利用上式求出 $R_{\max}$。由式（4.9.2）～（4.9.6）和式（4.3.9）可见，这些交叉相关系数取决于地震动空间相关函数 $\rho(\omega,\xi)$ 和各支点激励的自功率谱密度。但在目前的情况下，已知的是支点激励的反应谱而不是自功率谱，因此，需利用如下的近似关系将反应谱化为自功率谱[1,83]：

$$G_{\ddot{u}\ddot{u}}(\omega)\simeq\frac{4\omega^2\left(\dfrac{\zeta\omega}{\pi}+\dfrac{2}{\pi T_{\mathrm{d}}}\right)S_D^2(\omega,\zeta)}{-2\ln\left(-\dfrac{\pi}{\omega T_{\mathrm{d}}}\ln p\right)} \tag{4.9.9}$$

此式与式（4.4.11）是类似的，区别仅在于这里的功率谱以单边谱的形式给出且所采用的反应谱是位移反应谱。

将式（4.9.9）代入式（4.3.13）时，将导致地面位移功率谱在 $\omega\doteq0$ 处无界，为此在式（4.9.9）中引入修正因子 $\omega^2/(\omega^2+\gamma^2)$，该因子将使位移功率谱

在 $\omega=0$ 处有界，而在 γ 取较小值时，因子将随 ω 增大而迅速趋近单位值，即对高频区位移谱值影响很小。式中参数 γ 是胡聿贤教授所定义的低频减量[1]，它可由下式确定：

$$\int_0^{\infty} G_{uu}(\omega)\,\mathrm{d}\omega=\int_0^{\infty}\frac{\dfrac{4}{\omega^2+\gamma^2}\left(\dfrac{\zeta\omega}{\pi}+\dfrac{2}{\pi T_{\mathrm{d}}}\right)S_D^2(\omega,\zeta)}{\left[-2\ln\left(-\dfrac{\pi}{\omega T_{\mathrm{d}}}\ln p\right)\right]}\,\mathrm{d}\omega$$

$$=\sigma_u^2=\left(\frac{u_{\max}}{\eta_u}\right)^2 \tag{4.9.10}$$

即由位移功率谱的面积等于均方值来确定 γ 。引入修正因子后，式（4.9.9）成为：

$$G_{\ddot{u}\ddot{u}}(\omega)\simeq\frac{\dfrac{4}{\omega^2+\gamma^2}\left(\dfrac{2\zeta\omega}{\pi}+\dfrac{4}{\pi T_{\mathrm{d}}}\right)S_D^2(\omega,\zeta)}{-\ln\left(-\dfrac{\pi}{\omega T_{\mathrm{d}}}\ln p\right)} \tag{4.9.11}$$

利用式（4.9.11）、式（4.3.11）～（4.3.13）和式（4.3.20），即可由式（4.9.2）～（4.9.6）通过数值积分求出各交叉相关系数，再代入式（4.9.8）即可求最大响应量 $R_{\max}$。

在设计实践中，有可能给定的是加速度反应谱 $S_A(\omega,\zeta)$，而不是位移反应谱 $S_D(\omega,\zeta)$，在这种情况下，位移反应谱值可由如下的关系求得：

$$S_D(\omega,\zeta)=\frac{S_A(\omega,\zeta)}{\omega^2} \tag{4.9.12}$$

但是在这种情况下，地震动位移的最大值 $u_{\max}$ 将不能由上式求得。

然而，在悬索桥的情况下，由于拟静力反应通常不大，式（4.9.8）中的头两项可以忽略不计，此时毋需求 $\rho_{u_k u_l}$ 、$\rho_{u_k q_{lj}}$ 及 $u_{\max}$，而 $R_{\max}$ 由下式近似求出：

$$R_{\max}=\left[\sum_{k=1}^{m}\sum_{l=1}^{m}\sum_{i=1}^{n}\sum_{j=1}^{n}\beta_{ki}\beta_{lj}\rho_{q_{ki}q_{lj}}S_D(\omega_i,\zeta_i)\,S_D(\omega_j,\zeta_j)\right]^{\frac{1}{2}} \tag{4.9.13}$$

式中，$\rho_{q_{ki}q_{lj}}$ 的计算所要用到的 $G_{\ddot{u}\ddot{u}}(\omega)$ 可直接由式（4.4.11 b）求出。由于不需计算 $\rho_{u_k u_l}$，也就不必计算支点位移自功率谱，因而引入修正因子的式（4.9.11）就不必要了。

因地震动过程通常具有宽带特性，而相关系数 $\rho_{q_{ki}q_{lj}}$ 对谱形的变化并不很敏感[1]，因而在计算 $\rho_{q_{ki}q_{lj}}$ 时，可以更粗略地假定地震动过程为白噪声，此时，式（4.9.6）变为：

$$\rho_{q_{ki}q_{lj}}=\frac{Re\int_0^{\infty}H_i(\omega)H_j^*(\omega)\rho(\omega,\xi_{kl})\mathrm{d}\omega}{\left[\int_0^{\infty}|H_i(\omega)|^2\,\mathrm{d}\omega\right]^{\frac{1}{2}}\left[\int_0^{\infty}|H_j(\omega)|^2\,\mathrm{d}\omega\right]^{\frac{1}{2}}}$$

$$=\frac{4\omega_i\omega_j}{\pi}\sqrt{\zeta_i\zeta_j\omega_i\omega_j}\,Re\int_0^{\infty}H_i(\omega)H_j^*(\omega)\rho(\omega,\xi_{kl})\mathrm{d}\omega \tag{4.9.14}$$

式中，ξ_{kl} 为第 k 个和 l 个支座间的间距。

式（4.9.13）表达了忽略拟静力响应的非一致激励反应谱法的 CQC（全二次组合，即 Complete-quadratic-combination）组合规则。

当为一致激励时，频率依赖的空间相关函数 $\rho(\omega,\xi)\equiv 1$，式（4.9.13）退化为如下形式：

$$R_{\max}=\left[\sum_{i=1}^{n}\sum_{j=1}^{n}\beta_i\beta_j\rho_{ij}S_D(\omega_i,\zeta_i)S_D(\omega_j,\zeta_j)\right]^{\frac{1}{2}} \tag{4.9.15}$$

式中

$$\beta_i=\sum_{k=1}^{m}\beta_{ki} \tag{4.9.16}$$

$$\rho_{ij}=\frac{1}{\sigma_i\sigma_j}Re\int_0^{\infty}H_i(\omega)H_j^*(\omega)G_{\ddot{u}\ddot{u}}(\omega)\mathrm{d}\omega \tag{4.9.17}$$

$$\sigma_i=\int_0^{\infty}|H_i(\omega)|^2\,G_{\ddot{u}\ddot{u}}(\omega)\mathrm{d}\omega \tag{4.9.18}$$

如同式（4.9.14）一样，也可采用白噪声来近似简化 ρ_{ij} 的计算，此时，ρ_{ij} 由下式计算[1,9]：

$$\rho_{ij}=\frac{4\omega_i\omega_j}{\pi}\sqrt{\zeta_i\zeta_j\omega_i\omega_j}\,Re\int_0^{\infty}H_i(\omega)H_j^*(\omega)\mathrm{d}\omega$$

$$\simeq\frac{2\sqrt{\zeta_i\zeta_j}\,[(\omega_i+\omega_j)^2(\zeta_i+\zeta_j)+(\omega_i^2-\omega_j^2)(\zeta_i-\zeta_j)]}{[4(\omega_i-\omega_j)^2+(\omega_i+\omega_j)^2(\zeta_i+\zeta_j)]} \tag{4.9.19}$$

式（4.9.19）的第二个等式是白噪声输入时振型相关系数 ρ_{ij} 的近似算式。

式（4.9.15）表达了一致激励反应谱法的 CQC 组合规则。当 R 为结构的某个位移反应时，式（4.9.15）如同式（4.9.13）一样忽略了拟静力的位移反应；但是由于一致激励情况下拟静力位移不引起内力，所以当 R 为结构的某个内力反应时，式（4.9.15）计算的内力是准确的。

通常在一般结构的抗震设计实践中，进一步将式（4.9.15）中的交叉项忽略掉而成为如下形式：

$$R_{\max}=\left[\sum_{i=1}^{n}\beta_i^2S_D^2(\omega_i,\zeta_i)\right]^{\frac{1}{2}} \tag{4.9.20}$$

这即是通常所谓的 SRSS（平方和开平方，即 square-root-of-sum-of-square）组合规则。但使用上述的组合方式必须在如下的前提之下，即[1,9]：

$$\frac{\omega_i}{\omega_j} < \frac{0.2}{\zeta_i + \zeta_j + 0.2} \quad (i < j) \tag{4.9.21}$$

在悬索桥的情况下，只有在跨度非常小时才能满足上面的关系，而一般的大跨悬索桥通常不能满足上述关系，所以在悬索桥的地震响应分析中，即使采用粗糙的一致激励反应谱法分析响应，计算最大响应的组合规则也应是 CQC 法而不宜采用 SRSS 法。

比较式（4.9.13）和式（4.9.15）可见，当考虑各支点激励的自功率谱相同（或位移反应谱相同），并忽略拟静力响应的影响时，所谓非一致激励的反应谱法与一致激励的反应谱法的主要区别在于：前者考虑了各支点激励间的相关性随频率和支点间距的变化，后者则认为各支点激励是完全相关的。这个区别可由式（4.9.14）和式（4.9.19）的对比更明确地看出。对于大跨悬索桥而言，支点激励完全相关的假定既不恰当，更不是偏于安全的做法。

第十节　数值算例及讨论

算例：虎门大桥初步设计方案的竖向地震响应

结构模型参考第三章的算例二，三维空间自由振动性状也已在那里算出。现在根据本章第三节定义的非平稳随机场激励模型，取前 30 个空间振型，用随机振动理论计算虎门大桥初步设计方案的竖向地震响应。取各振型阻尼比均为 0.02。为考察参数变化对响应的影响，选择了相关长度 K 和表观传导速度 V 取不同值时构成的 11 种变化情况，如表 4.2 所示。任意反应量的最大响应，是根据非平稳随机过程的可靠度理论，按不超越概率 $p = 95\%$，基于两态马尔可夫跨越假定由式（4.8.28）进行数值计算求得。计算所得的一根缆索内的水平力响应如表 4.3 所示，计算所得的加劲梁和左塔的位移图及弯矩图如图 4.3～4.10 所示，图中曲线的编号相应于表 4.2 中的参数变化情况编号。其中图 4.3 和图 4.4 为 K 取∞而 V 取 4 种不同值时的传导激励（但 $V = \infty$ 时为一致激励）响应的加劲梁位移图和弯矩图；图 4.5 和 4.6 为不考虑传导效应（即 $V = \infty$）而 K 取 4 种不同值时的非相干性激励（但 $K = \infty$ 时为一致激励）响应的加劲梁位移图和弯矩图；图 4.7 和图 4.8 为 K 取 5 210 m 而 V 取 5 种不同值时同时考虑非相干性效应和传导效应（但$V=\infty$为仅考虑非相干性效应）的非一致激励响应的加劲梁位移图和弯矩图（这两图中也用虚线绘制了一致激励时的响应，用以比较）；图 4.9 和图 4.10 为一致激励和 K 取 5 210 m 而 V 取 5 种不同值时的非一致激励响应的左塔一个塔腿的位移图和弯矩图。

表 4.2 相关长度 K 和表观传导速度 V 的变化情况

情况编号	K/m	V/（m/s）	说　明
1	∞	∞	一致激励，各支点激励完全相关，$\rho(\omega,\xi)\equiv 1$
2	∞	2 000	传导激励，不考虑非相干性效应，$\lvert\rho(\omega,\xi)\rvert\equiv 1$
3	∞	1 000	
4	∞	500	
5	1 500	∞	只考虑非相干性效应，不考虑传导效应，$\exp[\mathrm{i}\varphi(\omega,\xi)]\equiv 1$
6	3 000	∞	
7	5 210	∞	
8	5 210	3 000	同时考虑传导效应和非相干性效应
9	5 210	2 000	
10	5 210	1 000	
11	5 210	500	

注：1. K=5 210 m 为表 4.1 中选定的模型参数；
2. 所有其他激励模型参数如表 4.1 所示。

表 4.3 地震引起的一根缆索内的水平力的变化

情况编号	1	2	3	4	5	6	7	8	9	10	11
缆索水平力/kN	11 650	12 110	12 950	12 880	14 490	13 480	12 890	12 960	13 080	13 350	13 390

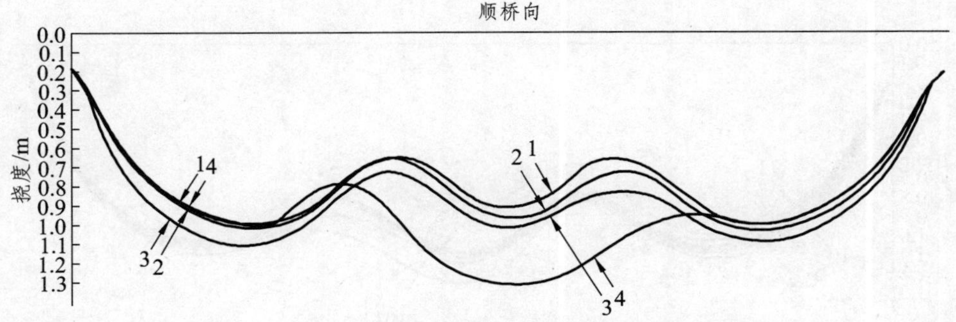

图 4.3 仅考虑传导激励效应时的加劲梁竖向位移图

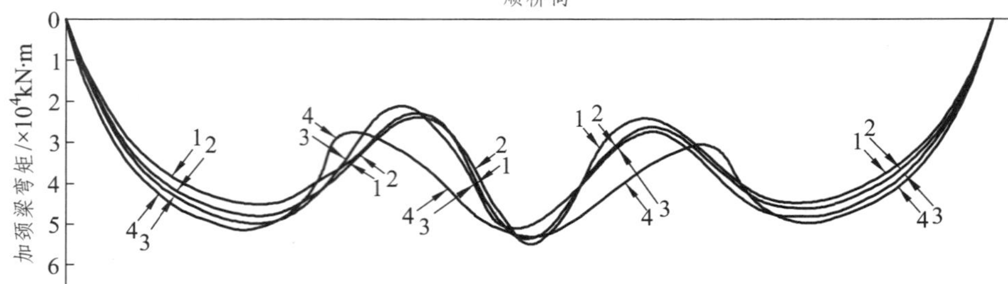

图 4.4　仅考虑传导激励效应时的加劲梁竖向挠曲弯矩图

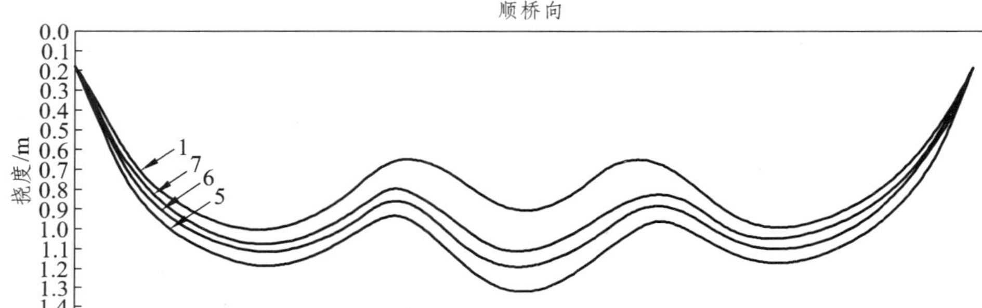

图 4.5　仅考虑非相干性激励效应时的加劲梁竖向位移图

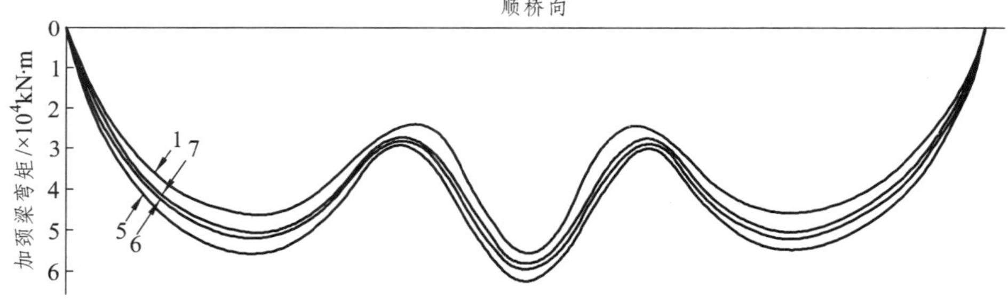

图 4.6　仅考虑非相干性激励效应时的加劲梁竖向挠曲弯矩图

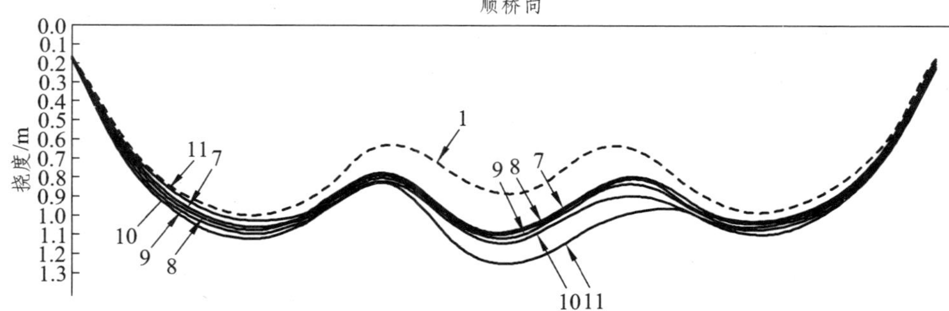

图 4.7　同时考虑非相干性激励效应和传导激励效应时的加劲梁竖向位移图

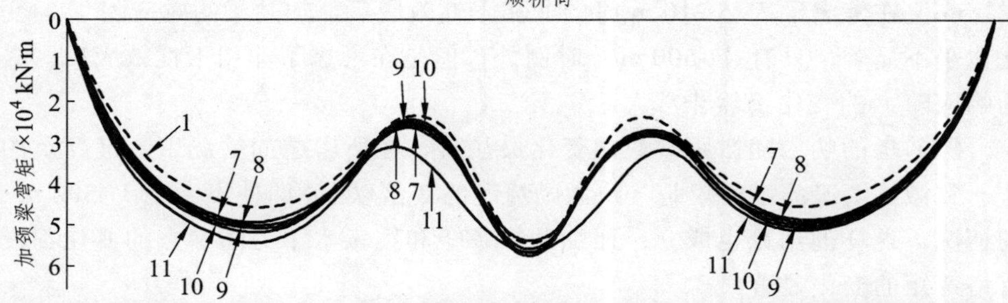

图 4.8　同时考虑非相干性激励效应和传导激励效应时的加劲梁竖向挠曲弯矩图

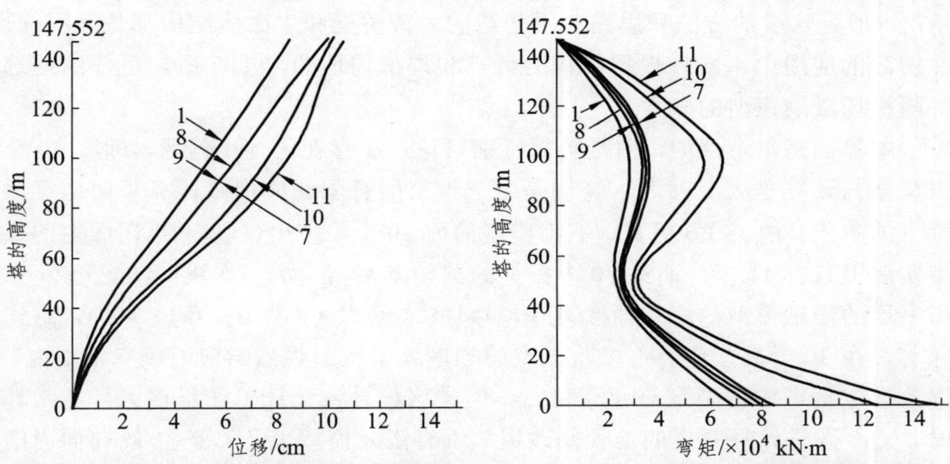

图 4.9　左塔一个塔腿在桥轴纵向的位移图

图 4.10　左塔一个塔腿在桥轴纵向面内的挠曲弯矩图

根据对这些计算结果的分析，可以获得如下的几点结论：

（1）一致激励的确低估了悬索桥的地震响应，如果分别或同时考虑了激励的传导效应和非相干性效应，则响应都将明显地增加。

（2）结构不同部位呈现最严重反应的激励情况各不相同。

（3）仅考虑激励的非相干性效应时，响应随着相关长度 K 的减小而增大；当考虑激励的传导效应时，响应随传导速度 V 的变化似乎没有规律。

（4）当仅考虑激励的非相干性效应时，在本算例中最严重的激励情况是当 K=1 500 m 时，但是这个 K 值不是在第三节中所考虑的匹配于历史地震的经验模型参数值。

（5）当仅考虑激励的传导效应，或者同时考虑传导效应和非相干性效应（K=5 210 m）时，最严重的激励情况都是在 V=500 m/s 时，但是虎门桥桥位场地的传导速度实际上不可能这样低。

（6）在考虑了 K=5 210 m 时的非相干性效应后，加劲梁的响应随 V 的变化似乎不显著，只有 V=500 m/s 时例外；但是在考虑了非相干性效应后，塔的响应随 V 的变化仍然非常大。

（7）塔的响应随激励参数的变化最显著，在所考虑的情况中，最严重的非一致激励情况的塔弯矩是一致激励情况的 2 倍以上，即使不考虑 V=500 m/s 的情况，这样的结论也成立；而加劲梁弯矩和缆索水平力随参数的变化都没有塔弯矩的变化显著。

由于仅计算了一个桥的竖向激励响应，上述这些结论不能够推广到一般情况。但是这里的方法和思路对于任意的大跨桥梁和生命线结构都是适用的。在实际的应用中，应该根据结构的特点和局部场地的岩土性质，更仔细地选择随机场激励模型的参数值。

本算例是示意性的，但是仍需特别讨论这里存在的一个问题，即取 30 个振型参与计算是否足够？本算例是用三维空间有限元模型来计算竖向地震激励下的响应。由表 3.6 可见，三维模型的前 30 个振型中，竖向-纵向面内的振型实际上只有 11 个，而第 30 个振型的圆频率 $\omega_{30} = 2\pi f_{30} = 5.38\ \text{rad/s}$ 还远小于所采用的激励模型的卓越频率 $\omega_{\text{g}} = 15\ \text{rad/s}$（见式（4.3.10）和表 4.1），这意味着，在 30 阶后，还有许多阶振型的频率处于激起强烈响应的频率范围内，因此应取更多的振型参与计算响应。但是这将导致计算工作量增大，非常耗时。一个改进计算效率的途径是改用二维有限元模型来计算竖向-纵向面内的振型和竖向地震响应。对于纵向地震响应和横向地震响应，应该采用类似的计算策略。

参考文献

[1] 胡聿贤. 地震工程学[M]. 北京：地震出版社，1988.

[2] 星谷胜. 随机振动分析[M]. 北京：地震出版社，1977.

[3] 日本土木学会. 地震反应分析及实例[M]. 北京：地震出版社，1983.

[4] 西山启伸，小寺重郎. 桥梁抗震计算[M]. 北京：人民交通出版社，1983.

[5] 谢礼立，于双久. 强震观测与分析原理[M]. 北京：地震出版社，1982.

[6] 郑治真. 波谱分析基础[M]. 北京：地震出版社，1982.

[7] 谷口修. 振动工程大全[M]. 北京：机械工业出版社，1983.

[8] 汪凤泉，郑万泔. 试验振动分析[M]. 南京：江苏科技出版社，1988.

[9] 尼格姆 N C. 随机振动概论[M]. 上海：上海交通大学出版社，1985.

[10] 张景绘，王超. 工程随机振动理论[M]. 西安：西安交通大学出版社，1988.

[11] 徐昭鑫. 随机振动[M]. 北京：高等教育出版社，1990.

[12] 周荫清. 随机过程导论[M]. 北京：北京航空学院出版社，1987.

[13] 盛昭瀚. 随机系统分析引论[M]. 南京：东南大学出版社，1988.

[14] 克拉夫 R W，彭津 J. 结构动力学[M]. 北京：科学出版社，1983.

[15] 巴特 K J，威尔逊 E L. 有限元分析中的数值方法[M]. 北京：科学出版社，1985.

[16] 国家地震局工程力学研究所. 唐山地震校正加速度数字化记录[M]//中国强震记录汇报. Vol.I，No.2. 北京：地震出版社，1986.

[17] Raab N C，et al. Earthquake stresses in the San Francisco-Oakland Bay Bridge[J]. Trans. ASCE，1941.

[18] Moisseiff L S. Provision for seismic forces in design of Golden Gate Bridge[J]. Civil Engineering，1940，Vol.10，No.1.

[19] Konishi I，Yamada Y. Earthquake resistant design of long span suspension bridges[C]//Proc. 3th WCEE. New Zealand：1965.

[20] Konishi I，Yamada Y，Takaoka Y. Earthquake resistant design of long span suspension bridge towers[J]. JSCE，1964，No.104.

[21] Konishi I，Yamada Y. Studies on the earthquake resistant design of suspension bridge tower and pier systems[C]//Proc. 4th WCEE. Chile: 1969.

[22] Konishi I，Yamada Y. Earthquake response of a long span suspension bridge[C]//Proc. 2nd WCEE. Japan: 1960.

[23] Housner G W，Converse F J，Clough R W. Seismic analysis of the main piers for the Tagus River Bridge，Lisbon[J]. San Francisco: Tudor Engineering Company，1961.

[24] Tezcan S S，Cherry S. Earthquake analysis of suspension bridges[C]//Proc. 4th WCEE. Chile: 1969.

[25] Baron F，Hamati R E. Effects of non-uniform seismic excitations on the Dumbarton Bridge Replacement Structure (EERC Report). 1976，No.76-19.

[26] Baron F，Arikan M，Hamati R E. The effects of seismic disturbances on the Golden Gate Bridge (EERC Report). 1976，No. 76-31.

[27] Baron F. Design considerations for dynamic loads on suspension bridges, from “Long Span Suspension Bridges：History and Performance” [C]//Proc. ASCE National Convention. Boston: 1979.

[28] Abdel-Ghaffar A M，Rubin L I. Suspension bridge response to multiple-support excitations[J]. ASCE，1982，Vo1.108，No.EM2.

[29] Abdel-Ghaffar A M, Rubin L I. Vertical seismic behaviour of suspension bridges[J]. Earthquake Engineering & Structural Dynamics, 1983, Vol. 11.

[30] Abdel-Ghaffar A M, Rubin L I. Lateral earthquake response of suspension bridges[J]. ASCE, 1983, Vol.109, No.ST3.

[31] Abdel-Ghaffar A M, Rubin L I. Torsional earthquake response of suspension bridges[J]. ASCE, 1984, Vol.110, No.EM10.

[32] Abdel-Ghaffar A M, Rood J D. Simplified earthquake analysis of suspension bridge towers[J]. ASCE, 1982, Vo1.108, No.EM2.

[33] Abdel-Ghaffar A M, Stringfellow R G. Response of suspension bridges to travelling earthquake excitations: Part Ⅰ. Vertical response, Part Ⅱ. Lateral response[J]. SDEE, 1984, Vol. 3, No. 2.

[34] Castellani A. Safety margins of suspension bridges under seismic conditions[J]. ASCE, 1987, Vo1.113, No.ST7.

[35] Tsai Y B, Yeh K, Hsu M K. Earthquake strong motions recorded by a large near-source array of digital seismographs[J]. Earthquake Engincering and Structural Dynamics, 1982, Vol.10.

[36] Harichandran R S. Stochastic variation of earthquake ground motion in space and time[J]. ASCE, 1986, Vol.112, No.EM2.

[37] Harichandran R S, Wang W J. Response of simple beam to spatially varying earthquake exeitatiori[J]. ASCE, 1988, Vol.114, No.EM9.

[38] Oliveira C S, Hao H, Penzien J. Ground motion modeling for multiple-input structural analysis[C]//Proc. lnternational Workshop on Special Issue of the Spatial Variation of Earthquake Ground Motion, Edited by Vanmarcke, E. H. Structural Safety. 1991, Vol. 10, No.1/3.

[39] Loh C-H. Spatial variability of seisrruc waves and its engineering application. Ibid.

[40] Abrahamson N, Schneider J F, Stepp J C. Spatial coherency of shear waves from the Lotung[J]. Taiwan large-scale seismic Test. Ibid.

[41] Eguchi R T. Seismic hazard input for lifeline systems[J]. Ibid.

[42] Harichandran R S. Estimating the spatial variation of earthquake ground motion from dense rrray recordings[J]. Ibid.

[43] Shinozuka M, Deodatis G. Stochastic wave models for stationary and homogeneous seismic ground motion[J]. Ibid.

[44] Vanmarcke E H, Fenton G A. Conditioned simulation of local fields of earthquake ground motion[J]. Ibid.

[45] Deodatis G，Shinozuka M. Stochastic wave representation of seismic ground motion: I. F-K Spectra，Ⅱ. Simulation[J]. ASCE，1990，Vol.116，No.EM11.

[46] Shinozuka M，Deodatis G. Stochastic process models for earthquake ground motion[J]. Probabilistic Engineering Mechanics，1988，Vol.3，No.3.

[47] Deodatis G，Shinozuka M. Simulation of seismic ground motion using stochastic waves[J]. ASCE，1989，Vol. 115，No.EM12.

[48] Li Y，Kareem A. Simulation of multivariate nonstationary random processes by FFT[J]. ASCE，1991，Vol.117，No.EM5.

[49] Zerva A. Seismic ground mation simulations from a class of spatial variability models[J]. Earthquake Engineering and Stuctural Dynamics，1992，Vol.21.

[50] Yamazaki F，Shinozuka M. Simulation of stochastic fields by statistical preconditioning[J]. ASCE，1990，Vol.116. No.EM2.

[51] Yamazaki F，Shinozuka M. Digital generation of non-gaussian stochastic fields[J]. ASCE，1988，Vo1.114，No.EM7.

[52] Harichandran R，Wang W J. Response of indeterminate two-span bean to spatially varying seismic excitation[J]. Earthquake Engineering and Stuctural Dynamics，1990，Vol.19.

[53] Quek S T，Teo Y P，Balendra T. Non-stationary structural response with evolutionary spectra using seismological input model[J]. Ibid.

[54] Perotti F. Structural response to non-stationary multiple-support random excitations[J]. Ibid.

[55] Shinozuka M，Yang J N. Peak structural response to non-stationary random excitations[J]. J.Sound Vib，1971，Vol. 16.

[56] Corotis R B，Vanmarcke E H，Cornell C A. First passage of nonstationary random processes[J]. ASCE，1972，Vol.98，No.EM2.

[57] Dumanoglu A A，Severn R T. Seismic response of modern suspension bridges to asynchronous longitudinal and lateral ground motion[J]. ICE，1989，Part2，Vol.87.

[58] Dumanoglu A A，Severn R T. Seisnuc response of modern suspension bridges to asynchronous vertical ground motion[J]. ICE，Part2，1987，Vol.83.

[59] Hyun C H，Yun C B，Shinozuka M. Nonstationary analysis of suspension bridges for multiple support exictations[C]//Proc. of the Forth Rail Bridge Centenary. 1990.

[60] Berrah M，Kausel E. Response spectrum analysis of structures subjected to spatially varying motions[J]. Earthquake Eng. Struct. Dyn.，1992，Vol. 21.

[61] Der Kiureghian A，et al. Response spectrum method for multi-support seismic

excitations[J]. Earthquake Eng. Struct. Dyn.，1992，Vol. 21.

[62] Biot M A. Analytical and experimental methods in engineering seismology[J]. Trans. ASCE，1943.

[63] Okamoto S. Introduction to earthquake engineering[M]. Tokyo: University of Tokyo Press，1973.

[64] Housner G W. Behaviour of structures during earthquakes[J]. ASCE, 1959，Vol. 85，No.EM3.

[65] 小西一郎．钢桥⑩[M]．北京：中国铁道出版社，1981.

[66] Brown W C，Parsons M F. Bosporus Bridge，Part I：History of design[J]. ICE，Part l，1975，Vol. 58.

[67] 山崎康嗣，原茂树．第2ボスポラス桥の设计と施工[J]．桥梁と基础，1989，10.

[68] 日本本四公团．耐震设计基准[S]．昭和52年（1977）.

[69] 严国敏．日本本州四国连络桥情报资料．第5期．铁道部大桥局设计院，1985.

[70] 陈仁福．大跨悬索桥抗震研究与设计方法[C]//四川省第二届结构振动学术会议论文集. 1992.

[71] 西南交通大学．对汕头海湾大桥初设的校核. 1991.

[72] Loh C H. Analysis of the spatial variation of seismic waves and ground movement for SMART-1 array data[J]. Earthquake Engineering and Structural Dynamics，1985，Vol.13.

[73] Tsai Y B. Empirical characterization of free-field ground motion for soil-structure interaction analysis[C]//2nd Workshop on Strong Motion Arrays. Taipei: 1988.

[74] Sawada T，Kameda H. Modeling of nonstationary cross spectrum for multivariate earthquake ground motions by multifilter technique[C]//Proc. 9th WCEE. 1988.

[75] Abrahamson J L，et al. Empirical spatial coherency functions for application to soil-structure interaction analysis[J]. Earthquake Spectra，1991，Vol.7.

[76] Luco J E，et al. Response of a rigid foundation to a spatially randan ground motion[J]. Earthquake Eng. Struct.Dyn.，1986，Vol.14.

[77] Hao H，Oliveira C S，Penzien J. Multiple-station ground motion processing and simulation based on SMART-1 array data[J]. Nucl.Eng.Des.，1989，Vol. 111.

[78] Key D. Earthquake design practice for buildings[M]. London: Thomas Telford, 1988.

[79] 欧进萍，牛荻涛，王光远．基于弹塑性随机动力分析的抗震结构概率设计理论与方法[R]//哈尔滨建筑工程学院科研报告. 1991.

[80] 交通部．公路工程抗震设计规范（JTJ 004—89）[S]．北京：中国交通出版社，1990.

[81] Shinozuka M，Sato Y. Simulation of nonstationary random process[J]. ASCE，1967，

Vol.93，No.EMl.

[82] Shinozuka M. Stochastic fields and their digital simulation，from “Stochastic Methods in Structural Dynamics”. 1987.

[83] Rosenblueth E， Elorduy J. Response of linear systems to certain transient disturbances[C]// Proc. 4th WCEE. Chile: 1969.

[84] Liang Z，Lee G C. Representation of damping matrix[J]. ASCE，1991，Vo1.117，No.EM5.

[85] Vanmarcke E H. On the distribution of the first-passage time for normal stationary random processes[J]. J.App. Mech.，1975，Vol. 42.

[86] Der Kiureghian A. Structural response to stationary excitation[J]. ASCE，1980，Vol.106，EM6.

第五章　悬索桥风致振动效应的理论分析

第一节　概　述

风对悬索桥的作用可以分为静力作用和动力作用两个方面。风作为静力作用的效应分析可按第一章中的方法处理，本章探讨风作为动力作用时的振动效应分析。在悬索桥的所有各类动力行为及控制对策的研究方面，风振问题是最突出和最受重视的。这首先是因为历史上确实有若干悬索桥因风致振动而毁坏，其次是由于悬索桥本身的大跨和柔性以及风现象的普遍性，致使在世界上任何一地修建的悬索桥客观上都会遭受程度不同的风激励。

一、桥梁风致振动现象分类

众所周知，1940 年的塔可马桥风毁事故是促使桥梁和土木结构物风振研究和抗风设计的起因。自那时以来，对桥梁和结构物风致振动的研究已经取得了很大进步。特别是，已经认识了结构物或构件的多种风致振动现象，对这些现象可以从实用的角度分别采用不同的对策加以控制。这些风致振动现象可以粗略地分类为[1-4]：

（1）气动弹性失稳，包括单自由度颤振（如失速颤振、驰振等）、多自由度或多振型耦合颤振。这些现象属于自激形式的振动，一旦发生就将导致结构物的毁灭，所以是绝对不容许的。

（2）抖振，是由于风荷载的随机扰动引起的强迫振动。它是在任何风速下都会发生的限幅振动现象，其响应依赖于结构的质量、阻尼、刚度和气动外形。这类振动现象虽不致引起结构的迅速破坏，但可能导致构件的较大变形和应力以及构件疲劳和旅行者的不舒适。这类现象虽不可避免，但应采取措施抑制其响应。

（3）涡激振动，是由非流线型断面背后的旋涡脱落产生的周期性空气力引起的强迫振动。它是在低风速区发生的有限振幅的振动现象，其发生和响应振幅对构件刚度、初始阻尼值和断面外形有很大依赖性。这类振动现象虽不致引起结构迅速破坏，但可能导致构件疲劳和旅行者的不适，故应避免或采取措施限制其响应。

此外，在日本还发现了缆索的雨振现象[77]，这是在风雨气候条件下由于沿缆索的水流导致断面的气动性质发生变化而引起的振动现象。这类现象不普遍，可以说它的危害不严重。

对于悬索桥整体而言，所需考虑的风致振动现象是颤振和抖振。对各类构件而言，所需考虑的风致振动现象是：① 加劲梁：所有上述各类现象都可能发生。② 塔：在成桥状态，其风振现象不严重，但在施工时则可能发生较严重的风致振动（自由悬臂态的钢塔，在较低风速下会发生涡振，在较高风速下可能发生驰振；自由悬臂态的钢筋混凝土塔，理论上在更高风速可能发生驰振，但涡振一般不大可能发生）。③ 吊索：长吊索可以发生涡振；另外，由于吊索直径较小，间距相对较大，一般不会发生尾流驰振。④ 主缆：由于其内有很大的轴力并连着密布的吊索，所以一般不会像斜拉桥的拉索那样产生涡振和驰振。

二、悬索桥风振研究与设计实践的历史发展与现状述评

1. 直接由风洞试验结果评价悬索桥气动性能的阶段

1940 年老塔可马桥风毁事故之后，美国华盛顿公路局组织了各方面专家对悬索桥风振问题进行研究[16-23]。由于悬索桥气动失稳与飞机机翼颤振二者在形式上非常类似，所以在航空学中研究机翼颤振现象的方法显然可以被借用。但由于对悬索桥加劲梁断面的非定常气动力不清楚，无法进行理论解析，所以在早期的研究中只能是借用航空学中的风洞试验方法，直接由观察的风洞试验结果如临界风速、颤振形态和频率等，来评价悬索桥的气动稳定性。有关这方面的研究工作首先是在华盛顿大学和加州理工学院进行。在华盛顿大学，为这项研究专门建立了一个试验段宽达 30.48 m 的大型风洞。在 Forquharson 教授的领导下，在这风洞中进行试验的第一个模型是老塔可马桥的全桥气弹模型[18,19]。试验显示模型风振与从原型观察到的情况相似，这个结果使人们对由风洞试验方法来评价悬索桥的气动性能有了信心。于是，通过系统的试验来决定塔可马桥的重建方案，评价既有悬索桥的气动性能并选择适当的加固方案。这些试验包括节段模型和全桥气弹模型这两类模型试验。当时对两类模型试验结果的比较结论是：用节段模型的试验结果推算足尺原型的风振

现象是足够可信的。根据系列的风洞试验结果，研究者们得出如下的一般结论[17-23]：

（1）板梁加劲的悬索桥，其颤振形态是纯弯或纯扭的单自由度颤振，其稳定程度主要取决于加劲梁断面的宽高比及固有频率。这类悬索桥远比桁架加劲的悬索桥更易蒙受风害，因此板梁不宜用作悬索桥的加劲梁。

（2）桁架加劲的悬索桥，其颤振形态是弯扭耦合的颤振，类似于机翼颤振。这类悬索桥的稳定程度主要取决于结构的扭弯频率比以及桥面的连续宽度等。

（3）改进悬索桥气动性能的设计特征是：采用横截面为闭合图形的桁架梁（以提高扭转刚度和扭频），在跨中设缆结或中央扣（以提高反对称扭频），在桥面车道之间设置透风槽孔或格栅（以改善绕流状况）等。

根据这些结论，决定了塔可马桥的重建方案，1950 年末建成了新的塔可马桥，同时对金门桥、布隆克斯白石桥等进行了加固。

与此同时，在英国为指导塞文桥和福斯桥的抗风设计，由 Scruton 等采用与 Farquharson 类似的试验方法进行了系列风洞试验[24-26]。稍后在日本为指导若户桥和关门桥的抗风设计，由平井教授采用类似实验方法也进行了系列风洞试验[27-29]。这些实验工作都获得了与前述美国实验工作类似的一般结论，而这些研究结论奠定了“美国式”桁架加劲悬索桥在悬索桥抗风设计中的重要地位。

然而，由于塞文桥推迟到 1960 年开工，使得 Scruton 等有充分时间利用风洞试验为该桥试选桁架以外的加劲梁[25]。他们曾试选过箱梁，但显然矩形箱断面与板梁断面有相似的不良气动性能，因此改为试选带伸臂六角形扁平箱梁，结果大获成功。这就使塞文桥在抗风设计方法上与过去迥然不同，其在抗风设计方面有以下一些优点：① 六角形扁平箱接近流线型断面，其绕流状况较其他钝形截面有很大改善，不仅在动态方面其颤振形态是临界风速较高的弯扭耦合颤振，而且在静态方面因其对风的阻力系数很小，导致其静风荷载也显著减小。② 箱梁抗扭刚度大，导致扭转振动频率显著提高，而且扭转振动的基本振型是正对称的，不像老塔可马桥那样是反对称的，这些对提高颤振的临界风速非常有效。③ 作用于带伸臂扁平箱断面上的气动弹性力类似于薄翼上的气动弹性力，因而用机翼颤振理论[2,3]来预估悬索桥颤振临界风速的可靠性较大。这些优点奠定了所谓“英国式”扁平箱加劲悬索桥的抗风设计中的优越地位。

显然，在上述早期的抗风实践中，风洞试验成为抗风设计唯一的或主要的工具，而且抗风思想的基本点是抵抗颤振，有时也兼顾抵抗涡振。

2. 理论研究

仅依靠风洞试验，那是不能认识桥梁颤振现象的实质的。另外，将节段模型试验成果直接推广到足尺原型，势必要忽略许多因素的影响，同时还存在着模型系统的刚度如何确定的问题。所以有很多学者试图从理论上对桥梁颤振现象进行阐释。早在 20 世纪 40 年代末，Bleich 就率先从事这方面的研究工作[20,21]。他研究颤振问题的思路如下：在假定临界振动为谐和振动的条件下，先确定作用在加劲梁上的非定常气弹力，然后运用古典动力学的方法建立结构在非定常气弹力作用下的运动方程，再根据谐和振动条件获得悬索桥动力稳定性方程，从而确定颤振频率和临界风速。这一思路后来也被 Klöppel、Thiele、Scanlan、Van Der put 等人所采用，但在实施时，各人所采用的非定常气弹力模型以及对运动方程的处理又各有不同[30-40]。Bleich 认为作用在加劲梁上的非定常气弹力可以用 Theodorsen（西奥多森）薄翼气动力与一个周期性的升力的迭加来表示，并在弯扭固有振动不耦合的假定下，只利用一个基本弯曲振型和一个基本扭转振型的正规坐标来建立运动的方程[20,21]。一些学者认为，这样的处理导致理论解析与实际情况只存在偶然的一致。然而，Bleich 发现，在假定悬索桥弯扭两基本振型相同时，描述结构的运动方程即简化为描述节段模型的运动方程，这却从理论上解释了如下的试验结论，即节段模型的试验结果推广到足尺原型是足够可靠的，只要结构的基本振型非常相似。Klöpple、Thiele[30-32]、Van Der put[33]等人则完全借用 Theodorsen 薄翼气动力并对节段模型建立二维运动方程来研究桥梁颤振问题，然而由于桥梁断面的非流线型，势流理论本来不适用[2-4]，所以这样的理论解析与实际情况自然会不一致。但是他们通过大量的节段模型风洞试验测出各种断面的试验临界风速之后，获得了试验值与计算值的比值并定义为断面形状修正系数，这样通过计算值与断面修正系数的积来预估实桥的临界风速，并绘出了各种断面临界风速值的诺谟图，这就使复杂的理论分析简化到了便于实用的程度。这些结果进一步由 Van Der Put[33]归纳成一个简单的临界风速的近似计算公式，更便于初步估算临界风速。Selberg[34]和白石[35,36]们也按照上述方法根据分析和试验提出了各自的近似计算公式。Scanlan[37-39]则在由风洞试验获取非定常气动力系数（称为颤振导数）的前提下，提出了一种半实验半理论的线化、正弦气动力模型，这在合理描述桥梁断面非定常气动力方面迈进了一大步；但在建立运动方程时，Scanlan 仍沿用了 Bleich 的方法，只是在意识到弯和扭的基本振型通常不完全相同时，才考虑了这个影响而予以改进。

以上研究者普遍只采用两个正规坐标来描述系统运动的方程，有时甚至在假定两个基本振型完全相似的条件下用节段模型的运动方程来代替系统运动方程。这种做法显然是航空学中“弯扭二自由度耦合颤振”观念在桥梁气动弹性力学研究中的不恰当延伸。用这种方法阐释那些固有弯曲振型与扭转振型阶次一一对应的桥梁（如老塔可马桥、布隆克斯白石桥、金门桥等）的颤振问题也许是可行的，但用来阐释那些固有弯曲和扭转振型阶次并非一一对应的桥梁（如箱梁加劲的悬索桥和那些跨度不太大的闭合桁架加劲的悬索桥）的颤振问题时，则可能因为参与耦合的固有振型选择不当而得出错误的结论。另外，这样建立的运动方程也不能正确地阐释诸如斜拉桥和悬臂梁等结构的颤振问题。20 世纪 70 年代中期，Thiele 在研究一座拟建的斜拉桥的颤振问题时[41]，在仍沿用 Theodorsen（西奥多森）气动力的情况下，因注意到基本振型不是“仿射的”，因而在运动方程的处理上改变以往学者的做法，不是仅用两个正规坐标来描述系统运动，而是直接用分布参数来描述系统运动，并利用传递矩阵法进行计算来确定颤振条件，算例显示分析结果能与风洞试验很好地吻合。显然，Thiele 的方法已经完全摒弃了“弯扭二自由度耦合颤振”观念，而根据由分布参数描述的系统运动方程来确定颤振条件这个事实则已暗示了“多振型耦合颤振”这样的观念。Brotton 等[42-44]也在不使用正规坐标的情况下，直接由有限元离散的系统参数来描述运动方程，由于考虑了结构的非线性，并采用 Theodorsen 薄翼气动力，所以运动方程成为非线性非保守自治系统，通过对运动方程进行直接数值积分，由获得的振动历程的对数衰减率为零来确定颤振状态。尽管 Theodorsen 气动力是理想化的模型，而且也不适于非线性问题，但 Brotton 的方法本身也摒弃了“弯扭二自由度耦合颤振”观念而暗示了“多振型耦合颤振”的观念。Agar 沿袭了 Brotton 的方法，但使用了 Scanlan 的气动力模型取代 Theodorsen 气动力[45]。Miyata 等则在稳态振动为谐和振动的假定下，直接将自激系统的多自由度有限元运动方程变换为多自由度的复特征值问题求解，但使用了 Theodorsen 气动力[46]。事实上，根据结构动力学知识，当结构上施加有动荷载时，这个动荷载原则上将在结构的所有振型上激起反应。当把气动力作为动荷载来考虑，而气动力又与结构一起组成自治系统时，则显然能从这样的系统运动中获得“多振型耦合颤振”的观念。正是基于这样的考虑，Scanlan 在其晚近的论文中已修改了以往的二自由度耦合颤振分析方法，在这些论文中仍然使用正规坐标变换来减少运动方程的数目，但所使用的正规坐标数目则是远远多于两个[47,62]。

前述的研究主要是建立在古典的结构动力学理论基础上的。但颤振问题实质上可归属于动态系统稳定性，后者较早地在控制理论中进行了探讨[6,9,78]。20 世纪 70 年代，现代控制论的概念和方法被引入航空学领域[3]，这样，在控制理论中广泛应用的根轨迹法被用来分析机翼的气动弹性稳定性。由于根轨迹法描述的是从亚临界到临界整个范围的系统特征，所以首先就必须具备所谓完全非定常气动力（或任意运动非定常气动力）来适应所用理论的要求。但是完全非定常气动力的计算是极其费时费力的，为此，提出了用给定的有限个频域简谐非定常气动力离散值来近似得到某频段的拉氏域内的非定常气动力影响函数的方法[48]。这种想法最早由 Jones 提出，后来 Roger、Vepa、Edwards 和 Karpel 等人沿用同一思想[49]，提出和发展了若干种非定常气动力的有理近似式，这才使得根轨迹法在航空学中得到应用[3]。1985 年，谢霁明在其博士论文中衍用了根轨迹法来分析桥梁气弹稳定性[50]，其中拉氏域内的非定常气动力采用了 Roger 的有理级数近似形式，但其中的气动力影响函数矩阵可以由频域简谐气动力拟合，也可采用他所建议的初脉冲耦合法实测。根轨迹法的优点是能够正确反映结构与气流作为非保守自治系统的动力特性随风速变化的全过程，但是这个方法需谨慎辨别并剔除由于将近似式引入气动弹性方程所产生的若干个没有物理意义的气动力增广根后才能画出根轨迹图。

至此所描述的主要是关于耦合颤振理论解析方面的进展。若按照 Bleich 及 Scanlan 等人的方法，当确定了非定常气动力模型后，对于单自由度的颤振问题也是能够求解的。另外根据拟定常气动力理论，利用试验获得的断面的静空气力特性也能确定单自由度不稳定振动的条件[10,51]。这些分析方法都是建立在线性空气力理论基础上的，但是现在一般认为单自由度颤振仅用线性空气力理论来描述是很粗糙的。在关于桥塔的驰振问题上，现在已经能够利用 Parkinson[52]、Novak[53]等的研究成果基于拟定常的非线性空气力求得更合理的解，其中的空气力系数仍然可以借助于试验获得。

尽管颤振是桥梁风致振动现象中最具危害性的现象，但由于以上的实验和理论研究，桥梁颤振问题可以说从实用的角度已得到解决。因为自新塔可马桥的建成以来，全世界再也没有桥梁因颤振而损毁的报告。现在有关这方面的研究可以说是精益求精的。但是，在桥梁颤振现象被避免之后，一些观察和风洞试验却显示，对于颤振稳定的桥梁，在大的折算风速范围内的紊流作用下，会发生较大的振动[58,60]，这促使人们对抖振现象加以重视。最先研究桥梁抖振问题的是 Davenport，其后 Scanlan、Lin 及其他学者对此也进行了研究[10,54-76]。

Davenport 是将紊流风荷载作为平稳随机荷载按如下方法来研究桥梁抖振问题的：① 研究风结构以获得紊流风谱及空间相关函数。② 用拟定常方式来表达紊流引起的作用于单位长度结构上的强迫空气力并求出其功率谱。考虑到当紊流风急速变化时拟定常理论并不严格成立，即抖振力系数本应是紊流频率的函数，同时又考虑到即使在同一断面上不同点的风速也存在着空间相关性，所以 Davenport 在这一步引入气动导纳的概念来对所获得的抖振力及其功率谱予以修正。③ 求出作用于全桥某个振型上的广义抖振力并求出其功率谱，该功率谱是以某断面上的抖振力功率谱乘以一个空间修正函数而得到的，而这个空间修正函数主要是因考虑在同一振型结构不同部位的抖振力存在空间相关性（一般它与变化风速的空间相关性是一致的）而引入的。④ 利用该振型的频率响应函数求出振型响应及其功率谱。在求频率响应函数时，所涉及的阻尼包括结构阻尼与气动阻尼之和，其中气动阻尼是按拟定常考虑的，且不考虑由非定常气动力引起的振型运动耦合。⑤ 最后，用振型迭加法给出总的响应和功率谱，并进而求得响应的方差，再根据动力可靠度理论求出最大响应期望值。以上方法对于紊流引起的横向、竖向和扭转响应都是适用的。显然，这是典型的平稳随机振动谱分析方法。这个方法的基本原理和步骤也被后来的许多研究者所采用[10,59-66]。但是在有关风谱、空气动力导纳、自激气动力的影响以及动力可靠度理论等方面则对 Davenport 的研究有了很大改进。关于风谱，正如 Simiu 和 Scanlan 所指出[1]，Davenport 的顺风谱不能反应谱随高度的变化，因而是不合理的，所以 Hino、Kaimal 和 Simiu 经研究之后，各自提出了更合理的顺风谱[1,4,84]；而 Lumley 和 Panofsky 则提出了竖向风谱[1]，Kaimal 提出了水平横向风谱[1]；另外关于紊流风的空间相关函数也由一些学者作了更仔细的研究[1]。关于气动导纳，它本是作为风谱和单位长度构件上的抖振力谱之间的联系环节而引入的，用以考虑风速空间相关性的影响和修正按拟定常方式计算抖振力产生的误差，但 Davenport 的导纳计算式却只考虑了风速空间相关性的影响，而且是在特定的紊流比尺和假定桁架的高宽相等的条件下导出的[55]，所以其适用范围受到限制。现在一般认为各种断面的导纳函数都应该由风洞试验来获得[75,76]。但是对于接近流线型的断面，许多学者认为采用适于机翼的 Sear（西雅）函数也是一个良好的近似[4,10]。关于自激气动力的影响，显然 Davenport 仅用拟定常方式并只考虑气动阻尼对系统频率响应函数的影响是很粗糙的。由于 Scanlan 的非定常气动力模型在谱描述意义上可以推广用于具有平稳随机振动特性的任意运动[1,62,79]，利用 Scanlan 的非定常气弹力模型来考虑自激气动力对系统频响特性的影响是更合理的。除此之外，也有学者将气动阶跃函数表达的自激气动力模型用于桥梁抖振响应分析[59,67-74]，但 Scanlan 指出那将导致更复杂的计算[1,79]。最后关于估算最大响应的动力可靠度理论，在前一章已指出自 Davenport 以来已经有了很大发展，在此就不赘述。

以上描述了用通常的平稳随机振动谱分析方法来研究抖振问题的发展概

述，它们代表了关于桥梁抖振分析理论研究的主要方面。但是 Lin 主张将桥梁受紊流激励的响应问题作为一种随机参数系统受随机激励的响应问题来研究[67]。他认为由于紊流的存在，桥梁不仅所受强迫激励是随机的，而且以阶跃函数方式表达的自激气动力也至少因风速扰动而随时间变化，导致气动阻尼和刚度都是随机的，从而系统成为随机参数系统。这样，系统的支配运动方程成为随机微分方程，不能利用随机振动理论的简单谱分析方法来求响应，而只能利用对随机系统求响应的方法来研究。作为一种特例，当系统响应无限增大时，可以确定颤振临界状态。但是这样的分析方法在数学运算上较复杂。另一方面，Lin 后来也意识到，自激气动力随时间变化是仅在颤振临界区域才值得重视的问题，所以对于在亚临界区域这个很大的范围，自激气动力系数可据平均风速确定，这样抖振响应就仍可用基本的谱分析方法计算[68]。但关于颤振，Lin 在最近的论文中仍然按不考虑强迫力的随机自激系统研究了紊流条件下桥梁的随机稳定性问题[69,70]。但这样的尝试性研究还有待实验检验。

在桥梁和结构的风致振动现象中，还有一类涡激振动问题。有关这类振动现象的研究也吸引了许多学者。早就知道涡激振动发生的临界风速可以通过 Strouhal（斯特劳哈尔）关系求出[1-4,10,11]。但是由于涡激振动发生时，空气力随着响应而变化，具有非线性性质，其中除强迫形式的空气力外，还有自激形式的空气力在作用，因而至今还未提出完全成功的解析方法可以基于基本的流动原理求解出涡脱作用下构件响应动作的全过程。然而，在只关心最大响应振幅的前提下，已经建立了一些有效的经验线性模型来估算这个最大值[1,11]。这些经验线性模型通常是由固有频率控制的机械-气动力系统，它被给予气动强迫激振力、气动阻尼力和气动刚度，通过风洞实验恰当选择气动参数，就可推定响应的最大振幅。由于悬索桥的构件除长吊杆外，涡激振动现象并不严重，所以本章不特别探讨这方面的问题。

从以上的描述中可以看出，由于桥梁构件断面的非流线型，迄今为止，对任何一种风致振动现象的理论阐释都还不能抛弃风洞试验这一基本的工具，因为所有的理论阐释都需要用节段模型试验获取的数据来建立恰当的气动力模型[4]。另外，在有些情况下，理论研究离抗风设计的实际要求还相差很远，此时，风洞试验成为抗风设计的唯一工具。但是，节段模型试验与对颤振和抖振现象的理论阐释的结合，有可能避免昂贵的全气弹模型试验，从这个意义上说，理论阐释是有意义的[4]。即使不这样看，换个角度，我们仍可认为理论阐释与各种模型（节段、全气弹、拉条模型）试验的配合和相互检验，将更增加人们准确预估桥梁风振行为的信心。

3. 有关桥梁抵抗风致振动的规范概况

抗风规范体现了抗风研究成果应用于设计实践的概貌。目前，各国的桥梁设计规范大都仅从静力失稳和强度的角度对风荷载作了规定。但是早在1967 年，日本就基于对风振的担心而制定了《本州四国连络桥抗风设计指针（1967）》[77]。这个指针汇总了自老塔可马桥风毁事故以来各国有关桥梁风振问题的许多研究成果，明确要求在本四连络线悬索桥的抗风设计中，不仅要检算风荷载的影响，而且要验证桥梁风振方面的安全性。这个指针后来被修订为《本州四国连络桥耐风设计基准（1976）》[12]，这是世界上第一个专门的大跨桥梁抗风设计规范。但其抗风振的着眼点主要在颤振，虽然也响应了 Davenport 的建议，但却是通过增大风荷载按静力方式来考虑紊流引起的顺风响应，且未考虑紊流引起的挠曲和扭转响应；而对于涡振及驰振，只建议要研究对策，未对其安全性及容许振幅等给出明确规定；另外在这个规范中，对各种风振现象的评价显然是以直接的风洞试验观测结果为主，而理论分析居于很次要的地位[12,13,77]。英国土木学会在 1981 年提出了《建议的不列颠桥梁抗风设计规范》[11]，它比日本的规范有很大进步，表现在：① 对桥梁的所有各种风致振动明确规定了评价方法，判据和对策；② 在风洞试验和更仔细的理论分析之外提出有简易的计算式可供推定桥梁的风致效应；③ 根据桥梁的不同跨度规定有抗风设计应该进行的程度。以后日本又在其既有规范基础上吸收英国规范长处和一些最新研究成果，制定了《明石海峡桥抗风设计草案要领（1988）》[15]，该要领对各种风致振动都给予同样重视，规定了评价方法和标准，特别是规定要作动态的竖向、横向及扭转 3 种阵风反应分析并进行检验，以策安全。但这还只是个草案要领。现在日本较完善的抗风设计规范则是 1989 年刊行的《道路桥抗风设计便览（1989）》[14]，这个规范可以说是吸收以上几个规范的优点而制订的。

我国目前还没有这样的规范，但目前已兴起的大跨桥建设高潮已经对制订这样的规范提出了要求[80]。但这需要进行大量的背景研究，并要求掌握和开发从事这些研究的理论工具。

三、本章研究内容

本章后面的研究工作将只涉及对颤振和抖振问题的理论分析。从前面的评述中可以看到，前人如 Scanlan 和 Davenport 等已经为这方面的研究提供了可行的策略，但是在这些策略的框架内建立起更合理和更精当的分析方法仍是值得的。特别是注意到以往的研究中，为便于解析，所建立起来的分析方法常常要对结构或它们的振动特性作出过于简单或理想化的处理，例如假定振型曲线为具有若干个半波的正弦曲线，以及忽略振型的空间耦合等。本章下面将基于前几章所使用的三维有限元离散模型，并利用桥梁空气动力学研究的最新成果，建立悬索桥三维颤振及抖振的数值分析方法。首先在第二节和第三节分别探讨并定义用于后述分析的非定常自激气动力和抖振力模型。然后在第四、五、六节分别建立三维颤振和抖振分析的统一算法及不考虑抖振力时三维颤振问题的复特征值算法和不考虑振型气动耦合时三维抖振响应的实用算法。为便于比较，在第七节将给出一个二维抖振响应分析的简化近似算法。最后在第八节给出几个数值算例和对结果的分析讨论。基于本章理论所开发的计算软件简介于附录 A。

第二节　非定常气动力（自激气动力）

非定常气动力是由结构本身的运动使流场发生变化而引起的作用在结构上的空气力，所以也称为自激气动力。作用在悬索桥和其他土木结构物上的非定常气动力迄今仍未能从理论上搞清楚。但由于悬索桥加劲梁的气动失稳和机翼的颤振二者在形式上非常类似，而作用在薄翼上的非定常气动力是早在 20 世纪 30 年代就已从理论上搞清楚并已被随后的实验所证实了的[2,3]，所以早期寻求悬索桥颤振问题理论解析的研究者们很自然地借用了薄翼的非定常气动力[21]。

假定在不可压缩流中的二元薄翼以频率 ω 作如下的谐和振动：

$$h = h_0 \mathrm{e}^{\mathrm{i}\omega t} \tag{5.2.1}$$

$$\alpha = \alpha_0 \mathrm{e}^{\mathrm{i}\omega t} \tag{5.2.2}$$

式中，h 和 α 分别代表机翼的竖向和扭转运动；i 是虚数单位。在上述假定下，由 Theodorsen（西奥多森）利用非定常势流理论导得线化、正弦的气动升力和力矩为[2-4,10]：

升力：$$L_{\mathrm{s}} = \pi\rho b^2 (U\dot{\alpha} + \ddot{h}) + 2\pi\rho bUC(k)\left(U\alpha + \dot{h} + \frac{b}{2}\dot{\alpha}\right) \tag{5.2.3}$$

力矩：$$M_{\mathrm{s}} = -\pi\rho b^2 \left(U\frac{b}{2}\dot{\alpha} + \frac{b^2}{8}\ddot{\alpha}\right) + \pi\rho b^2 UC(k)\left(U\alpha + \dot{h} + \frac{b}{2}\dot{\alpha}\right) \tag{5.2.4}$$

式中，ρ 是空气密度；b 是机翼半弦长，用于桥梁时是指半桥宽；U 是流速，$k=\omega b/U$ 是折算频率；$C(k)$ 是 Theodorsen 圆函数：

$$C(k)=F(k)-\mathrm{i}G(k) \tag{5.2.5}$$

随 k 变化的值 $F(k)$ 和 $G(k)$ 可以在文献[10]中查到。

考虑到式（5.2.1）和式（5.2.2），则有 $\dot{h}=\mathrm{i}\omega h$，$\ddot{h}=\mathrm{i}\omega\dot{h}=-\omega^2 h$，$\dot{\alpha}=\mathrm{i}\omega\alpha$，$\ddot{\alpha}=\mathrm{i}\omega\dot{\alpha}=-\omega^2\alpha$，将这些式子代入式（5.2.3）和式（5.2.4）中，可以得到 L_s 和 M_s 的几种不同表达形式，而等式右边 h、α 和其各阶导数的系数（称为气动导数）也相应地可以有几种不同的表达形式。Halfman 等在折算频率 k 的相当范围内用风洞实验通过强迫振动法测试了这些气动导数，结果证明 Theodorsen 气动力模型可以与实验结果相当好地吻合[2-4,10]。于是，机翼的颤振问题就可以借助于这个非定常气动力理论模型进行理论解析。

可是，由于悬索桥构件具有与流线型薄翼相当不同的断面形式，使用薄翼非定常气动力模型求解悬索桥颤振问题的结果，当然会与实际情况有差别。为此就不得不对气动力模型或解析结果进行经验性的修正[21,30-36]。尽管如此，对颤振临界状态以外的亚临界区的衰减振动以及瞬态响应问题，式（5.2.3）和式（5.2.4）所示的模型原则上不能使用。

受 Halfman 等由实验测试机翼气动导数的启发，20 世纪 60 年代一些学者开始在风洞内用强迫振动法实测作用于悬索桥节段模型上的非定常气动力。这个思路被 Scanlan 采用[37-39]，并通过其多年来的研究，提出和发展了一种可以同时适用于机翼和桥梁的半实验半理论的线化、正弦的非定常气动力模型：

升力：$$L_s=\frac{1}{2}\rho U^2(2B)\left(KH_1^*\frac{\dot{h}}{U}+KH_2^*\frac{B\dot{\alpha}}{U}+K^2H_3^*\alpha+K^2H_4^*\frac{h}{B}\right) \tag{5.2.6}$$

阻力：$$D_s=\frac{1}{2}\rho U^2(2B)\left(KP_1^*\frac{\dot{p}}{U}+KP_2^*\frac{B\dot{\alpha}}{U}+K^2P_3^*\alpha+K^2P_4^*\frac{p}{B}\right) \tag{5.2.7}$$

力矩：$$M_s=\frac{1}{2}\rho U^2(2B^2)\left(KA_1^*\frac{\dot{h}}{U}+KA_2^*\frac{B\dot{\alpha}}{U}+K^2A_3^*\alpha+K^2A_4^*\frac{h}{B}\right) \tag{5.2.8}$$

式中，无量纲参数 H_i^*、P_i^*、A_i^*（i=1，2，3，4）是随折算频率 $K=\omega B/U$ 而变化的气动导数，Scanlan 称之为颤振导数；B 是桥宽；h、p、α 分别代表竖向挠曲、横向挠曲和扭转运动。以上各式中忽略了与 $\ddot{h}$、$\ddot{p}$、$\ddot{\alpha}$ 有关的气动惯性项，在桥梁中这些项的影响被认为是可忽略的。颤振导数须由节段模型风洞试验实测。但是 Scanlan 没有采用强迫振动法，而是采用他所倡导的自由衰减法来测试这些气动导数[38]。然而，众所周知，在瞬态空气动力学上，衰减振动与稳态振动的振荡气动力函数是有原则上的区别的[3]。可是，Scanlan通过对机翼节段模型的实验和理论考察，认为在衰减率小时，这个差别小得可以忽略[38]。这个结论被推广到桥梁节段模型，于是颤振导数就可通过观测模型的分状态的自由衰减运动和耦合的稳态运动求得。这也就意味着，式（5.2.6）～（5.2.8）与是否衰减或稳态振动无关了。可是现在已经有许多学者指出稳态振动与衰减振动的气动力差别不能忽略，而式（5.2.6）～（5.2.8）只能用于稳态谐和运动而不能用于衰减运动。这样，由自由衰减法测试颤振导数就是不恰当的，必须另行研究测试方法[4]。经多年来的研究，现在已经由一些学者提出了多种改进方法，其中一些方法甚至考虑了紊流对颤振导数的影响[4,81,82]。

当以 b 和 k 代替 B 和 K 时，式（5.2.6）～（5.2.8）可以用来代表 Theodorsen（西奥多森）薄翼气动力，此时：

$$kH_1^*(k) = -2\pi F(k) \tag{5.2.9 a}$$

$$kH_2^*(k) = -\pi - \pi F(k) - \frac{2\pi G(k)}{k} \tag{5.2.9 b}$$

$$k^2 H_3^*(k) = -2\pi F(k) + \pi k G(k) \tag{5.2.9 c}$$

$$k^2 H_4^*(k) = \pi k^2 + 2k^2 + 2\pi k G(k) \tag{5.2.9 d}$$

$$kA_1^*(k) = \pi F(k) \tag{5.2.9 e}$$

$$kA_2^*(k) = -0.5\pi + 0.5\pi F(k) + \frac{\pi G(k)}{k} \tag{5.2.9 f}$$

$$k^2 A_3^*(k) = 0.125\pi k^2 + \pi F(k) - 0.5\pi k G(k) \tag{5.2.9 g}$$

$$k^2 A_4^*(k) = -\pi k G(k) \tag{5.2.9 h}$$

尽管式（5.2.6）～（5.2.8）原则上也只在 h、p、α 为谐和运动时成立，但在大气紊流引起的桥梁抖振响应问题中，由于作为具有平稳随机特征的紊流风荷载可以看成是一些基本的谐和载荷的迭加，因而结构振动可以相应看成为这些谐和载荷所引起的谐和振动的迭加，而每一谐和振动又引起一个可用式（5.2.6）～（5.2.8）所示公式表达的基本非定常气动力，所以这些表达式在平稳随机紊流引起的任意运动中仍是可用的[1]。正是在这个意义上，

Scanlan 最近提出了一种在紊流存在情况下测试颤振导数的新方法[81,82]。

在航空学中，为了利用主动控制技术来实现颤振主动抑制或缓和突风响应，需要建立适于衰减振动或瞬态反应的所谓任意运动非定常气动力模型。这样的模型通常是由有限个频域正弦气动力离散值拟合得到的拉氏域内的有理级数近似式[3,48,49]。谢霁明引用了其中的 Roger 有理级数近似模型用根轨迹法来分析桥梁从亚临界到临界整个范围的自激振动问题[50]，并提出在风洞中直接测试气动力模型的影响系数矩阵的方法[83]。除此之外，适于任意运动的非定常气动力模型还有所谓气动阶跃函数表示的模型，这类模型因其是以时域形式给出，当采用时域分析方法时，还能考虑结构和气动力的非线性影响[72,73]。

然而如果只考虑与平均风速 U 相联系的具有平稳随机特性的连续紊流，而不考虑具有非平稳和瞬态特性的突风紊流，同时在考察仅由平均风速 U 引起的自激运动的稳定性问题时，也不去特别关心亚临界衰减运动的特征，则式（5.2.6）～（5.2.8）就总是可用的。另外，颤振导数的概念已为桥梁工程界普遍接受，式（5.2.6）～（5.2.8）所示的非定常气动力模型比其他模型更实用，所以后面的计算将主要使用这个模型。

第三节　大气紊流随机荷载模型

根据风压与风速关系，风荷载与风速的平方成比例。而风的速度场主要取决于地理条件和气候条件。通常速度场在空间直角坐标系上的三个分量对空间和时间都是随机的。在结构物抗风分析中，为了方便通常将三个分量的随机特性分开考虑。一旦风速的随机特性被确定，则风荷载的随即特性随之确定。

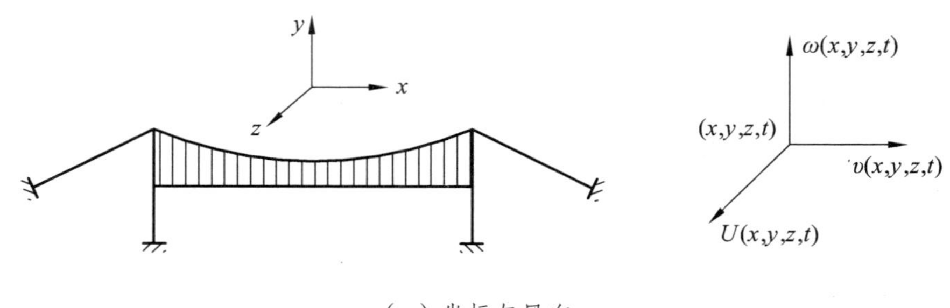

（a）坐标与风向

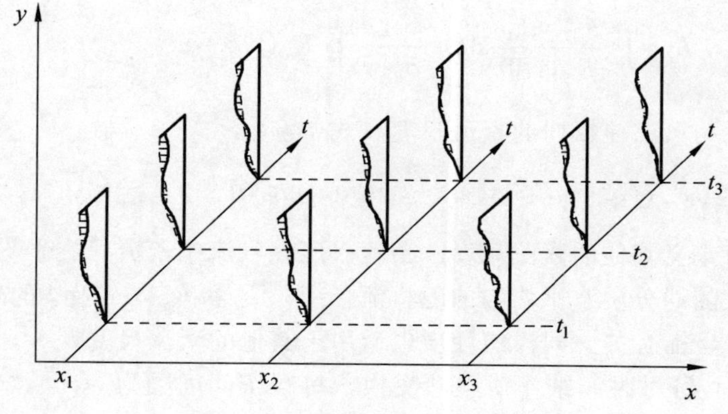

（b）顺风向风速变化示意

图 5.1　悬索桥的风载示意

图 5.1 是悬索桥承受的风载示意，图 5.1（a）中 x 是桥轴方向，y 是地面以上高度方向，z 是顺风方向（即纵风向）；瞬时风速沿 x、y、z 轴都是变化的，其脉动部分在时间和空间上都是随机的。图 5.1（b）是顺风方向风速沿高度和桥轴向变化的示意图；虚线表示主风速度（平均风速），阴影表示脉动部分。图 5.1（b）未示出顺风向风速沿顺风向的变化；对于悬索桥，由于顺风向的尺度（桥宽）较小，故这个变化可以不必考虑。

一、纵向脉动风速谱及交叉谱

若沿顺风向的风速随机场用 $U(x,y,z,t)$ 表示，则

$$U(x,y,z,t) = U(y) + u(x,y,z,t) \tag{5.3.1}$$

式中，$U(y)$ 是顺风向的平均速度，它只是高度 y 的函数；$u(x,y,z,t)$ 是顺风向风速的脉动部分，即纵向脉动风速，它是动力响应分析的对象。

通常 $u(x,y,z,t)$ 被看作是随遇分层的、水平面均与的随机流场。根据附录 B，这种随机场的相关函数将是坐标 y 及间隔矢量 $\boldsymbol{\xi}$ 的函数，即：

$$R_{uu}(y,\boldsymbol{\xi}) = E[u(\boldsymbol{x}+\boldsymbol{\xi})u(\boldsymbol{x})] \tag{5.3.2}$$

式中，$\boldsymbol{x} = [x,y,z,t]^{\mathrm{T}}$ 是位置矢量，$\boldsymbol{\xi} = [\xi_x,\xi_y,\xi_z,\tau]^{\mathrm{T}}$ 是间隔矢量。

在微气象学中，定义纵向脉动风速沿纵向的空间相关长度[1]

$$L_u^z = \int_0^\infty \frac{R_{uu}(y,\xi_z)}{R_{uu}(y,0)}\,\mathrm{d}\xi_z = \frac{1}{\sigma_u^2(y)}\int_0^\infty R_{uu}(y,\xi_z)\,\mathrm{d}\xi_z \tag{5.3.3}$$

为纵向的脉动风速在纵向的紊流尺度。式中

$$R_{uu}(y,\xi_z) = E[u(x,y,z+\xi_z,t)u(x,y,z,t)] \tag{5.3.4}$$

同样可定义其他的紊流尺度。紊流尺度是气流中紊流涡旋平均尺寸的量度。显然在随遇分层水平均匀的随机流场中，L_u^z 和 R_{uu} 与 x 及 z 的坐标无关，但与高度 y 坐标有关。同样的性质也适用于其他的紊流尺度。

将 $R_{uu}(y,\boldsymbol{\xi})$ 对时间维作傅里叶变换，可得空间间隔为 $\{\xi_x,\xi_y,\xi_z\}$ 但高度分别为 y 和 $(y+\xi_y)$ 的任意两点的交叉频谱密度为：

$$S_{uu}(y,\xi_x,\xi_y,\xi_z,n) = 2\pi S_{uu}(y,\xi_x,\xi_y,\xi_z,\omega) = \int_{-\infty}^{\infty} R_{uu}(y,\xi_x,\xi_y,\xi_z,\tau)\mathrm{e}^{-\mathrm{i}\omega\tau}\mathrm{d}\tau \tag{5.3.5}$$

式中，$n=\omega/2\pi$ 是频率。显然交叉频谱密度 $S_{uu}(y,\xi_x,\xi_y,\xi_z,n)$ 也与 x 和 z 坐标无关。

如果假定气流的扰动以 $U(y)$ 速度迁移，ξ_0 是在时间间隔 τ 内迁移的距离，则 $u(x,y,z,t+\tau) = u(x,y,z-U_\tau,t) = u(x,y,z,t+\xi_0/U)$。那么，根据运动载荷模型的 Taylor（泰勒）假定[1, 8]，方程（5.3.3）及方程（5.3.5）分别成为：

$$L_u^z = \frac{U(y)}{\sigma_u^2(y)}\int_{-\infty}^{\infty} R_{uu}(y,\tau)\,\mathrm{d}\tau \tag{5.3.6}$$

$$\begin{aligned}
S_{uu}(y,\xi_x,\xi_y,\xi_z,n) &= \int_{-\infty}^{\infty} R_{uu}(y,\xi_x,\xi_y,\xi_z,\tau)\ \mathrm{e}^{-\mathrm{i}\omega\tau}\mathrm{d}\tau \\
&= \int_{-\infty}^{\infty} R_{uu}\left(y,\xi_x,\xi_y,\xi_z,\frac{\xi_0}{U}\right)\mathrm{e}^{-\mathrm{i}\omega\tau\xi_0/U}\mathrm{d}\left(\frac{\xi_0}{U}\right) \\
&= \frac{1}{U}\int_{-\infty}^{\infty} R_{uu}\left(y,\xi_x,\xi_y,\xi_z,\frac{\xi_0}{U}\right)\mathrm{e}^{-\mathrm{i}\kappa\xi_0}\mathrm{d}\xi_0 \\
&= \frac{2\pi}{U}S_{uu}(y,\xi_x,\xi_y,\xi_z,\kappa)
\end{aligned} \tag{5.3.7}$$

式中，$S_{uu}(y,\xi_x,\xi_y,\xi_z,\kappa) = (2\pi)^{-1}\int_{-\infty}^{\infty} R_{uu}\left(y,\xi_x,\xi_y,\xi_z,\frac{\xi_0}{U}\right)\mathrm{e}^{-\mathrm{i}\kappa\xi_0}\mathrm{d}\xi_0$ 是纵向脉动风沿纵向的波数谱；κ 是波数，利用泰勒假定，$\kappa = \dfrac{2\pi n}{U(y)}$；$n$ 则可看成旋涡运动的频率。式（5.3.7）说明，在泰勒假定成立的条件下，频谱与波谱可相互转化。

式(5.3.7)中的频谱和波谱都是交叉谱，如果在式(5.3.7)中令 $\xi_x=\xi_y=\xi_z=0$，则得任意点的自频谱与自波谱的关系为：

$$S_u(y,n)=\frac{2\pi}{U(y)}S_u(y,\kappa) \tag{5.3.8}$$

利用这个关系，就可以用任意点的沿纵向的波数谱来描述它的频谱。下面来确定这个频谱的显示表达式。

在微气象学中，根据 Колмогоров（柯尔莫哥洛夫）第一和第二假说，在随遇分层水平均匀的气流中，大波数区旋涡的能量是定常的，即由大尺度涡传递给大波数区的能量被大波数区内的黏性作用抵消（第一假设）；而在大波数区的低端（惯性子区），可设涡的运动与黏性无关，也即在大波数区的能量耗散完全只由于大波数区高端那些最小的涡的黏性作用（第二假说）。利用这些能量的产生与耗散相平衡的假说，可推得惯性子区的纵向脉动风沿纵向的波数谱，经利用泰勒假说转化为频谱，则获得如下的纵向脉动风谱关系[1]：

$$\frac{n\,S_u(y,n)}{u_*^2}=0.26f^{-\frac{2}{3}} \quad (n\geqslant 0) \tag{5.3.9}$$

式中，$u_*^2=0.4\,U(y)/\ln(y/z_0)$ 称为摩擦速度；z_0 为地面粗糙长度；$f=ny/U(y)$ 称为 Monin（莫宁）坐标或相似律坐标。上式不仅是频率的函数，也是高度 y 的函数。由柯尔模哥洛夫的假说可见，这个属于大波数区的惯性子区的谱显然不关心湍流的大尺度特性，因此上式只适用于高频区（通常限制 $f<0.2$）。在 $n=0$ 到惯性子区的低端的这个低频区，因柯尔莫哥洛夫假说不成立，所以上式不适用。Von Karman 注意到，低频区的谱和大尺度特性密切相关，而这些特性决定了 L_u^z，因而提出如下的低频区谱[1]：

$$\frac{n\,S_u(y,n)}{u_*^2}=\frac{4\beta^n\dfrac{L_u^z}{U(y)}}{\left[1+70.8\left(\dfrac{n\,L_u^z}{U}\right)^2\right]^{\frac{5}{6}}} \quad (n\geqslant 0) \tag{5.3.10}$$

式中，$\beta=\sigma_u^2(u)/u_*^2$。上式的谱曲线适用于分析固有周期很长的结构（如柔性的海洋平台，其运动周期为 50～120 s）。

显然式（5.3.9）和式（5.3.10）所关心的分别是高频区和低频区的谱，它们在两个区域内是矛盾的，在两区域毗邻的过渡段可能都不适用。而大跨悬索桥的基频可能正好处在这个过渡段。我们所需要的设计谱，其谱值应该在这个过渡段及高频区内比较客观，而在低频区的较低端则可放松要求。这样的谱曲线需通过对式（5.3.9）加以修正得到，如由 Hino（日野幹雄）[84]提出的谱曲线及由 Kainmal 和 Simiu 推荐的谱曲线[1]就具有这种性质。前者被日本规范[12-15]所采用，本文则采用后者的如下谱曲线公式：

$$\frac{n\,S_u(y,n)}{u_*^2}=\frac{200f}{(1+50f)^{\frac{5}{3}}}\qquad(n\geqslant 0)\tag{5.3.11}$$

尽管这个谱曲线在低频区的较低端不那么客观，但它在高频区与式（5.3.9）接近，在过渡段对式（5.3.9）有所修正，可以认为符合悬索桥的需要。图 5.2 给出了这种谱曲线的一个示例。

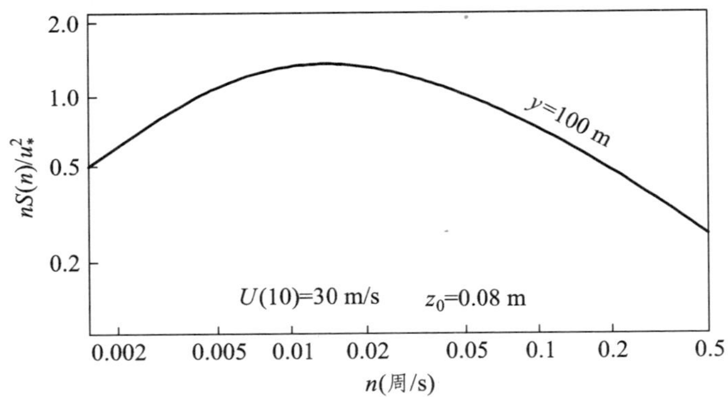

图 5.2 Simiu 的纵向风谱曲线示例

自谱确定以后，为了完整描述随机场，现在还需要确定空间上任意两点的交叉谱或空间相干函数，如附录 B 所述。现将交叉谱以如下形式表示：

$$S_{u_1u_2}(y,\boldsymbol{\xi},n)=S_{u_1u_2}^C(y,\boldsymbol{\xi},n)+\mathrm{i}\,S_{u_1u_2}^Q(y,\boldsymbol{\xi},n)\tag{5.3.12}$$

式中，$S_{u_1u_2}^C(y,\boldsymbol{\xi},n)$ 是交叉谱的实部，即同相谱；$S_{u_1u_2}^Q(y,\boldsymbol{\xi},n)$ 是交叉谱的虚部，即转象谱；$\boldsymbol{\xi}$ 是间隔矢量。

利用相干函数的定义，可将交叉谱与点谱联系起来：

$$\gamma_{u_1u_2}^2(y,\boldsymbol{\xi},n)=\frac{\left|S_{u_1u_2}(y,\boldsymbol{\xi},n)\right|^2}{S_{u_1}(y,n)S_{u_2}(y,n)}=\frac{[S_{u_1u_2}^C(y,\boldsymbol{\xi},n)]^2+[S_{u_1u_2}^Q(y,\boldsymbol{\xi},n)]^2}{S_{u_1}(y,n)S_{u_2}(y,n)}\tag{5.3.13}$$

Davenport 提出，在与纵向风垂直的平面内的任意两点的空间相干函数可用下式表示[1]：

$$\gamma_{u_1u_2}(y,\boldsymbol{\xi},n)=\exp\left\{-\frac{n\left[C_y^2\xi_y^2+C_x^2\xi_x^2\right]^{\frac{1}{2}}}{\frac{1}{2}[U(y_1)+U(y_2)]}\right\}=\mathrm{e}^{-f}\tag{5.3.14}$$

式中，系数 $C_x=16$，$C_y=10$。

在日本规范中，相应于式（5.3.14）的相干函数以下式表示[12]：

$$\gamma_{u_1u_2}(y,\boldsymbol{\xi},n)=\exp\left\{-\frac{n\left[C_x\left|\xi_x\right|+C_y\left|\xi_y\right|\right]}{\frac{1}{2}[U(y_1)+U(y_2)]}\right\}=\mathrm{e}^{-f} \tag{5.3.15}$$

式中，系数 $C_x=7$，$C_y=8$。

众所周知，在各向同性的均匀随机场中，转象谱可忽略不计。尽管紊流场不是各向同性的均匀场，但在紊流场中，转象谱与同相谱的比值非常小，工程应用上可假设转象谱可忽略不计，此时相干函数的平方根近似等于同相谱。根据以上各式可得：

$$S_{u_1u_2}(y,\boldsymbol{\xi},n)=\sqrt{S_{u_1}(y,n)S_{u_2}(y,n)}\cdot\gamma_{u_1u_2}(y,\boldsymbol{\xi},n) \tag{5.3.16}$$

在后面的有限元分析中，将以各杆某个点的风速为准计算抖振力，此时任意两杆 i 和 j 的交叉谱将以下式计算[12,66,85]：

$$S_{ij}^{u}(n)=\sqrt{S_i^u(n)S_j^u(n)}\cdot J_{ij}^2(n) \tag{5.3.17}$$

式中，$J_{ij}^2(n)$ 定义为空间修正函数，用以考虑沿两杆变化风速的空间相关性，由下式计算：

$$J_{ij}^2(n)=\frac{1}{l_il_j}\int_{l_i}\int_{l_j}\mathrm{e}^{-f}\mathrm{d}l_i\mathrm{d}l_j \tag{5.3.18}$$

式中，e^{-f} 由式（5.3.15）给出，l_i 和 l_j 分别为杆件 i 和 j 的长度。式（5.3.17）和式（5.3.18）将在后面的分析中采用。

二、垂直向脉动风速的谱与交叉谱

由 Lumley 和 Panofsky 提出的垂直方向（即竖向）脉动风速 $\omega(x,y,z,t)$ 的自谱模型被广泛引用，这个谱曲线公式为[1]：

$$\frac{n\,S_{\omega}(y,n)}{u_*^2}=\frac{3.36f}{1+10f^{\frac{5}{3}}} \tag{5.3.19}$$

式中，$f=ny/U(y)$。这个谱曲线将在后面的分析中采用。

由 Kristensen 等根据实测提出的同一高度上两点的垂直脉动风速交叉谱为[1]：

$$S_{\omega_1\omega_2}(y,\xi_x,n)=S_\omega(y,n)\,\gamma_{\omega_1\omega_2}(y,\xi_x,n)$$

$$=S_\omega(y,n)\exp\left[\frac{-8\,n\,\xi_x}{U(y)}\right] \tag{5.3.20}$$

此式不适于计算不同高度上两点的交叉谱。

在日本规范中，任意两点的垂直脉动风速交叉谱以下式表示[12]：

$$S_{\omega_1\omega_2}(y,\boldsymbol{\xi},n)=\sqrt{S_{\omega_1}(y,n)S_{\omega_2}(y,n)}\cdot\gamma_{\omega_1\omega_2}(y,\boldsymbol{\xi},n) \tag{5.3.21}$$

式中

$$\gamma_{\omega_1\omega_2}(y,\boldsymbol{\xi},n)=\exp\left\{-\frac{n\left[C_x\left|\xi_x\right|+C_y\left|\xi_y\right|\right]}{\dfrac{1}{2}[U(y_1)+U(y_2)]}\right\}=\mathrm{e}^{-f} \tag{5.3.22}$$

系数 C_x 和 C_y 仍为 $C_x=7$， $C_y=8$。

在有限元分析中，任意两杆 i 和 j 的垂直脉动交叉谱将以下式计算：

$$S_{ij}^{\omega}(n)=\sqrt{S_i^{\omega}(n)S_j^{\omega}(n)}\cdot J_{ij}^2(n) \tag{5.3.23}$$

式中， $S_i^{\omega}(n)$ 和 $S_j^{\omega}(n)$ 各为杆件 i 和 j 上某个点的垂直向脉动风谱， $J_{ij}^2(n)$ 由式（5.3.18）计算，但 e^{-f} 由式（5.3.22）给出。上式将在后面的分析中采用。

三、抖振力

风速的脉动将使作用在结构上的空气力也随之变化。这个变化的空气力就是抖振力，它将使结构产生抖振现象。用拟定常方式表达的每单位长度构件上的抖振力由以下各式表示：

$$\text{升力：}L_\mathrm{b}=\left(\frac{2\bar{L}_\mathrm{b}u}{U}+\frac{2\bar{L}_\mathrm{b}'\omega}{U}\right)X_\mathrm{L} \tag{5.3.24}$$

$$\text{阻力：}D_\mathrm{b}=\left(\frac{2\bar{D}_\mathrm{b}u}{U}+\frac{2\bar{D}_\mathrm{b}'\omega}{U}\right)X_\mathrm{D} \tag{5.3.25}$$

$$\text{力矩：}M_\mathrm{b}=\left(\frac{2\bar{M}_\mathrm{b}u}{U}+\frac{2\bar{M}_\mathrm{b}'\omega}{U}\right)X_\mathrm{M} \tag{5.3.26}$$

其中

$$\bar{L}_\mathrm{b}=\frac{1}{2}\rho U^2BC_\mathrm{L}\text{；}\quad \bar{L}_\mathrm{b}'=\frac{1}{2}\rho U^2B\left(\frac{\mathrm{d}C_\mathrm{L}}{\mathrm{d}\alpha}+C_\mathrm{D}\right) \tag{5.3.27}$$

$$\bar{D}_{\mathrm{b}} = \frac{1}{2}\rho U^2 B C_{\mathrm{D}}\text{；}\ \bar{D}'_{\mathrm{b}} = \frac{1}{2}\rho U^2 B \frac{\mathrm{d}C_{\mathrm{D}}}{\mathrm{d}\alpha} \tag{5.3.28}$$

$$\bar{M}_b = \frac{1}{2}\rho U^2 B C_{\mathrm{M}}\text{；}\ \bar{M}'_{\mathrm{b}} = \frac{1}{2}\rho U^2 B \frac{\mathrm{d}C_{\mathrm{M}}}{\mathrm{d}\alpha} \tag{5.3.29}$$

式中，ρ 是空气密度；U 是平均风速；B 是构件在顺风向的尺度；C_{L}、C_{D}、C_{M} 是静空气力系数；X_{L}、X_{D}、X_{M} 是气动导纳，用以修正由拟定常方式计算抖振力而引入的误差及考虑风速沿断面的空间变化的影响。气动导纳一般应由节段模型风洞试验实测，但在后面分析扁平箱悬索桥的响应时，均以 Sear（西雅）函数的如下 Liepman（李普曼）简化形式代替[2]：

$$\left|X(\omega)\right|^2 = \frac{1}{1+\dfrac{\pi B\omega}{U}} \tag{5.3.30}$$

这被认为是良好的近似[4,10]。

根据以上各式，一旦获得脉动风 u 和 ω 的谱，就可求出抖振力谱。这些关系将在后面的分析中使用。但在后面的计算中，一般使用以圆频率 $\omega = 2n\pi$ 表示的谱密度 $S(\omega)$，它与以频率 n 表示的谱密度 $S(n)$ 之间存在如下的转换关系：

$$S(\omega) = (2\pi)^{-1} S(n) \quad (n \geqslant 0, \omega \geqslant 0) \tag{5.3.31}$$

此式对交叉谱也成立。在风工程中，上式两边的谱密度应理解为单侧谱密度，尽管它仍以符号 S 表示。另外，由式（5.3.13）可见，$\gamma_{u_1u_2}(\omega) = \gamma_{u_1u_2}(n)$，所以有：

$$J^2(\omega) = J^2(n) \tag{5.3.32}$$

第四节　三维空间耦合颤振和抖振分析的一般方法

严格来说，悬索桥的风激动力反应问题是一个具有自激特征的随机参数系统受随机激励的响应问题[67]，因为不仅与结构运动无关的紊流抖振力是随机的，而且与结构运动有关的非定常自激气动力至少也因风速的扰动而成为随机的。但是，作为随机系统的随机响应和稳定性的分析在数学上是比较复杂的事情，目前还只有很少的研究者进行尝试性的研究，并且这些研究是基于对结构特性和随机特性的非常理想化的处理，分析结果也有待于实践检验[67-74]。然而，至少有两个原因使我们可以忽略风速扰动（即紊流）对非定常自激气动力的影响。这两个原因是：① 正如 Lin 在文献[68]中所指出，紊流对自激气动力的影响仅在系统失稳即颤振的临界区域才显得重要；② 在临界区域，紊流的存在将使系统响应呈现很大的变化，但对于实际的紊流场随机特性，这样的临界区域对应着一个窄的平均风速范围，而不考虑紊流对自激气动力的影响所确定的颤振临界风速可看作是这个风速范围的平均或具代表性的值。这样，悬索桥的风激动力反应问题就归结为一个纯粹的自激系统受随机激扰的响应问题。其中，对应于平均风速的增加，系统达到临界失稳状态时，即可确定颤振特性。

本节根据上述思想建立颤振和抖振分析的一般方法，这个方法是建立在对结构的三维有限元离散的基础上的。为了强调，重申这个方法基于以下的假定：

a. 自激气动力是基于小振幅的线化正弦的气动力模型，其颤振导数是由实验确定的折算频率 K 的数定函数，代表了各种紊流情况下的平均值。

b. 抖振力不依赖于结构运动，而仅是时间和空间的随机函数，它们对时间而言是平稳的，不考虑突风紊流的情况。

一、单元节点自激气动力

式（5.2.6）～（5.2.8）表达了单位长度构件上的自激气动力。已经指出它们可以在谱描述的意义上推广用于平稳随机紊流引起的任意运动情况下，此时任意运动可看作是若干谐和振动的迭加。相应于任一频率分量 ω 的谐和振动，式（5.2.6）～（5.2.8）可变换为如下的形式：

$$L_{\mathrm{s}}=\rho U^2BK^2\left[(H_4^*+\mathrm{i}\,H_1^*)\frac{h}{B}+(H_3^*+\mathrm{i}\,H_2^*)\alpha\right] \tag{5.4.1}$$

$$D_{\mathrm{s}}=\rho U^2BK^2\left[(P_4^*+\mathrm{i}\,P_1^*)\frac{p}{B}+(P_3^*+\mathrm{i}\,P_2^*)\alpha\right] \tag{5.4.2}$$

$$M_{\mathrm{s}}=\rho U^2B^2K^2\left[(A_4^*+\mathrm{i}\,A_1^*)\frac{h}{B}+(A_3^*+\mathrm{i}\,A_2^*)\alpha\right] \tag{5.4.3}$$

式中，H_i^*、P_i^*、$A_i^*(i=1,2,3,4)$ 是 Scanlan 所定义的颤振导数，它们是折算频率 K 的函数并可由实验测得[4,81,82]，$\mathrm{i}=\sqrt{-1}$ 是虚数单位，而

$$K=\frac{\omega B}{U} \tag{5.4.4}$$

假定有限元离散使单元足够小，并以节点位移替换以上各式中的 h、p 和 α，则可得如下的等效单元节点自激气动力 $\bar{\boldsymbol{F}}_{\mathrm{s}}^e$：

$$\bar{\boldsymbol{F}}_{\mathrm{s}}^e=\bar{\boldsymbol{A}}_{\mathrm{s}}^e\bar{\boldsymbol{\delta}}^e \tag{5.4.5}$$

式中，$\bar{\boldsymbol{F}}_{\mathrm{s}}^{e}$ 代表单元坐标系下的节点自激气动力列阵；$\bar{\boldsymbol{A}}_{\mathrm{s}}^{e}$ 是单元坐标下的自激气动力系数矩阵；$\bar{\boldsymbol{\delta}}^{e}$ 是单元坐标下的节点位移，它们由以下各式给出：

$$\bar{\boldsymbol{\delta}}^{e}=[u_i,\upsilon_i,\omega_i,\theta_{ui},\theta_{\upsilon i},\theta_{\omega i},u_j,\upsilon_j,\omega_j,\theta_{uj},\theta_{\upsilon j},\theta_{\omega j}]^{\mathrm{T}} \tag{5.4.6}$$

$$\bar{\boldsymbol{A}}_{\mathrm{s}}^{e}=\frac{l}{2}\rho U^2\begin{bmatrix}\boldsymbol{a}_{\mathrm{s}} & 0\\ 0 & \boldsymbol{a}_{\mathrm{s}}\end{bmatrix} \tag{5.4.7}$$

其中

$$\boldsymbol{a}_{\mathrm{s}}=K^2\begin{bmatrix}0 & 0 & 0 & 0 & 0 & 0\\ 0 & (H_4^*+\mathrm{i}H_1^*) & 0 & B(H_3^*+\mathrm{i}H_2^*) & 0 & 0\\ 0 & 0 & (P_4^*+\mathrm{i}P_1^*) & B(P_3^*+\mathrm{i}P_2^*) & 0 & 0\\ 0 & (A_4^*+\mathrm{i}A_1^*) & 0 & B^2(A_3^*+\mathrm{i}A_2^*) & 0 & 0\\ 0 & 0 & 0 & 0 & 0 & 0\\ 0 & 0 & 0 & 0 & 0 & 0\end{bmatrix} \tag{5.4.8}$$

以上各式中，l 是单元长度。在悬索桥中除吊杆外，有限元离散可使 l 足够小，因而作用在单元上的自激气动力可以基于单元两端的节点位移来计算。而吊杆尽管作为较长的杆件，但作用在其上的自激气动力较小因而可忽略。当然也可以采用适当的插值函数由虚功原理更仔细地推导系数矩阵 $\bar{\boldsymbol{A}}_{\mathrm{s}}^{e}$，但作者认为在有限元划分足够细的情况下这个差别不会太大，因而这里采用了以上各式。

对式（5.4.5）进行坐标变换，得结构坐标系下的单元节点自激气动力 $\boldsymbol{F}_{\mathrm{s}}^{e}$ 为：

$$\boldsymbol{F}_{\mathrm{s}}^{e}=\boldsymbol{A}_{\mathrm{s}}^{e}\boldsymbol{\delta}^{e} \tag{5.4.9}$$

式中

$$\boldsymbol{F}_{\mathrm{s}}^{e}=\boldsymbol{T}^{\mathrm{T}}\bar{\boldsymbol{F}}_{\mathrm{s}}^{e} \tag{5.4.10}$$

$$\boldsymbol{A}_{\mathrm{s}}^{e}=\boldsymbol{T}^{\mathrm{T}}\bar{\boldsymbol{A}}_{\mathrm{s}}^{e}\boldsymbol{T} \tag{5.4.11}$$

$$\boldsymbol{\delta}^{e}=\boldsymbol{T}^{\mathrm{T}}\bar{\boldsymbol{\delta}}^{e} \tag{5.4.12}$$

其中，$\boldsymbol{T}$ 是单元坐标变换矩阵；$\boldsymbol{\delta}^{e}$ 即式（2.7.6）所表达的结构坐标下的单元节点位移列阵。

由式（5.4.9）可以组集得到结构自激气动力矩阵。

二、单元节点抖振力

式（5.3.24）～（5.3.26）表达了单位长度构件上所受的紊流抖振力。如

果以 $u_e(t)$ 和 $\omega_e(t)$ 代表单元上等效的顺风向和垂直向脉动风速，则可用下式表达单元的等效节点抖振力 $\boldsymbol{F}_{\mathrm{b}}^e$：

$$\boldsymbol{F}_{\mathrm{b}}^e = \boldsymbol{A}_{\mathrm{b1}}^e u_e(t) + \boldsymbol{A}_{\mathrm{b2}}^e \omega_e(t) \tag{5.4.13}$$

式中

$$\boldsymbol{A}_{\mathrm{b1}}^e = \frac{l}{U}[0, \bar{L}_{\mathrm{b}} X_{\mathrm{L}}, \bar{D}_{\mathrm{b}} X_{\mathrm{D}}, \bar{M}_{\mathrm{b}} X_{\mathrm{M}}, 0, 0, 0, \bar{L}_{\mathrm{b}} X_{\mathrm{L}}, \bar{D}_{\mathrm{b}} X_{\mathrm{D}}, \bar{M}_{\mathrm{b}} X_{\mathrm{M}}, 0, 0]^{\mathrm{T}} \tag{5.4.14}$$

$$\boldsymbol{A}_{\mathrm{b2}}^e = \frac{l}{2U}[0, (\bar{L}_{\mathrm{b}}' + \bar{D}_{\mathrm{b}}') X_{\mathrm{L}}, \bar{D}_{\mathrm{b}}' X_{\mathrm{D}}, \bar{M}_{\mathrm{b}}' X_{\mathrm{M}}, 0, 0, 0, (\bar{L}_{\mathrm{b}}' + \bar{D}_{\mathrm{b}}') X_{\mathrm{L}}, \bar{D}_{\mathrm{b}}' X_{\mathrm{D}}, \bar{M}_{\mathrm{b}}' X_{\mathrm{M}}, 0, 0]^{\mathrm{T}} \tag{5.4.15}$$

由于紊流场坐标系与结构坐标系是一致的，以上各式不需进行坐标变换。

由式（5.4.13）可组集得到结构抖振力矩阵。

三、运动方程

整体结构运动方程表达为如下形式：

$$\boldsymbol{M}\ddot{\boldsymbol{u}} + \boldsymbol{C}\dot{\boldsymbol{u}} + \boldsymbol{K}\boldsymbol{u} = \boldsymbol{F}_{\mathrm{s}} + \boldsymbol{F}_{\mathrm{b}} \tag{5.4.16}$$

式中，$\boldsymbol{M}$、$\boldsymbol{C}$、$\boldsymbol{K}$ 仍为整体结构的质量、阻尼和刚度矩阵；$\boldsymbol{u}$ 是节点位移矢量；$\boldsymbol{F}_{\mathrm{s}}$ 和 $\boldsymbol{F}_{\mathrm{b}}$ 是整体结构所受的自激气动力和抖振力，其中组集得到的 $\boldsymbol{F}_{\mathrm{s}}$ 由下式表达：

$$\boldsymbol{F}_{\mathrm{s}} = \mathrm{Ass}\{\boldsymbol{F}_{\mathrm{s}}^e\} = \boldsymbol{A}_{\mathrm{s}}\boldsymbol{u} \tag{5.4.17}$$

式中，$\boldsymbol{A}_{\mathrm{s}}$ 是由式（5.4.11）组集得到的整体结构自激气动力系数矩阵，符号“Ass”是英文 Assemble 的缩写。组集得到的 $\boldsymbol{F}_{\mathrm{b}}$ 由下式表达：

$$\boldsymbol{F}_{\mathrm{b}} = \mathrm{Ass}\{\boldsymbol{F}_{\mathrm{b}}^e\} = \boldsymbol{A}_{\mathrm{b1}}\{u_k(t)\} + \boldsymbol{A}_{\mathrm{b2}}\{\omega_k(t)\} \tag{5.4.18}$$

式中，$\boldsymbol{A}_{\mathrm{b1}}$ 和 $\boldsymbol{A}_{\mathrm{b2}}$ 是分别由式（5.4.14）和式（5.4.15）组集得到的整体结构抖振力系数矩阵。列向量 $\{u_k(t)\}$ 和 $\{\omega_k(t)\}$ 的元素 $u_k(t)$ 和 $\omega_k(t)$ 分别代表联系于第 k 个杆件所受的抖振力的等效顺风向脉动风速和垂直向脉动风速。假定结构的有效自由度总数为 N，单元总数为 N_e，则 $\boldsymbol{A}_{\mathrm{b1}}$ 和 $\boldsymbol{A}_{\mathrm{b2}}$ 为 $N \times N_e$ 阶矩阵，$\{u_k(t)\}$ 和 $\{\omega_k(t)\}$ 则为 $N_e \times 1$ 阶。

四、频域随机振动分析

假定求得的结构固有振型已关于质量矩阵正交规范化。对式（5.4.16）进行正规坐标变换得：

$$\boldsymbol{I}\{\ddot{\xi}_i\}+[2\zeta_i\omega_i]\{\dot{\xi}_i\}+[\omega_i^2]\{\xi_i\}=\boldsymbol{\Phi}^{\mathrm{T}}\boldsymbol{A}_{\mathrm{s}}\boldsymbol{\Phi}\{\xi_i\}+\boldsymbol{\Phi}^{\mathrm{T}}\boldsymbol{F}_{\mathrm{b}}\quad(i=1,2,\cdots,n)\tag{5.4.19}$$

式中，$\boldsymbol{I}$ 是单位矩阵；ξ_i 是第 i 个振型广义坐标；ζ_i 和 ω_i 分别是第 i 个振型的阻尼比和固有频率。$[2\zeta_i\omega_i]$ 和 $[\omega_i^2]$ 分别是对角项为 $2\zeta_i\omega_i$ 和 ω_i^2 的对角矩阵，$\boldsymbol{\Phi}$ 是振型矩阵。上式可变形为：

$$\boldsymbol{I}\{\ddot{\xi}_i\}+[2\zeta_i\omega_i]\{\dot{\xi}_i\}+([\omega_i^2]-\boldsymbol{\Phi}^{\mathrm{T}}\boldsymbol{A}_{\mathrm{s}}\boldsymbol{\Phi})\{\xi_i\}=\boldsymbol{\Phi}^{\mathrm{T}}\boldsymbol{F}_{\mathrm{b}}\quad(i=1,2,\cdots,n)\tag{5.4.20}$$

由于项 $\boldsymbol{\Phi}^{\mathrm{T}}\boldsymbol{A}_{\mathrm{s}}\boldsymbol{\Phi}$ 一般不是对角阵，而导致方程组是耦合的，也就是说，由于自激气动力的存在导致前述的运动方程不能用振型广义坐标解耦。但上述的正规变换仍是有益的，因正规变换使运动方程组的阶数大大减少。

在 $\boldsymbol{F}_{\mathrm{b}}$ 为平稳随机激扰的情况下，据式（5.4.20），振型响应的交叉谱矩阵为：

$$\boldsymbol{S}_{\xi}(\omega)=\boldsymbol{H}^{*}(\omega)[\boldsymbol{\Phi}^{\mathrm{T}}\boldsymbol{S}_{\mathrm{Fb}}(\omega)\boldsymbol{\Phi}]\boldsymbol{H}^{\mathrm{T}}(\omega)\tag{5.4.21}$$

式中，$\boldsymbol{H}(\omega)$ 是系统的频率响应函数矩阵，它是 $n\times n$ 阶的方阵，由下式计算：

$$\boldsymbol{H}(\omega)=\left[-\omega^2\boldsymbol{I}+\mathrm{i}\omega[2\zeta_i\omega_i]+[\omega_i^2]-\boldsymbol{\Phi}^{\mathrm{T}}\boldsymbol{A}_{\mathrm{s}}\boldsymbol{\Phi}\right]^{-1}\tag{5.4.22}$$

$\boldsymbol{H}^{*}(\omega)$ 是 $\boldsymbol{H}(\omega)$ 的复共轭。

为方便起见，记广义抖振力 $\boldsymbol{\Phi}^{\mathrm{T}}\boldsymbol{F}_{\mathrm{b}}=\boldsymbol{Q}_{\mathrm{b}}$，则

$$\boldsymbol{S}_{\mathrm{Qb}}(\omega)=\boldsymbol{\Phi}^{\mathrm{T}}\boldsymbol{S}_{\mathrm{Fb}}(\omega)\boldsymbol{\Phi}\tag{5.4.23}$$

显然它是 $n\times n$ 阶方阵。式中 $\boldsymbol{S}_{\mathrm{Fb}}(\omega)$ 是结构抖振力的交叉谱矩阵，根据式（5.4.18），它可由下式计算：

$$\boldsymbol{S}_{\mathrm{Fb}}=\boldsymbol{A}_{\mathrm{b1}}\{S_{kl}^{u}(\omega)\}\boldsymbol{A}_{\mathrm{b1}}^{\mathrm{T}}+\boldsymbol{A}_{\mathrm{b1}}\{S_{kl}^{\omega}(\omega)\}\boldsymbol{A}_{\mathrm{b2}}^{\mathrm{T}}\quad(k=1,2,\cdots,N_e;\ l=1,2,\cdots,N_e)\tag{5.4.24}$$

式中，矩阵 $\{S_{kl}^{u}(\omega)\}$ 和 $\{S_{kl}^{\omega}(\omega)\}$ 是各杆变化风速的交叉谱矩阵，其中第 k 行 l 列的元素 $S_{kl}^{u}(\omega)$ 和 $S_{kl}^{\omega}(\omega)$ 分别由式（5.3.16）和式（5.3.21）计算，并由式（5.3.31）转换到 ω 域内，交叉项 $\{S_{kl}^{u\omega}(\omega)\}$ 被忽略[60]。这里 k 和 l 分别代表第 k 和 l 个单元。

将式（5.4.23）代入式（5.4.21）得：

$$\boldsymbol{S}_{\xi}(\omega)=\boldsymbol{H}^{*}(\omega)\boldsymbol{S}_{\mathrm{Qb}}(\omega)\boldsymbol{H}^{\mathrm{T}}(\omega)\tag{5.4.25}$$

由振型迭加法所得的系统的任意一个响应量可表达为如下形式：

$$R(t)=\sum_{i=1}^{n}\alpha_i\xi_i(t) \tag{5.4.26}$$

式中

$$\alpha_i=\boldsymbol{A}^{\mathrm{T}}\boldsymbol{\varphi}_i \tag{5.4.27}$$

$\boldsymbol{A}$是一个响应转换矢量，当它取不同形式时，可使式（5.4.26）中R代表结构的某个位移或杆端力等，$\boldsymbol{\varphi}_i$是第i个振型。

根据式（5.4.26）可计算响应的各阶谱矩：

$$\begin{aligned}\lambda_R^{(M)}&=\mathrm{Re}\int_0^{\infty}\sum_{i=1}^{n}\sum_{j=1}^{n}\omega^M\alpha_i\ \alpha_j\ S_{\xi,ij}(\omega)\,\mathrm{d}\omega\\&=\sum_{i=1}^{n}\sum_{j=1}^{n}\alpha_i\ \alpha_j\ \lambda_{\xi,ij}^{(M)}\qquad (M=0,1,2)\end{aligned} \tag{5.4.28}$$

式中，$S_{\xi,ij}(\omega)$是矩阵$S_{\xi}(\omega)$的第i行j列的元素。$\lambda_{\xi,ij}^{(M)}$由下式计算：

$$\begin{aligned}\lambda_{\xi,ij}^{(M)}&=Re\int_0^{\infty}\omega^M S_{\xi,ij}(\omega)\mathrm{d}\omega\\&=Re\int_0^{\infty}\omega^M\boldsymbol{H}_i^*(\omega)\,\boldsymbol{S}_{\mathrm{Qb}}(\omega)\,\boldsymbol{H}_j(\omega)\mathrm{d}\omega\\&=\sum_{r=1}^{n}\sum_{s=1}^{n}Re\int_0^{\infty}\omega^M h_{ir}^*(\omega)h_{js}(\omega)S_{\mathrm{Qb},rs}(\omega)\mathrm{d}\omega\end{aligned} \tag{5.4.29}$$

式中，$h_{ir}(\omega)$是矩阵$\boldsymbol{H}(\omega)$的第i行第r列元素；$S_{\mathrm{Qb},rs}(\omega)$是矩阵$S_{\mathrm{Qb}}(\omega)$的第$r$行第$s$列的元素。

求得响应的各阶谱矩后，就可利用动力可靠度理论推算最大响应（参见第四章第八节）。计算步骤为：

（1）给定一个平均风速U。

（2）按式（5.4.28）和式（5.4.29）通过数值积分求响应的前三阶谱矩。积分时，对应于每一个ω值，要先算出响应的折算频率$K=\omega B/U$，求出对应的颤振导数，以计算自激气动力系数矩阵$\boldsymbol{A}_{\mathrm{s}}$，这样才能求$\boldsymbol{H}(\omega)$。在求得的各阶谱矩中，零阶谱矩代表响应的均方值。

（3）利用动力可靠度理论计算响应的最大值。

（4）改变平均风速，重复上述步骤。最终可得出响应最大值随风速变化的曲线。

数值积分时，由于$\boldsymbol{H}(\omega)$是突峰函数，为保证精度，可采用自适应的变步长 Simpson（辛普森）积分法。ω的积分上限一般可取为$\omega_u=4\pi$。由于积分时，对应于每个ω都要计算$\boldsymbol{A}_{\mathrm{s}}$和$\boldsymbol{S}_{\mathrm{Fb}}(\omega)$，所以上述分析方法的计算量将非常大，实际应用将很难实现。

五、颤振特性的确定

由式（5.4.22）可见，在给定的风速下，如果积分变量ω的某个值使如下的矩阵

$$\boldsymbol{B}=[-\omega^2\boldsymbol{I}+\mathrm{i}\omega[2\zeta_i\omega_i]+[\omega_i^2]-\boldsymbol{\Phi}^{\mathrm{T}}A_{\mathrm{s}}\boldsymbol{\Phi}] \tag{5.4.30}$$

成为奇异矩阵，即行列式$|\boldsymbol{B}|=0$，则系统将会失稳。由上式可见，这个失稳状态的出现与$\boldsymbol{F}_{\mathrm{b}}$或$\boldsymbol{S}_{\mathrm{Fb}}(\omega)$无关，而是由于自激气动力引起的，因此这个状态就是颤振状态，对应的风速为颤振临界风速，对应的频率即为颤振临界频率。

第五节　三维耦合颤振分析的复特征值方法

上一节建立的三维空间耦合颤振和抖振分析一般方法计算量太大，因而对计算机速度要求较高，不便实用。为此，本节将建立多振型耦合颤振分析的复特征值算法。

一、不考虑结构黏性阻尼的情况——普通复特征值方法

前节式（5.4.1）～（5.4.3）所示的自激气动力形式显含风速U，但在解颤振问题时，U是作为需要求解的未知数。因此这里将式（5.4.1）～（5.4.3）作如下变换以使它们不显含风速U：

$$L_{\mathrm{s}}=\rho B^3\omega^2\left[(H_4^*+\mathrm{i}\,H_1^*)\frac{h}{B}+(H_3^*+\mathrm{i}\,H_2^*)\alpha\right] \tag{5.5.1}$$

$$D_{\mathrm{s}}=\rho B^2\omega^2\left[(P_4^*+\mathrm{i}\,P_1^*)\frac{p}{B}+(P_3^*+\mathrm{i}\,P_2^*)\alpha\right] \tag{5.5.2}$$

$$M_{\mathrm{s}}=\rho B^4\omega^2\left[(A_4^*+\mathrm{i}\,A_1^*)\frac{h}{B}+(A_3^*+\mathrm{i}\,A_2^*)\alpha\right] \tag{5.5.3}$$

这样的变换是基于颤振临界状态为稳态谐和振动的假定。

此时，相应于式（5.4.5）的等效单元节点自激气动力表达式为：

$$\overline{\boldsymbol{F}}_{\mathrm{s}}^{e}=\omega^{2}\overline{\boldsymbol{A}}_{\mathrm{F}}^{e}\overline{\boldsymbol{\delta}}^{e} \tag{5.5.4}$$

式中的 $\overline{\boldsymbol{A}}_{\mathrm{F}}^{e}$ 与式（5.4.5）中 $\overline{\boldsymbol{A}}_{\mathrm{s}}^{e}$ 之间满足如下关系：

$$\overline{\boldsymbol{A}}_{\mathrm{s}}^{e}=\omega^{2}\overline{\boldsymbol{A}}_{\mathrm{F}}^{e} \tag{5.5.5}$$

而 $\overline{\boldsymbol{A}}_{\mathrm{F}}^{e}$ 由下式计算：

$$\overline{\boldsymbol{A}}_{\mathrm{F}}^{e}=\frac{l}{2}\rho B^{2}\begin{bmatrix}\boldsymbol{a}_{\mathrm{F}} & 0\\ 0 & \boldsymbol{a}_{\mathrm{F}}\end{bmatrix} \tag{5.5.6}$$

其中

$$\boldsymbol{a}_{\mathrm{F}}=\begin{bmatrix}0 & 0 & 0 & 0 & 0 & 0\\ 0 & (H_4^*+\mathrm{i}H_1^*) & 0 & B(H_3^*+\mathrm{i}H_2^*) & 0 & 0\\ 0 & 0 & (P_4^*+\mathrm{i}P_1^*) & B(P_3^*+\mathrm{i}P_2^*) & 0 & 0\\ 0 & (A_4^*+\mathrm{i}A_1^*) & 0 & B^2(A_3^*+\mathrm{i}A_2^*) & 0 & 0\\ 0 & 0 & 0 & 0 & 0 & 0\\ 0 & 0 & 0 & 0 & 0 & 0\end{bmatrix} \tag{5.5.7}$$

相应式（5.4.9）的结构坐标系下的单元节点自激气动力为：

$$\boldsymbol{F}_{\mathrm{s}}^{e}=\omega^{2}\boldsymbol{A}_{\mathrm{F}}^{e}\boldsymbol{\delta}^{e} \tag{5.5.8}$$

由上式组集得到的整体结构自激气动力矩阵为：

$$\boldsymbol{F}_{\mathrm{s}}=\omega^{2}\boldsymbol{A}_{\mathrm{F}}\boldsymbol{u} \tag{5.5.9}$$

式中的系数矩阵 $\boldsymbol{A}_{\mathrm{F}}$ 与式（5.4.17）中的 $\boldsymbol{A}_{\mathrm{s}}$ 满足如下关系：

$$\boldsymbol{A}_{\mathrm{s}}=\omega^{2}\boldsymbol{A}_{\mathrm{F}} \tag{5.5.10}$$

因为临界失稳状态的出现与抖振力无关，在式（5.4.16）中去掉抖振力 $\boldsymbol{F}_{\mathrm{b}}$，在不考虑结构黏性阻尼的情况下，运动方程成为：

$$\boldsymbol{M}\ddot{\boldsymbol{u}}+\boldsymbol{K}\boldsymbol{u}=\boldsymbol{F}_{\mathrm{s}} \tag{5.5.11}$$

对式（5.5.11）进行正规坐标变换，并将式（5.5.9）代入后得：

$$\boldsymbol{I}\{\ddot{\xi}_i\}+\left([\omega_i^2]-\omega^2\boldsymbol{\Phi}^{\mathrm{T}}\boldsymbol{A}_{\mathrm{F}}\boldsymbol{\Phi}\right)\{\xi_i\}\quad (i=1,\cdots,n) \tag{5.5.12}$$

由于临界状态为谐和振动，因此令 $\{\xi_i(t)\}=\{\xi_{io}\}\mathrm{e}^{\mathrm{i}\omega t}$，代入上式可得：

$$(-\omega^2(\boldsymbol{I}+\boldsymbol{\Phi}^{\mathrm{T}}\boldsymbol{A}_{\mathrm{F}}\boldsymbol{\Phi})+[\omega_i^2])\{\xi_{io}\}=\boldsymbol{0} \tag{5.5.13}$$

由于$\{\xi_{io}\}$在振动情况下不等于零，因而必定有：

$$\det\left\{-\omega^2(\boldsymbol{I}+\boldsymbol{\Phi}^{\mathrm{T}}\boldsymbol{A}_{\mathrm{F}}\boldsymbol{\Phi})+[\omega_i^2]\right\}=0 \tag{5.5.14}$$

上式可化为标准的复特征值问题：

$$\boldsymbol{K}_{\mathrm{c}}\boldsymbol{\varphi}_{\mathrm{c}}=\lambda\boldsymbol{\varphi}_{\mathrm{c}} \tag{5.5.15}$$

式中

$$\boldsymbol{K}_{\mathrm{c}}=(\boldsymbol{I}+\boldsymbol{\Phi}^{\mathrm{T}}\boldsymbol{A}_{\mathrm{F}}\boldsymbol{\Phi})^{-1}[\omega_i^2] \tag{5.5.16}$$

$$\lambda=\omega^2 \tag{5.5.17}$$

由式（5.5.15）可解得复特征值向量$\boldsymbol{\lambda}$和对应的复模态向量矩阵$\boldsymbol{\Phi}_{\mathrm{c}}$，由此即可确定复特征频率向量$\boldsymbol{\omega}$。当其中某个$\omega$为纯正实数时，振动呈谐和振动，对应的复模态即为颤振复模态，该ω即为颤振频率ω_{c}。

计算步骤为：

（1）给定一个较大的折算频率K，确定对应的颤振导数，求出自激力系数矩阵$\boldsymbol{A}_{\mathrm{F}}$。

（2）由式（5.5.16）计算$\boldsymbol{K}_{\mathrm{c}}$。

（3）求出$\boldsymbol{K}_{\mathrm{c}}$的全部复特征值和复模态向量，由式（5.5.17）计算各特征频率。

（4）如果求出的ω虚部均不为零，则减小K值，重复上述计算，直至所求的特征频率至少有一个虚部为零，即ω成为正实数，颤振临界状态出现，该ω即为颤振频率ω_{c}。由这个ω_{c}及K值可确定颤振临界风速U_{c}。如果继续减小K值并重复上述计算，还可能获得高阶的颤振频率和风速。但是高阶的颤振频率和风速没有实际意义。

由于发生颤振时，除颤振复模态外，$\boldsymbol{\Phi}_{\mathrm{c}}$中的其他复模态都会很快被衰减，因此结构振动成为：

$$\boldsymbol{u}_{\mathrm{c}}=\boldsymbol{\Phi}\{\xi_i(t)\}=\boldsymbol{\Phi}\boldsymbol{\varphi}_{\mathrm{c}}\mathrm{e}^{\mathrm{i}\omega_{\mathrm{c}}t} \tag{5.5.18}$$

式中，$\boldsymbol{\Phi}$是结构的固有振型矩阵，$\boldsymbol{\varphi}_{\mathrm{c}}$特指$\boldsymbol{\Phi}_{\mathrm{c}}$中的颤振复模态向量。上式意味着，颤振复模态向量$\boldsymbol{\varphi}_{\mathrm{c}}$正好代表了各阶固有振型对耦合颤振的参与作用，包括幅值及相位关系。此式也说明，原则上各阶固有振型都可能参与耦合颤振，只是程度不同而已。

如果在式（5.5.12）～（5.5.16）中的ω_i^2前乘上一个系数$(1+\mathrm{i}\upsilon_i)$，则上述的分析方法也可用于考虑结构阻尼的情况，但此时的结构阻尼是作为滞后阻尼考虑的，而υ_i是对应于第 i 个固有振型的结构滞后阻尼。

式（5.5.14）也可由前节的式（5.4.30）在忽略结构黏性阻尼项并将式（5.5.10）代入后直接得到。

二、考虑结构黏性阻尼的情况—— 状态空间法

考虑结构黏性阻尼情况时，自激振动的运动方程为：

$$\boldsymbol{M}\ddot{\boldsymbol{u}}+\boldsymbol{C}\dot{\boldsymbol{u}}+\boldsymbol{K}\boldsymbol{u}=\boldsymbol{F}_{\mathrm{s}} \tag{5.5.19}$$

由于颤振临界状态为稳态谐和振动，因而式（5.5.9）也可变换为如下形式：

$$\boldsymbol{F}_{\mathrm{s}}=-\boldsymbol{A}_{\mathrm{F}}\ddot{\boldsymbol{u}} \tag{5.5.20}$$

将式（5.5.20）代入式（5.5.19）得：

$$(\boldsymbol{M}+\boldsymbol{A}_{\mathrm{F}})\ddot{\boldsymbol{u}}+\boldsymbol{C}\dot{\boldsymbol{u}}+\boldsymbol{K}\boldsymbol{u}=\boldsymbol{0} \tag{5.5.21}$$

对上式进行正规坐标变换，得：

$$(\boldsymbol{I}+\boldsymbol{\Phi}^{\mathrm{T}}\boldsymbol{A}_{\mathrm{F}}\boldsymbol{\Phi})\{\ddot{\xi}_i\}+[2\zeta_i\omega_i]\{\dot{\zeta}_i\}+[\omega_i^2]\{\xi_i\}=\boldsymbol{0} \tag{5.5.22}$$

此式可变换为如下的状态空间运动方程[6,9]：

$$\dot{\boldsymbol{\eta}}=\boldsymbol{A}_{\mathrm{c}}\boldsymbol{\eta} \tag{5.5.23}$$

式中，状态向量$\boldsymbol{\eta}$为：

$$\boldsymbol{\eta}=\begin{bmatrix}\{\xi_i\}\\\{\dot{\xi}_i\}\end{bmatrix} \tag{5.5.24}$$

系数矩阵$\boldsymbol{A}_{\mathrm{c}}$为：

$$\boldsymbol{A}_{\mathrm{c}}=\begin{bmatrix}\boldsymbol{0} & \boldsymbol{I}\\ -(\boldsymbol{I}+\boldsymbol{\Phi}^{\mathrm{T}}\boldsymbol{A}_{\mathrm{F}}\boldsymbol{\Phi})^{-1}[\omega_i^2] & -(\boldsymbol{I}+\boldsymbol{\Phi}^{\mathrm{T}}\boldsymbol{A}_{\mathrm{F}}\boldsymbol{\Phi})^{-1}[2\zeta_i\omega_i]\end{bmatrix} \tag{5.5.25}$$

它是$2n\times2n$阶的矩阵。

在式（5.5.23）中令$\dot{\boldsymbol{\eta}}=\boldsymbol{\eta}_{\mathrm{o}}\mathrm{e}^{\lambda t}$，则得：

$$(\boldsymbol{A}_{\mathrm{c}}-\lambda\boldsymbol{I})\boldsymbol{\eta}_{\mathrm{o}}=0 \tag{5.5.26}$$

若要$\boldsymbol{\eta}_{\mathrm{o}}$不等于零，必有：

$$\det(\boldsymbol{A}_{\mathrm{c}}-\lambda\boldsymbol{I})=0 \tag{5.5.27}$$

此式又是标准的特征值问题。当其全部复特征值和相应的复特征向量求出后，系统稳定性可由 Routh 判别法则确定[6]。

计算步骤与本节第一部分的步骤类似，但颤振临界状态的出现是当解得的 λ 根中有一个根成为纯正虚数 λ_c 时，此根的虚部即颤振频率 ω_c，据此可确定临界风速 U_c。

若对应于 λ_c 的颤振复特征向量为 $\boldsymbol{\eta}_{oc}$，如式（5.5.24）所示，其前 n 个分量是对应于位移 $\{\xi_i\}$ 的，现记 $\boldsymbol{\eta}_{oc}$ 的前 n 个分量形成的列向量为 $\boldsymbol{\varphi}_c$。与式（5.5.18）类似，发生颤振时的结构振动可以表达为：

$$\boldsymbol{u}_c = \boldsymbol{\Phi}\{\xi_i(t)\} = \boldsymbol{\Phi}\,\boldsymbol{\varphi}_c e^{\lambda_c t} \tag{5.5.28}$$

其中 λ_c 是纯正虚数，其虚部代表颤振频率。上式仍意味着由 $\boldsymbol{\varphi}_c$ 可以确定各阶固有振型对耦合颤振的参与程度，包括幅值及相位关系。

为了准确地估算结构的最低临界风速，所取参与计算的固有振型数目至少应包含了两个扭转为主的固有振型（一个正对称和一个反对称扭转振型）。

以上两种方法都利用了正规坐标变换，但也可不通过正规坐标变换直接进行分析。那样所需的计算时间和机器容量都将很大。正是由于这个原因，正规坐标变换才显出其优越性。

第六节　三维抖振响应分析的实用算法

在第四节中已指出，由于项 $\boldsymbol{\Phi A}_s\boldsymbol{\Phi}$ 一般不是对角矩阵，因而由正规坐标变换一般不能将运动方程解耦。这使得第四节算法的计算量很大，因而不实用。但是，正如许多研究者所指出，由于耦合只是在接近临界状态才显得重要，在通常所考虑的实际风速范围内，可假定引起运动耦合的自激气动力项可忽略不计[42-44,60]。这样，用正规坐标变换后的运动方程式（5.4.20）成为：

$$\boldsymbol{I}\{\ddot{\xi}_i\} + [2\zeta_i\omega_i]\{\xi_i\} + \{[\omega_i^2] - \mathrm{diag}(\boldsymbol{\Phi}^{\mathrm{T}} A_s \boldsymbol{\Phi})\}\{\zeta_i\} = \boldsymbol{\Phi}^{\mathrm{T}}\boldsymbol{F}_b \quad (i = 1, \cdots, n) \tag{5.6.1}$$

为了方便，引入对角矩阵 $\boldsymbol{D}$，令：

$$\boldsymbol{D} = \mathrm{diag}(\boldsymbol{\Phi}^{\mathrm{T}} A_s \boldsymbol{\Phi}) = [d_i] \tag{5.6.2}$$

式中，d_i 是 $\boldsymbol{D}$ 的第 i 个对角元素。

由于式（5.6.1）中的各方程是不耦合的，所以式（5.4.21）中的 $\boldsymbol{H}(\omega)$ 成为对角矩阵，第 i 个对角元素为：

$$H_i(\omega)=[-\omega^2+2\mathrm{i}\zeta_i\omega_i\omega+\omega_i^2-d_i]^{-1} \tag{5.6.3}$$

此式即为式（5.6.1）中的第 i 个方程的频率响应函数。

此时，任一响应量的各阶谱矩仍可由式（5.4.28）计算，即：

$$\lambda_R^{(M)}=\sum_{i=1}^{n}\sum_{j=1}^{n}\alpha_i\alpha_j\lambda_{\xi,ij}^{(M)} \quad (M=0,1,2) \tag{5.6.4}$$

但式中的 $\lambda_{\xi,ij}^{(M)}$ 将由下式计算：

$$\begin{aligned}\lambda_{\xi,ij}^{(M)}&=Re\int_0^{\infty}\omega^M S_{\xi,ij}(\omega)\,\mathrm{d}\omega\\&=Re\int_0^{\infty}\omega^M H_i(\omega)H_j^*(\omega)S_{\mathrm{Qb},ij}(\omega)\,\mathrm{d}\omega\end{aligned} \tag{5.6.5}$$

根据式（5.4.23），$S_{\mathrm{Qb}}(\omega)$ 的第 i 行第 j 列元素 $S_{\mathrm{Qb},ij}(\omega)$ 可由下式表达：

$$S_{\mathrm{Qb},ij}(\omega)=\boldsymbol{\varphi}_i^{\mathrm{T}}\boldsymbol{S}_{\mathrm{Fb}}(\omega)\boldsymbol{\varphi}_j \tag{5.6.6}$$

将式（5.6.6）代入式（5.6.5），并引入式（5.4.24），有：

$$\begin{aligned}\lambda_{\xi,ij}^{(M)}&=Re\int_0^{\infty}\omega^M H_i(\omega)H_j^*(\omega)\boldsymbol{\varphi}_i^{\mathrm{T}}\boldsymbol{S}_{\mathrm{Fb}}(\omega)\boldsymbol{\varphi}_j\,\mathrm{d}\omega\\&=Re\int_0^{\infty}\boldsymbol{\varphi}_i^{\mathrm{T}}[\omega^M H_i(\omega)H_j^*(\omega)\boldsymbol{A}_{\mathrm{b1}}\{S_{kl}^{u}(\omega)\}\boldsymbol{A}_{\mathrm{b1}}^{\mathrm{T}}]\boldsymbol{\varphi}_j\,\mathrm{d}\omega+\\&\quad Re\int_0^{\infty}\boldsymbol{\varphi}_i^{\mathrm{T}}[\omega^M H_i(\omega)H_j^*(\omega)\boldsymbol{A}_{\mathrm{b2}}\{S_{kl}^{\omega}(\omega)\}\boldsymbol{A}_{\mathrm{b2}}^{\mathrm{T}}]\boldsymbol{\varphi}_j\mathrm{d}\omega\\&=\boldsymbol{\varphi}_i^{\mathrm{T}}\boldsymbol{A}_{\mathrm{b1}}\left[Re\int_0^{\infty}\omega^M H_i(\omega)H_j^*(\omega)\{S_{kl}^{u}(\omega)\}\mathrm{d}\omega\right]\boldsymbol{A}_{\mathrm{b1}}^{\mathrm{T}}\boldsymbol{\varphi}_j+\\&\quad\boldsymbol{\varphi}_i^{\mathrm{T}}\boldsymbol{A}_{\mathrm{b2}}\left[Re\int_0^{\infty}\omega^M H_i(\omega)H_j^*(\omega)\{S_{kl}^{\omega}(\omega)\}\mathrm{d}\omega\right]\boldsymbol{A}_{\mathrm{b2}}^{\mathrm{T}}\boldsymbol{\varphi}_j\\&=\boldsymbol{\varphi}_i^{\mathrm{T}}\boldsymbol{A}_{\mathrm{b1}}\left[Re\int_0^{\infty}\omega^M H_i(\omega)H_j^*(\omega)\{S_{kl}^{u}(\omega)\}\mathrm{d}\omega\right]\boldsymbol{A}_{\mathrm{b1}}^{\mathrm{T}}\boldsymbol{\varphi}_j+\\&\quad\boldsymbol{\varphi}_i^{\mathrm{T}}\boldsymbol{A}_{\mathrm{b2}}\left[Re\int_0^{\infty}\omega^M H_i(\omega)H_j^*(\omega)\{S_{kl}^{\omega}(\omega)\}\mathrm{d}\omega\right]\boldsymbol{A}_{\mathrm{b2}}^{\mathrm{T}}\boldsymbol{\varphi}_j\\&=\boldsymbol{\varphi}_i^{\mathrm{T}}\boldsymbol{A}_{\mathrm{b1}}\{\lambda_{kl,ij}^{(M),u}\}\boldsymbol{A}_{\mathrm{b1}}^{\mathrm{T}}\boldsymbol{\varphi}_j+\boldsymbol{A}_{\mathrm{b2}}\boldsymbol{\varphi}_i^{\mathrm{T}}\{\lambda_{kl,ij}^{(M),\omega}\}\boldsymbol{A}_{\mathrm{b2}}^{\mathrm{T}}\boldsymbol{\varphi}_j \quad (M=0,1,2)\end{aligned} \tag{5.6.7}$$

式中，矩阵 $\{\lambda_{kl,ij}^{(M),u}\}$ 和 $\{\lambda_{kl,ij}^{(M),\omega}\}$ 中的元素 $\lambda_{kl,ij}^{(M),u}$ 和 $\lambda_{kl,ij}^{(M),\omega}$ 为：

$$\lambda_{kl,ij}^{(M),u}=Re\int_0^{\infty}\omega^M H_i(\omega)H_j^*(\omega)S_{kl}^{u}(\omega)\,\mathrm{d}\omega \quad (M=0,1,2) \tag{5.6.8}$$

$$\lambda_{kl,ij}^{(M),\omega}=Re\int_0^{\infty}\omega^M H_i(\omega)H_j^*(\omega)S_{kl}^{\omega}(\omega)\,\mathrm{d}\omega \quad (M=0,1,2) \tag{5.6.9}$$

上标 u 和 ω 分别代表顺风向和垂直向的脉动风速，下标 k 和 l 分别代表第 k 个和 l 个单元，下标 i 和 j 分别代表第 i 个和 j 个振型。

式（5.6.8）和式（5.6.9）的积分运算非常耗时，由于顺风向和垂直向的脉动风速均可看作是平稳宽带随机过程，这使我们可以利用 Der Kiuregian 的理论[7]来简化 $\lambda_{kl,ij}^{(M),u}$ 和 $\lambda_{kl,ij}^{(M),\omega}$ 的计算，即有[7]：

$$\lambda_{kl,ij}^{(M),u}=\rho_{ij}^{(M)}(\lambda_{kl,ii}^{(M),u}\lambda_{kl,jj}^{(M),u})^{0.5}\qquad(M=0,1,2)\tag{5.6.10}$$

$$\lambda_{kl,ij}^{(M),\omega}=\rho_{ij}^{(M)}(\lambda_{kl,ii}^{(M),\omega}\lambda_{kl,jj}^{(M),\omega})^{0.5}\qquad(M=0,1,2)\tag{5.6.11}$$

其中

$$\lambda_{kl,ii}^{(0),u}\approx\pi S_{kl}^{u}(\tilde{\omega}_i)/(4\tilde{\zeta}_i\tilde{\omega}_i^3)\tag{5.6.12}$$

$$\lambda_{kl,ii}^{(0),\omega}\approx\pi S_{kl}^{\omega}(\tilde{\omega}_i)/(4\tilde{\zeta}_i\tilde{\omega}_i^3)\tag{5.6.13}$$

$$\lambda_{kl,ii}^{(1),u}\approx\lambda_{kl,ii}^{(0),u}(1-2\tilde{\zeta}_i/\pi)\,\tilde{\omega}_i\tag{5.6.14}$$

$$\lambda_{kl,ii}^{(1),\omega}\approx\lambda_{kl,ii}^{(0),\omega}(1-2\tilde{\zeta}_i/\pi)\,\tilde{\omega}_i\tag{5.6.15}$$

$$\lambda_{kl,ii}^{(2),u}K\approx\lambda_{kl,ii}^{(0),u}\tilde{\omega}_i^2\tag{5.6.16}$$

$$\lambda_{kl,ii}^{(2),\omega}\approx\lambda_{kl,ii}^{(0),\omega}\tilde{\omega}_i^2\tag{5.6.17}$$

$$\rho_{ij}^{(0)}=2\sqrt{\tilde{\zeta}_i\tilde{\zeta}_j}\left[(\tilde{\omega}_i+\tilde{\omega}_j)^2(\tilde{\zeta}_i+\tilde{\zeta}_j)+(\tilde{\omega}_i^2-\tilde{\omega}_j^2)(\tilde{\zeta}_i-\tilde{\zeta}_j)\right]/D\tag{5.6.18}$$

$$\rho_{ij}^{(1)}=2\sqrt{\tilde{\zeta}_i\tilde{\zeta}_j}\left[(\tilde{\omega}_i+\tilde{\omega}_j)^2(\tilde{\zeta}_i+\tilde{\zeta}_j)-(4/\pi)(\tilde{\omega}_i-\tilde{\omega}_j)^2\right]/D\tag{5.6.19}$$

$$\rho_{ij}^{(2)}=2\sqrt{\tilde{\zeta}_i\tilde{\zeta}_j}\left[(\tilde{\omega}_i+\tilde{\omega}_j)^2(\tilde{\zeta}_i+\tilde{\zeta}_j)-(\tilde{\omega}_i^2-\tilde{\omega}_j^2)(\tilde{\zeta}_i-\tilde{\zeta}_j)\right]/D\tag{5.6.20}$$

$$D=4(\tilde{\omega}_i-\tilde{\omega}_j)^2+(\tilde{\omega}_i+\tilde{\omega}_j)^2(\tilde{\zeta}_i+\tilde{\zeta}_j)^2\tag{5.6.21}$$

以上各式中，$\tilde{\omega}_i$ 和 $\tilde{\zeta}_i$ 是式（5.6.3）中的 $H_i(\omega)$ 取最大值时的 ω 值和等效阻尼比，它们分别为：

$$\tilde{\omega}_i=\sqrt{\omega_i^2-Re(d_i)}\tag{5.6.22}$$

$$\tilde{\zeta}_i=[2\zeta_i\omega_i-\mathrm{Im}(d_i)]/(2\tilde{\omega}_i)\tag{5.6.23}$$

根据以上各式求得任一响应量的各阶谱矩后，就可利用动力可靠度理论推算最大响应值。计算步骤与第四节的计算步骤类似。但是在涉及计算式（5.6.2）中矩阵 $\boldsymbol{D}$ 的元素 d_i 时，因为需要用到 $\tilde{\omega}_i$ 以确定折算频率 $K_i=\tilde{\omega}_i B/U$，而 $\tilde{\omega}_i$ 事先并不知道，因此就用 ω_i 来近似，算出 d_i 后再由式（5.6.22）来计算 $\tilde{\omega}_i$ 以确定 K_i，这样就需要迭代修正。但实际计算表明，一开始就以 ω_i 代替 $\tilde{\omega}_i$ 算得的 d_i 与迭代后的 d_i 几乎没有差别，于是迭代计算就可以省去。

抖振响应计算所取的振型数目不必像地震响应分析时所取的那样多，因为风谱与地震加速度谱的卓越周期很不相同。地震加速度谱的卓越周期一般在 0.1～1 s 内，而风谱的卓越周期一般大于 60 s[1,5]。悬索桥基本周期一般小于 20 s，振型阶次越高，其周期偏离风谱卓越周期越远，对应的振型响应将愈来愈比基本振型的响应小。因此，只需取前若干阶振型参与抖振响应计算即可。根据作者的经验，至多取到出现二阶的扭转振动即可。

第七节　作为连续体的二维抖振响应分析简化算法

根据经验，悬索桥（特别是扁平箱梁加劲的悬索桥）的顺风响应通常不大，所以可以只考虑竖向弯曲响应和扭转响应。作为连续体的二维抖振响应分析，过去曾有一些学者对此进行过研究。本节的算法取自作者的文献[65]，这个算法主要是基于 Beliveau 的工作[59]，但是作者改正了 Beliveau 的文献中空间修正函数计算式的不妥之处。

假定悬索桥的弯曲和扭转的固有振型是不耦合的，则用正规坐标变换后的运动方程式为：

$$M_i(\ddot{h}_i+2\zeta_{hi}\omega_{hi}\dot{h}_i+\omega_{hi}^2 h_i)$$
$$=0.5\rho U^2(2B)\left(KH_1^*\frac{\dot{h}}{U}+KH_2^*\frac{B\dot{\alpha}}{U}\frac{N_{\alpha hi}}{N_{hi}}+K^2H_3^*\alpha\frac{N_{\alpha hi}}{N_{hi}}+K^2H_4^*\frac{h}{B}\right)N_{hi}+$$
$$\int_0^L L_h(x,h)X_i(x)\,\mathrm{d}x \tag{5.7.1 a}$$

$$I_i(\ddot{\alpha}_i+2\zeta_{\alpha i}\omega_{\alpha i}\dot{\alpha}_i+\omega_i^2\alpha_i)$$
$$=0.5\rho U^2(2B^2)\left(KA_1^*\frac{\dot{h}}{U}\frac{N_{\alpha hi}}{N_{\alpha i}}+KA_2^*\frac{B\dot{\alpha}}{U}+K^2A_3^*\alpha+K^2A_4^*\frac{h}{B}\frac{N_{\alpha hi}}{N_{\alpha i}}\right)N_{\alpha i}+$$
$$\int_0^L M_\alpha(x,t)Y_i(x)\,\mathrm{d}x \tag{5.7.1 b}$$

式中，h_i、α_i 分别是第 i 阶弯曲振型和第 i 阶扭转振型的广义坐标；

$M_i=\int_0^L m(x)X_i^2(x)\,\mathrm{d}x$，$I_i=\int_0^L I(x)Y_i^2(x)\,\mathrm{d}x$，$X_i(x)$、$Y_i(x)$ 分别为第 i 阶弯曲振型和扭转振型的振型函数，$m(x)$、$I(x)$ 分别为单位长度桥面质量及质量惯矩；ζ_{hi}、$\zeta_{\alpha i}$、ω_{hi}、$\omega_{\alpha i}$ 分别为第 i 阶弯曲振型和扭转振型的阻尼比和固有圆频率；$N_{hi}=\int_0^L X_i^2(x)\,\mathrm{d}x$，$N_{\alpha i}=\int_0^L Y_i^2(x)\,\mathrm{d}x$，$N_{\alpha hi}=\int_0^L X_i(x)Y_i(x)\,\mathrm{d}x$；$\rho$ 为空气密度，B 为桥宽，L 为跨长，H_i^* 及 A_i^* 是颤振导数；$L_h(x,t)$ 及 $M_\alpha(x,t)$ 分别是紊流升力及力矩，由下式给出：

$$L_h(x,t)=L_{\mathrm{b}} \tag{5.7.2 a}$$

$$M_\alpha(x,t)=M_{\mathrm{b}} \tag{5.7.2 b}$$

式中，L_{b} 和 M_{b} 分别由式（5.3.24）和式（5.3.26）表达。

在式（5.7.1）中忽略引起耦合的气动力项，且忽略 H_4^* 项的影响，并假定 $m(x)$、$I(x)$ 为常数，则得：

$$\ddot{h}_i+(2\zeta_{hi}\omega_{hi}-H_1)\dot{h}_i+\omega_{hi}^2 h_i=\frac{1}{M_i}\int_0^L L_h(x,t)X_i(x)\,\mathrm{d}x \tag{5.7.3 a}$$

$$\ddot{\alpha}_i+(2\zeta_{\alpha i}\omega_{\alpha i}-A_2)\dot{\alpha}_i+(\omega_{\alpha i}^2-A_3)\alpha_i=\frac{1}{I_i}\int_0^L M_\alpha(x,t)Y_i(x)\,\mathrm{d}x \tag{5.7.3 b}$$

式中，$H_1=\rho B^2\omega H_1^*/m$，$A_2=\rho B^4\omega A_2^*/I$，$A_3=\rho B^4\omega A_3^*/I$，分别相应于 $\omega=\omega_{hi}$ 或 $\omega=\omega_{\alpha i}$ 时取值。

式（5.7.3）右端作为随机激扰力，其功率谱可用下式表达：

$$S_{\mathrm{L}hi}^F(\omega)=\frac{|J_{hi}(\omega)|^2\,S_{\mathrm{L}}(\omega)\,N_{hi}^2}{M_i^2} \tag{5.7.4 a}$$

$$S_{\mathrm{M}\alpha i}^F(\omega)=\frac{|J_{\alpha i}(\omega)|^2\,S_{\mathrm{M}}(\omega)\,N_{\alpha i}^2}{I_i^2} \tag{5.7.4 b}$$

式中，$S_{\mathrm{L}}(\omega)$ 和 $S_{\mathrm{M}}(\omega)$ 是作用于单位长度桥面上的抖振力谱，分别由下式给出[4]：

$$S_{\mathrm{L}}(\omega)=\frac{4\bar{L}_{\mathrm{b}}^2}{U^2}|X(\omega)|^2\,S_u(\omega)+\frac{(\bar{L}'_{\mathrm{b}})^2}{U^2}|X(\omega)|^2\,S_\omega(\omega) \tag{5.7.5 a}$$

$$S_{\mathrm{M}}(\omega)=\frac{4\bar{M}_{\mathrm{b}}^2}{U^2}|X(\omega)|^2\,S_u(\omega)+\frac{(\bar{M}'_{\mathrm{b}})^2}{U^2}|X(\omega)|^2\,S_\omega(\omega) \tag{5.7.5 b}$$

其中，$\bar{L}_{\mathrm{b}}$、$\bar{M}_{\mathrm{b}}$、$\bar{L}'_{\mathrm{b}}$ 及 $\bar{M}'_{\mathrm{b}}$ 分别按式（5.3.27）～（5.3.29）计算，水平及竖向风谱 $S_u(\omega)$ 和 $S_\omega(\omega)$ 可分别按式（5.3.17）、式（5.3.23）和式（5.3.31）计算。

式（5.7.5）中的 $|X(\omega)|^2$ 是气动导纳，用以作为变化风速与作用于单位长

度桥面上抖振力之间的联系环节。Beliveau 的方法中是引用了 Davenport 基于桁架高宽大致相等而导出的一个导纳函数，那是只考虑了单位长度桥面上风速的空间相关性而未考虑非定常效应的[55]。鉴于扁平箱断面非常近似于流线型，故本文引用航空学中的 Sears（西雅）函数，以其 Liepmann（李普曼）简化形式作为气动导纳，即按式（5.3.30）计算。这样得到的单位长度桥面上的抖振力就既考虑了风速的空间相关性，也考虑了非定常效应。

式（5.7.4）中 $|J_{hi}(\omega)|^2$ 和 $|J_{di}(\omega)|^2$ 是空间修正函数，其表达式均为：

$$|J_i(\omega)|^2=\frac{1}{N_i^2}\int_0^L\int_0^L \exp(-\lambda|x-x'|)Z_i(x)Z_i(x')\,\mathrm{d}x\,\mathrm{d}x' \tag{5.7.6}$$

式中，$\exp(-\lambda|x-x'|)$ 为空间相关函数；$\lambda=k_1\omega/2\pi U$，k_1 为常数，可取 $k_1=7$；$Z_i(x)$ 为振型 $X_i(x)$ 或 $Y_i(x)$。对悬索桥可近似假定振型为具有若干半波的正弦函数，则式（5.7.6）可积分出来：

$$\left|J_i(\omega)\right|^2=\frac{4}{L^2}\frac{\lambda L+\dfrac{2[1+(-1)^{j-1}\exp(-\lambda L)](j\pi/L)^2}{\lambda^2+(j\pi/L)^2}}{\lambda^2+(j\pi/L)^2} \tag{5.7.7}$$

其中，j 为振型半波数。显然，在 $j\neq1$ 时，Beliveau 文献[59]中的（47）式，及 Scanlan 文献[60]中的（25）式都将带来较大误差。$|J_i(\omega)|^2$ 也可根据实际振型按式（5.7.6）进行数值计算获得。

容易求得式（5.7.3）的频响函数由下式表达：

$$|H_{hi}(\omega)|^2=[(\omega_{hi}^2-\omega^2)^2+\omega^2(2\,\zeta_{hi}\,\omega_{hi}-H_1)^2]^{-1} \tag{5.7.8 a}$$

$$|H_{\alpha i}(\omega)|^2=[(\omega_{\alpha i}^2-A_3-\omega^2)+\omega^2(2\,\zeta_{\alpha i}\,\omega_{\alpha i}-A_2)^2]^{-1} \tag{5.7.8 b}$$

则第 i 阶响应的功率谱密度为：

$$S_{hi}(\omega)=\left|H_{hi}(\omega)\right|^2 S_{\mathrm{L}hi}^F(\omega) \tag{5.7.9 a}$$

$$S_{\alpha i}(\omega)=\left|H_{\alpha i}(\omega)\right|^2 S_{\mathrm{M}\alpha i}^F(\omega) \tag{5.7.9 b}$$

第 i 阶响应的均方值为；

$$\sigma_{hi}^2(\omega)=\int_0^\infty S_{hi}(\omega)\,\mathrm{d}\omega \tag{5.7.10 a}$$

$$\sigma_{\alpha i}^2(\omega)=\int_0^\infty S_{\alpha i}(\omega)\,\mathrm{d}\omega \tag{5.7.10 b}$$

而全桥任意点的响应均方值就可用下式计算：

$$\sigma_h^2(x,\omega)=\sum_{i=1}^{n}\int_0^{\infty} X_i^2(x)\, S_{hi}(\omega)\,\mathrm{d}\omega \tag{5.7.11 a}$$

$$\sigma_\alpha^2(x,\omega)=\sum_{i=1}^{n}\int_0^{\infty} Y_i^2(x)\, S_{\alpha i}(\omega)\,\mathrm{d}\omega \tag{5.7.11 b}$$

将式（5.7.4）～（5.7.5）及式（5.7.7）～（5.7.10）代入式（5.7.11），则积分号内的整个表达式是ω的显式函数，选用自适应的辛普生数值积分程序，不难求得全桥任意点均方响应。

这个方法引入了许多近似假定，如忽略振型耦合和气动耦合、忽略振型广义抖振力之间的交叉谱、假定振型为若干半波构成的谐和函数等，并采用了简单的 SRSS 方法来计算总的均方响应。但这个方法与前面的方法相比，具有简单快捷的优点。

第八节　数值算例及讨论

算例一：一个简支梁桥的气动稳定性分析

这是 Thiele 采用过的一个算例[4]。如图 5.3 所示，简支梁受两端的叉形支座支承，跨度 L =300 m，梁宽 B =40 m，竖向挠曲刚度为 EI_z =21×10^8 kN·m^2，扭转刚度为 GJ_t =4×10^8 kN·m^2，质量 m =20 000 kg/m，扭转惯性半径 r =15 m，根据这些数据用有限元法计算的前 5 阶振型和频率如图 5.4 所示。采用 Theodorson 非定常气动力，并取各阶振型的结构阻尼比$\zeta=0.0$，由状态空间法计算的特征根的实部（除以 2π 后代表阻尼）随风速的变化如图 5.5 所示（除不稳定根外，特征根的虚部（即频率）随风速的变化不大，这里未示出）。两个不稳定根分别源于一阶和二阶的结构固有扭转振型。最低临界风速 $U_{\mathrm{c}1}$ =140 m/s 是实际可能的颤振临界风速，这个值与 Thiele 的计算结果 U_c =139.9 m/s 几乎没有差别。由于取$\zeta=0.0$，所以采用复特征值法计算的结果与状态空间法的计算结果完全相同，但此时，图 5.5 为特征根的虚部随风速的变化图，并且竖轴要改变负号。

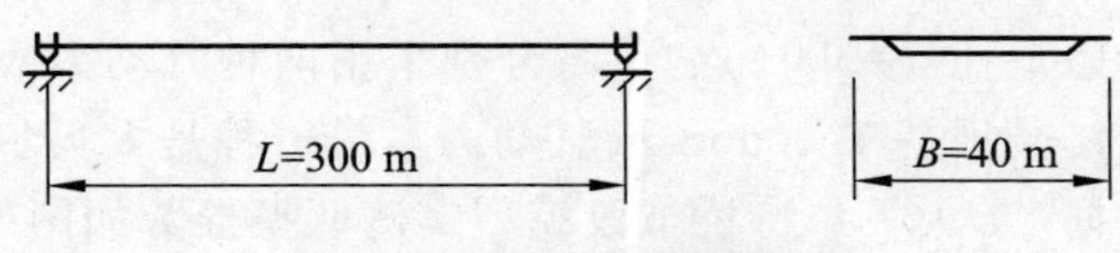

图 5.3　简支梁计算模型

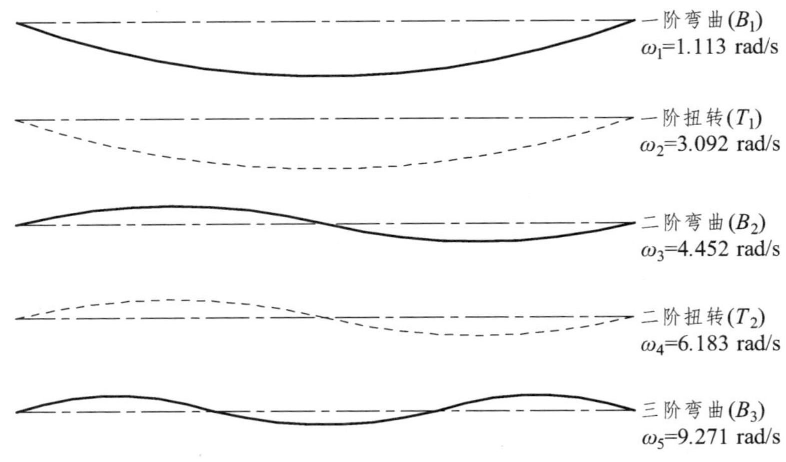

图 5.4　简支梁的振型和频率

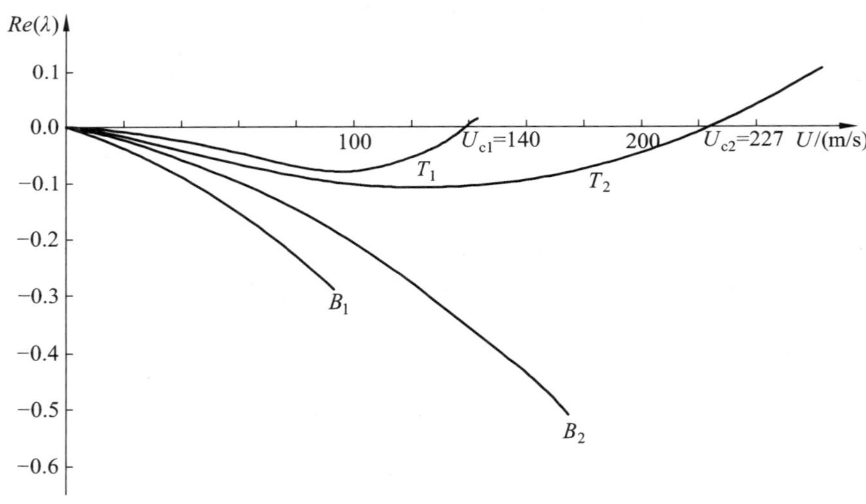

图 5.5　简支梁用状态空间法计算的特征根实部随风速的变化

算例二：汕头海湾大桥初步设计变更方案的气动稳定性分析

结构模型如第三章算例一，前 30 阶三维自由振动性状已在那里算出。取各阶振型的结构阻尼比 $\zeta = 0.0$。这里将分别采用两种气动力数据来研究该模型的气动稳定性，一种是 Theodorson 气动力，另一种是大贝尔特桥节段模型的实测气动力数据[4]。大贝尔特桥节段模型实测颤振导数如图 5.6 所示，H_4^*、A_4^*、P_1^*、P_2^*、P_3^*、P_4^* 被忽略。由状态空间法计算的特征根的实部随风速的变化如图 5.7 所示，其中图 5.7（a）是采用 Theodorson 气动力时的结果，图 5.7（b）是采用大贝尔特桥实测气动力数据时的结果。图中仅画出了三个不稳定根的变化图，这三个根分别源于一阶、二阶和三阶的结构固有扭转振型（它们在前 30 个三维固有振型中的排序分别是 10、24、30）。特征根的虚部（即频率）随风速的变化这里未示出，其规律大致如此：那些源于固有横向振型的特征根虚部基本无变化（这是由于所采用的气动力中 $P_i^*=0$）；那些源于固有竖向振型的特征根虚部有些变化，但变化不大；那些源于固有扭转振型的特征根（即不稳定根）虚部变化较大。采用复特征值法与状态空间法计算的结果完全相同（因为取结构阻尼 $\zeta=0.0$），但此时图 5.7 为特征根的虚部随风速的变化图，并且竖轴要改变负号。

由图 5.7 可见，汕头海湾大桥初步设计变更方案使用两种气动力数据计算的颤振临界风速差别不大，使用 Theodorson 气动力时 U_{c1} =203 m/s，使用大贝尔特桥气动力数据时 U_{c1} =195 m/s。差别不大的原因是由于模型断面扁平并接近流线型，颤振导数也比较接近 Theodorson 气动力（见图 5.6）。另外，对应于最低临界风速的不稳定根是源于一阶正对称扭转振型，这说明最危险的振动型态并不总像老塔可马桥那样是反对称扭转型态。

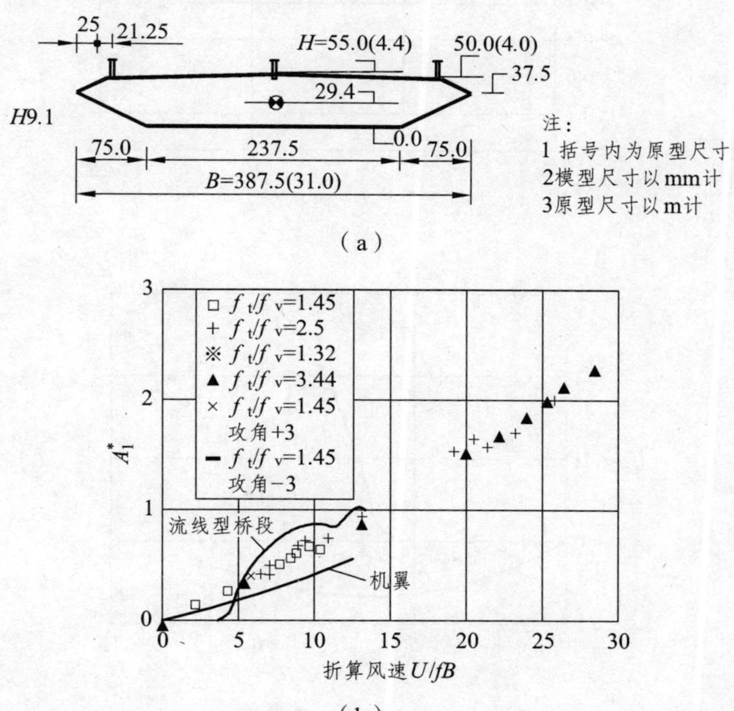

（b）

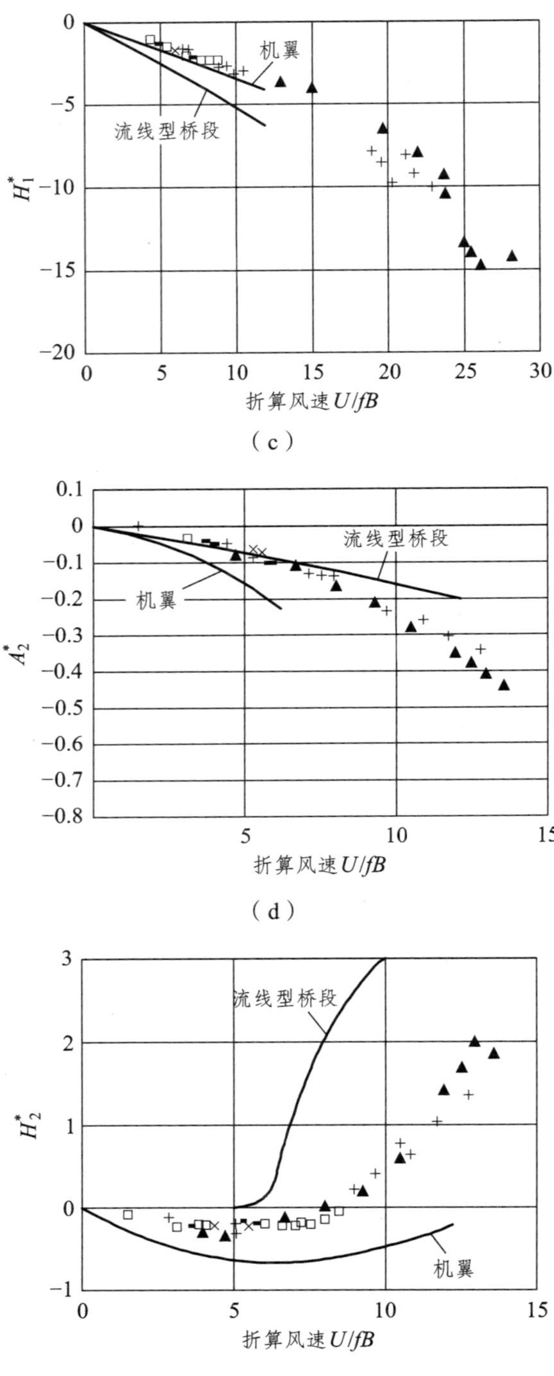
0
−5
−10
−15
−20
H_1^*
机翼
流线型桥段
0 5 10 15 20 25 30
折算风速U/fB
(c)
0.1
0
−0.1
−0.2
−0.3
−0.4
−0.5
−0.6
−0.7
−0.8
A_2^*
流线型桥段
机翼
5 10 15
折算风速U/fB
(d)
3
2
1
0
−1
H_2^*
流线型桥段
机翼
0 5 10 15
折算风速U/fB
(e)

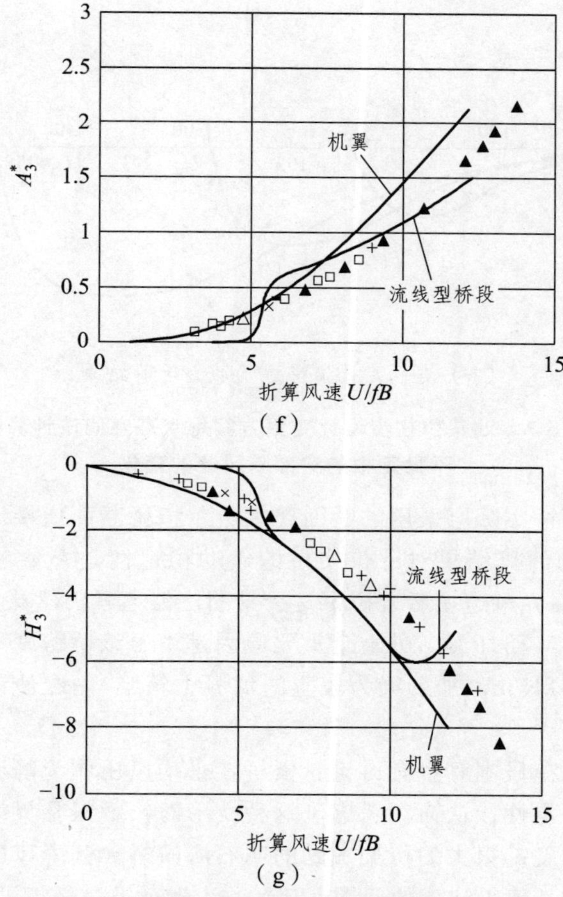

图 5.6　大贝尔特桥断面的颤振导数

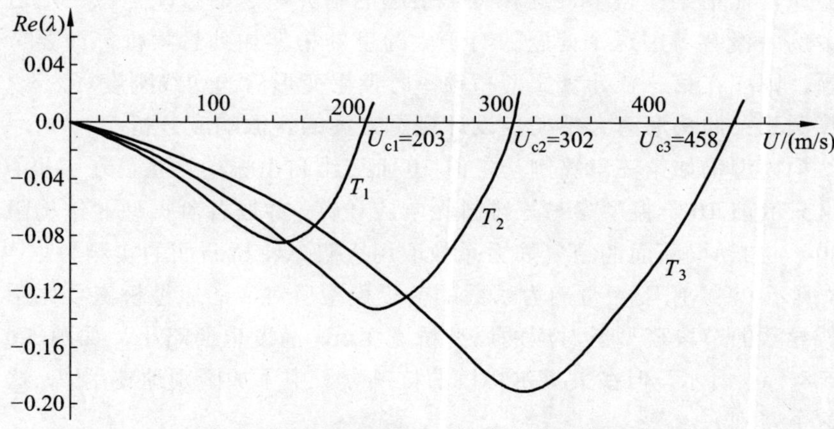

（a）使用 Theodorson 气动力时的结果

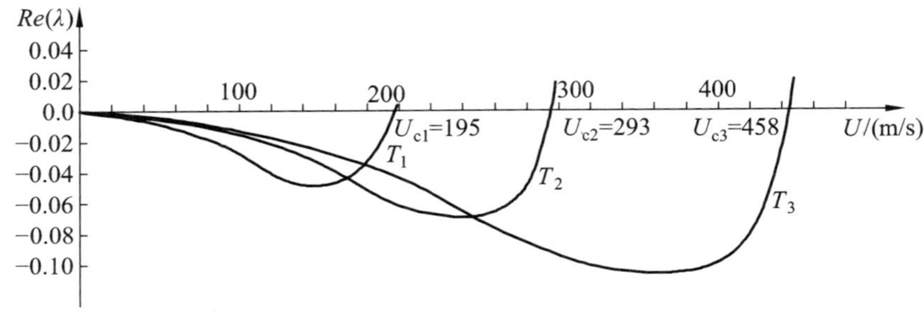

（b）使用大贝尔特桥气动力时的结果

图 5.7 汕头桥初步设计变更方案用状态空间法计算的不稳定根的实部随风速的变化

汕头海湾大桥实际所采用的断面比大贝尔特桥断面更接近流线型，因此笔者认为上面的计算结果对评价实桥的气动稳定性是有参考意义的。接近 200 m/s 的颤振临界风速在悬索桥中是少见的，但笔者仍然认为它是可信的，除了由于良好的气动外形，另一个重要原因是由于该桥跨度不大，而恒载却非常大（q =370 kN/m，加劲梁为较重的混凝土箱梁），这使该桥具有充分大的刚度。

另外，最近在日本有学者讨论悬索桥在平均风压作为静荷载引起的变形状态下的气动稳定性，认为在考虑了这种变形时，颤振临界风速略有减小。这对于梁高和跨度都很大的桁架加劲的明石海峡桥（其静风压引起的横向挠度达 35 m）也许是值得注意的问题，但笔者认为对于扁平箱梁加劲的悬索桥，由于静风压比桁架小得多，这种变形引起的临界风速的折减是微不足道的，因此本例中没有考虑这个问题。对于大跨度的桁架加劲悬索桥，如要考虑这个问题，则应在第三章计算振型和频率时使用变形后的切线刚度。

算例三：汕头海湾大桥初步设计变更方案的抖振响应分析

结构模型仍如第三章算例一，前 30 阶三维自由振动性状已在那里算出，但这里只取前 10 阶振型参与三维抖振响应计算，并取各阶振型的结构阻尼比 $\zeta = 0.02$。加劲梁断面的空气静力系数取用大贝尔特桥断面的实测数据[4]，如图 5.8 所示（注：用于测量静力系数的节段模型所对应的原型桥宽要比用于测量颤振导数的节段模型所对应的原型桥宽 1 m，高度也要略小，如图 5.6（a）和图 5.8（a）所示，但在大贝尔特桥的抗风分析中不加区别地使用[4]，这里也忽略这个差别）。

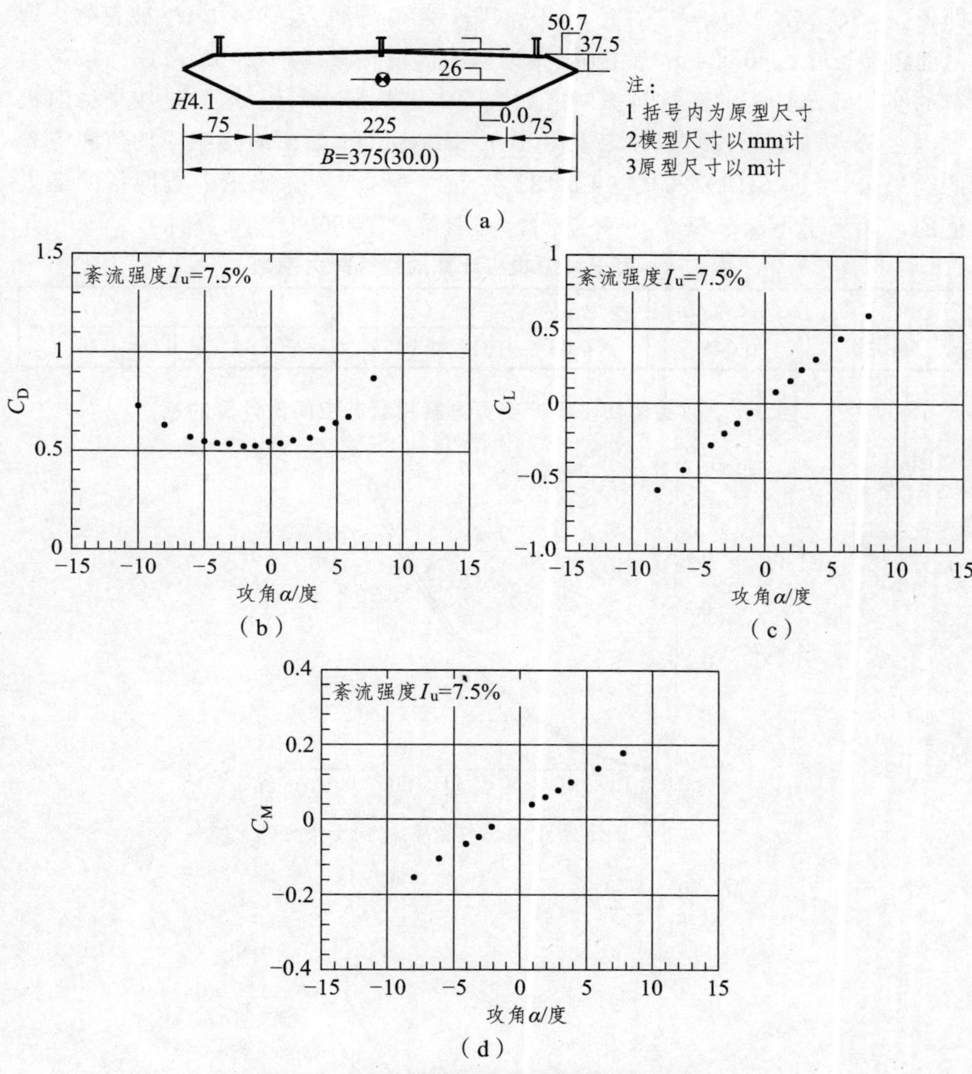

图 5.8　大贝尔特桥断面的空气静力系数

计算中所采用的零攻角时的静力系数如表 5.1 所示（其中阻力系数 C_{D0} 和 C'_{D0} 从图 5.8（b）中获得的数据是 0.545 和 0.565，而小贝尔特桥断面以梁宽而言的阻力系数 C_{D0} 是 0.073[4]，笔者怀疑图 5.8（b）的阻力系数是对梁高而言才有那么大的值，因此就将 $C_{D0}=0.545$ 和 $C'_{D0}=0.565$ 用梁宽 B=24.2 m 和梁高 h=2.15 m 转换为对梁宽而言的值），标"′"，表示对攻角的导数。气动导纳按式（5.3.30）计算。颤振导数 H_i^*、A_i^* 仍如图 5.6 所示。P_i^* 按拟定常方式计算，

即 $P_1^* = -2C_{D0}/K$ ，$P_2^* = C'_{D0}/K$ ，$P_3^* = C'_{D0}/K^2$ 。导数 H_4^*、A_4^*、P_4^* 被忽略。取地面粗糙长度 z_0=0.004 m，加劲梁离地面的高度按平均值 54 m 考虑。按第六节的实用算法计算的三维抖振响应如图 5.9 和表 5.2 所示。这里是按平稳随机过程在两态马尔可夫跨越假定下由 Der Kiureghian 导出的峰响应均值和方差的经验公式（4.8.17）和式（4.8.18）并按 $\alpha = \mu_{x_m} + 2\sigma_{x_m}$ 来求各响应量的最大值的，相当于不超越概率 p=95.78%，并取持时 T=600 s（10 分钟）。

表 5.1 用于抖振响应计算的空气静力系数

C_{L0}	C_{D0}	C_{M0}	C'_{L0}	C'_{D0}	C'_{M0}
0.02	0.048	0.03	4.125	0.05	1.26

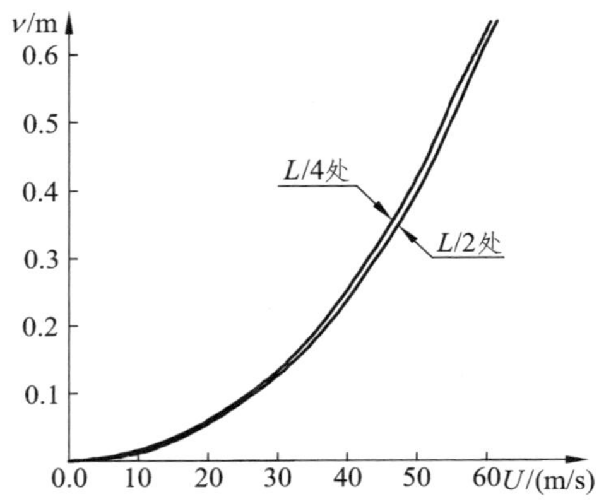

（a）加劲梁竖向位移随风速的变化

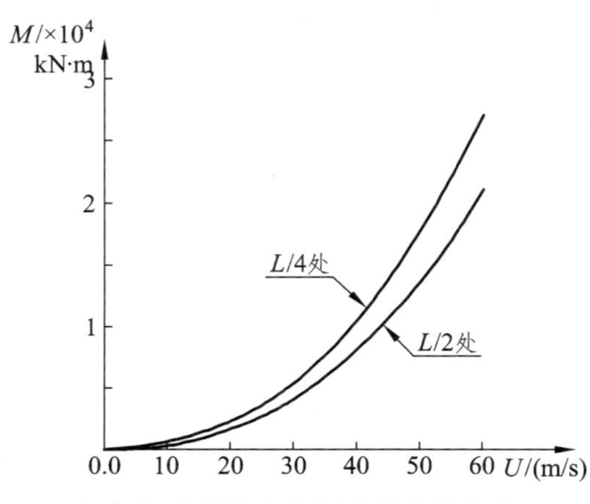

（b）加劲梁竖向弯矩随风速的变化

图 5.9 抖振竖向响应随风速的变化

由表 5.2 可见，在所算得的抖振响应中，竖向响应最大，其次是扭转响应，横向响应则很小，这主要是由所采用的气动力系数所决定的，同时也与所采用的参与计算的振型有关。在所采用的前 10 个结构固有振型中，有 7 个是竖向-纵向面内的振型，有 2 个横向振型和一个扭转振型（正对称）。如果取前 24 个振型参与计算，则将会增加一些横向振型和竖向振型以及一个扭转振型（反对称）。但预计那样算得的竖向响应和横向响应仍不会比现在算得的结果增加太多，因为各向响应主要取决于该方向的两个最低阶振型（曾试取最前 2 个振型试算，所得的竖向响应很接近这里用前 10 阶振型算得的结果。笔者在用二维简化近似方法计算江阴桥方案的抖振响应时[65]，也曾进行过试算，并最终只取了各方向的最低两个振型的计算结果）。然而，$L/4$ 处的加劲梁扭转响应则可能会增加较多，并有可能会大于 $L/2$ 处的扭转响应，但 $L/2$ 处的扭转响应仍不会增加，因为第 24 阶固有振型为反对称扭转。由于更高阶的扭转振型对响应的贡献不大，所以至多取到出现二阶扭转振型将是足够的。高阶振型对响应的贡献逐渐减小这一现象是激励风谱的性质所决定的，这在第六节末已有所讨论。

表 5.2a　汕头海湾大桥初步设计变更方案的抖振响应：加劲梁竖向位移

U	$L/4$ 处位移					$L/2$ 处位移				
/（m/s）	σ_x / m	μ_{x_m} / m	σ_{x_m} / m	α / m	$\eta_{T;P}$	σ_x / m	μ_{x_m} / m	σ_{x_m} / m	α / m	$\eta_{T;P}$
10	0.001 44	0.004 7	0.000 56	0.005 8	4.017 5	0.001 38	0.004 5	0.000 54	0.005 6	4.023 7
20	0.010 56	0.034 3	0.004 09	0.042 5	4.027 1	0.009 80	0.032 0	0.003 79	0.003 95	4.033 6
30	0.031 18	0.102 1	0.011 99	0.126 1	4.044 7	0.029 36	0.096 4	0.011 27	0.118 9	4.050 0
40	0.063 47	0.209 1	0.024 26	0.257 6	4.059 3	0.060 60	0.200 0	0.023 12	0.246 2	4.063 1
50	0.106 58	0.352 7	0.040 54	0.433 8	4.070 1	0.103 06	0.341 4	0.039 17	0.419 7	4.072 4
60	0.159 45	0.529 4	0.060 44	0.650 3	4.078 3	0.156 74	0.520 5	0.059 41	0.639 3	4.078 5

注：σ_x 是响应的均方根，μ_{x_m} 是峰响应的均值，σ_{x_m} 是峰响应的均方根，α 是与不超过概率 p 相联系的最大值，$\eta_{T;P}$ 是峰值因子。$\mu_{x_m}=C\sigma_x$，$\mu_{x_m}=D\sigma_x$，$\alpha=\mu_{x_m}+2\sigma_{x_m}$，$\eta_{T;P}=\alpha/\sigma_x$。$C$ 和 D 的意义见式（4.8.17）～（4.8.18）。

表 5.2b　汕头海湾大桥初步设计变更方案的抖振响应：加劲梁竖向弯矩

U	$L/4$ 处弯矩					$L/2$ 处弯矩				
/（m/s）	σ_x /(kN·m)	μ_{x_m} /(kN·m)	σ_{x_m} /(kN·m)	α /(kN·m)	$\eta_{T;P}$	σ_x /(kN·m)	μ_{x_m} /(kN·m)	σ_{x_m} /(kN·m)	α /(kN·m)	$\eta_{T;P}$
10	56.90	192.7	21.11	235.0	4.129 6	41.43	140.8	15.32	172.0	4.137 5
20	410.33	1 389.0	152.38	1 694.0	4.127 4	296.3	1 007.4	109.5	1 226.0	4.139 1

续表

U /(m/s)	L/4 处弯矩					L/2 处弯矩				
	σ_x /(kN·m)	μ_{x_m} /(kN·m)	σ_{x_m} /(kN·m)	α /(kN·m)	$\eta_{T;P}$	σ_x /(kN·m)	μ_{x_m} /(kN·m)	σ_{x_m} /(kN·m)	α /(kN·m)	$\eta_{T;P}$
30	1 233.0	4 189.0	455.9	5 102.0	4.138 1	912.0	3 107.0	336.5	3 781.0	4.146 0
40	2 554.5	8 717.5	940.3	10 598.0	4.148 8	1 928.6	6 593.2	708.6	8 010.0	4.153 4
50	4 341.0	14 863.0	1 592.3	18 048.0	4.157 6	3 324.0	11 393.0	1217.9	13 829.0	4.160 3
60	6 549.0	22 482.0	2 395.5	27 273.0	4.164 5	5 081.0	17 449.0	1857.8	21 165.0	4.165 6

附注同表 5.2a。

表 5.2c　汕头海湾大桥初步设计变更方案的抖振响应：加劲梁横向位移

U /(m/s)	L/4 处位移					L/2 处位移				
	σ_x / m	μ_{x_m} / m	σ_{x_m} / m	α / m	$\eta_{T;P}$	σ_x / m	μ_{x_m} / m	σ_{x_m} / m	α / m	$\eta_{T;P}$
10	5.730*E*-6	1.932*E*-5	2.136*E*-6	2.36*E*-5	4.118 2	9.677*E*-6	3.195*E*-5	3.690*E*-6	3.93*E*-5	4.064 4
20	4.346*E*-5	1.461*E*-4	1.626*E*-5	1.79*E*-4	4.109 2	7.365*E*-5	2.432*E*-4	2.808*E*-5	2.99*E*-4	4.064 9
30	1.532*E*-4	5.133*E*-4	5.753*E*-5	6.28*E*-4	4.100 9	2.604*E*-4	8.601*E*-4	9.924*E*-5	1.06*E*-3	4.065 7
40	3.729*E*-4	1.248*E*-3	1.401*E*-4	1.53*E*-3	4.098 7	6.340*E*-4	2.095*E*-3	2.416*E*-4	2.58*E*-3	4.066 5
50	7.349*E*-4	2.459*E*-3	2.763*E*-4	3.01*E*-3	4.098 2	1.250*E*-3	4.132*E*-3	4.760*E*-4	5.08*E*-3	4.067 4
60	1.268*E*-3	4.243*E*-3	4.766*E*-4	5.20*E*-3	4.098 2	2.156*E*-3	7.131*E*-3	8.210*E*-7	8.77*E*-3	4.068 2

附注同表 5.2a。

表 5.2d　汕头海湾大桥初步设计变更方案的抖振响应：加劲梁横向弯矩

U /(m/s)	L/4 处弯矩					L/2 处弯矩				
	σ_x /(kN·m)	μ_{x_m} /(kN·m)	σ_{x_m} /(kN·m)	α /(kN·m)	$\eta_{T;P}$	σ_x /(kN·m)	μ_{x_m} /(kN·m)	σ_{x_m} /(kN·m)	α /(kN·m)	$\eta_{T;P}$
10	11.54	40.0	4.18	48.3	4.186 4	16.32	58.3	5.75	69.8	4.275 7
20	77.11	268.1	27.8	323.7	4.198 0	115.5	413.1	40.5	494.0	4.275 7
30	240.3	838.2	85.9	1 010.0	4.208 0	384.0	1 370.8	134.6	1 640.0	4.271 6
40	560.4	1 960.1	201	2362	4.214 6	917.1	3 271.0	322.0	3 915.0	4.269 1
50	1 087.2	3 809.8	398.2	4 588	4.219 9	1 795.1	6 399.3	630.9	7 661.0	4.267 5
60	1 859.5	6 527.5	664.3	7 856	4.224 7	3 085.1	10 992.0	1 084.5	13 161.0	4.266 0

附注同表 5.2a。

表 5.2e　汕头海湾大桥初步设计变更方案的抖振响应：加劲梁扭转角

U /（m/s）	L/4 处扭转角					L/2 处扭转角				
	σ_x / rad	μ_{x_m} /rad	σ_{x_m} /rad	α /rad	$\eta_{T;P}$	σ_x /rad	μ_{x_m} /rad	σ_{x_m} /rad	α /rad	$\eta_{T;P}$
10	4.844*E*-6	1.673*E*-5	1.761*E*-6	2.03*E*-5	4.179 9	7.89*E*-6	2.725*E*-5	2.868*E*-6	3.30*E*-5	4.180 1
20	3.227*E*-5	1.118*E*-4	1.169*E*-5	1.35*E*-4	4.188 6	5.256*E*-5	1.821*E*-4	1.904*E*-5	2.20*E*-4	4.188 8
30	1.001*E*-4	3.480*E*-4	3.616*E*-5	4.20*E*-4	4.196 6	1.632*E*-4	5.669*E*-4	5.891*E*-5	6.85*E*-4	4.196 8
40	2.332*E*-4	8.125*E*-4	8.398*E*-5	9.81*E*-4	4.203 9	3.799*E*-4	1.324*E*-3	1.368*E*-4	1.60*E*-3	4.204 0
50	4.521*E*-4	1.579*E*-3	1.624*E*-4	1.90*E*-3	4.210 5	7.365*E*-4	2.572*E*-3	2.645*E*-4	3.10*E*-3	4.210 7
60	7.728*E*-4	2.705*E*-3	2.769*E*-4	3.26*E*-3	4.216 6	1.259*E*-3	4.407*E*-3	4.511*E*-4	5.31*E*-3	4.216 7

附注同表 5.2a。

表 5.2f　汕头海湾大桥初步设计变更方案的抖振响应：加劲梁扭矩

U /(m/s)	L/4 处扭矩					L/2 处扭矩				
	σ_x /(kN·m)	μ_{x_m} /(kN·m)	σ_{x_m} /(kN·m)	α /(kN·m)	$\eta_{T;P}$	σ_x /(kN·m)	μ_{x_m} /(kN·m)	σ_{x_m} /(kN·m)	α /(kN·m)	$\eta_{T;P}$
10	13.81	47.68	5.02	57.7	4.180 3	1.07	3.71	0.40	4.5	4.180 5
20	91.96	318.6	33.3	385.2	4.188 9	7.15	24.79	2.61	30.0	4.189 1
30	285.4	991.8	103.1	1197.9	4.196 9	22.21	77.17	8.02	93.2	4.197 1
40	664.7	2315.9	239.3	2794.6	4.204 2	51.72	180.2	18.65	217.5	4.204 4
50	1288.5	4500.0	462.7	5425.4	4.210 8	100.2	350.1	36.05	422.5	4.211 0
60	2202.7	7710.2	789.1	9288.4	4.216 9	171.4	599.9	61.4	722.7	4.217 1

附注同表 5.2a。

表 5.2g　汕头海湾大桥初步设计变更方案的抖振响应：索力

U /（m/s）	一根缆索的水平力				
	σ_x / kN	μ_{x_m} /kN	σ_{x_m} /kN	α /kN	$\eta_{T;P}$
10	11.75	40.5	4.25	49.0	4.173 1
20	85.52	293.5	31.3	356.1	4.163 5
30	257.4	886.3	93.85	1 074.0	4.173 0
40	538	1 863.0	195.0	2 253.0	4.188 0
50	929	3 234.0	335.0	3 904.0	4.202 0
60	1 433	5 010	513.5	6 037.0	4.213 1

附注同表 5.2a。

表 5.2 和图 5.9 还显示，最大响应出现在跨度的四分点处而不是中点。文献[59]、[60]、[65]所计算的悬索桥抖振响应也显示了这个特点。这与斜拉桥

的情况很不相同。如欲采取措施控制悬索桥的抖振响应，则控制不仅要着眼于跨中响应，更应考虑跨度四分点处的响应。

本章只讨论了用随机振动理论计算抖振响应的方法，这个方法的最大优点是能够与动力可靠度理论联系起来推求与特定不超越概率相联系的响应最大值。如果要用时间历程方法计算悬索桥的抖振响应，则需先用第四章第四节的方法模拟随机场的时间历程样本。采用时域内的时间历程响应分析方法的优点是可以进一步考虑结构的非线性行为，但这个方法的缺点是它难于与可靠度理论相联系，因而对最大响应的统计规律心中无数（当然可以由许多个时间历程样本的响应来寻求最大响应的统计规律，但这种方式的计算工作量非常大）。最近笔者还见到有学者尝试用状态空间 Ляпунов（李雅普诺夫）方程来研究桥梁抖振响应，这个方法的优点是不需通过对功率谱密度函数的积分就能得到响应的方差，但还存在如下问题似难改进：① 为了能利用白噪声激励时的状态空间李雅普诺夫方程求解，需将结构所受的有色噪声激励匹配于特定的成型滤波器受白噪声激励时的输出，但对于任意谱型的有色噪声，这样的成型滤波器的参数并不都很容易确定。对于目前风工程中建议的各种谱型，大概只有 Барштейн（巴尔斯坦）的谱型易于选择成型滤波器参数，但这个谱型被认为是不恰当的（因未考虑谱函数沿高度的变化）[5]；即使它是恰当的，其本身也有三个待定的系数，需将它等效于其他谱型（如 Simiu 谱）才能确定这些系数。然而由于等效的原则是谱的面积和卓越周期处的谱峰值相等而不关心其他点的谱值，这使所得的谱型更不恰当，因为近地风的卓越周期略大于 1 分钟，而结构物的基本周期则远小于 1 分钟，在结构物基本周期附近的谱值准确与否，直接关系到计算的响应是否准确。② 由于只能求得响应的方差，就只好利用 $3\sigma_x$ 法则估算最大响应。但表 5.2 显示，抖振时任意反应量的峰因子 $\eta_{T,\ P}$ 均大于 4，即使只考虑峰响应的均值 μ_{x_m}（相当于不超越概率 p=57.04%，参见第四章第八节），其与响应的均方根 σ_x 之比也多在 3.3～3.6 之间。然而，状态空间李雅普诺夫方程解法求不出这个峰因子。

参考文献

[1] Simiu E，Scanlan R. Wind effects on structures[M]. John wiley & Sons，1986.（中文版：刘尚培，项海帆，谢霁明，译. 上海：同济大学出版社，1992.）

[2] 伏欣 H W. 气动弹性力学原理[M]. 上海：上海科学技术文献出版社，1982.

[3] 杨永年，赵令诚. 非定常空气动力及颤振. 空军工程学院翻印，1983.

[4] Larsen A. Aerodynamics of large bridges[C]//Proc. lst Int'l Symposium on Aerodynamics of Large Bridges. Copenhagen，Denmark: 1992.
[5] 张相庭. 结构风压和风振计算[M]. 上海：同济大学出版社，1985.
[6] 谷口修. 振动工程大全[M]. 北京：机械工业出版社，1983.
[7] 尼格姆 N C. 随机振动概论[M]. 上海：上海交通大学出版社，1985.
[8] 张景绘，王超. 工程随机振动理论[M]. 西安：西安交通大学出版社，1988.
[9] 胡津亚，曾三元. 现代随机振动[M]. 北京：中国铁道出版社，1989.
[10] 小西一郎. 钢桥⑩、⑪[M]. 北京：中国铁道出版社，1981.
[11] ICE. Bridge aerodynamics，Proposed British Design Rules[S]. London: 1981.
[12] 本州四国连络桥公团. 本州四国连络桥耐风设计基准同解说[S]. 1976.
[13] 本州四国连络桥公团. 本州四国连络桥风洞试验要领同解说[S]. 1980.
[14] 日本道路协会. 道路桥耐风设计便览[G]. 1989.
[15] 本州四国连络桥公团. 明石海峡大桥耐风设计要领（案）同解说[S]. 1988.
[16] 辽宁省交通科研所. 桥梁风振论文集[C]. 1982.
[17] Amman O H，Von Karman T，Woodruff G B. The failure of the Tacoma Narrows Bridge，report to the Honorable John M Carmody. Administrator of the Federal Works Agency，Washington，D. C.，March，1941.
[18] Farquharson F B. Aerodynamic stability of suspension bridges[M]. Univ. of Washington，1941-1950，No.116，Part I-V.
[19] Smith E C，Vincent G S. Aerodynamic stability of suspension bridge with special references to the Tacoma Narrows Bridge. Engineering Experiment Station. Univ. of Washington，1949-1954.
[20] Bleich F M，et al. The mathematical theory of vibration in sulpension bridges. Goverment Printing Office，Bureau of Pubic Roads，U.S. Department of Commere，Washington，D.C.，1950.
[21] Bleich F M. Dynamic instability of truss-stiffened suspension bridges under wind action[C]// Proc. ASCE. 1949，Vol.75，No.3 and No.6.
[22] Steinman D B. Rigidity and aerodynamic stability of suspension bridges[C]// Proc. ASCE. 1943.
[23] Steinman D B. Aerodynamic theory of bridge oscillations[C]//Proc. ASCE. 1949，Vol.75，No.8. and 1950，Vol.76，No.1.
[24] Scruton C. Experimental investigation of aerodynamic stability of suspension bridges with special reference to proposed Seven Bridge[C]//Proc.ICE. Part.l，1952，Vol.1，No.2.

[25] Walshe D E. A resume of the aerodynamic investigations for the Forth Road and Severn Bridges[C]//Proc.ICE. 1967，Vol.37.

[26] Frazer R A，Scruton C. A summarized account of the Severn Bridge aerodynamic investigation[J]. NPL/Aer/222，1952.

[27] 平井敦. 钢桥Ⅲ[J]. 技报堂，1967.

[28] Hirai A，et al. On the behaviour of suspension bridges under wind action[C]// Symposium on Suspension Bridges. Lisbon: 1966.

[29] Hirai A. On the design criteria against wind effects for proposed Honshu-Shikoku Bridges. Ibid.

[30] Klöppel K，Weber G. Teilmodellversuche zur beurteilung des aerodynamischen verhältens von brücken[J]. Der Stahlbau，1963，32.

[31] Klöppel K，Thile F. Modellversuch in windkanal zur bemessung von brücken gegen die gefahr winderregter schwingungen[J]. Der Stahlbau，1967，12.

[32] Klöppel K，Schwierin G. Ergebniss von modellversuchen zur bestimmung des einflusses nichthorizontaler windströmung auf die aerodynamischen stabilitätsgrenzen von brücken mit kastenförmigen querschnitten[J]. Der Stahlbau，1975，H.7，44.

[33] Van Der Put. Rigidity of structures against aerodynamic force[J]. IABSE，1976.

[34] Selberg A. Aerodynamic effects on suspension bridges[C]//Proc. Int'l Conf. on Wind Effects, Paper 11. 1963.

[35] Shiraishi N. An investigation on aerodynamic responses of plate-like structures in fluctuating gusts[C]//Proc. 3rd Int'l conf.，Wind Effects on Buildings and Structures. 1971.

[36] 白石成人. 平板状构造断面の曲げあねじれフラッタ-特性に关すゐ基础的考察[C]// 土木学会论文报告集. 1971，No. 186.

[37] Scanlan R H，Sabzevari A. Experimental aerodynamic coefficients in the analytical study of suspension bridge flutter[J]. J. Mech. Eng. Sci.，1969，Vo1.11，No.3.

[38] Scanlan R H，Tomko J J. Airfoil and bridge deck flutter derivatine[J]. ASCE, 1971，No. EM10.

[39] Scanlan R H. Theory of the wind analysis of long span bridges based on data obtained from section model test[C]//Proc. ICWEBS. 1975.

[40] Abo-Hamd M，Utku S. Analytical study of suspension bridge flutter[J]. ASCE，1978，Vol.104. No. EM3.

[41] Thiele F. Zugeschärfte berechnungsweise der aerodynamischen stabilität weitgespannter brücken（Sicherheit gegen winderrgete flutter schwingungen）[J]. Der

Stahlbau，1976，12.

[42] Bell A J，Brotton D M. A numerical integration method for the determination of flutter speeds[J]. Int. J. Mech. Sci.，1973，Vol. 15.

[43] Iwegbue I E， Brotton D M. A numerical integration method for computing the flutter speeds of suspension bridges in erection coditions[J]. ICE，1977，Vol. 63.

[44] Brotton D M. Analysis and prevention of suspension bridge flutter in construction[J]. Earthquake Eng. Struct. Dyn.，1981，Vol. 9.

[45] Agar T J A. The analysis of aerodynamic flutter of suspension bridges[J]. Computer and Structures，1988，Vol. 30，No. 3.

[46] Miyat F，Yamada H. Coupled flutter estimate of a suspension bridge[J]. 日本风工学会志，1988，No. 37.

[47] Scanlan R H. Interpreting aeroelastic models of cable-stayed bridges[J]. ASCE，1987，Vo1.113，No.4.

[48] 陈青. 一种建立非定常气动力频域模型的简单方法[J]. 空气动力学报，1988，6（4）.

[49] Karpel M. Design for action flutter suppression and gust alleviation using state-space aeroelastical modeling[J]. AIAA paper 80-0766，1980.

[50] 谢霁明，项海帆. 桥梁三维颤振分析的状态空间法[J]. 同济大学学报，1985（3）.

[51] Den Hartog J P. Mechanical vibrations[J]. 4th Ed. McGraw-Hill，New York: 1956.

[52] Parkinson G V. Mathematical models of flow-induced vibrations of bluff bodies[C]//Proc. IUTAMIAHR Symposium on Flow-Induced Structural Vibrations. Germany: 1972.

[53] Novak M. Galloping oscillations of prismatic structure[J]. ASCE，1972，Vol. 98，No.EMl.

[54] Davenport A G. The application of statistical concepts to the wind loading of structures[J]. Civil Engineers，London: 1961，Vol. 19.

[55] Davenport A G. Buffeting of a suspension bridge by stormy winds[C]//Proc. ASCE，Vol. 88，ST3. 1962.

[56] Davenport A G. The response of slender，line-like sturctures to a gusty wind[J]. ICE，1962，Vol. 23.

[57] Davenport A G. The acion of wind on suspension bridges[C]//Symposium on Suspemsion Bridges. Lisbon: 1966.

[58] Davenport A G，Tanaka H. Wind-induced response of Golden Gate Bridge[J]. ASCE，1983，Vol. 109，No. EM1.

[59] Beliveau J G. Motion of suspension bridge subject to wind loads[J]. ASCE, 1977, Vol.103, No.ST6.

[60] Scanlan R H, Gade R H. Motion of suspended bridge spans under gusty wind[J]. ASCE, 1977, Vo1.103, No. ST9.

[61] Scanlan R H. The action of flexible bridges under wind: I.Flutter theory, Ⅱ.Buffeting theory[J]. J. Sound and Vibration, 1978, Vol. 60, No.2.

[62] Scanlan R H. On flutter and buffeting mechanisms in long-span bridges[J]. Probabilistic Engineering Mechanics, 1988, Vol.3, No.1.

[63] Scanlan R H, Jones N P. A minimum design methodology for evaluating bridge flutter and buffeting respones[J]. J.Wind Engineering and Industrial Aerodynamics.

[64] 顾明，陈伟，项海帆. 南浦大桥颤抖振响应分析[C]//第三届全国风工程及工业空气动力学学术会议论文集. 1990.

[65] 陈仁福. 对建议的江阴长江大桥扁平箱悬索桥方案的颤抖振响应分析[J]//第五届全国结构风效应学术会议论文集. 1991.

[66] Tanaka et al. The 3-dimensional buffeting response analysis of flexible MDF systems[J]. 日本风工学会志，1988，No. 37.

[67] Lin Y K. Motion of suspension bridges in turbulent winds[J]. ASCE, 1979, Vo1.105, No. EM6.

[68] Lin Y K, Yang J N. Multimode bridge response to wind excitations[J]. ASCE, 1983, Vo1.109, No. EM2.

[69] Bucher C G, Lin Y K. Effects of wind turbulence on motion stability of long-span bridges[J]. J.Wind Engineering and Industrial Aerodynamics, 1990, Vol. 36.

[70] Bucher C G, Lin Y K. Stochastic stability of bridges considering coupled modes[J]. ASCE, Vol. 114, No. EM12, 1988; Vo1.115, No. EM2, 1989.

[71] Bucher C G, Lin Y K. Effect of spanwise correlation of turbulence field on the motion stability of long-span bridges[J]. J. Fluids and Structures, 1988, No.2.

[72] Scanlan R H, Beliveau J G. Indicial aerodynamic functions for bridge decks[J]. ASCE, 1974, Vol.l00, No. EM4.

[73] Scanlan R H. Role of indicial functions in buffeting analysis of bridges[J]. ASCE, 1984, Vol.110, No. ST7.

[74] Tsiatas G, et al. Motion stability of long-span bridges under gusty winds[J]. ASCE, 1988, Vol. 114, No. EM2.

[75] Walshe D E, Wyatt T A. Measurement and application of the aerodynamic admittance function for a box girder bridge[J]. J. Wind Engineering & Industrial Aerodynamics,

1983，Vol. 14.

[76] Xie J，et al. Identification of the aerodynamic admittance functions for bridge road decks[C]// Proc. 2th APSOWE. Beijing: 1989.

[77] 产国敏，译. 风与桥梁专题译文:铁道部大桥局设计院情报资料[G]. 1990, No.8-17.（译自 1989 年 8 月号日本“桥梁と基础・风と桥特集”）

[78] 欣内尔斯 S M. 现代控制系统理论及应用[M]. 北京：机械工业出版社，1979.

[79] Scanlan R H. 桥梁风激动力学：低速气动力[J]. 1990，No. 33.

[80] 项海帆. 大跨度桥梁的抗风设计和抗风措施[C]//第四届全国结构风效应会议论文集. 1989.

[81] Jones N P，SCanlan R H. System identification for estimation of flutter derivatives[C]//Proc. 8th Int’l Canf. on Wind Engrg.

[82] Kumarasena T，Scanlan R H. Recent observations in bridge deck aeroelasticity[J]. J.Wind Engineering and Industrial Aerodynamics，1992，Vol. 40.

[83] 谢霁明. 识别非定常气动力模型的初脉冲耦合振动法[J]. 空气动力学报，1986 4（3）.

[84] Hino M. Spectrum of gusty wind[C]// Proc. 3rd ICWEBS. Japen: 1971.

[85] Yamaura N，Tanaka H. Random vibration analysis of flexible MDF systems subjected to wind buffeting[J]. 日立重工技报，1987，Vol. 48，No.l.

第六章　总　结

本书在总结和评述前人研究工作的基础上，通过作者多年来的研究工作，粗略地建立起悬索桥分析理论的框架体系。鉴于以往的悬索桥理论研究在动力方面较不完善，所以本书的研究工作侧重在动力方面；但由于静力分析是悬索桥设计计算的基础，所以也从提高计算效率、精度、通用性和准确反映结构行为方面对前人的研究成果进行了梳理和改进。主要的工作大致可以概括如下：

（1）悬索桥静力分析方面：利用大位移不完全广义势能变分原理导出了精度各不相同的多种竖向分析膜理论，考察了古典挠度理论的误差来源，在这个过程中认识到恒载在变形过程中对平衡的直接影响，从而改进了悬索桥竖向非线性有限元分析的牛顿-拉斐逊迭代格式；提出了用重力刚度法作悬索桥的影响线和包络线的方法；采用格栅有限元使所提出的横向受力分析方法比以往的分析方法更具适用性；将不考虑加劲梁周边变形的悬索桥扭转分析理论建立在闭口薄壁梁的乌曼斯基第二扭转理论的基础上，改进了以往使用开口杆件扭转理论的不恰当性，并提出了悬索桥扭转基础方程的有限元解法；建立了悬索桥空间分析的组合有限元法，其中特别是带刚臂非线性空间索（杆）单元的建立及由两个这样的单元复合成非线性空间索膜单元，推导非常简单明了，而单元的多样性不仅为悬索桥的分析提供了方便的工具，而且为斜拉桥、系杆拱桥等结构的线性和非线性空间分析提供了方便工具；最后还导出了塔的传递矩阵分析法。

（2）悬索桥自由振动性状分析方面：导出了三维空间非线性自由振动的连续微分方程，证明了线性情况下悬索桥的振动亦存在耦合现象；进一步在忽略耦合的情况下导出了二维的竖向挠曲、横向挠曲及扭转振动的连续微分方程；将静力分析的二维竖向、横向、扭转有限元法和三维空间组合有限元法推广用于动力分析；阐述和定义了三维空间情况下的振型参与系数和振型贡献率，为后续的动力响应分析打下了基础。

（3）地震分析方面：分析和总结了悬索桥在动力行为方面的特殊性；应用地震工程学的最新研究成果，首次将悬索桥桥位场地的地震动用随机场理论描述，使悬索桥地震激励模型建立在更加科学合理的基础上；改进了随机场时间历程样本模拟的 FFT 算法；基于对结构的二维或三维有限元离散，建立了多点非一致激励的时域和频域内的时间历程响应分析方法、多点非一致激励的稳态随机响应分析方法和瞬态随机响应分析方法，并使用非平稳随机过程的动力可靠度理论来评价最大响应；进一步建立了多点激励的反应谱分析法，将复杂的理论分析向实用方面推进。

（4）风振分析方面：基于对结构的有限元离散，建立了三维颤振和抖振分析的统一算法、三维颤振分析的复特征值方法、状态空间分析法以及一个三维抖振响应分析的实用算法；使用平稳随机过程的动力可靠度理论来评价最大响应；还改进了二维抖振分析的简化近似算法。

（5）针对所建立和涉及的分析理论，均开发了相应的计算机软件；在涉及到动力效应方面，还通过一些数值算例简短讨论了悬索桥动力效应方面的一些特性。

这个粗略的理论体系是多元化的，能满足不同方面和不同层次目的的各种分析计算的需要。其中的每一种理论或方法几乎都存在可以用于相互检验和校核的另一种或几种理论或方法。有些理论可以为设计服务，有些理论则可作为进一步的理论研究和规范背景研究的工具。基于这些理论所开发的计算软件一部分已在实桥的研究、设计和检核中得到应用。另外，本书关于动力效应方面的研究工作对其他桥梁以及生命线结构的防灾研究有参考意义。

为悬索桥这种大型复杂的结构建立较完善的理论体系是作者雄心勃勃的期望。但限于笔者的水平和时间所限，本书的研究工作仍然只能说是粗略的，例如还存在如下方面的问题没有研究：

（1）行驶活载的动力效应；

（2）结构细节对静动力行为的影响，对结构设计有指导意义的参数研究；

（3）动力激励模型参数的深入研究；

（4）用动力可靠度理论评价构件的疲劳行为；

（5）结构行为的非线性对动力响应的影响。

尽管这些问题能够在本书研究工作的基础上得以解决，但是具体的工作仍有待今后逐步完成。作者更期望呈现在本文的内容能够起抛砖引玉的作用，恳请各位专家学者对文中的问题和不足之处提出宝贵意见并批评指正，以便日后改进提高，为发展我国的悬索桥事业作出进一步的努力。

附录 A　悬索桥计算软件系统简介

考虑到用户的实际需要，作者所开发的软件系统由一系列不同功能的程序组成。软件使用 FORTRAN 77 通用程序语言编制，在 VAX 系列机上调试通过，稍加修改可移植到 SIEMENS 机、APOLLO 机及内存扩充后的各种微机上。各程序的功能和理论基础按静力分析、动力性状分析、地震响应分析、风振分析 4 个大类分别在表 A.1～A.4 中予以简介。

表 A.1　悬索桥计算软件系统简介：静力分析

程序名	功　能	理论基础	备　注
AFBSDL	求竖向影响线及包络图	第二章第四节之“一” （线性挠度理论）	
AFBSGL	求竖向影响线及包络图	第二章第四节之“三” （重力刚度法）	
AFBSV	竖向-纵向受力分析，有 4 条路径： 1．求影响线 2．用初始切线刚度矩阵作线性分析求内力和位移 3．用 Brotton 刚度矩阵作非线性分析求内力和位移 4．用 Saafan 刚度矩阵作非线性分析求内力和位移	第二章第三节和第四节之“二” （平面杆系有限元法）	
AFBSL	求横向荷载作用下的内力和位移	第二章第五节 （格栅有限元法）	
AFBSL 1	求横向荷载作用下的内力和位移	弹性分配法	只能用于两铰悬索桥
AFBSL 2	求横向荷载作用下的内力和位移	Erzen 差分法	只能用于两铰悬索桥
AFBSL 3	求横向荷载作用下的内力和位移	福田差分法	只能用于两铰悬索桥

续表

程序名	功　能	理论基础	备　注
AFBSL 4	求横向荷载作用下的内力和位移	Boynton 力法	
AFBST	不考虑加劲梁周边变形时的扭转效应分析	第二章第六节之“一”（桥段有限元法）	
AFBST 1	考虑加劲梁周边变形时的扭转效应分析，有2条路径： 1．竖向偏载效应分析 2．横向偏载效应分析	第二章第六节之“二”（小松·西村理论）	只用于桁架加劲悬索桥
AFBSS	空间分析求内力和位移，有2条路径： 1．线性分析 2．非线性分析	第二章第七节（空间组合有限元法）	可根据需要选择单元构成
AFTOW	塔截面的内力和位移分析	第二章第八节（传递矩阵法）	

表 A.2　悬索桥计算软件系统简介：自由振动性状分析

程序名	功　能	理论基础	备　注
AFBVV	求竖向-纵向面内的自由振动性状	第三章第四节之“一”（平面杆系有限元）	子空间迭代法求特征值
AFBVV 1	求竖向-纵向面内的自由振动性状	Abdel-Ghaffar 的桥段有限元法	子空间迭代法求特征值
AFBVL	求横向自由振动性状	第三章第四节之“二”（格栅有限元）	子空间迭代法求特征值
AFBVL 1	求横向自由振动性状	Abdel-Ghaffar 的桥段有限元法	子空间迭代法求特征值
AFBVT	求扭转自由振动性状	第三章第四节之“三”（桥段有限元）	子空间迭代法求特征值
AFBVS	求三维空间自由振动性状	第三章第五节（空间组合有限元）	子空间迭代法求特征值

表 A.3　悬索桥计算软件系统简介：地震响应分析和时间历程模拟

程序名	功　能	理论基础	备　注
AFBVEQV1	用反应谱法计算竖向或纵向激励下的地震响应	第四章第九节（平面杆系有限元）	输入反应谱
AFBVEQV2	多支点竖向或纵向激励下的时间历程响应，有 2 条路径： 1．时域分析 2．频域分析	第四章第五节（平面杆系有限元）	Wilson-θ 法作时间积分 FFT 算法求傅里叶谱，输入各支点时间历程
AFBVEQV3	多支点竖向或纵向随机激励下的平稳或非平稳随机响应的各阶谱矩计算，并用动力可靠度理论计算最大响应	第四章第六、七、八节（平面杆系有限元）	输入随机场交叉谱模型参数
AFBVEQL1	与 AFBVEQV1 类似，但用于横向激励响应分析	第四章第九节（格栅有限元）	输入反应谱
AFBVEQL2	与 AFBVEQV2 类似，但用于横向激励响应分析	第四章第五节（格栅有限元）	Wilson-θ 法作时间积分 FFT 算法求傅里叶谱，输入各支点时间历程
AFBVEQL3	与 AFBVEQV3 类似，但用于横向激励响应分析	第四章第六、七、八节（格栅有限元）	输入随机场交叉谱模型参数
AFBVEQS1	与 AFBVEQV1 类似，但可用于受任意方向激励下的响应分析	第四章第九节（空间组合有限元）	输入反应谱
AFBVEQS2	与 AFBVEQV2 类似，但可用于受任意方向激励下的响应分析	第四章第五节（空间组合有限元）	Wilson-θ 法作时间积分 FFT 算法求傅里叶谱，输入各支点时间历程
AFBVEQS3	与 AFBVEQV3 类似，但可用于受任意方向激励下的响应分析	第四章第六、七、八节（空间组合有限元）	输入随机场交叉谱模型参数
RANW	模拟随机过程的时间历程样本	第四章第四节之“一”	用 FFT 算法，输入功率谱或反应谱
RANFELD	模拟二维时空随机场的时间历程样本	第四章第四节之“二”	用 FFT 算法，输入随机场 F-K 谱，可扩展到二维以上的随机场模拟

表 A.4　悬索桥计算软件系统简介：风振分析

程序名	功　能	理论基础	备　注
AFBVFB	三维颤振和抖振响应分析（只计算均方根）	第五章第四节（空间组合有限元）	只能在高速计算机上使用
AFBVFLUT 1	用复特征值法做三维颤振稳定性分析	第五章第五节之“一”（空间组合有限元）	用酉变换和QR 法解复特征值问题
AFBVFLUT 2	用状态空间法做三维颤振稳定性分析	第五章第五节之“二”（空间组合有限元）	用酉变换和QR 法解复特征值问题
AFBVBUFT	计算三维抖振响应的各阶谱矩，用动力可靠度理论求最大响应	第五章第六节（空间组合有限元）	
AFBUT	二维抖振响应的简化近似分析（只计算均方根）	第五章第七节	

附录 B　随机场理论基础

一、(n+1)维一个变量的平稳均匀时空随机场

考虑一个由一维时间和 n 维空间构成的（n+1）维时空上的平稳均匀随机场 $f(t, x_1, x_2, \cdots, x_n) = f(x)$，其中 $x = [t, x_1, x_2, \cdots, x_n]^{\mathrm{T}}$。$f(\boldsymbol{x})$ 对时间而言是平稳的，对空间而言是均匀的。设 $f(\boldsymbol{x})$ 具有零均值，即：

$$E[f(\boldsymbol{x})] = 0 \tag{B.1}$$

由于平稳均匀的假定，$f(\boldsymbol{x})$ 的自相关函数为：

$$R_{ff}(\xi) = E[f(\boldsymbol{x}_r) f(\boldsymbol{x}_s)] \tag{B.2}$$

式中，$\boldsymbol{x}_r$ 和 $\boldsymbol{x}_s$ 是（n+1）维时空上的两个位置矢量，$\xi = [\tau, \xi_1, \xi_2, \cdots, \xi_n]^{\mathrm{T}}$ 是两个位置的间隔矢量。对于平稳均匀随机场，$R_{ff}(\boldsymbol{\xi})$ 对间隔矢量 $\boldsymbol{\xi}$ 是对称的，即：

$$R_{ff}(\boldsymbol{\xi}) = R_{ff}(-\boldsymbol{\xi}) \tag{B.3}$$

如果 $f(\boldsymbol{x})$ 还满足各向同性的要求，则有下式成立：

$$R_{ff}(\boldsymbol{\xi}) = R_{ff}(\boldsymbol{I}_{\pm} \cdot \boldsymbol{\xi}) \tag{B.4}$$

其中，$\boldsymbol{I}_{\pm}$ 是对角元素为 1 或者 –1 的任意（n+1）×（n+1）阶对角矩阵。

假定 $R_{ff}(\boldsymbol{\xi})$ 的（n+1）维傅里叶变换存在，则 $f(\boldsymbol{x})$ 的谱密度函数为：

$$S_{ff}(\kappa) = \frac{1}{(2\pi)^{n+1}} \int_{-\infty}^{+\infty} R_{ff}(\boldsymbol{\xi}) \mathrm{e}^{-\mathrm{i}\kappa \cdot \xi} \mathrm{d}\boldsymbol{\xi} \tag{B.5}$$

其相应的逆变换为：

$$R_{ff}(\boldsymbol{\xi}) = \int_{-\infty}^{+\infty} S_{ff}(\boldsymbol{\kappa}) \mathrm{e}^{\mathrm{i}\kappa \cdot \xi} \mathrm{d}\boldsymbol{\kappa} \tag{B.6}$$

式(B.5)和式(B.6)是(n+1)维的维纳-辛钦变换对。式中 $\boldsymbol{\kappa} = [\omega, \kappa_1, \kappa_2, \cdots, \kappa_n]^{\mathrm{T}}$ 是频率-波数矢量，$\boldsymbol{\kappa} \cdot \boldsymbol{\xi}$ 是 $\boldsymbol{\kappa}$ 和 $\boldsymbol{\xi}$ 的内积，而

$$\int_{-\infty}^{+\infty}(\,)\,\mathrm{d}\boldsymbol{\xi}=\int_{-\infty}^{+\infty}\cdots(n+1)\text{ 重}\cdots\int_{-\infty}^{+\infty}(\,)\mathrm{d}\tau\,\mathrm{d}\xi_1\,\mathrm{d}\xi_2\cdots\mathrm{d}\xi_n \tag{B.7}$$

$$\int_{-\infty}^{+\infty}(\,)\,\mathrm{d}\boldsymbol{\kappa}=\int_{-\infty}^{+\infty}\cdots(n+1)\text{ 重}\cdots\int_{-\infty}^{+\infty}(\,)\mathrm{d}\omega\,\mathrm{d}\kappa_1\,\mathrm{d}\kappa_2\cdots\mathrm{d}\kappa_n \tag{B.8}$$

式（B.5）所示的谱密度函数称为（n+1）维时空随机场 $f(\boldsymbol{x})$ 的频率-波数谱（Frequence-Wave number pectra），简称 F-K 谱。相应于式（B.3），F-K 谱有如下性质：

$$S_{ff}(\boldsymbol{\kappa})=S_{ff}(-\boldsymbol{\kappa}) \tag{B.9}$$

如果 $f(\boldsymbol{x})$ 满足各向同性的要求，则相应于式（B.4），F-K 谱有如下性质：

$$S_{ff}(\boldsymbol{\kappa})=S_{ff}(\boldsymbol{I}_{\pm}\cdot\boldsymbol{\kappa}) \tag{B.10}$$

此外，$R_{ff}(\boldsymbol{\xi})$ 具有非负定的性质，$R_{ff}(\boldsymbol{\kappa})$ 是非负的实函数。

二、n 维多变量的平稳均匀时空随机场

考虑一组 m 个 n 维平稳均匀高斯随机场 $\left\{f_j(t,x_1,x_2,\cdots,x_{n-1})\right\}=\left\{f_j(\boldsymbol{x}')\right\}$ $(j=1,2,\cdots,m)$，其中 $\boldsymbol{x}'=[t,x_1,x_2,\cdots,x_{n-1}]^{\mathrm{T}}$。设 $f_j(x')$ 具有零均值，即：

$$E[f_j(\boldsymbol{x}')]=0 \tag{B.11}$$

由于平稳均匀的假定，交叉相关函数定义为：

$$R_{ij}(\boldsymbol{\xi}')=E[f_i(\boldsymbol{x}'_r)f_j(\boldsymbol{x}'_s)]\quad(i,j=1,2,\cdots,m) \tag{B.12}$$

式中，$\boldsymbol{x}'_r$ 和 $\boldsymbol{x}'_s$ 是 n 维时空上的两个位置矢量，$\boldsymbol{\xi}'=[\tau,\xi_1,\xi_2,\cdots,\xi_{n-1}]^{\mathrm{T}}$ 是两位置的间隔矢量。对于平稳均匀场，下式成立：

$$R_{ij}(\boldsymbol{\xi}')=R_{ji}(-\boldsymbol{\xi}') \tag{B.13}$$

如果 $R_{ij}(\boldsymbol{\xi}')$ 的 n 维傅里叶变换存在，则定义 $\left\{f_j(\boldsymbol{x}')\right\}$ 的交叉谱密度矩阵为：

$$S(\boldsymbol{\kappa}')=\begin{bmatrix} S_{11}(\boldsymbol{\kappa}') & S_{12}(\boldsymbol{\kappa}') & \cdots & S_{1m}(\boldsymbol{\kappa}') \\ S_{21}(\boldsymbol{\kappa}') & S_{22}(\boldsymbol{\kappa}') & \cdots & S_{2m}(\boldsymbol{\kappa}') \\ \vdots & \vdots & & \vdots \\ S_{m1}(\boldsymbol{\kappa}') & S_{m2}(\boldsymbol{\kappa}') & \cdots & S_{mm}(\boldsymbol{\kappa}') \end{bmatrix} \tag{B.14}$$

式中，$S_{ij}(\boldsymbol{\kappa}')$ 是交叉相关函数 $R_{ij}(\boldsymbol{\xi}')\ (i \neq j)$ 或自相关函数 $R_{ij}(\boldsymbol{\xi}')\ (i = j)$ 的 n 维维纳-辛钦变换，$\boldsymbol{\kappa}' = [\omega, \kappa_1, \kappa_2, \cdots, \kappa_{n-1}]^{\mathrm{T}}$ 是频率-波数矢量。对于平稳均匀场，$S_{ij}(\boldsymbol{\kappa}')$ 有如下性质：

$$S_{ij}(\boldsymbol{\kappa}') = S_{ji}^{*}(\boldsymbol{\kappa}') \tag{B.15}$$

其中，*表示复共轭。上式意味着 $S(\boldsymbol{\kappa}')$ 是复埃尔米特矩阵。此外，$S(\boldsymbol{\kappa}')$ 还具有非负定的性质。

$S_{ij}(\boldsymbol{\kappa}')$ 可表示为：

$$S_{ij}(\boldsymbol{\kappa}') = C_{ij}(\boldsymbol{\kappa}') - \mathrm{i}Q_{ij}(\boldsymbol{\kappa}') = \left|S_{ij}(\boldsymbol{\kappa}')\right| \mathrm{e}^{\mathrm{i}\theta_{ij}(\kappa')} \tag{B.16}$$

式中，$C_{ij}(\boldsymbol{\kappa}')$ 称为同相谱；$Q_{ij}(\boldsymbol{\kappa}')$ 称为转象谱，而 $\theta_{ij}(\boldsymbol{\kappa}')$ 为：

$$\theta_{ij}(\boldsymbol{\kappa}') = \arctan \frac{Q_{ij}(\boldsymbol{\kappa}')}{C_{ij}(\boldsymbol{\kappa}')} \tag{B.17}$$

相应地 $\boldsymbol{S}(\boldsymbol{\kappa}')$ 可表示为：

$$\boldsymbol{S}(\boldsymbol{\kappa}') = \boldsymbol{C}(\boldsymbol{\kappa}') - \mathrm{i}\boldsymbol{Q}(\boldsymbol{\kappa}') \tag{B.18}$$

式中，$\boldsymbol{C}(\boldsymbol{\kappa}')$ 是由 $C_{ij}(\boldsymbol{\kappa}')$ 组成的矩阵，$\boldsymbol{Q}(\boldsymbol{\kappa}')$ 是由 $Q_{ij}(\boldsymbol{\kappa}')$ 组成的矩阵，这两个矩阵可分别称之为同相谱矩阵和转象谱矩阵。$\boldsymbol{C}$ 是对称实矩阵，$\boldsymbol{Q}$ 是反对称实矩阵。

标准化的交叉功率谱函数称为相干函数（又称凝聚函数或频域相关函数），它定义为：

$$\gamma_{ij}^{2}(\boldsymbol{\kappa}') = \frac{\left|S_{ij}(\boldsymbol{\kappa}')\right|^{2}}{S_{ii}(\boldsymbol{\kappa}')S_{jj}(\boldsymbol{\kappa}')} \tag{B.19}$$

三、（n+1）维一个变量的随机场与 n 维多变量随机场的关系

仍然考虑平稳均匀随机场的情况。由式（B.5），有：

$$\begin{aligned}
S_{ff}(\boldsymbol{\kappa}) &= \frac{1}{(2\pi)^{n+1}} \int_{-\infty}^{+\infty} R_{ff}(\boldsymbol{\xi}) \mathrm{e}^{-\mathrm{i}\kappa \cdot \xi} \mathrm{d}\boldsymbol{\xi} \\
&= \frac{1}{(2\pi)^{n+1}} \int_{-\infty}^{+\infty} \left[\int_{-\infty}^{+\infty} R_{ff}(\boldsymbol{\xi}', \xi_n) \mathrm{e}^{-\mathrm{i}\kappa' \cdot \xi'} \mathrm{d}\boldsymbol{\xi}' \right] \mathrm{e}^{-\mathrm{i}\kappa_n \xi_n} \mathrm{d}\xi_n \\
&= \frac{1}{(2\pi)^{n+1}} \int_{-\infty}^{+\infty} \left[\int_{-\infty}^{+\infty} R_{ij}(\boldsymbol{\xi}', \xi_n) \mathrm{e}^{-\mathrm{i}\kappa' \cdot \xi'} \mathrm{d}\boldsymbol{\xi}' \right] \mathrm{e}^{-\mathrm{i}\kappa_n \xi_n} \mathrm{d}\xi_n \\
&= \frac{1}{2\pi} \int_{-\infty}^{+\infty} S_{ij}(\boldsymbol{\kappa}')\, \mathrm{e}^{-\mathrm{i}\kappa_n \xi_n} \mathrm{d}\xi_n
\end{aligned} \tag{B.20}$$

式中，$S_{ij}(\boldsymbol{\kappa}')$ 是 n 维时空（一个时间维，$n-1$ 个空间维，不包含第 n 个空间维）上的多变量随机场中，在第 n 个空间维上的间隔为 ξ_n 的任意两个分量的交叉谱密度函数。由此可见，$n+1$ 维一个变量的随机场可以用 n 维多变量随机场等价地描述。反之亦然，即有：

$$S_{ij}(\boldsymbol{\kappa}) = \int_{-\infty}^{+\infty} S_{ff}(\boldsymbol{\kappa})\,\mathrm{e}^{\mathrm{i}\kappa_n \xi_n}\,\mathrm{d}\kappa_n \tag{B.21}$$

四、（$n+1$）维一个变量的非平稳非均匀时空随机场

考虑一个由一维时间和 n 维空间构成的 $(n+1)$ 维时空上的非平稳非均匀随机场 $f(x)$。根据 Priestley 的理论，如果将 $f(x)$ 看作一个振荡过程（场），则存在振荡函数族 $\{\varphi(\boldsymbol{x},\boldsymbol{\kappa})\}=\{A(\boldsymbol{x},\boldsymbol{\kappa})\mathrm{e}^{\mathrm{i}\kappa\cdot\xi}\}$，使平稳均匀过程（场）的谱分解性质能推广到非平稳（非均匀）过程（场），从而 $f(\boldsymbol{x})$ 可由下式描述：

$$f(\boldsymbol{x}) = \int_{-\infty}^{+\infty} A(\boldsymbol{x},\boldsymbol{\kappa})\,\mathrm{e}^{\mathrm{i}\kappa\cdot\xi}\mathrm{d}z(\boldsymbol{\kappa}) \tag{B.22}$$

式中，$A(\boldsymbol{x},\boldsymbol{\kappa})$ 是一个调制函数；$z(\kappa)$ 是一个正交增量随机场；$\boldsymbol{x}$ 和 $\boldsymbol{\kappa}$ 具有与前面相同的定义，即分别表示 $(n+1)$ 维的位置矢量和频率-波数矢量；$\boldsymbol{\xi}$ 仍是前面定义的间隔矢量，注意到上式的频率-波数矢量的物理记号 $\boldsymbol{\kappa}$ 被包括在复指数中，所以上式的确具有谱分解性质所具有的“功率关于频率-波数分布”的物理含义。在上式中，如果调制函数 $A(\boldsymbol{x},\boldsymbol{\kappa})$ 为常数，显然 $f(\boldsymbol{x})$ 变为平稳均匀场，而此时的式（B.22）则描述了平稳均匀场的谱分解性质。

由式（B.22）不难得出 $f(x)$ 均方值为：

$$E[f^2(\boldsymbol{x})] = \int_{-\infty}^{+\infty} \left|A(\boldsymbol{x},\boldsymbol{\kappa})\right|^2 \mathrm{d}\Phi(\boldsymbol{\kappa}) \tag{B.23}$$

式中，$\mathrm{d}\Phi(\boldsymbol{\kappa}) = \mathrm{E}[\mathrm{d}z(\boldsymbol{\kappa})]^2$，而 $\Phi(\boldsymbol{\kappa})$ 是实数集上的一个测度。由于 $\mathrm{E}[f^2(\boldsymbol{x})]$ 可以理解为 $f(\boldsymbol{x})$ 在 $(n+1)$ 维空间上的位置 $\boldsymbol{x}$ 的“总功率”的一个量度，故（B.23）也就给出总功率的一个分解表示，其中，在频率-波数矢量为 $\boldsymbol{\kappa}$ 时的贡献自然是 $\left|A(\boldsymbol{x},\boldsymbol{\kappa})\right|^2 \mathrm{d}\Phi(\boldsymbol{\kappa})$。由此，可引出演化频率-波数谱的定义：

$$\mathrm{d}\Phi(\boldsymbol{x},\boldsymbol{\kappa}) = \left|A(\boldsymbol{x},\boldsymbol{\kappa})\right|^2 \mathrm{d}\Phi(\boldsymbol{\kappa}) \tag{B.24}$$

它描述了 $f(\boldsymbol{x})$ 在位置 $\boldsymbol{x}$ 的频率-波数结构。如果 $\mathrm{d}\Phi(\boldsymbol{\kappa})$ 满足：

$$\mathrm{d}\Phi(\boldsymbol{\kappa}) = S(\boldsymbol{\kappa})\mathrm{d}\boldsymbol{\kappa} \tag{B.25}$$

则式（B.24）可写成下式：

$$\mathrm{d}\Phi(\boldsymbol{x}, \boldsymbol{\kappa}) = S(\boldsymbol{x}, \boldsymbol{\kappa})\mathrm{d}\kappa = \left|A(\boldsymbol{x}, \boldsymbol{\kappa})\right|^2 S(\boldsymbol{\kappa})\mathrm{d}\boldsymbol{\kappa} \tag{B.26}$$

由式（B.26）可见，$S(\boldsymbol{\kappa})$ 可理解为相应的 $(n+1)$ 维平稳均匀随机场的频率-波数谱。在有的文献中，为方便起见，也将式（B.26）中的 $S(\boldsymbol{x}, \boldsymbol{\kappa})$ 称为 $f(\boldsymbol{x})$ 的演化频率-波数谱。当这样定义时，由（B.26）可见，非平稳非均匀场 $f(\boldsymbol{x})$ 的演化频率-波数谱是调制函数绝对值的平方与相应的平稳均匀随机场的频率-波数谱的乘积。

如果 $f(\boldsymbol{x})$ 的演化频率-波数谱能用式（B.26）表达，则 $f(\boldsymbol{x})$ 的自相关函数可由下式求得：

$$R_{ff}(\boldsymbol{x}+\boldsymbol{\xi}, \boldsymbol{x}) = \int_{-\infty}^{+\infty} A(\boldsymbol{x}+\boldsymbol{\xi}, \boldsymbol{\kappa})\, A^*(\boldsymbol{x}, \boldsymbol{\kappa})\mathrm{e}^{\mathrm{i}\kappa\cdot\xi} S(\boldsymbol{\kappa})\, \mathrm{d}\boldsymbol{\kappa} \tag{B.27}$$

如果随机场在时间上平稳和（或）在空间上均匀，那么调制函数将独立于时间变量和（或）空间变量以及 $\boldsymbol{\kappa}$ 矢量中的相应元素，此时相应于上面的描述将变得相对简单，如果 $A(\boldsymbol{x}, \boldsymbol{\kappa}) \equiv 1$，则归结于前面第一部分的描述。

作为一种特例，在地震工程中非常有用的一种随机场是在空间均匀但在时间上非平稳的随机场，其中，特别是那种调制函数只依赖时间不依赖频率的均匀但非平稳的随机场。在这种情况下，演化的频率波数谱成为：

$$S(t, \boldsymbol{\kappa}) = \left|A(t)\right|^2 S(\boldsymbol{\kappa}) \tag{B.28}$$

式中，$A(t)$ 为仅依赖于时间的调制函数，而 $S(\boldsymbol{\kappa})$ 是相应的平稳均匀场的频率-波数谱。此时的相关函数则可由下式求得：

$$\begin{aligned} R_{ff}(\boldsymbol{x}+\boldsymbol{\xi}, \boldsymbol{x}) &= \int_{-\infty}^{+\infty} A(t+\tau)\, A^*(t)\mathrm{e}^{\mathrm{i}\kappa\cdot\xi} S(\boldsymbol{\kappa})\, \mathrm{d}\boldsymbol{\kappa} \\ &= A(t+\tau)A^*(t)\int_{-\infty}^{+\infty} \mathrm{e}^{\mathrm{i}\kappa\cdot\xi} S(\boldsymbol{\kappa})\, \mathrm{d}\boldsymbol{\kappa} \\ &= A(t+\tau)A^*(t)R_{ff}(\boldsymbol{\xi}) \end{aligned} \tag{B.29}$$

式中，$R_{ff}(\boldsymbol{\xi})$ 是相应的平稳均匀场的自相关函数。而此时式（B.22）可以表达为 $A(t)$ 与一个平稳均匀场的乘积，即：

$$f(x) = \int_{-\infty}^{+\infty} A(t)\, \mathrm{e}^{\mathrm{i}\kappa\cdot\xi}\, \mathrm{d}z(\boldsymbol{\kappa}) = A(t)\int_{-\infty}^{+\infty} \mathrm{e}^{\mathrm{i}\kappa\cdot\xi}\, \mathrm{d}z(\boldsymbol{\kappa}) = A(t)f^0(\boldsymbol{x}) \tag{B.30}$$

式中，$f^0(\boldsymbol{x})$ 表示相应的平稳均匀场。采用式（B.28）～（B.30）来模拟地震动空间上任意位置非平稳时间历程样本将是非常方便的。

五、二维时空随机场与多变量（矢量）随机过程

本节将根据前面的理论导出二维时空随机场的所有二阶统计量的显式关系式。本节的讨论只限于平稳均匀场。

考虑一个由一维时间和一维空间构成的二维时空上的平稳均匀随机场 $f(t,x)$，设其均值为零。由于平稳均匀的假定，其自相关函数为：

$$R_{ff}(\tau,\xi_x)=\mathrm{E}[f(t+\tau,x+\xi)f(t,x)] \tag{B.31}$$

对式（B.31）施行时间和空间的二维傅里叶变换，可得到 $f(t,x)$ 的频率-波数谱为：

$$S_{ff}(\omega,\kappa)=\frac{1}{4\pi^2}\int_{-\infty}^{+\infty}\int_{-\infty}^{+\infty}R_{ff}(\tau,\xi_x)\,\mathrm{e}^{-\mathrm{i}\omega\tau}\,\mathrm{e}^{-\mathrm{i}\kappa\xi_x}\,\mathrm{d}\tau\mathrm{d}\xi_x \tag{B.32}$$

其相应的逆变换为：

$$R_{ff}(\tau,\xi_x)=\int_{-\infty}^{+\infty}\int_{-\infty}^{+\infty}S_{ff}(\omega,\kappa)\,\mathrm{e}^{\mathrm{i}\omega\tau}\,\mathrm{e}^{\mathrm{i}\kappa\xi_x}\mathrm{d}\omega\ \mathrm{d}\kappa \tag{B.33}$$

式（B.32）与式（B.33）构成二维维纳-辛钦变换对。

现在如果对 $R_{ff}(\tau,\xi_x)$ 只施行一次对时间维的傅里叶变换，则得：

$$S_{ff}(\omega,\xi_x)=\frac{1}{2\pi}\int_{-\infty}^{+\infty}R_{ff}(\tau,\xi_x)\mathrm{e}^{-\mathrm{i}\omega\tau}\,\mathrm{d}\tau \tag{B.34}$$

$S_{ff}(\omega,\xi_x)$ 可看作空间间隔为 ξ_x 的任意两个随机过程的交叉频谱密度。式（B.34）的逆变换为：

$$R_{ff}(\tau,\xi_x)=\int_{-\infty}^{+\infty}S_{ff}(\omega,\xi_x)\mathrm{e}^{\mathrm{i}\omega\tau}\,\mathrm{d}\omega \tag{B.35}$$

式（B.35）与（B.34）构成维纳-辛钦变换对。

如同式（B.20）和式（B.21）一样，$S_{ff}(\omega,\xi_x)$ 也可由 $S_{ff}(\omega,\kappa)$ 经对空间维的逆变换求得，并存在下面的维纳-辛钦变换对：

$$S_{ff}(\omega,\xi_x)=\int_{-\infty}^{+\infty}S_{ff}(\omega,\kappa)\mathrm{e}^{\mathrm{i}\kappa\xi_x}\mathrm{d}\kappa \tag{B.36}$$

$$S_{ff}(\omega,\kappa)=\frac{1}{2\pi}\int_{-\infty}^{+\infty}S_{ff}(\omega,\xi_x)\mathrm{e}^{-\mathrm{i}\kappa\xi_x}\,\mathrm{d}\xi_x \tag{B.37}$$

由式（B.34）～（B.37）可见，正如在第三部分所阐述的那样，二维时空随机场与多变量矢量随机过程可以彼此等价地描述。

如果对 $R_{ff}(\tau,\xi_x)$ 只施行一次对空间维的傅里叶变换，则得：

$$S_{ff}(\tau,\kappa)=\frac{1}{2\pi}\int_{-\infty}^{+\infty} R_{ff}(\tau,\xi_x)\mathrm{e}^{-\mathrm{i}\kappa\xi_x}\ \mathrm{d}\xi_x \tag{B.38}$$

$S_{ff}(\tau,\kappa)$ 可看作时间间隔为 τ 的任意两列波的交叉波普密度。上式的逆变换为：

$$R_{ff}(\tau,\xi_x)=\int_{-\infty}^{+\infty} S_{ff}(\tau,\kappa)\mathrm{e}^{\mathrm{i}\kappa\xi_x}\ \mathrm{d}\kappa \tag{B.39}$$

式（B.38）与式（B.39）也构成维纳-辛钦变换对。

相应于式（B.36）和式（B.37），$S_{ff}(\tau,\kappa)$ 也可由 $S_{ff}(\omega,\kappa)$ 经时间维的逆变换求得，并存在下面的维纳-辛钦变换对：

$$S_{ff}(\tau,\kappa)=\int_{-\infty}^{+\infty} S_{ff}(\omega,\kappa)\mathrm{e}^{\mathrm{i}\omega\tau}\ \mathrm{d}\omega \tag{B.40}$$

$$S_{ff}(\omega,\kappa)=\frac{1}{2\pi}\int_{-\infty}^{+\infty} S_{ff}(\tau,\kappa)\ \mathrm{e}^{-\mathrm{i}\omega\tau}\ \mathrm{d}\tau \tag{B.41}$$

在地震工程领域中，通常将交叉频谱密度用点谱（自谱）标准化，并定义频率依赖的空间相关函数 $\rho(\omega,\boldsymbol{r})$ 为：

$$\rho(\omega,\boldsymbol{r})=\frac{S(\omega,\boldsymbol{r})}{\sqrt{S_{ii}(\omega)S_{jj}(\omega)}} \tag{B.42}$$

式中，下标 i 和 j 代表空间上的两点，$\boldsymbol{r}$ 为该两点的间隔矢量。在一维空间情况下，此式成为：

$$\rho(\omega,\xi_x)=\frac{S_{ff}(\omega,\xi_x)}{\sqrt{S_{ii}(\omega)S_{jj}(\omega)}} \tag{B.43}$$

不难看出 $\rho(\omega,\xi_x)$ 的绝对值正好等于相干函数 γ_{ij}，即：

$$\left|\rho(\omega,\xi_x)\right|=\frac{\left|S_{ff}(\omega,\xi_x)\right|}{\sqrt{S_{ii}(\omega)S_{jj}(\omega)}}=\sqrt{\frac{\left|S_{ff}(\omega)\right|^2}{S_{ii}(\omega)S_{jj}(\omega)}}=\gamma_{ij}(\omega) \tag{B.44}$$

在地震工程中，通常认为局部场地空间上所有各点自谱相同，即 $S(\omega)=S_{ii}(\omega)=S_{jj}(\omega)$。

如果将 $\rho(\omega,\xi_x)$ 对空间维进行傅里叶变换，则得：

$$P(\omega,\kappa)=\frac{1}{2\pi}\int_{-\infty}^{+\infty}(\omega,\xi_x)\ \mathrm{e}^{-\mathrm{i}\kappa\xi_x}\ \mathrm{d}\xi_x=\frac{1}{2\pi}\frac{1}{S(\omega)}\int_{-\infty}^{+\infty} S_{ff}(\omega,\xi_x)\ \mathrm{e}^{-\mathrm{i}\kappa\xi_x}\ \mathrm{d}\xi_x=\frac{S_{ff}(\omega,\kappa)}{S(\omega)} \tag{B.45}$$

其相应的逆变换为：

$$\rho(\omega,\xi_x)=\int_{-\infty}^{+\infty}P(\omega,\kappa)\,\mathrm{e}^{\mathrm{i}\kappa\xi_x}\,\mathrm{d}\kappa=\frac{1}{S(\omega)}\int_{-\infty}^{+\infty}S_{ff}(\omega,\kappa)\,\mathrm{e}^{\mathrm{i}\kappa\xi_x}\,\mathrm{d}\kappa=\frac{S_{ff}(\omega,\xi_x)}{S(\omega)} \quad (\text{B.46})$$

以上的所有变换对可以归纳成图 B1 所示的变换关系。

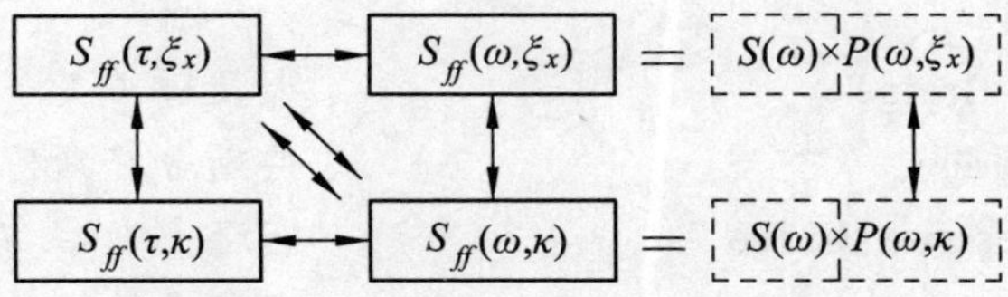

图 B1 二维时空随机场的二阶统计量的变换关系

附录 C　悬索桥译名对照

Ambassador Bridge	大使桥（美）
Bosporus Bridge	博斯普鲁斯桥（土）
Bronx-Whitestone Bridge	布隆克斯-白石桥（美）
Brooklyn Bridge	布鲁克林桥（美）
Chesapeake Bay Bridge	切萨皮克湾桥（美）
Clifton Bridge	克里夫顿桥（英）
Delaware Memorial Bridge	特拉华纪念桥（美）
Emmerich Bridge.	爱墨列喜桥（德）
Florianoplis Bridge	弗洛莲那波利斯桥（美）
Forth Road Bridge	福斯（公路）桥（英）
George Washington Bridge	乔治·华盛顿桥（美）
Golden Gate Bridge	金门桥（美）
Great Belt Bridge	大贝尔特桥（丹）
Honshu-Shikoku Bridges	本州-四国连络桥（日）
Humber Bridge	亨伯桥（英）
Lan Chin Thieh Chhiao	兰津桥（中）
Lion's Gate Bridge	狮门桥（加）
Little Belt Bridge	小贝尔特桥（丹）
Mackinac Bridge	麦金纳克桥（美）
Manhattan Bridge	曼哈顿桥（美）
Menai Bridge	梅耐桥（英）
Messina Strait Bridge	墨西拿（海峡）桥（意）
Mount-Hope Bridge	芒特-霍普桥（美）
New Port Bridge	纽波特桥（美）
Niagara River Bridge	尼亚加拉（河）桥（美）
Philadelphia-Camden Bridge	费城-坎姆登桥（美）
Ponte 25 April（Salazar）Bridge	4 月 25 日桥（萨拉扎桥）（葡）
San Francisco-Oakland Bay Bridge	旧金山-奥克兰海湾桥（美）

Severn Bridge	塞文桥（英）
Tacoma Narrows Bridge	塔可马桥（美）
Tancarville Bridge	坦卡维尔桥（法）
Tees Bridge	梯斯桥（英）
Verrazano Narrows Bridge	韦拉扎诺（海峡）桥（美）
Vincent Thomas Bridge	文森特·托马斯桥（美）
William Preston Lane Memorial Bridge	威廉·普莱斯顿通道纪念桥（美）
Williamsburg Bridge	威廉斯堡桥（美）